Terapia Gestalt

FRANCISCO PEÑARRUBIA

Terapia Gestalt

LA VÍA DEL VACÍO FÉRTIL

Segunda edición

Prólogo de Claudio Naranjo

ALIANZA EDITORIAL

Primera edición: 1998
Segunda edición: 2008
Decimoprimera reimpresión: junio 2025

Reservados todos los derechos. El contenido de esta obra está protegida por la Ley, que establece penas de prisión y/o multas, además de las correspondientes indemnizaciones por daños y perjuicios, para quienes reprodujeren, plagiaren, distribuyeren o comunicaren públicamente, en todo o en parte, una obra literaria, artística o científica, o su transformación, interpretación o ejecución artística fijada en cualquier tipo de soporte o comunicada a través de cualquier medio, sin la preceptiva autorización.

© Francisco Peñarrubia, 1998, 2008
© Alianza Editorial, S. A. Madrid, 1998, 2008, 2009, 2010, 2012, 2013, 2014, 2015, 2016, 2017, 2018, 2019, 2025
Calle Valentín Beato, 21; 28037 Madrid
www.alianzaeditorial.es

ISBN: 978-84-206-8417-8
Depósito legal: M. 445-2012
Printed in Spain

A Fritz Perls, a quien no conocí.

*A Claudio Naranjo, que tan profundamente me lo transmitió,
además de otras muchas cosas.*

*A mis padres, Paco y Trini, porque los padres terrenales
son la puerta a los padres del cielo.*

De todos, y con orgullo, me siento hijo agradecido.

ÍNDICE

PRÓLOGO A ESTA EDICIÓN 11
PRÓLOGO, *Claudio Naranjo* 13
NOTAS Y AGRADECIMIENTOS 15

PRIMERA PARTE
LOS CONTEXTOS DE LA TERAPIA GESTALT

1. INTRODUCCIÓN 19
2. LOS ORÍGENES 29
3. OTRAS FUENTES DE LA TERAPIA GESTALT 55

SEGUNDA PARTE
BASES DE LA TERAPIA GESTALT

4. PRECEPTOS BÁSICOS DE LA TERAPIA GESTALT 93
5. LA ESCUCHA GESTÁLTICA 99
6. EL DARSE CUENTA 113

7. POLARIDADES 123
8. LA NEUROSIS EN GESTALT 137
9. MECANISMOS NEURÓTICOS 149
10. EL CICLO GESTÁLTICO 163
11. LA TÉCNICA GESTÁLTICA 169
12. EL TRABAJO CON SUEÑOS Y PSICOFANTASÍAS 183

TERCERA PARTE
REFLEXIONES SOBRE EL TERAPEUTA Y SU OFICIO

13. EL TERAPEUTA GESTÁLTICO 195
14. TRANSPARENCIA Y TRANSFERENCIA 209
15. ENCUADRE, DIAGNÓSTICO Y SUPERVISIÓN 227
16. EL GRUPO EN TERAPIA GESTALT 243
17. EL TRABAJO CORPORAL 257
18. LA ESPIRITUALIDAD. GESTALT TRANSPERSONAL 273
19. ARTE Y CREATIVIDAD EN LA TERAPIA 287

EPÍLOGO: PANORAMA HISTÓRICO DE LA TERAPIA GESTALT   303

APÉNDICE

1. HISTORIA SUBJETIVA DE LA ASOCIACIÓN ESPAÑOLA DE TERAPIA GESTALT 321
2. LAS LIMITACIONES DE LA TERAPIA GESTALT 331
3. DIRECTORIO DE ESCUELAS DE FORMACIÓN EN TERAPIA GESTALT... 339

BIBLIOGRAFÍA 357

PRÓLOGO A ESTA EDICIÓN

Nueve años después de su aparición, vuelvo a este libro que no ha parado de darme satisfacciones por sus periódicas reimpresiones y por los comentarios de las nuevas promociones de alumnos que siguen considerándolo un buen aliado de su formación.

A propuesta de la editorial he revisado el texto y he añadido nuevas investigaciones sobre el teatro, tema de mi interés desde que estudié la importancia histórica del director Max Reinhardt en el joven Fritz Perls, incorporando ahora la época neoyorquina y su experimentación teatral (años 50) y cultural y en la que también tuvo algo que ver el matrimonio Perls, en el sentido de participar y ser afectados.

Completar la visión histórica ha sido también mi intención al incluir un epílogo panorámico sobre el tiempo y los lugares que nutrieron el desarrollo de la terapia gestalt, además de ampliar mis reflexiones domésticas sobre la gestalt española con apuntes y recuerdos del pasado reciente de la Asociación Española de Terapia Gestalt, así como algunas cavilaciones sobre el futuro.

Desaparece el capítulo dedicado a un esquema específico de creatividad («Las cuatro caras del héroe», que pudiera ser el germen de otra publicación) por una reflexión más abarcadora sobre el arte y la terapia. Se amplía lo que antes era un simple apunte acerca de la supervisión del terapeuta gestáltico y se actualiza tanto la bibliografía como el directorio de las Escuelas formadoras en gestalt en el ámbito hispano: crece su número y su nivel de actividad, lo que sin duda refleja la vitalidad de la terapia gestalt.

Pero el crecimiento y la vitalidad son también inseparables del desgaste y, en su extremo, de la muerte. Muchas cosas han desaparecido en estos años: me viene especialmente al repasar este tiempo los amigos y colegas fallecidos, también mi padre a quien está dedicado este libro, y los ojos de mi gata que ya no mirarán buberianamente porque están enterrados bajo la primavera de un nogal.

Madrid, enero de 2008

PRÓLOGO

Conozco a Paco Peñarrubia desde hace unos quince años, ya desde mi primer taller en España, que tuvo lugar en Valencia a través de la invitación del Dr. Francisco Chelós, un psicoanalista lacaniano que por aquel entonces había fundado allá el primer instituto de psicología humanista. Fui precedido en mi visita a Valencia por el distinguido psicoanalista argentino Emilio Rodrigué, también invitado por Chelós. En aquel tiempo Rodrigué, después de una larga y prestigiosa carrera psicoanalítica, comenzaba a interesarse más en la brujería que en el psicoanálisis, y sospechaba que yo pudiese ser el verdadero Don Juan en la historia de Castaneda. Imagino que el rumor que circuló en mi primer grupo acerca de mi secreta identidad puede haber contribuido a mi éxito, porque mis explicaciones acerca de mi relación de pura amistad con Castaneda sólo prolongaron su credibilidad.

En el taller de gestalt en Valencia fui invitado por Paco a realizar otro semejante en Madrid, y así al año siguiente dirigí un taller en El Paular, un monasterio transformado en un bello y elegante hotel, en las afueras de Madrid. Allí vine a conocer a Ignacio Martín Poyo, quien conjuntamente con el doctor Asín y con el apoyo de Paco auspiciaron mi primer programa de verano en España. Desde entonces los programas «de desarrollo profesional y personal» que continúan teniendo lugar durante los veranos en España se han tornado en el corazón de mi trabajo actual.

Cuando fui invitado a decir algunas palabras en la ceremonia de apertura del Quinto Congreso Internacional de Gestalt, en Valencia, celebré a los gestaltistas latinos (que han constituido la mayoría en los congresos internacionales hasta ahora) por su mayor cercanía al espíritu de Fritz Perls (a diferencia de los alemanes e ingleses, en cuya actividad se refleja la influencia de la contrarrevolución introducida por la asociación de la Costa Este de EE. UU., más orientada hacia Goodman que hacia Perls). Lo dicho a propósito de la gestalt latina vale específicamente para Paco, a quien generalmente se señala como el más distinguido representante de la gestalt española.

Ya cuando conocí a Paco era él persona muy querida entre los gestaltistas españoles e internacionalmente reconocido (aparte de ser el presidente de la Asociación Española de Terapia Gestalt). Hoy en día, después de los años de entrenamiento superior que ha representado su participación en mis intermitentes talleres en España, ha llegado a un grado poco común de madurez aun entre psicoterapeutas y puede decirse portador del manto entre los que encarnan aquella «Gestalt según el espíritu de Fritz» a la que me he referido en *Gestalt sin fronteras**. Tiene fama ya de transmitir una gestalt genuina, que no produce técnicos sino gente arriesgada y comprometida. Tiene buena mano para convertir a sus pacientes o alumnos en buscadores, que terminan embarcándose en un camino que va más allá de solucionar sus problemas o ganarse bien su vida. Y ya existen varios institutos creados por gente que se formó con él. Les va bien, porque tienen cierto «sello». En un brindis que tuvo lugar en el Ayuntamiento de Madrid con ocasión del Segundo Congreso Internacional de Gestalt, hablé de Paco como «una hormiguita» que había trabajado mucho con humildad. Hoy en día puedo agregar que, como Fritz en sus años de maestría, no ha dejado de trabajar en sí mismo.

No dudo de que este volumen logrará su cometido, pero en vista de que la gestalt no es algo que se preste a una buena transmisión escrita, espero que sirva también el libro para interesar al público español en su conocimiento de la gestalt viva.

Claudio Naranjo
Berkeley, 21 de abril de 1997.

---

* C. Naranjo, *Gestalt sin fronteras*, Editorial Era Naciente, Buenos Aires, 1993.

NOTAS Y AGRADECIMIENTOS

Quiero dar las gracias especialmente a mis alumnos de la Escuela Madrileña de Terapia Gestalt y a los colegas profesores de la misma, Annie Chevreux, Enrique de Diego y Águeda Segado: el afán de enseñar y transmitir la gestalt fue el germen de este libro.

Agradezco a mi esposa Annie que me cuidara y descargara de tareas durante los meses que dediqué a este escrito, así como a Susana Jiménez que fue «mis manos» a la hora de redactarlo.

Gracias también al grupo de Creatividad III (y en particular a Susana Ramos) con quienes he compartido los avatares de esta gestación.

Y a mi gata Gloria, que tan dulce como impertinentemente me estuvo interrumpiendo mientras escribía, mirándome con ojos buberianos:

Miro a veces el fondo de los ojos de un gato.
El animal domesticado ha adquirido al precio de su ingenuidad elemental la facultad de dirigirnos esa mirada, a nosotros que no somos ya animales.

La mirada de ese gato iluminada al contacto con la mía me pregunta: ¿es verdad que te interesas en mí?
¿Es que existo para ti?
¿Es que existo?

Martin Buber, «Yo y Tú»

PRIMERA PARTE

LOS CONTEXTOS DE LA TERAPIA GESTALT

> Tenga paciencia con todo lo que no está resuelto en su corazón e intente amar las preguntas mismas. No busque ahora las respuestas, que no se le pueden dar porque usted no podría vivirlas. Viva ahora las preguntas.
>
> R. M. RILKE, *Cartas a un joven poeta*

Aparte de una introducción histórico-biográfica, queremos abordar en esta parte la génesis de la terapia gestalt. Esto nos remite a las circunstancias vitales de su creador, F. Perls, y a las dos grandes corrientes de pensamiento que podemos detectar en los inicios de la gestalt, como son el Psicoanálisis y la Psicología de la Forma. No se agotan aquí las fuentes. Aunque hayan sido menos estudiadas tradicionalmente, queremos rescatar también las aportaciones de Friedlaender, Korsybski y Smuts, así como de la filosofía fenomenológica y existencialista. Hemos tratado de subrayar la influencia de Reinhardt en el aprendizaje teatral del joven Perls, así como las aportaciones del psicodrama moreniano, por la herencia de expresividad, acción y espontaneidad que aportaron a la terapia gestalt. El teatro, al que tanto debe la psicoterapia (¿qué hubiera sido de Freud sin la tragedia griega?), es un aporte definitivo en la gestalt, no siempre reconocido en su justa importancia, tanto en Alemania como en la época neoyorquina de los Perls, donde frecuentaron el Living Theatre y la bohemia progresista de los años 50.

CAPÍTULO 1

INTRODUCCIÓN

> He tenido suerte con mis maestros. Lograron persuadirme de que, en la mejor de sus formas, la relación maestro-alumno es una alegoría del amor desinteresado.
>
> George STEINER, *Errata*

Conocí la terapia gestalt de forma casual en el año 1974. Estaba en los últimos años de mis estudios de Psicología, bastante desanimado por el desajuste entre lo que me llevó a estudiar esta carrera y lo que había recibido en la facultad: nada de psicoterapia, al menos desde el punto de vista introspectivo y de autoconocimiento que a mí me interesaba y que había entrevisto en lo poco que nos enseñaron (algo de psicoanálisis, un poco de Rogers y Maslow...).

Yo no tenía vocación de «científico» ni de investigador de la conducta humana, así que estaba a punto de tirar la toalla y abandonar los estudios, a la búsqueda de algo que no acababa de encontrar allí. En los demás aspectos de mi vida no andaba mucho mejor (bastante perdido y confuso, en resumen).

Tuve la suerte de que un profesor (que se había convertido en amigo), José Luis Álvarez, me recomendara asistir a un seminario práctico que iba a impartir Ignacio Martín Poyo en la facultad. Allí me fui y quedé no sólo deslumbrado por la forma de hacer de Ignacio, sino además profundamente tocado. Hacía poco tiempo que Ignacio Martín Poyo había vuelto a España después de completar su formación en París: traía las técnicas y la filosofía del Movimiento del Potencial Humano (que así se llamaba entonces a la Psicología Humanista) y que aquí eran prácticamente desconocidas. Había fundado CIPARH (1973) y trabajaba con una combinación de técnicas energéticas y gestálticas encuadradas en el estilo de los grupos de encuentro de W. Schutz. Por encima de la contundencia de estos recursos técnicos, me impresionó su actitud de honestidad confrontativa, su implicación emocional y su capacidad para no entrar en (y denunciar) los juegos manipulativos.

Como en los flechazos amorosos, supe al instante que eso era lo que yo quería hacer, que aquello recién descubierto correspondía a lo que andaba buscando sin éxito. Hablé con Ignacio al acabar y él me invitó a asistir a sus grupos (me incorporé enseguida) y me dejó el libro de Fritz, *Sueños y existencia*. Este libro fue una segunda revelación porque aquel terapeuta tan poco convencional se escapaba de las páginas (o yo me zambullí en el libro) y lo sentía presente, como si estuviera trabajando conmigo. Ningún libro hasta entonces había tenido semejante impacto terapéutico, de abrirme el corazón a la vez que las ideas de mi cabeza. Si hoy me considero gestaltista se lo debo a este Fritz que me llegó por escrito y a Ignacio como encarnación de ese mismo hacer y ser.

En esa década de los setenta se fue configurando mi trabajo personal y profesional. Pasé a ser miembro del equipo de CIPARH y a dirigirlo desde 1977; así me fui «especializando» en terapia gestalt, aprendiendo permanentemente de terapeutas europeos y americanos a los que invitábamos con regularidad a trabajar en nuestro centro. No podía decir que por entonces yo mismo me definiera como terapeuta gestáltico (mis intereses estaban abiertos a la mayoría de los enfoques humanistas) sino que esto me vino en gran parte de afuera. En la primavera de 1977 Luis Pelayo me invitó a hacer un taller-demostración de gestalt en el Symposium anual de la Sociedad Española de Psicoterapia y Técnicas de Grupo. Esta asociación era entonces el único foro de encuentro de psicoterapeutas de diferentes escuelas, si bien la componían mayoritariamente psiquiatras de orientación psicoanalítica. Ese año, y en Pamplona, era la primera vez que la ponencia oficial versaba sobre enfoques grupales humanistas y a mí me tocó ser el presentador de la terapia gestalt. Hice un taller sobre sueños (que escandalizó a algunos presentes) y salí identificado para los restos como el representante de la terapia gestalt en España, papel que en justicia le correspondía mejor a Ángeles Martín.

Agradezco a este azar catalogador el haberme ayudado a centrarme, profundizar y al cabo definirme profesional y humanamente pues sostengo que cada terapeuta acaba adscribiéndose a la tendencia teórica que mejor se adecua a su persona.

También he visto con el tiempo que aquello se convirtió en un traje con el que me identifiqué en exceso y dentro del cual llegué casi a desaparecer. Hice en buena parte de «vendedor» de la gestalt a través del país y en los congresos de psicoterapia de cualquier enfoque, deviniendo de lo carismático a lo burocrático como dice C. Naranjo (citando a Max Weber) de los movimientos espirituales.

Si aludo a Claudio Naranjo es porque él significó mi reconexión con la terapia gestalt, además de otras muchas cosas (un maestro no cabe en un solo prisma) y fue la segunda influencia más poderosa en mi desarrollo. Después de un tiempo de intentar sin éxito conectar con él como persona cercana a Fritz Perls (fue uno de sus herederos en Esalen) y que compartía nuestra cultura hispana, a través de Francisco Chelós (Valencia) y Manuel Barroso (París), logramos que viniera a España en enero de 1982. A la vez que encuentro a Claudio se malogra el embarazo de mi mujer, una vez que hemos decidido ser padres. No puedo dejar de sentir la sincronicidad de esta pérdida y este hallazgo, ocurridos en los mismos días. De mi trabajo con él, que se mantiene todos estos años y continúa actualmente, resalto dos aspectos: redescubrir la esencia de la terapia gestalt y recibir el mapa caracterológico del eneagrama.

Sobre lo primero, ahondé en la simplicidad de una forma de hacer terapia que, por encima de una teoría de la psiquis (que no estuvo entre los intereses de Perls) y por encima de unas técnicas eficaces (sobre las que sí se puede teorizar) prima la actitud y la relación. Comprendí en profundidad qué significaba la fe en la autorregulación organísmica, como esencia de la gestalt, que tanto la acerca a algunas tradiciones espirituales (el taoísmo...) y que se apoya en la propia madurez del terapeuta hasta convertirlo en instrumento transmisor de salud en la relación terapéutica. La gestalt así entendida, que Claudio ha definido alguna vez como «un intuicionismo que se reconoce como tal», me hizo entender emocionalmente el hondo sentido del autoapoyo, del riesgo, de la propia responsabilidad y del compromiso con el otro. Me aportó también una reespiritualización de la terapia que unificaba la compasión y la crueldad, la cordura y la locura, el ascetismo y el exceso, la disciplina y el descontrol.

Acerca del eneagrama (o psicología de los eneatipos), resumiré que se trata de un mapa del carácter entendido como «falsa personalidad», como condicionamiento imprescindible para sobrevivir pero que acaba convirtiéndose en una cárcel de respuestas automáticas que ahogan el auténtico ser. Contempla nueve tipos y veintisiete subtipos, en los que no voy a extenderme, sino que remito a la obra fundamental[1].

Además de ser una potente herramienta para el trabajo personal y un incuestionable facilitador para impartir terapia, lo que quiero subrayar aquí es lo mucho que me ayudó este mapa a entender la enfermedad más allá de los parámetros de la psicopatología. Cada carácter es una equivocación y, aunque social y psiquiátricamente se consideren más graves unas manifestaciones que otras (ésa es la función del psicodiagnóstico convencional), todos sufrimos del error caracterial, aun aceptando la diferencia de grado. Naranjo lo denomina humorísticamente «la teoría de la neurosis según Nasrudin», aludiendo al protagonista de tantos cuentos sufíes que busca la llave perdida donde más luz hay (en la plaza), no donde la perdió (en su casa). Esta visión de la neurosis como torpeza, distracción y error de tiro, complementa (no contradice) la confianza en la regulación organísmica (Perls) y la tendencia de todo individuo a su autorrealización, que fue uno de los aportes más revolucionarios de la psicología humanista. Si todos sufrimos de una programación caracterológica y a la vez estamos orientados a madurar y liberarnos, el trabajo terapéutico desborda el marco clínico tradicional, abarca la salud y se extiende a lo preventivo, la educación y el autoconocimiento. Como dicen los Polster, la terapia es demasiado beneficiosa para limitarla a los enfermos. Tanto la psicología de los eneatipos como la terapia gestalt comparten esta superación de la dicotomía salud-enfermedad: podemos decir simultáneamente que cada persona está afectada por la programación

---

[1] C. Naranjo, *Carácter y Neurosis*, Ediciones La Llave, Vitoria, 1996.

neurótica del carácter y a la vez cuenta con recursos saludables para su desarrollo óptimo en el aquí y ahora: un tiempo presente y puntual, despojado de absolutos e inmerso en una situación relacional con el otro y en un mundo cambiante.

Siguiendo con la historia, en 1982 fundamos oficialmente la Asociación Española de Terapia Gestalt. La iniciativa partió de Lluís Pardo, Alberto Rams y Mónica Sans en Barcelona y yo tuve el honor de presidirla en sus primeros años. Para entonces ya éramos bastantes los que nos reconocíamos como gestaltistas y precisamente por eso creímos oportuno organizarnos asociativamente. Uno de los primeros objetivos fue unificar criterios de formación e intentar definir una escuela española, hasta entonces inexistente, aprovechando la experiencia, el autodidactismo y las diversas influencias de quienes en ese momento éramos los profesionales más veteranos del país. En el marco de la AETG y por el método de ensayo-error, fuimos dándole forma a nuestro modelo de formación, aprobado en 1988, así como a los textos teóricos para los alumnos. En 1990 la AETG decide descargarse de la tarea formativa delegándola en los institutos gestálticos españoles. Así es como, en sociedad con Águeda Segado, Enrique de Diego y Annie Chevreux creamos la Escuela Madrileña de Terapia Gestalt en 1991.

Durante estos últimos años he ido escribiendo y reelaborando mi comprensión de la terapia gestalt, destinada a mis alumnos, y esto me ha servido para entenderme yo por contraste con lo escrito en otras épocas.

En buena medida este texto y esencialmente la Segunda Parte, corresponde a esta intención didáctica. Aunque revisado, mantiene ese tono de manual que espero que también interese a un público más amplio. En cualquier caso, el punto de vista de este libro es el del profesional que habla a profesionales (o aspirantes a ello) del vasto campo de la salud, desde la óptica clínica hasta las cada vez más numerosas profesiones de ayuda que están perfilando un concepto nuevo y creativo de la terapia.

La Primera Parte revisa los antecedentes de la terapia gestalt. Sobre este asunto es mucho lo publicado, de forma que he intentado resumir las consideradas dos grandes fuentes (psicología de la forma y psicoanálisis), rescatando algo más injustamente olvidado: el sustrato teatral que nos emparenta con Moreno y que, sobre todo, remite a Max Reinhardt cuya influencia Fritz Perls confiesa y reconoce; por eso me interesó especialmente investigarla. He intentado que en esta parte aparezcan todas aquellas personas que de forma tangencial o directa significaron algo en la vida de los Perls y en la formulación de su método, de Friedlaender a Goldstein, de Buber a Smuts, sin olvidarnos del psicoanálisis postfreudiano y de la filosofía fenomenológica y existencial y de los movimientos de vanguardia neoyorquinos: Paul Goodman, el Living Theatre, etcétera.

La Tercera Parte es una reflexión sobre el terapeuta y su oficio, a lo que tanta importancia le damos dentro de la terapia gestalt. Incluyo cuatro temas que si bien son observables en la práctica de muchos gestaltistas, no se ha escrito tanto sobre ellos: la importancia del abordaje corporal, la relevancia otorgada al grupo en el trabajo gestáltico, el sentido espiritual que impregna dicho trabajo y su creatividad.

El apéndice final responde a la sugerencia del editor de dar a conocer la corta historia de la gestalt española, su implantación en nuestro país y las publicaciones de que disponemos en nuestro idioma.

Por último, y con ánimo de ubicar y delimitar este libro, quiero referirme a las dos grandes corrientes que surgieron y se mantienen dentro de la terapia gestalt y que se conocen por sus denominaciones geográficas norteamericanas: la tendencia de la Costa Este y la de la Costa Oeste.

La primera corresponde a los inicios de la gestalt en Nueva York en la década de los cincuenta. Fritz y Laura crearon el primer instituto gestáltico en 1952 (Nueva York) y al año siguiente el de Cleveland, con el apoyo de su primer grupo de discípulos. De este núcleo surgió el libro *Gestalt Therapy, Excitement and Growth in the Human Personality*, firmado por Perls, Hefferline y Goodman. Con el tiempo, y tras el divorcio de Fritz y Laura, los gestaltistas formados en estos institutos se autoproclamaron representantes de la genuina gestalt, se erigieron en una especie de ortodoxia que descalificaba la posterior etapa de madurez de Fritz e hicieron de este libro el texto canónico. Cuesta entender la esencia de la terapia gestalt a través de este libro (escrito en buena parte por Paul Goodman a partir de las ideas de Fritz) por su empeño en elaborar una teoría de la psiquis (muy próxima al psicoanálisis), su acento en la psicopatología y su lenguaje pseudocomplejo

(Fritz era reacio al autoritarismo de las jergas científicas). Esta corriente ha puesto el énfasis en la sistematización teórica y ha producido mucho mayor número de textos y documentación.

La gestalt californiana o de la Costa Oeste corresponde a los años sesenta, aquellos en los que Fritz tras diversos peregrinajes (Miami, San Francisco, Los Ángeles...) se estableció en Esalen, consolidó su forma de hacer terapia, y su persona y su método alcanzaron una resonancia que desbordó el mundo de la psicología: C. Naranjo lo define como un impacto en la cultura. Esta tendencia ha puesto el acento en la intuición, la relación y la actitud más que en la formulación teórica: su producción escrita es en consecuencia menor. Tenemos los libros de Perls, más abundantes en trascripciones de talleres que en disquisiciones académicas y por eso considero *La Vieja y Novísima Gestalt* como el libro capital dentro de esta corriente. Dice allí C. Naranjo que

> la terapia gestáltica no ha surgido como aplicación de un cuerpo teórico (que podría llamarse su fundamento), sino que más bien es un asunto de estar en el mundo de una cierta manera... concibiendo las ideas psicológicas de Fritz como un contexto de su trabajo antes que como un fundamento, una explicación antes que un esqueleto.
>
> NARANJO, 1990.

Podemos entender las divergencias entre ambas corrientes como una herencia de la separación emocional del matrimonio Perls, también como la preponderancia de uno u otro hemisferio cerebral (el lógico —izquierdo— o el analógico —derecho—) pero creo que, en rigor, las diferencias las marca el grado de fe en la autorregulación organísmica. Este concepto, tan utilizado por Fritz, ha sido investigado por Naranjo y mantiene que fue una formulación propia de Perls (no de Sherington o Goldstein, como se había supuesto, tampoco de Reich, como afirma Laura Perls, o de Zeigarnik, como sugiere Elena Mazour),

> incorporado a la terapia gestáltica como una confianza en la espontaneidad, un vivir desde adentro más bien que un vivir desde afuera (por obediencia a la obligación o preocupación por la autoimagen)... un sinónimo

del Tao, es decir, un curso de acción apropiada dictado más bien por una profunda intuición que por la razón, e involucrando un ceder dionisíaco ante las preferencias en lugar de una lucha sartreana por las opciones.

NARANJO, 1990.

Mi orientación es eminentemente «californiana» y estuve pensando titular este libro de gestalt como «Terapia de la autorregulación organísmica» por ser más nuclear que otros apellidos con que se ha nombrado a la gestalt: sabemos que Perls consideraba su enfoque como un neopsicoanálisis existencial al que, tras apartarse de la escuela freudiana, denominó terapia de la concentración (años cuarenta) y posteriormente terapia gestalt (años cincuenta)[2]. Se ha definido la gestalt como «terapia del aquí y ahora» (Petit), «terapia de contacto» (Ginger), «proceso dialógico» (Yontef), «teoría del sí-mismo» (Goodman), «experiencialismo ateórico» (Naranjo), «terapia de autenticidad (De Caso)... Finalmente elegí la metáfora del Vacío Fértil con que Fritz nombraba el desapego interior, sustituyendo el término de terapia por el de «vía» como deuda de mi aprendizaje con Claudio Naranjo y su reformulación de la terapia como un proceso espiritual, una nueva plasmación de lo que las tradiciones orientales y occidentales han venido haciendo desde siempre: darle forma a la genuina aspiración humana de autoconocimiento y autoperfeccionamiento. Enfocar la nada no es tarea fácil porque procedemos de una carencia amorosa, un agujero que hemos llenado con conductas compensatorias, ideas fijas sobre el mundo, un bagaje emocional para sobrevivir, un determinado autoconcepto... La gestalt invita a dejar caer todo este andamiaje, recuperar un punto cero (formulación de Friendlaender) de indiferenciación creativa a partir del cual el organismo actuará guiado por sabia orientación. A partir de ahí, el desierto florece como bien afirmaba Fritz; así que este vacío es fértil si se confía en él, es por tanto el punto de partida, incluso la condición, de la autorregulación.

Si bien siempre me atrajo la parte expresiva y creativa del hacer gestáltico, que entendía como engrosar las aguas de un caudal potencial-

---

[2] Dice Laura Perls: «A lo que yo hacía quería llamarlo Terapia Existencial, pero en esa época el término Existencialismo se entendía en el sentido nihilista de Sartre, así que Fritz o Paul sugirieron el término terapia gestalt», *Viviendo en los límites*, Promolibro, Valencia, 1994, p. 23.

mente lleno de recursos y capaz de incorporar nuevas y diversas alternativas, ahora me interesa más la fuente silenciosa, remontar la corriente hasta el manantial imperceptible, confiar en la integración no por acumulación sino por ayuno, algo tan poderoso y paradójico como la metáfora del vacío fértil. Naranjo alude al desapego como un concepto poco tenido en cuenta en el proceso de maduración y transformación humanas, y que en la gestalt ha pasado desapercibido por el acento dado a lo expresivo y orgiástico. Pero

> uno no puede liberarse si no hay desapego. Uno necesita del desapego para dejar de hacer lo que esté haciendo, para quedarse quieto, para estar simplemente sentado (como en el zen), para abandonar cualquier juego y permanecer calmadamente con la toma de conciencia de las propias percepciones del momento en lugar de sumirse en fantasías o juegos. Y uno también necesita del desapego para fluir, para rendirse a la expresión.
>
> NARANJO, 1990.

Considero que este desapego es de la misma cualidad interna que el punto cero de Friedlaender y que la metáfora de Fritz del vacío fértil.

En conclusión este libro se inscribe en la tradición del último Perls y en la profundización que Claudio Naranjo viene haciendo de su legado, además de sus propias aportaciones. Por más que el grupo de primeros colaboradores de Fritz en su etapa neoyorquina descalifiquen la gestalt de sus últimos años (llegando su competitividad al insulto cuando le tachan de loco, drogadicto, hippy o payaso circense... sin apenas respuesta por parte de los discípulos «californianos» que generalmente adoptaron una indiferencia saludable), es gestálticamente incomprensible que se niegue el principio de actualización y evolución autorrealizadora al propio Fritz que fue su máximo defensor contra las fijaciones del pasado.

En este sentido, el presente libro sostiene implícitamente que la cosecha «fritziana» de los años sesenta y setenta es mejor que la de los años cincuenta o, para no hacer comparaciones, diré que la prefiero, que corresponde más certeramente a mi inclinación y a mi proceso. Su intención original es didáctica: transmitir a los alumnos mi propia comprensión de la terapia gestalt. Sin embargo, pretendo que su alcance no se circunscriba al campo clínico de la psicoterapia porque la gestalt es más que un abordaje terapéutico. Como afirmaba Hegel, arte, religión y filosofía son tres caminos para aproximarnos a los misterios del límite: vida, muerte, sexualidad, dolor, enfermedad... La terapia gestalt participa en buena parte de estos tres caminos: es una filosofía de vida, como se ha repetido tantas veces; es una actualización de antiguas tradiciones espirituales o de conocimiento (evitamos aquí la palabra religión que hace referencia a iglesias o confesiones como meras formas temporales de expresión de lo espiritual), por eso Perls decía que no era el fundador sino el redescubridor de algo tan viejo como el mundo; y es un arte no sólo en el sentido etimológico (tecnós = arte) de las técnicas, sino en la actitud del artista que trasciende las herramientas utilizadas. En mi experiencia como formador, estoy acostumbrado a ver en los terapeutas noveles un aferramiento a las técnicas y a las estrategias; cuanto mayor es su maduración personal, más creativos, naturales e imprevisibles se muestran; lo técnico pierde relevancia en aras de lo artístico y la relación con el otro o con el grupo se asemeja al acto creativo del artista frente al lienzo o la página en blanco: de la nada va surgiendo conciencia, vida, salud. Una vez más, por si lo habíamos olvidado, el desierto florece.

CAPÍTULO 2

LOS ORÍGENES

> Vivir es navegar.
> Eso lo sabemos desde Homero.
>
> Raymond QUENEAU, *Jornaux*

Si empezamos por el principio habría que destacar la figura de Fritz Perls: por más que hayan sido muchos e importantes sus colaboradores, la Terapia Gestalt no existiría tal como la conocemos hoy sin su presencia, su talante y su genialidad. Como en todo artista, su creación va profundamente unida a su vida y a su tiempo, así que vamos a sintetizar los datos biográficos más relevantes para entrar luego en el contexto cultural que le nutrió, en particular el psicoanálisis y la psicología de la forma o de la gestalt, las dos grandes fuentes que todos los investigadores reconocen como influencias decisivas en el desarrollo de la terapia gestalt.

Friedrich Salomon Perls

1893 Nace el 8 de julio en un gueto judío de los alrededores de Berlín. Parto difícil. Tercero y último hijo, después de dos niñas.

Su padre, Nathan, comerciante de vinos, ausente con frecuencia por motivos de trabajo. De carácter encantador y a la vez colérico. Francmasón.

Su madre, Amalia, judía practicante, proveniente de la pequeña burguesía. Apasionada del teatro y la ópera, inculcará esta afición a su hijo.

1906 Con trece años, es expulsado de la escuela por mala conducta. Su padre lo mete de aprendiz en una tienda. Pésima relación con el padre, llegarán a no dirigirse la palabra y Fritz no acudirá a su funeral.

Decide retomar los estudios pero en una escuela liberal, el Askanischer Gymnasium, con un profesorado humanista. El encuentro más significativo de su adolescencia será con el director teatral Max Reinhardt, director del Deutsches Theater. Asiste a sus clases y trabaja de comparsa. Comienza estudios de Medicina.

1914 Al declararse la guerra es eximido del servicio militar por una malformación cardíaca.

1915 Se alista de voluntario en la Cruz Roja. Tiene veintidós años. Al año siguiente está en el frente de Bélgica como médico en un batallón de zapadores. Recordará la experiencia de las trincheras como lo más traumático de su vida. Muere su mejor amigo, Ferdinand Knopf.

1920 Tras la guerra, completa sus estudios y obtiene el doctorado en Medicina el 3 de abril por la Universidad Frederick Wilhelm de Berlín. Comparte su profesión de neuropsiquiatra con su interés por el teatro, los círculos izquierdistas y la bohemia artística. Conoce al filósofo Friedlaender, cuya influencia será determinante.

1923 Primer viaje a Nueva York con la esperanza de convalidar sus estudios. Regresa al año siguiente sin haberlo conseguido y despotricando contra la cultura americana.

1925 Con treinta y dos años vive en casa de su madre. Época de inseguridad y penalidades. Duda de su potencia sexual. Conoce a Lucy, que le iniciará en una sexualidad sin tabúes.

1926 Comienza su primer análisis con Karen Horney. Fascinado por el psicoanálisis, se plantea la posibilidad de convertirse en analista.

1927 Se traslada a Fráncfort, donde trabajará un año como ayudante de Kurt Goldstein, médico gestaltista, investigador de problemas perceptivos en lesionados cerebrales. Conoce a su futura esposa, Lore Possner, y se hacen amantes. Continúa su análisis con una segunda psicoanalista: Clara Happel. En Viena empieza a recibir a sus primeros pacientes, supervisado por Helen Deutsch.

1928 De vuelta a Berlín, se establece como psicoanalista. Continúa su análisis con Eugen Harnik, psicoanalista húngaro ortodoxo.

1929 El 23 de agosto se casa con Laura (Lore) en contra de la opinión de Harnik y de la familia Possner. Él tiene treinta y seis años, ella veinticuatro.

1930 Por consejo de K. Horney, inicia su cuarto análisis, esta vez con Wilhelm Reich, por quien se sentirá entendido y con el que mantendrá una relación de admiración y amistad toda su vida. La llegada de Hitler al poder le llevará a militar en movimientos antifascistas.

1931 Nace su hija Renate. Supervisión de Otto Fenichel.

1933 Para evitar ser detenido por los nazis, cruza la frontera con Holanda, dejando a su familia al sur de Alemania durante un tiempo. Ya reunidos en Ámsterdam, vivirán tiempos de penurias. Se analiza con Karl Landauer. Ernest Jones le aconseja ir a Sudáfrica.

1934 Se establece en Johannesburgo. Los Perls fundan el Instituto Sudafricano de Psicoanálisis. Vienen tiempos de prosperidad y reconocimiento.

1935 Nace su hijo Steve.

1936 Acude a Checoslovaquia al Congreso Internacional de Psicoanálisis, en Marienbad. Su trabajo sobre «Resistencias orales» no será bien recibido. Fría acogida de Freud y de Reich. Regresa decepcionado.

1942 Publica su primera obra: *Yo, hambre y agresión* en Durban. Influencia del Holismo de Jan Smuts, primer ministro sudafricano. Al iniciarse la Segunda Guerra Mundial, se alista como médico en la Armada. Será psiquiatra del ejército durante cuatro años. Progresivo alejamiento de Laura y la familia.

1946 Con cincuenta y tres años decide dejarlo todo y establecerse en Estados Unidos. Karen Horney le ayuda a instalarse en Nueva

York; Erich Fromm y Clara Thompson le introducen en el Instituto William Allanson White.

1947 No es bien acogido por los psicoanalistas norteamericanos. Frecuenta los ambientes contraculturales, donde conoce a Paul Goodman, Merce Cunningham, John Cage y los fundadores de Living Theatre: Julian Beck y Judith Malina. Al año siguiente llegan Laura y los niños.

1950 Se constituye el Grupo de los Siete: Fritz, Laura, Paul Goodman, Paul Weisz, Elliot Shapiro, Sylvester Eastman e Isadore From. Más tarde se incluirán Ralph Hefferline y Jim Simkin.

1951 Publicación de *Gestalt Therapy*, cuya autoría corresponde a Paul Goodman (Parte II) y Hefferline (Parte I) sobre notas manuscritas de Perls.

1952 Los Perls fundan el Gestalt Institute of New York y al año siguiente el de Cleveland. Fritz delega la dirección en Laura y sus colaboradores. Viaja por todo el país haciendo grupos y demostraciones de terapia gestalt. Comienzan los desacuerdos con Laura y sus discípulos acerca de la ortodoxia de la terapia gestalt. De Cleveland saldrá la segunda generación de gestaltistas: Joseph Zinker, Erving y Miriam Polster...

1956 Nuevo cambio de derroteros. Se separa de Laura y se retira a Miami. Tiene sesenta y tres años, dolencias cardíacas y un profundo desaliento. Al año siguiente se hace amante de Marty Fromm y reanuda su interés por la vida. La relación durará dos años, entre viajes para dar a conocer la gestalt. Por esta época (año 1956-1957 según él mismo lo data aproximativamente en su biografía) tuvo una experiencia espontánea de «satori» o iluminación, que define como un «despertar completo».

1959 Al romper con Marty se traslada a California. Colaboraciones con Van Dusen en San Francisco y con Jim Simkin en Los Ángeles. Asistente del Hospital de Mendocino.

1962 Un año viajando alrededor del mundo. Estancia en Israel (Ein Hod, una comuna de artistas) y en Japón (dos meses de enseñanza zen en el monasterio Daitokuji de Kioto). La estancia en Israel significó una profunda transformación a través del trabajo sistemático sobre sí mismo bajo los efectos del LSD. Puede hablarse de un antes y un después de este hito en la maduración personal y profesional de Fritz, donde el terapeuta de talento que siempre había sido daba paso al genio que se manifestaría a partir de entonces.

1964 Se instala en Esalen. Ha conocido meses antes a Michael Murphy, heredero de la finca-balneario, y a Dick Price, ambos discípulos de Alan Watts, que tenían como proyecto crear un Centro de Desarrollo del Potencial Humano. Pese a que en su primera visita no le gustó el lugar, acepta ser residente y hacer demostraciones de terapia gestalt.

1965 Fritz tiene setenta y dos años. Ida Rolf le ayudará a mejorar su salud. Le va llegando el reconocimiento y la fama, se filman sus talleres... En 1966 se construye su propio hogar: la casa de la media luna.

1968 Los celos por el éxito paralelo de sus colegas de Esalen (W. Schutz, Virginia Satir...) así como la política reaccionaria de Nixon le deciden a abandonar Esalen y trasladarse a Canadá. En 1969 se publica *Gestalt Therapy Verbatim (Sueños y existencia)* y poco después su autobiografía *Dentro y fuera del cubo de la basura*. En Esalen ha dejado la terapia gestalt en manos de cuatro de sus discípulos: Dick Price, Claudio Naranjo, Bob Hall y Jack Downing.

1969 En junio crea el Instituto Gestáltico de Lago Cowichan (Isla de Vancouver). Lo denomina Kibbutz gestáltico y a él vendrán una treintena de discípulos de Esalen (Teddy Lyon, Barry Stevens, Janet Lederman...). En diciembre viaja a Europa estando enfermo.

1970 Regresa a América en Febrero con la salud muy quebrantada. Ingresa en el Weiss Memorial Hospital de Chicago. Laura viene a visitarle. Tras ser operado, muere de un ataque cardíaco el 14 de marzo. La autopsia revelará cáncer de páncreas. La contracultura hippie de la época le despide como a uno de sus gurús. En su discurso fúnebre Paul Goodman lo criticará duramente hasta tal punto que Abe Levitzky organizará una segunda ceremonia de reparación en California[3].

La Psicología de la forma o de la gestalt

El que Fritz Perls eligiera el mismo concepto para denominar su terapia, ha hecho pensar que existe un fuerte vínculo teórico entre la psicología y la terapia gestálticas, lo cual no es cierto. La terapia gestáltica no es la aplicación práctica de la Gestalt-psychologie alemana (como pudo ocurrir, al menos en sus comienzos, entre la terapia conductista y las teorías del aprendizaje) sino que su relación es más bien metafórica, como vamos a ir viendo.

La llamada Psicología de la forma fue una escuela teórica dedicada al estudio de los fenómenos perceptivos que desarrollaron los psicólogos Wertheimer, Köhler y Koffka; tuvo su apogeo en la Alemania de entreguerras y posteriormente en Estados Unidos, adonde sus creadores se trasladaron huyendo del nazismo. En esta segunda etapa americana, la escuela trascendió la investigación perceptiva y se orientó al estudio del aprendizaje, de la personalidad y de los grupos (Kurt Lewin).

En sus orígenes, los intereses de esta psicología no se ocuparon del campo terapéutico sino de analizar las leyes de la percepción humana y la dinámica entre la figura y el fondo: de ahí la palabra alemana «gestalt».

Gestalt suele traducirse por «forma» o «configuración». Si consideramos el campo perceptivo como una interrelación de fuerzas, vemos cómo del campo del fondo emerge una fuerza que tiende a ponerse de relieve hasta que ocupa el primer plano: la figura. Esta figura y su fondo (del que es indisociable) forman una composición o configuración a la que se le llama gestalt.

La figura, separada del fondo, pierde su sentido porque el ojo humano percibe globalmente a ambos, complementados mutuamente. Percibimos totalidades (gestalten), y esta concepción globalizadora y unitaria de los fenómenos suponía una innovación respecto al pensamiento científico de la época, anclado en el asociacionismo. Uno de los precursores de la escuela gestáltica, Von Ehrenfels, ya decía a prin-

---

[3] Fuentes: I. López, *Cuadro biográfico*, Boletín AETG, núm. 11, noviembre, 1990; S. y A. Ginger, *La Gestalt, una terapia de contacto*, Manual Moderno, México, 1993; H. Salama, *El enfoque gestalt*, Manual Moderno, México, 1988; M. Shepard, *Fritz Perls*, Paidós, Buenos Aires, 1977; J. Gaines, *Fritz Perls, aquí y ahora*, Cuatro Vientos, Chile, 1989; F. Perls, *Dentro y fuera del tarro de la basura*, Cuatro Vientos, Chile, 1977; C. Naranjo, *Gestalt sin fronteras*, op. cit.,1993.

cipios de siglo que «el todo es una realidad diferente a la suma de las partes», reaccionando así contra el dualismo del objeto y el sujeto y todas las divisiones parciales propias de la ciencia. En palabras de Fritz:

> Una gestalt es una configuración, una forma, la forma particular en que se organizan las partes individuales que la constituyen. Su premisa básica es que la naturaleza humana se organiza en formas o totalidades y es vivenciada por el individuo en esos términos y puede ser comprendida únicamente en función de las formas o totalidades de las cuales se compone.
>
> PERLS, 1976.

La psicología de la forma le ha prestado a la terapia gestalt algunos conceptos e incluso una jerga de la que a veces hemos abusado los gestaltistas. Las dos ideas más relevantes que Fritz tomó en préstamo son la de figura-fondo y la de la gestalt incompleta.

La primera le sirvió en su momento a Perls para diferenciarse del lenguaje psicoanalítico. En este sentido, FIGURA-FONDO es una analogía de consciente-inconsciente, o darse cuenta enfocando (percibiendo) lo que antes era borroso e informe. Lo original y rescatable es el sentido globalizador, holístico, que los psicólogos de la forma descubrieron en la percepción y que Fritz aplicó a la visión del ser humano: percibir al individuo en su totalidad, con la misma pauta integradora con que el organismo tiende a mantenerse en equilibrio armónico mediante procesos de autorregulación. Esta concepción sí era novedosa en su tiempo y se sostiene con plena vigencia.

Una de las leyes de la percepción de la antigua psicología de la forma es la tendencia del individuo a completar aquello que percibe, aunque objetivamente se le muestre con huecos vacíos de trazo. Por esta ley, normalmente se percibirá como una circunferencia una serie de puntos inconexos dibujados en torno a un eje esférico. A la vez que una ley perceptiva (ley del cierre) nosotros extrapolamos este fenómeno y lo vemos como un impulso de toda persona a completar su existencia. Este impulso puede malograrse, por ejemplo, por factores sociales, e interrumpir el proceso de una persona a hacer lo que quiere hacer. Sería una figura que emergió del fondo, que no pudo completarse, y que vuelve de rechazo a sumergirse en el fondo. Esto, que llamamos una GESTALT INCOMPLETA, atenta contra la tendencia natural a completar la propia experiencia, y en este sentido puede ser un primer paso de desajuste, de proceso de alienación neurótica.

Por otra parte, los psicólogos de la forma investigaron la influencia de la motivación en la percepción, de forma que un sujeto sediento tiende a percibir un estímulo (ambiguamente líquido), como agua o cualquier otra bebida que remedie su sed. Si el sediento ve agua donde no la hay, igualmente una persona insatisfecha continúa elaborando asuntos inconclusos del pasado en su actividad presente, impidiendo que nuevas figuras emerjan aquí y ahora y puedan ser vividas gratificantemente para, una vez completadas, volver al fondo.

Podemos ver entonces la diferencia de un fondo-contexto, sin demasiada entidad pero enormemente fértil porque provee de innumerables figuras que en su momento pueden ponerse en relieve, en primer plano, y un fondo rígido formado por gestalts incompletas que sólo permite surgir la misma figura, obsesivamente reproducida en mil variantes.

Este segundo concepto de gestalt incompleta es uno de los más utilizados por Perls en su trabajo: sistemáticamente alude a los asuntos inconclusos (*unfinished business*) como otra versión operativa de lo que en psicoanálisis se entiende como compulsión a la repetición. En sus primeros escritos, Fritz defendía la concentración como antídoto a la acumulación de asuntos pendientes y por lo tanto perturbadores; así lo expone a través de un caso:

> Un oficial extremadamente responsable estaba muy preocupado por el hecho de padecer desfallecimientos repetidos... Lo que había sucedido era esto: cada día tenía que tratar cierto número de problemas, a muchos de los cuales no encontraba solución ese mismo día. Representaban cierto número de situaciones no concluidas. Antes de acostarse leía una historia fantástica y dormía mal, ya que las situaciones inconclusas alteraban su sueño e iniciaba, a la mañana siguiente, el trabajo con una fatiga mayor. Esto reducía su capacidad y más tareas permanecían inconclusas. Preocupaciones nocturnas mayores, mayor fatiga y un menor poder de trabajo iniciaron y continuaron el círculo vicioso hasta que su falta de capacidad para concentrarse lo obligaron a detenerse definitivamente... Se encontró la solución a esta dificultad en la disminución del número

de problemas que tenía que resolver, en terminar los más posibles durante el día y en ordenar todos los problemas no concluidos antes de ir a la cama. Después de haber comprendido que el núcleo de su perturbación se debía simplemente a situaciones inconclusas, aprendió a restringir sus problemas de trabajo a las horas de oficina, a no iniciar una nueva tarea antes de haber terminado lo que tenía entre manos y a jugar en horas de descanso... sólo somos capaces de concentrarnos por completo en aquellos objetos que significan la completación de un todo incompleto.

PERLS, 1975a.

La tensión de lo incompleto como una de las fuentes de la neurosis debió de tomarlo Fritz de los trabajos de Blyuma Zeigarnik, psicóloga soviética, alumna de Lewin, que investigó en los años treinta las «situaciones inacabadas». Aquellas tareas que se interrumpen crean un sistema cargado de tensión que influye en la memorización (se recuerda lo inconcluso mucho más que lo acabado), concluyendo que «la tensión creada por las situaciones inacabadas no afecta solamente al comportamiento y a la memoria sino a la totalidad del área intrapsíquica de la personalidad»[4]. Esta teoría, conocida como el «efecto Zeigarnik», resuena claramente con la primera concepción de la neurosis según Perls, incluso se ha pensado que cuando cita de pasada a Kurt Lewin en *Yo, hambre y agresión* lo hace erróneamente, atribuyéndole las investigaciones de su discípula Zeigarnik. Según Mazour, Zeigarnik abrió la psicología de la gestalt a nuevas posibilidades aplicando la ley del cierre (tendencia a la completación) a los comportamientos y actividades reales. La terapia gestalt fue más allá, aplicando esta ley a las emociones, sentimientos y acontecimientos reales de la vida. Por otra parte, esta psicóloga trabajó durante la Segunda Guerra Mundial con soldados víctimas de traumatismos cerebrales, ayudándoles a restablecer sus funciones psíquicas y su capacidad de vivir y trabajar autónomamente. Lo que ella desarrolló en Moscú (y que dio lugar a la creación del laboratorio de patopsicología) parece un eco de las investigaciones de Goldstein en Fráncfort en los años veinte.

---

[4] E. Mazour, «L'effect Zeigarnik et le concept de situation inachevée en Gestalt-thérapie», *Boletín francés*, núm. 6, primavera, 1994.

Kurt Goldstein, neurocirujano adscrito a la escuela gestáltica, es la influencia más directa de la Gestaltpsychologie en Fritz Perls. También trabajó con lesionados cerebrales de la Primera Guerra, elaborando una teoría global del organismo, rechazando la dicotomía entre lo biológico y lo psíquico (en la línea de Köhler) entre lo normal y lo patológico: «lo normal debe definirse, no por la adaptación, sino al contrario, por la capacidad de inventar normas nuevas»[5]. Goldstein demostró que las leyes de la forma no eran válidas sólo en el área de la percepción y de los fenómenos fisiológicos, sino que tenían validez para el organismo como un todo. Destacó la unidad del organismo y su capacidad de regularse, demostrando que la ausencia funcional de una parte del cuerpo es compensada por una reorganización total de las partes restantes, lo cual explica que un organismo pueda en muchos casos seguir existiendo aunque haya sufrido lesiones considerables (Kriz). A esto lo llamó «tendencia a la conducta ordenada» y «autoactualización».

Del resto de los teóricos de la gestalt pocas influencias podemos encontrar en Fritz, por más que dedique su primer libro «a la memoria de Max Wertheimer» y en él aluda repetidas veces a las teorías gestálticas, a la metáfora figura-fondo, a los experimentos de Köhler con monos... de la misma forma que se refiere al Holismo de Smuts y a los descubrimientos de Einstein: parece una estrategia política para distanciarse del psicoanálisis freudiano y darse un lugar en la modernidad, en un paradigma científico innovador:

> Al asumir que somos «eventos espacio-temporales» dentro de los campos cambiantes de nuestra existencia, estoy en línea con la tendencia actual de la ciencia. Del mismo modo que Einstein lanzó una nueva comprensión científica tomando en cuenta al ser humano, podemos lograr una nueva comprensión psicológica al darnos cuenta de la relatividad de la conducta humana...
>
> PERLS, 1975a.

Seguramente aquí radica la decisión de llamar gestalt a su terapia, después de haber descartado otras denominaciones, y no tanto en su conocimiento teórico de la escuela, como él mismo confiesa:

---

[5] Citado por S. y A. Ginger, *La gestalt, una terapia de contacto*, Manual Moderno, México, 1993, p. 15.

Apreciaba y admiraba muchos aspectos de su trabajo, en particular los primeros trabajos de Kurt Lewin. No pude estar de acuerdo con ellos cuando se hicieron positivistas. No he leído sus libros, únicamente algunas publicaciones de Lewin, Wertheimer y Köhler. Lo más importante para mí fue la idea de la situación inconclusa, la gestalt incompleta. Desde luego que los gestaltistas académicos nunca me aceptaron. Yo no era un gestaltista puro.

Perls, 1975b.

Laura Perls sí lo era; cubrió todo un período de su formación con la escuela, fue durante años ayudante de Goldstein (en cuya casa de Fráncfort conoció a Fritz) y seguramente su influencia explica que la gestalt de la Costa Este haya acentuado la importancia de dicha teoría y de su jerga en la terapia gestalt. La misma Laura insiste en el estudio de los gestaltistas alemanes para entender la terapia gestalt:

> El trabajo de Wertheimer, Goldstein y Lewin fue especialmente importante en el desarrollo de la Terapia Gestalt. Cualquier estudiante que realmente quiera llegar a entender la Terapia Gestalt debe estudiar la obra de Wertheimer sobre las formas de pensar de manera productiva, la de Lewin sobre la gestalt incompleta y la importancia de la motivación en la formación de gestalten, y la de Kurt Goldstein sobre el organismo como un todo indivisible[6].

La influencia de la psicología de la forma puede reconocerse en general en la psicología humanista. W. Metzger (1809-1982), uno de los últimos psicólogos de la escuela de Berlín, detalla el aporte de la teoría gestáltica a la psicoterapia en seis rasgos distintivos:

1. La gestalt no es arbitraria (no se puede forzar su propia naturaleza, sólo puede desarrollarse aquello que ya existía).
2. Las fuerzas configuradoras son interiores.
3. Los momentos de trabajo no son arbitrarios (los seres vivos tienen sus tiempos e instantes fecundos en los que son accesibles al influjo y la guía).

---

[6] L. Perls, *Viviendo en los límites*, op. cit., p. 141.

4. La velocidad de trabajo no es arbitraria (el crecimiento y maduración tienen su propio ritmo y no pueden acelerarse).
5. Es preciso tolerar los rodeos.
6. El proceso es recíproco.

Volviendo a Fritz Perls, en su caso y como ya hemos dicho, la psicología de la forma es una influencia tangencial, más estratégica y metafórica que real. Cito a Naranjo:

> Obviamente, la psicología de la gestalt fue un fuerte aliado con que contar en el camino hacia la acreditación académica, y sonaba impresionante establecer la ecuación: «lo que la psicología asociacionista es al psicoanálisis freudiano, la psicología gestáltica es al mío». «Aparentemente la gente no se percató de que, con respecto a la teoría, el emperador iba desnudo, y aún están buscando la misteriosa conexión entre la psicología de la gestalt y la terapia gestáltica con un éxito cuestionable».
>
> NARANJO, 1990.

El psicoanálisis

Sería más certero considerar a Perls como un neofreudiano que como un seguidor de la Gestaltpsychologie. Aunque no completó su propio análisis de una forma convencional, tuvieron gran importancia en su desarrollo los períodos de psicoanálisis con Karen Horney y Wilhelm Reich (además de Clara Happel, Karl Landauer y Eugen Harnick). Se formó como psicoanalista, supervisó con Helen Deutsch y Otto Fenichel y ejerció más de veinte años como tal, fundando incluso el Instituto Sudafricano de Psicoanálisis para defender sus postulados en la época en que los nazis perseguían la doctrina freudiana.

Seguramente por esta devoción inicial al grupo psicoanalítico y a su creador, Sigmund Freud, no perdonó la frialdad con que éste le recibió en 1936. Esperaba un reconocimiento que no tuvo y a partir de ahí su relación con la teoría psicoanalítica será controvertida, así como mantendrá en el futuro una ambivalencia considerable hacia Freud, mezcla de resentimiento, competitividad, admiración y agradecimiento, ya que esta oposición le ayudó a encontrar su propio camino.

La experiencia de Fritz no es muy diferente de la de tantos discípulos de Freud. Digamos que pertenece a la gran corriente de disidentes que han creado las bases de la psicoterapia occidental (Jung, Adler, Reich, Ferenczi, Klein, Horney, etc.) de forma que la relevancia de Freud hay que achacarla tanto a sus descubrimientos como a haber catalizado semejante riqueza de heterodoxias.

Perls se opone a muchos de los puntos fundamentales tanto de la teoría como de la técnica freudiana. En síntesis, y siguiendo a varios autores (Ginger, Petit, Kriz...), las divergencias más notables son:

- El *inconsciente*. No es tanto que Perls lo niegue sino que propone abordarlo por otras vías, indagando en el contenido material de lo reprimido más que en el proceso de no darse cuenta en el presente». Se ha dicho, en este sentido, que el concepto de «darse cuenta» (*awareness*) gestáltico corresponde al concepto freudiano de preconsciente (lo que puede ser traído a la conciencia en cualquier momento) y no al de inconsciente (lo que comúnmente no puede ser traído: es tarea de la técnica psicoanalítica el lograrlo). Simkin explicaba la personalidad con la metáfora de una pelota hueca sumergida casi totalmente en agua: más que imaginar un inconsciente o un preconsciente (parte sumergida), Simkin sugiere que el comportamiento inconsciente es el resultado de una falta de contacto con lo que está ahí, con la realidad, bien porque la persona está inmersa en su entorno, bien porque esté atrapada en lo imaginario.
A un gestaltista le interesa más lo que la otra persona sabe o siente de sí que lo que ignora. Y en cualquier caso esto se aborda escuchando al cuerpo, a la emoción, a los fenómenos de superficie observables en el momento, no a través de la técnica analítica (asociación libre, interpretación del analista, etcétera.).
- Perls no acepta la primacía de la *sexualidad infantil* ni de la *represión* en el origen de la neurosis, le otorga más importancia a las necesidades orales y cutáneas (hambre y necesidad de contacto), así como a lo inconcluso (lo prohibido por el entorno) como sinónimo de neurótico, de conflicto entre el organismo y el medio. Tampoco acepta la universalidad del complejo de Edipo ni la angustia de castración.

- No considera la *transferencia* como motor de la cura sino como un rodeo inútil. La *neutralidad* del analista le resulta menos eficaz que una actitud activa que le devuelva al paciente sus proyecciones, le confronte con su ceguera actual en la relación terapéutica y le apoye en su espontaneidad.
- La *resistencia* no es tanto algo a derribar sino una fuerza creativa a recuperar favorablemente. Perls abogaba por convertirla en asistencia.

En general, Fritz aporta una visión más confiada del impulso, del cuerpo, del movimiento y la emoción. Desconfía más de la palabra y de la racionalización. No concibe la compulsión a la repetición como expresión de un supuesto «instinto de muerte» sino como tendencia de toda necesidad a completarse (efecto Zeigarnik). No aplica la interpretación a los sueños sino que explora sus elementos para que el soñante capte su mensaje existencial. Finalmente, reacciona al rol distante del terapeuta sabio y neutro (la regla psicoanalítica de abstinencia) con una presencia transparente y humana, desde luego más adecuada a la personalidad de Fritz, a su intuición y a su liberación de aparatos teóricos constreñidores en favor de una actitud creativa aquí y ahora.

Como ya dijimos, sus divergencias con Freud le acercan a los disidentes del psicoanálisis, con quienes comparte algunos descubrimientos y aportaciones. Por ejemplo, M. Petit señala la confluencia con C. G. Jung en el enfoque integrador de los opuestos (que ambos rescatan de la tradición taoísta aunque seguramente en Perls primó la influencia de Friedlaender y su «pensamiento diferencial»). También es común la concepción del sueño como expresión rica y completa de la totalidad de la persona. Ginger añade la actitud activa y comprometida del terapeuta, el enfoque clínico y humanista más que teórico, la búsqueda de la individuación, la atención al proceso... Seguramente influyó en Perls la temprana disensión de Jung con la teoría de la sexualidad infantil freudiana: en 1912 (*La psicología del inconsciente*) Jung niega que las actividades del niño en la etapa preedípica sean sexuales sino de crecimiento y nutrición, insinuando que la nutrición es el origen de todos los demás impulsos, concepto muy cercano al de «Hambre» en el primer libro de Fritz. También criticó Jung el método freudiano por determinista y retrospectivo, mientras que el psicoanálisis funcional debe mirar hacia el futuro y esforzarse en hallar el significado del presente y del futuro. Fue el primero en hablar de proceso recíproco entre paciente y analista, resaltando lo interpersonal.

Con O. Rank comparte la reducción de la duración del tratamiento, los elementos del sueño tomados como proyecciones del soñante y la importancia dada al desarrollo de la identidad individual: desde el traumatismo del nacimiento la primera batalla de la vida es precisamente la individualización. Pero las personas tienden a mantenerse dependientes y atemorizadas ante la posibilidad de la independencia (como restos traumáticos de la primera separación al nacer), por eso acortó y centró el tratamiento en aprender a afirmar la propia voluntad del paciente, en una especie de segundo nacimiento a través de la individualidad y la voluntad. La figura del analista se hizo más activa y precisa a los ojos del paciente, destacándose la importancia del presente. Se le acusó de arriesgado, incluso sádico, por provocar al paciente para que reaccionara autoafirmándose: cuando éste era capaz de vencer la autoridad del analista, podía considerarse liberado. Su concepción de los problemas del neurótico como resultado de su incapacidad para adaptar o expresar su lado creativo, resulta afín con la gestalt, así como entender la terapia como posibilidad de desarrollar las potencialidades del paciente.

Con S. Ferenczi comparte la atención a las reacciones corporales del paciente, su técnica activa (que incluye intervenciones físicas y cálidas) y la búsqueda del propio estilo del terapeuta (elasticidad técnica). Ginger considera a Ferenczi uno de los precursores (el abuelo) de la gestalt. Algunos discípulos suyos tuvieron importancia en la vida de Perls, como Ernest Jones o Clara Thompson. El método de Ferenczi evolucionó de una actitud activa y directiva (al estilo de Rank) a otra tolerante que llamó «terapia de relajación» (hacia 1927): si el neurótico no encontró aceptación o cariño en su infancia, el psicoanálisis puede suministrarle un medio favorable para la experiencia de amor y aceptación. Una especie de situación correctora con un «buen padre». Con Ferenczi el acento recae sobre la actitud del psicoanalista, y su persona es el instrumento de la curación, con sus errores y defectos (que deben aceptarse abiertamente ante el paciente cuando se produzcan). Freud criticó duramente el método de Ferenczi, en particular la idea de «otorgar amor» al paciente y la de confiarle los errores que comete el analista. Su énfasis en la actitud del terapeuta es claramente uno de los fundamentos de la terapia gestalt, especialmente explicitado por C. Naranjo.

Pueden verse otras muchas convergencias entre Perls y los sucesores de Freud (G. Groddeck, M. Klein, D. Winnicott...) pero quiero resaltar especialmente tres influencias: A. Adler, K. Horney y W. Reich. Precisamente en el cuadro de influencias de Kriz[7], sobre Fritz Perls convergen tres líneas: Horney, Reich y Moreno (éste en puntos discontinuos. Moreno a su vez proviene en línea de Adler).

Horney y Reich fueron analistas de Perls. Con Adler la relación fue poco significativa[8] pero Clara Thompson considera a Karen Horney heredera del pensamiento adleriano, a la vez que vinculada a la escuela americana de psicoanálisis (William Allanson White, Harry Stack Sullivan, Eric Fromm...) que acogió a Perls en sus primeros meses en Estados Unidos.

Alfred Adler (1870-1937)

Destacó los aspectos psicosociológicos del desarrollo humano, por eso no parece muy adecuado el nombre que le dio a su enfoque terapéutico, «psicología individual», cuando tan cerca está de lo social y comunitario. Adler insiste en la unidad y totalidad indivisibles de la persona, en su singularidad, así como en la capacidad del organismo para crecer y desarrollarse, superando los complejos. Había sido un niño enfermizo y consentido, criado en los arrabales de Viena, de ideas marxistas en su etapa de estudiante; casado posteriormente con una socialista rusa, ejerció la medicina social antes de conocer a Freud y, ya como psicoanalista, sus pacientes provenían de las clases medias, con problemas determinados por la situación social y económica. Colaboró estrechamente con Freud durante una década (fue presidente de la Asociación Psicoanalítica de Viena —1910—) y al distanciar-

---

[7] J. Kriz, *Corrientes fundamentales en psicoterapia*, Amorrortu, Buenos Aires, 1990, p. 43.
[8] Dice en su autobiografía: «Con excepción de Friedlaender y Goldstein, mis encuentros con gente tan famosa como Einstein, Jung, Adler, Smuts, Marlene Dietrich y Freud no pasaron de ser encuentros casuales» (1975b).

se de la teoría de la libido, rompió con Freud y fue excluido de la Asociación: el desencadenante fueron tres conferencias sobre el tema «Para una crítica de la teoría sexual freudiana de la vida anímica».

Adler no compartía la opinión de que la causa de la neurosis eran conflictos sexuales o luchas entre las instancias psíquicas (ello, yo, superyó) o represión de exigencias sexuales a lo inconsciente. Lo «inconsciente» aparece poco en Adler como sustantivo, las más de las veces es sólo atributo, como en expresiones compuestas del estilo «plan inconsciente de vida». Las nociones centrales de su «psicología individual» son: «sentimiento de hacerse valer», «estilo de vida» y «plan de vida», en los que se expresan estrategias inconscientes del individuo en su trato con el ambiente.

Adler considera el déficit (la inferioridad) como motor que pone en marcha la tendencia humana universal a afirmar la autoestima, a aspirar hacia lo alto. Su concepción tiene una fuerte impronta finalista, funcional: sus preguntas no son sobre el «porqué» sino el «para qué» tanto del estilo de vida (estrategias de la primera infancia ante las demandas del medio familiar) como del plan de vida (orientación básica de la existencia). También la neurosis, como desarrollo fallido, ha de considerarse según su función y su finalidad, ya que aspira igualmente a una meta.

El plan de vida es inconsciente, «el hombre no se propone esa finalidad, pero obra como si la persiguiera, y sólo así se pueden comprender sus actos» (Jakoby). Perls criticó este sentido planificador de Adler como «fascinación por el futuro» (Petit), pero compartía su interés en la educación (educar al educador era el horizonte adleriano para llegar preventivamente a capas más amplias de la población).

En su estilo terapéutico, Adler nos resulta muy afín: además de explorar cognitivamente el «plan de vida», prestaba atención a la postura corporal, los gestos, el registro de voz: proponía a los terapeutas que durante un lapso de tiempo no repararan en las palabras sino que se concentraran en los gestos y actitudes para, a través de ellos, dilucidar los designios más profundos. Indagaba el estilo pedagógico de los padres (investigó en particular los daños derivados de padres autoritarios o consentidores) para determinar el lema («divisa») familiar. Otros recursos eran: la «pregunta de evitación»: «¿Qué emprendería usted si yo le curara en un plazo breve?», para conocer lo que se quiere evitar por medio del síntoma actual; el «diálogo socrático» para contrarrestar el rigorismo moral, llevando al absurdo la férrea necesidad de normas exageradas para así cuestionarlas (procedimiento usado también en la logoterapia de Frankl, en la terapia racional-emotiva de Ellis... y en la exploración del *top-dog* gestáltico); «aliarse conspirativamente con el niño pequeño del paciente», ponerse del lado del síntoma y rescatar su función: al paciente agorafóbico le revelará «en la más absoluta confianza, que éste es el camino más seguro para evitar fracasos en el trabajo», frente al síntoma histérico señalará «que no existe mejor método para atraer la atención»... lo que otras terapias llaman actualmente «reencuadramiento» y que Adler utilizaba para mostrar al paciente su contribución activa en mantener el síntoma (y por lo tanto poder cambiarlo o al menos actuar de manera distinta). Este estilo paradójico, así como el uso del chiste y el humor, resuenan en Perls y su intento de que el paciente asuma la responsabilidad, de la cual, hasta ahora, había logrado sustraerse.

Karen Horney (1885-1952)

Primera analista de Perls y una de las personas que más influencia directa tuvo sobre él, por más que no la cite tan explícitamente como, por ejemplo, a Reich. «De Horney recibí compromiso humano sin terminología complicada» (1975b).

K. Horney empieza a publicar tras su huida de Alemania a Estados Unidos. Su primera obra *La personalidad neurótica de nuestro tiempo* (1937) hace una amplia interpretación cultural de la neurosis; en sus palabras resuenan conceptos similares a los que luego utilizará Fritz: «Existen dos características de la neurosis: primero cierta rigidez en las reacciones y segundo, una estimable discrepancia entre las capacidades del individuo y sus realizaciones... Por "rigidez de reacciones" entendemos la ausencia de flexibilidad que no permite reaccionar de diversa manera frente a diferentes situaciones»[9].

En su segundo libro *El nuevo psicoanálisis* (1939), se opone abiertamente a la orientación biológica de Freud, como antes habían hecho Adler, Jung y Rank. Estas dos obras provocaron el enojo de los círcu-

---

[9] K. Horney, *La personalidad neurótica de nuestro tiempo*, Paidós, Barcelona, 1984, p. 4.

los psicoanalíticos, acusando a Horney de superficial, de haber abandonado el fundamento real del psicoanálisis, de ser partidaria de Adler, etc., sin que se tomaran en cuenta sus aportaciones para la mejora de los métodos psicoterapéuticos (Horney se ocupó mucho más de la terapia que de la teoría, sus escritos destilan experiencia clínica y su lenguaje es intencionalmente claro y comprensible).

Según Clara Thompson[10], entre sus aportaciones destaca la importancia dada a la situación presente del paciente, no sólo acentuando la situación psicoanalítica inmediata (como Ferenczi o Reich) sino explorando la situación general de su vida, lo cual la aproxima al punto de vista adleriano, aunque Horney le dio igual importancia a la voluntad de poder que a la necesidad neurótica de amor, resaltando el aspecto enfermizo de ambas búsquedas. Igual que Adler analizaba las finalidades de la neurosis, K. Horney afirma que el paciente está enfermo no sólo por lo que le sucedió en el pasado sino también porque, al luchar contra ello, se fija metas que le conducen a tratar de alcanzar falsos valores. Definió la noción de «imagen idealizada» (lo que Fritz llamaría «autoconcepto») que se convierte en el «yo idealizado»: «Y este yo idealizado es más real que su verdadero yo, no sólo porque es más atractivo, sino porque responde a sus necesidades apremiantes». En esta «búsqueda de la gloria», la persona pierde el centro, cambia «ser por parecer» en una especie de pacto con el diablo (obtener poder ilimitado a cambio de vender su alma): «Hablando en términos simbólicos, el camino fácil a la gloria infinita es inevitablemente el camino a un infierno interior de autodesprecio y autotormento. Al tomar dicho camino, el individuo pierde realmente su alma, su verdadero yo»[11].

Esta focalización de la neurosis en el presente es también la manera gestáltica de abordarla:

Como vio Karen Horney, las perturbaciones emocionales originadas en el pasado ahora son mantenidas por una falsa identidad. Si una persona puede llegar a entender cómo en este preciso instante está enterrando su verdadero sí mismo, puede liberarse.

NARANJO, 1990.

---

[10] C. Thompson, *El Psicoanálisis*, Breviarios, Fondo de Cultura Económica, México, 1975.
[11] K. Horney, *Neurosis y Madurez*. Edit. Psique, Buenos Aires, 1991, p. 36.

En esta misma línea, Horney disiente de la concepción freudiana de la transferencia y de la compulsión de repetición. La transferencia no es una copia de la actitud que el paciente tuvo de niño con su padre, por ejemplo. Sobre esa base primitiva se han desarrollado sus actitudes hacia la autoridad, pero la actitud original ha sido ampliada y modificada en el curso del crecimiento por las experiencias posteriores con figuras parentales, y el cuadro transferencial definitivo es el resultado final de todas estas experiencias (Thompson). Las actitudes también se modifican por los círculos viciosos psicológicos (concepto más amplio que el de repetición compulsiva) que se desarrollan en el interior del paciente: por ejemplo, si se adaptó a un padre severo haciéndose sumiso, pronto el ser sumiso se vuelve un problema, que intentará resolver siendo agresivo y así sucesivamente.

Horney relativizó la importancia de los primeros años de la infancia: consideraba que hablar del pasado podía servir como resistencia a enfrentarse a los problemas más actuales e insistía en que el recuerdo no era la meta de la terapia. También destaca la responsabilidad que el paciente tiene en sus dificultades, en vez de buscar a quién echarle la culpa. Sus colegas Sullivan y Fromm defendían una postura menos extrema: culpar a los padres tiene sentido histórico, desculpabiliza al paciente de sus dificultades actuales y eleva su autoestima. La teoría biológica de Freud sostenía que el niño enferma a causa de la «maldad» de sus instintos, mientras que Horney afirma que también enferma a causa de que obtiene gran satisfacción de sus «malos» fines neuróticos.

En relación con la gestalt, hay que resaltar la resonancia que tiene el concepto perlsiano de *top-dog* (y juego de autotortura) con lo que K. Horney llama «la tiranía del debiera»:

> Los dictados interiores comprenden todo lo que el neurótico debiera hacer, ser, sentir, saber, y los tabúes de todo lo que no debiera ser... Se dice inconscientemente: Olvida la despreciada criatura que realmente eres, lo que importa es ser este ser idealizado. Debes soportar todo, entender todo, gustar todo, ser siempre fecundo... A esto lo llamo «la tiranía del debiera».
>
> *Neurosis y Madurez*, p. 61.

C. Naranjo lo denomina interpretación estratégica del superego, «que resulta de la idealización de nuestras estrategias más tempranas para enfrentar el ambiente. Idealizamos la humildad, la rudeza, la frialdad, etc., convirtiendo nuestras necesidades estratégicas en virtudes» (1990).

Y hablando de enfrentar el ambiente, posiblemente la mayor contribución de K. Horney es precisamente describir los efectos de las exigencias culturales en la producción de la neurosis. Con Fromm y Sullivan se les reconoce no sólo como escuela americana de psicoanálisis (o neofreudianos) sino también como «culturalistas» y «ambientalistas», concepto éste en el que también podría incluirse la terapia gestalt. Lo que Fromm define como el problema del hombre: «La relación específica que el individuo guarda con el mundo y consigo mismo», y que Sullivan enfocó como «problema de relaciones interpersonales», no se diferencia demasiado de la noción gestáltica de neurosis.

También se considera a Karen Horney como una precursora de la psicología humanista y sus palabras así lo confirman:

> En el hombre son inherentes las fuerzas constructivas de evolución que le impulsan a realizar sus potencialidades. Esta creencia no significa que el hombre sea esencialmente bueno, lo cual presupondría un conocimiento dado del bien y del mal. Significa que el hombre, por su misma naturaleza y propio acuerdo, lucha por realizarse, y que sus talentos se desenvuelven con tal lucha... Sólo puede desarrollarse, en el verdadero sentido, cuando asume la plena responsabilidad de sí mismo.
>
> *Neurosis y Madurez*, pp. 10-11.

Wilhelm Reich (1897-1957)

Reich fue el cuarto analista de Perls (precisamente por recomendación de K. Horney) y uno de sus maestros, al que reconoce en sus escritos y con quien mantuvo contacto hasta el final, en la etapa americana de ambos.

En su época de estudiante de Medicina, Reich creó el Seminario Estudiantil de Sexología de Viena. Su informe sobre *El concepto de libido de Forel a Jung* (1919) le llevó a conocer personalmente a Freud y ser admitido en la Asociación Psicoanalítica (1920), dos años antes de doctorarse como médico. Sus divergencias con el pensamiento freudiano empezaron enseguida: Freud se alejaba de su concepción energetista de la libido y de la insistencia en la sofocación de lo pulsional. El psicoanálisis se encaminaba hacia una psicología del yo en cuyo centro estaban la estructura del aparato psíquico y las instancias defensivas. Mientras Freud y el psicoanálisis separaban cada vez más «estructura» de «energía» (interesándose en la primera), Reich siguió trabajando en los problemas de la economía energética a través de la cual se manifestaba y se mantenía la neurosis. Investigó cómo en las perturbaciones psíquicas se solidificaba esta energía y se le impedía fluir, desarrollando las nociones de potencia orgásmica y estructura de carácter. El estudio de los ritmos corporales y de la coraza caracterial desembocó en la vegetoterapia, nombre dado a su enfoque y origen de la bioenergética (Lowen) y la core-energética (Pierrakos).

El manuscrito de *La función del orgasmo* que Reich envió a Freud en 1926 marca el principio de la disidencia. La ruptura definitiva será en 1933, aunque Reich ya se había sentido «traicionado por el Freud de después de 1920»[12].

Resumiendo, el pensamiento reichiano cifra la salud anímica en la «potencia orgásmica», que no hay que interpretar literalmente, sino como la capacidad de entregarse, sin inhibiciones ni bloqueos, a la corriente de energía biológica que se descarga preferentemente en contracciones musculares involuntarias. Afecta por tanto a la relación total de un individuo con su cuerpo y con su pareja, es sinónimo de salud (capacidad de amar) por oposición a la angustia y al espasmo. Comparte con Freud la represión de la libido infantil (de los padres hacia el niño) como origen de la neurosis, pero añadiendo su concepción marxista: «Los padres sofocan la sexualidad de niños y adolescentes, pero lo hacen inconscientemente por encargo de la sociedad mecanizada y autoritaria» (*La función del orgasmo*). Freud explica esta sofocación «en aras de la cultura», lo cual cuestiona Reich: «La represión de la sexualidad no se instituyó en los comienzos del desarrollo cultural... sino en una época relativamente tardía, con la propiedad privada de los medios de producción y con el comienzo de la división de clases». Su actividad terapéutica y política (Movimiento Sexpol) en los años treinta desembocó curiosamente en la expulsión tanto de la Asociación Psicoanalítica como del Partido Comunista. La persecu-

---

[12] S. y A. Ginger, op. cit., p. 86.

ción nazi contra los judíos le hizo huir a Escandinavia y posteriormente instalarse en Estados Unidos, donde pudo trabajar tranquilo una década (de 1937 a 1947) hasta que se desató una campaña contra él que le llevó a la cárcel (donde murió), se destruyeron sus aparatos (el acumulador de orgón, que él introdujo con fines terapéuticos) y se quemaron sus libros con la misma saña que el nazismo aplicó al psicoanálisis europeo.

Cuando Perls le conoció (1930), Reich estaba dándole forma a su principal aportación al psicoanálisis, su libro *Análisis del carácter* (publicado en 1933, en edición del autor después de que la Editorial Psicoanalítica Internacional de Viena anulara el contrato ya firmado). Aquí estudia la diversidad de resistencias individuales, denominando «coraza caracterial» a la organización de pautas defensivas de cada persona. En esta coraza permanece ligada una parte de la energía, y ella sirve al mismo tiempo como defensa frente a excitaciones emocionales. Buscando los correlatos físicos, Reich descubrió más tarde tensiones y endurecimientos musculares típicos, que producían rigideces características en la postura y la expresión: las llamó «armadura muscular». En la coraza caracterial se contiene «la biografía cristalizada» de un individuo, «la suma funcional de todas las vivencias pasadas»; la terapia por tanto consiste en disolver la coraza y hacer que vuelvan a circular las emociones que se habían solidificado, restaurando la capacidad de ser espontáneo, sin angustia ni inhibición: ésta es la potencia orgásmica, «donde lo psíquico y lo corporal se condicionan vegetativamente y al mismo tiempo funcionan como un sistema unitario». Esta superación de la dicotomía mente-cuerpo, rescatando la importancia del segundo, influyó en Perls, quien reconoce la enseñanza reichiana en su valoración del «cómo» en vez del «qué» o del «porqué». Dice Reich en *Análisis del carácter*[13]:

> En mis casos puse el «cómo» al lado del «qué» de la vieja técnica freudiana. Sin embargo ya sabía que el cómo, «la forma» del comportamiento y de las comunicaciones, importaba más que lo que el paciente relataba. Las palabras pueden mentir; el «modo de expresión» no miente nunca. Es la manifestación inconsciente inmediata del carácter... el comportamiento del paciente, su mirada, su manera de hablar, su expresión facial,

---

[13] W. Reich, *Análisis del carácter*, Paidós, Buenos Aires, 1975.

su ropa, su modo de dar la mano, etc., son cosas no sólo subestimadas en su significación analítica, sino por lo general completamente pasadas por alto. En el Congreso de Innsbruck, Ferenczi y yo, cada uno por separado, acentuamos la significación de estos elementos formales para la terapia (pp. 51-52)... *Cómo* se dicen las cosas es un «material» tan importante para la interpretación como *qué* dice el paciente. A menudo oímos a los analistas lamentarse de que el paciente no aporta material... Nuestra es la falta si somos incapaces de utilizar su conducta como material (p. 67). Lo específico de la resistencia caracterológica no es *lo que* el paciente dice o hace sino *cómo* habla y obra, no lo que denuncia en un sueño sino cómo censura, distorsiona, etcétera. (p. 69).

En este tiempo, Reich sigue la práctica clásica del psicoanálisis (paciente en el diván) pero con especial atención a la respiración, las inflexiones de la voz, el gesto y la postura... excepcionalmente toca al paciente para señalar la tensión en la mandíbula o el abdomen. Con los años, Reich irá prefiriendo el trabajo directo sobre el cuerpo en lugar de analizar las resistencias psíquicas, introduciendo diversas formas de masaje para aflojar y eliminar las tensiones musculares. Funcionalmente, la armadura muscular se articula en siete segmentos: ocular, oral, cervical, torácico, diafragmático, abdominal y pélvico; el trabajo corporal de la vegetoterapia reichiana empezaba tradicionalmente por el segmento torácico (donde se petrifican en particular la ira, el llanto y la añoranza) pero en general la dirección del trabajo energético es de arriba-abajo, hacia el segmento pélvico, lo que indica el claro componente sexual de la concepción reichiana de la resistencia.

Aunque el abordaje terapéutico es muy diferente del último Reich (y no digamos de su discípulo Lowen), el estilo de Perls tiene mucho del que fuera su analista y, con palabras de M. Petit, podemos decir que la gestalt es una de las herederas espirituales de las teorías de Reich por su acento en la sensación, la experiencia organísmica y la expresión inmediata y directa. C. Naranjo considera a Perls un continuador de Reich, «quien fue la primera persona en tener más fe en el instinto que en la civilización actual». (Naranjo, 1990).

Después de todo lo dicho acerca de la influencia psicoanalítica en Perls (desde Freud a sus continuadores) así como de las divergencias, quiero señalar las diferencias que considero más importantes en el estilo terapéutico de Fritz: su desapego de cualquier teoría previa y cerrada que no le permitiera ver al paciente, así como la libertad de guiarse por su intuición.

Con el tiempo Perls, fue despojándose de conceptualizaciones teóricas, simplificando su estilo al máximo hasta el punto de parecer que «sólo» trabajaba con la atención a lo fenomenológico y con la libertad de ser él mismo. Obviamente, hay otras variables que iremos viendo, pero seguramente éstas sean las que más claramente contrastan con el rol del terapeuta psicoanalítico.

CAPÍTULO 3

OTRAS FUENTES DE LA TERAPIA GESTALT

> Mi objetivo es siempre observar el espíritu de los tiempos: es él quien dirige los grandes acontecimientos del mundo.
>
> VOLTAIRE, *Ensayo sobre las costumbres*

Se ha hablado mucho de la relación de la gestalt con el pensamiento fenomenológico y existencialista, con la semántica general, con el holismo de Smuts... y de todo esto hablaremos brevemente más adelante, sin olvidar la temprana influencia que tuvo sobre Fritz el filósofo Friedlaender y su pensamiento diferencial. Sin embargo, se ha descuidado la importancia que tuvo en la juventud de Perls su entrenamiento teatral y cómo este aprendizaje afloraba en su práctica terapéutica. Aparcaremos de momento las teorías filosóficas implícitas en la gestalt para rescatar otro aspecto implícito, en este caso de la práctica, como es el teatro que tanto influyó en Fritz (antes de imaginarse siquiera como psicoanalista), que nos acerca al psicodrama moreniano y nos incluye en la psicoterapia de la segunda mitad del siglo XX, aquella que recupera el cuerpo, la expresión y la acción.

El teatro

Sabemos de la afición de Fritz al teatro. En su autobiografía alude a su fascinación por el circo desde los cuatro años y a su presencia en los ensayos y representaciones domésticas de un joven vecino, Theo Freiberg, con cuya *troupe* colaboró ocasionalmente ya en la adolescencia.

De este precoz interés da testimonio su hermana Grete:

> Fritz amaba el teatro, siempre le gustó. Cuando íbamos a la casa de nuestros abuelos, se iba a la cocina y mientras los adultos conversaban o comían, nos entretenía a la empleada y a mí con caricaturas teatrales que ideaba a partir de grandes poemas de Schiller y Goethe, o de fragmentos de obras teatrales. De adolescente se inscribió en el Gymnasium, ya que Reinhardt estaba dando clases. Lo aceptaron y tuvo pequeños roles en algunas obras. En una oportunidad, representó Mephisto para Reinhardt. Más tarde, el teatro le sirvió mucho para sus talleres[14].

Muy acertado este último comentario de Grete Perls, como iremos viendo. En la temprana afición de Fritz al teatro podemos detectar la influencia de su madre, mujer de inquietudes artísticas que hizo cuanto sus limitaciones económicas le permitieron por familiarizar a sus hijos con los conciertos, la ópera y el teatro de aquel Berlín de principios de siglo.

Volvamos a la época del Gymnasium. El adolescente Fritz, pésimo estudiante hasta la fecha, cambia radicalmente al ingresar en el Askanischer Gymnasium donde encontró un profesorado humanista y sobre todo conectó con Max Reinhardt. Él fue su primer maestro: «El primer genio creativo que conocí», dice en su autobiografía, y podemos afirmar que la figura de Reinhardt y el teatro fueron la salvación del joven Fritz en una época más que crítica familiar y escolarmente.

En otro momento alude Fritz a las materias de estudio que le interesaban en el Gymnasium, particularmente las clases de pintura y las matemáticas pero «como de costumbre, no me preparaba para la escuela: estaba demasiado ocupado en mi preparación de actor». Obviamente, esta tarea le tenía absorbido. Tomaba clases con Reinhardt y a su vez actuaba:

---

[14] J. Gaines, *Fritz Perls, aquí y ahora*, Cuatro Vientos, Chile, 1989, p. 20.

> Volvía de la escuela a casa para un ligero almuerzo de mediodía, y en mi bicicleta me iba a un teatro al aire libre donde tuve mi primer contrato como actor. Por cada función recibía cinco marcos, lo que era una suma inusitada para mí. Desconocía lo que era tener dinero en el bolsillo. Antes de esto tenía que robarlo de la cartera de mi madre o tenía que dar clases particulares. Ahora podía pagar mis clases de teatro y además me podía comprar una motocicleta. Después de la función de la tarde, recorría en mi bicicleta los siete kilómetros (a veces sin pasar por casa a cenar) para llegar a tiempo a la función de Max Reinhardt, que muchas veces se prolongaba hasta adentrada la noche. Mi madre temblaba de miedo de que mi padre fuera a llegar a casa antes que yo y armara un escándalo... En esa época yo no era un buen actor, era un buen imitador pero nada creativo... Ahora soy un buen actor y con facilidad logro una transformación camaleónica. Le doy mucha alegría a mucha gente, principalmente cuando hago de payaso.
>
> PERLS, 1975 b, p. 242.

Reinhardt produjo una impresión duradera en su alumno. Es asombrosa la fidelidad con que Fritz recuerda sus métodos y sus montajes, a juzgar por la documentación que hemos ido encontrando sobre el director escénico, del que hablaremos en profundidad más adelante.

Cuando Fritz acaba sus estudios de Medicina, los intereses inmediatos le van a llevar al psicoanálisis. Parece que se abriera un paréntesis entre su anterior actividad de actor *amateur* y su profesión de analista en Europa y África. Lo que no perdió fue su afición a la bohemia, a las tertulias de café, a frecuentar a gente del arte, de la farándula y a intelectuales izquierdistas. Ya en su etapa neoyorquina (años cincuenta) este mismo ambiente contracultural le reconecta con el teatro. Allí los Perls se relacionaron, a través de Paul Goodman, con gente significativa del mundo artístico: el músico John Cage, Merce Cunningham, figura de la danza contemporánea; Julian Beck y su mujer Judith Malina, creadores del Living Theatre, del que hablaremos más adelante.

Otro de los intereses que Perls mantuvo toda su vida fue la danza, o más extensamente, la expresión a través del movimiento. Shepard alude a la figura de Mary Wigman, quien en la Alemania de Fritz revolucionaba la danza al mismo tiempo que Isadora Duncan en Estados Unidos. Ambas intentaban sustituir el estilizamiento de la época por otra expresión más personal, más conectada con el espíritu del artista. Buscaban en el movimiento una espontaneidad natural e individual, fluida y creadora, no rutinaria o ritual. A través de Palucca, bailarina asociada a la Bauhaus, Fritz llegó a conocer y respetar las enseñanzas de Wigman como ampliación natural del aprendizaje con Reinhardt.

Saltando en el tiempo, la etapa californiana de Perls rescató y propició este interés en la expresión artística. En Esalen conoció a Ann Halprin, fundadora y directora del Taller de Danza de San Francisco. Estrechó lazos con ella y le brindó la oportunidad de trabajar en grupo con sus bailarines, utilizando el movimiento para que ellos saldaran las cuentas emocionales pendientes, trabajo que le satisfizo, según Shepard, por el especial deleite que le producía el teatro creativo y porque esa tarea le permitía establecer un excepcional matrimonio entre lo estético y la terapia gestáltica.

Así lo cuenta la propia Ann Halprin:

> Venía al teatro a ver nuestros ensayos. Cuando nos quedábamos pegados en alguna obra, él creaba una situación en la cual se producía una relación de actores respondiendo a un director, le gustaba hacer esto. Usaba la gestalt en una forma muy estimulante y creativa. Hizo una serie de talleres para nuestra compañía de baile. Hacíamos el taller de gestalt como bailarines y como gente de teatro. Bailábamos y actuábamos todo lo que ocurría. Para hacer la terapia gestáltica, nos hacía pararnos en el escenario y nos decía: «Ahora sé esto, ahora sé esto otro...» y todos lo hacían bailando. Cada vez que trabajaba con alguien, era como una verdadera actuación. Nos resultaba muy fácil ponernos en contacto con nuestros sentimientos a través del movimiento. Jugábamos a los roles... A Fritz le fascinaba ser director de teatro[15].

Tenemos también el testimonio de Ilana Rubenfeld, «actriz-paciente» en alguna película de Fritz en Esalen:

> Me alegro de haberlo tratado en sus últimos cuatro años porque esa época fue como un crisol de muchas cosas. La gente de hace veinte años dirá que en los últimos tiempos no estaba haciendo gestalt, u otra gestalt dis-

---

[15] J. Gaines, op. cit., p. 165.

tinta. Lo que sucede es que él era una Gestalt distinta. La Gestalt misma. En un taller nos consagraba a experiencias de contacto-retirada y todos pasaban por la silla caliente. En otro taller se dedicaba al movimiento corporal, a exagerar el movimiento propio... Yo nunca sabía lo que iba a hacer, pero cuando veías trabajar a ese hombre, comprendías que trabajaba con cada persona a partir del punto en que ella se encontraba. Otros terapeutas utilizan técnicas y olvidan lo esencial. Y lo esencial es tener consciencia de dónde se encuentra la persona al trabajar con ella[16].

Y apostilla Shepard:

Muchas personas interesadas por la psicología fueron a conocer a Fritz, como Ilana, durante sus últimos cuatro años. En esa etapa final como terapeuta, Fritz acertó a encontrarse a mitad de camino entre la psicoterapia y el teatro. Así como le dijo a Ilana, ex directora de orquesta convertida en terapeuta, «no se necesita orquesta para ser director, uno puede hacer su propia música», análogamente Fritz creaba su propio teatro. La terapia que practicaba podía ser vista como un drama donde él, como director, hacía interpretar al individuo con quien trabajaba, toda clase de papeles, lo que con frecuencia culminaba en instantes cargados de emoción. Si no hubiese sido otra cosa, habría sido buen teatro. Pero con mayor frecuencia, era además buena terapia.

Sale así al paso de una crítica frecuente al último Perls: la de que sus talleres demostrativos ante grandes audiencias eran más circo que terapia (en opinión de los gestaltistas de la Costa Este) como si la única terapia fuera aquella de encuadre psicoanalítico (individual o en grupo pequeño, tiempo largo de proceso, etcétera). Para entonces Fritz había afinado sus tendencias histriónicas hasta hacer de ellas un arte terapéutico, cuyo impacto en los grupos era innegable y desde luego no pasajero, a juzgar por la opinión de tantos que así lo vivieron y que así lo atestiguan; además, el evidente papel preponderante que la gestalt mantiene entre las terapias actuales, no sería comprensible sin la maestría del Perls maduro. Y hablando de maestros, volvamos al primero, a quien despertó en Fritz todo este potencial.

---

[16] M. Shepard, *Fritz Perls*, Paidós, Buenos Aires, 1977, p. 175.

Max Reinhardt (1873-1943)

Se le considera una figura capital en el teatro europeo del primer cuarto de siglo. Nacido Max Goldman en 1873, cerca de Viena, en una familia pobre de comerciantes judíos. A los diecinueve años, con el nombre artístico de Reinhardt, está actuando en el teatro municipal de Salzburgo y allí llama la atención del director berlinés Otto Brahm, que lo incorpora a su compañía. Otto Brahm era el director más prestigioso del momento, al frente del Deutsches Theater, el teatro más importante de Berlín. Brahm era un partidario apasionado de las tendencias naturalistas que tenían como modelo el Théâtre Libre de Antoine de París, y que se basaba en la más exacta reproducción del ambiente y de los detalles que proporcionaban a la escena un aspecto de vida real. Reinhardt se incorpora a la compañía de Brahm en 1894 (un año después del nacimiento de Fritz) y permanece en ella ocho años interpretando más de ochenta papeles (Shakespeare, clásicos alemanes y moderno repertorio naturalista: Hauptmann).

Seis años más tarde y junto con otros miembros jóvenes de la compañía (actores, autores y pintores) organiza un pequeño grupo que bautiza Die Brille (Los Anteojos), alquila la sala de un cabaré y comienzan una programación independiente: números musicales, *sketches*, improvisaciones de producción propia... Reaccionan contra el espeso y tétrico naturalismo de Brahm, quieren crear el teatro de la sátira y la caricatura contra el conservadurismo y la mediocridad. Este cabaré literario se transforma en un teatro de 400 localidades que recibe el nombre de Kleines Theater (Pequeño Teatro), dedicado a obras nuevas. En un año presentan diez producciones (*Crímenes y crímenes*, de Strindberg, *El espíritu de la tierra*, de Wedekind, *Peleas y Melisenda*, de Maeterlinck, *Electra*, de Hofmannsthal...) siendo la más exitosa *Los bajos fondos*, de Gorki, y la más polémica *Salomé*, de Wilde, de intenso lirismo, estilo grotesco y abierta teatralidad, que fue prohibida por su erotismo y autorizada un año más tarde por presiones de la prensa.

En 1903 Reinhardt finaliza su contrato con Brahm y el Deutsches Theater y emprende su propio camino. Compra un teatro mucho más grande, el Nuevo Teatro (Neues Theater, que años más tarde sería la sede del Berliner Ensemble de Bertolt Brecht), sin dejar el Pequeño

Teatro, inaugurando así el sistema de dividir su trabajo entre la sala principal y la experimental, práctica que desde entonces se ha hecho común en toda compañía estable. En la segunda temporada hubo por lo menos veinticuatro producciones de Reinhardt entre los dos teatros, dando igual importancia a obras insustanciales de repertorio, pues éstas ofrecían no menos oportunidades al actor, que era su principal preocupación. El montaje que le proporciona mayor notoriedad es *El sueño de una noche de verano*, donde los decorados y la puesta en escena son encarados en estilo simbolista, muy poco conocido en la Alemania de entonces, atrayendo la atención de las masas teatrales, aburridas del chato realismo que invadía los escenarios.

El éxito de esta obra hará que la empresa del Deutsches Theater le contrate para sustituir a Otto Brahm, y así en 1905 un joven Max Reinhardt de treinta y dos años se convierte en el más grande y renombrado director de Alemania.

Para reconocer su «ideario teatral», hay que partir de que Reinhardt no fue un teórico sino un hombre de acción, un artista práctico. A diferencia de sus grandes contemporáneos (Gordon Craig en Inglaterra, Stanislavski en Moscú y Meyerhold en San Petersburgo) no propagaba una nueva escuela de arte escénico. Lo que nos ha legado por escrito son dos muestras: el famoso «manifiesto del Café Monopol» (verano de 1902) y su conferencia «Acerca del actor» (1928).

El Manifiesto corresponde a su época del Nuevo Teatro, a punto de comenzar su andadura en solitario, y en él dice:

> Quiero que el teatro traiga otra vez alegría al pueblo, que los arranque de la miseria de la vida cotidiana, más allá de ellos mismos, hacia la atmósfera pura y alegre de lo bello... Me gustaría obtener el mismo grado de autenticidad (de la técnica naturalista) en la representación de lo puramente humano, en un arte psicológico de mayor sutileza y profundidad... Hay un solo objetivo para el teatro: el Teatro mismo. Y creo en un teatro que pertenezca al actor. El punto de vista literario no debe ser el decisivo; esto pasaba porque los hombres de letras dominaban el teatro. Yo soy actor, siento como actor y para mí el actor es el foco natural del teatro. El teatro adeuda al actor el derecho de no atenerse únicamente a una doctrina literaria determinada, dándole libertad para actuar en todos los sentidos y desplegar su alegría en la travesura y en la magia de la transformación... Siento deseos de salvar para nuestra época, demasiado

disciplinada, algo de la vieja Comedia dell'Arte, para proporcionarle al actor la oportunidad de improvisar y dejarse ir[17].

Continúa declarando su exigencia de sacarle al actor el máximo de rendimiento, de recuperar la voz sin la afectación y el énfasis de la época, de interpretar los clásicos de forma novedosa «adueñándonos de ellos con la misma despreocupación y frescura que si se tratara de obras nuevas», de programar tanto a autores consagrados como a desconocidos y jóvenes «así como tampoco rechazaré los experimentos literarios siempre que esté convencido de su valor real». Anuncia la necesidad de una segunda sala más íntima para cultivar el arte de cámara de los autores modernos, e incluso un tercer espacio enorme para el gran arte de los efectos monumentales, «una sala consagrada a la luz y al fervor, construida según el espíritu griego donde se alberguen, además de las tragedias griegas, todo el legítimo arte monumental de todos los tiempos, construida en forma anfiteatral, exenta de telones y bambalinas, incluso desprovista de decorados».

En la conferencia «Acerca del actor» dice textualmente:

> Cuando digo actor no me refiero sólo al profesional de la actuación, sino primero y sobre todo al actor como poeta, como dramaturgo. Todos los grandes dramaturgos han sido y son actores, hayan o no adoptado el oficio. Del mismo modo me refiero al actor como director, regidor de escena, músico, diseñador, pintor y por supuesto al actor como espectador. Pues la contribución de los espectadores es casi tan importante como la del reparto. El público debe tomar parte en la obra si entendemos el verdadero arte del teatro, el más antiguo, el más poderoso[18].

Sin duda, este énfasis en la comunicación total debió de impactar al joven Perls, que sesenta años después recordaba con fidelidad las palabras de Reinhardt, según escribe en su autobiografía:

> Su idea era que los sueños de los escritores tenían que hacerse verdaderos. Los telones pintados tendrían que desaparecer. Los caracteres sin

---

[17] P. W. Jacob, *La Nación*, 14 de noviembre de 1943. Citado por G. Tolmacheva, *Grandes Creadores del Teatro Moderno*.
[18] M. Reinhardt, «Discurso sobre el actor», *La Revue Théatrale*, núm. 13, verano, 1950. Citado por Guerrero y Zamora, *Historia del Teatro Contemporáneo*.

contacto con sus parejas tendrían que desaparecer. Nada quedaría sin ser revisado, hasta que la obra trascendiera en un mundo de realidad, dejando al mismo tiempo cabida a la fantasía del auditorio. Con infinita paciencia ensayaba a sus parejas de actores hasta que sus voces calzaban y se entrelazaban. Comprendía bien el ritmo de las tensiones y del silencio, de modo que la prosa se convertía en música (1970, p. 241).

Reinhardt dirigirá el Deutsches Theater desde 1905 a 1920. Al poco tiempo compra la empresa (fue tan ejemplar artista como hombre de negocios y casi siempre se hizo empresario para salvaguardar su libertad creativa) y crea el Teatro de Cámara, vecino al anterior, de pequeño aforo y dedicado a empresas experimentales, donde aplicó el estilo y el espíritu del Teatro Artístico de Moscú (Stanislavski) y donde educó a una espléndida serie de intérpretes del drama de psicología íntima. De esta época son famosos sus montajes de *Edipo Rey* en versión de Hofmannsthal, prácticamente todo Shakespeare, *Espectros*, de Ibsen (con decorados de Edvard Munch), *El despertar de la primavera*, de Wedekind, *Fausto*, de Goethe, *Everyman* en versión de Hofmannsthal... hasta un total de ciento cincuenta obras.

Algunas de estas representaciones también las recuerda Fritz en su vejez:

La tragedia de Edipo, representada en un gran circo con cientos de personas pidiendo auxilio al unísono acompañados de un gong, revelando pertinazmente las culpas sin culpabilidad del hombre; *El sueño de una noche de verano*, llegando a ser el más hechicero de los cuentos de hadas; la segunda parte del *Fausto* de Goethe con su riqueza de mitología antigua y medieval, alargándose por seis horas y media para atestiguar vivamente la historia, la filosofía y el ansia de redención del hombre; la riqueza visual de los encuentros de *Everyman* con la muerte... todas ellas cobraban vida en su máxima intensidad, no sólo como «representaciones» (1975b).

Reinhardt compra en 1914 el Circo Schumann para espectáculos de grandes dimensiones. La iniciativa no tuvo éxito y acabó dedicado a revistas espectaculares (allí representó Piscator en 1925 su revista política *Trotz Alledem!* para los delegados del primer Congreso del Partido Comunista). Esta faceta de autor de espectáculos de masas le ha sido muy criticada a Reinhardt, así como sus innovaciones escenográficas[19].

Se le acusaba (como hemos visto que también a Fritz) de caer en la espectacularidad en detrimento del rigor; otros críticos, sin embargo, apreciaron su habilidad para componer los movimientos de masas, dotarlos de una armonía adecuada a la obra y recuperar una visión peculiar del coro griego. Su hijo Gottfried escribe: «El coro era animado, pues a cada miembro se le daba una fisonomía de sí mismo, incluso su propio texto hablado... Que los extras no deben ser «extras» es hoy lugar común, pero en las primeras décadas del siglo era revolucionario»[20].

Uno de sus actores, Martin Esslin, dice sobre el montaje de Fausto:

> El método de Reinhardt para dirigir multitudes se basaba en la convicción de que cada extra era un actor y debía actuar su papel como un individuo, totalmente consciente de los objetivos y motivaciones de cada uno de sus movimientos. La multitud era dividida en pequeños grupos de unas quince personas, bajo la dirección de un líder que tenía que controlar la actuación de cada extra e informarle de su función y objetivo en cada escena... Una vez que este esquema había sido esmeradamente ensayado bajo la dirección de sus asistentes, Reinhardt trabajaba en los últimos ensayos los detalles de la interpretación, no sólo de los personajes principales sino también de los menores que componían la multitud[21].

Esta maestría de Reinhardt tuvo que calar en Perls, a quien (como decía su hermana Grete) este aprendizaje resultaría muy útil para sus talleres: cuando Fritz trabajaba con una persona provocaba una resonancia coral, un impacto emocional y dramático al que nadie podía sustraerse, un contagio de autenticidad que sustituía la idea de cohesión grupal. Este acto de veracidad compartida es tan significativo en el teatro como en el grupo y no hay por qué desestimar su potencia catártica.

Si reflexionamos sobre el *Método de Reinhardt para el entrenamiento del actor*, veremos también similitudes con el estilo de Perls. Todos

---

[19] Fue el primero en utilizar el escenario giratorio, los decorados tridimensionales, los efectos de iluminación investigados por Appia, la bóveda de Fortuny, etcétera.
[20] G. Reinhardt, *The Genius: a memoir of M. Reinhardt*, Nueva York, 1979.
[21] M. Esslin, «M. Reinhardt, High Priest of Theatricality», *The Drama Review*, vol. 21, núm. 2, Londres, 1971.

los historiadores del teatro coinciden en valorar esta aportación, ya que Reinhardt fue sobre todo un director de actores, cuyo respeto por ellos era absolutamente novedoso en la época: Gordon Craig imaginaba un teatro ideal sin actores, sustituidos por marionetas que transmitieran sin interferencias los postulados del director, y Stanislavski empezó siendo un director impositivo hasta que a partir de 1906 comienza a reflexionar sobre la indagación emocional del actor en torno al personaje[22].

Del método de entrenamiento reinhardtiano quiero resaltar dos capacidades fundamentales: la escucha y la visión del recurso genuino del actor.

Sobre lo primero, Reinhardt era una esponja que absorbía todos los datos fenomenológicos que recibía del exterior. Así nos lo retrata el crítico y periodista austríaco Hermann Bahr (Revista *La Escena*, 1909):

> No tiene nada de parlanchín. Es un oyente. Cuando escucha, permanece sentado, reclinado hacia adelante, circundando por el humo de su gran cigarro, y puede permanecer horas y horas tragándose el humo y las conversaciones. Está escuchando con todos los medios a su alcance: con las orejas, los ojos, la nariz, con la boca abierta, aun con la piel. Da la impresión de que todo en él se transforma en un aparato receptor.

Salvando las diferencias no deja de resonarnos esta actitud en Fritz: ese olvidarse de sus aspectos de *prima donna* y estar entero para el otro, escuchando el cuerpo, la voz, las ráfagas más sutiles de espontaneidad, los aspectos más ocultos de la manipulación neurótica. Esta forma de escucha no es aventurado decir que tuvo su primer modelo en Reinhardt, y si bien Fritz reconoce su aprendizaje del «cómo» de W. Reich, también es cierto que Reinhardt dedicaba lo mejor de su atención al cuerpo, la postura y la voz del actor.

En segundo lugar y en relación directa con lo anterior, Reinhardt tenía un especial instinto para descubrir el potencial de sus actores y desarrollarlo.

---

[22] Hasta 1909 no representa Stanislavski su primera obra con el nuevo método: *Un mes en el campo* de Turgeniev, según atestigua Edward Braun en *El director y la escena*, Edit. Galerna, Buenos Aires, 1986.

Sabía husmear, captar, apreciar, encontrar y aprovechar cuanto de valor y originalidad surgía a su alrededor. Absorbía y atraía a su órbita a los más interesantes y talentosos actores de Alemania. Apreciaba en mucho el arte del intérprete creador, entendía al actor y sabía como nadie trabajar con él, de manera que éste crecía y se perfeccionaba con rapidez, sin sentirse forzado u oprimido por su *régisseur* y maestro[23].

Era por tanto una maestría nada impositiva. Martin Esslin, actor, dice:

> Siendo él mismo un excelente actor de carácter, Reinhardt era capaz de mostrar al actor, no como él (Reinhardt) actuaría el personaje, sino como cada actor o actriz particular debía hacerlo según su individualidad esencial... Reinhardt nunca impuso su forma de actuar en el actor. Tomaba el potencial del actor y le ayudaba a verlo. Una profunda fe en el milagro de la individualidad humana y la autenticidad y riqueza de la personalidad fueron la base del credo artístico de Reinhardt[24].

Hermann Bahr, en la Revista *La Escena* (1909), dice:

> Cuando tiene que decir algo, se levanta lentamente, se acerca a la persona de que se trate y le comunica al oído sus pensamientos. Si éste tiene una opinión diferente y le contesta, Reinhardt escucha con interés y enseguida ambos ensayan tanto tiempo como sea necesario hasta que uno convenza al otro. Si es el actor quien le convence, Reinhardt entonces reproduce ante el actor lo que éste desea interpretar, pero de tal manera que le resulta al actor más convincente que la suya propia. Por eso los intérpretes trabajan con tan buena voluntad con él: nunca los fuerza, sino que les ayuda a encontrar los medios de expresión precisos y exactos para sus propias imágenes.

Muchos gestaltistas se podrán reconocer en este retrato. Respecto a Fritz, Reinhardt parece más diplomático en sus maneras, utilizándose (como modelo) a través de su capacidad plástica de adaptarse al otro. Perls modelaba la autenticidad del otro siendo él tal como era, sin otras componendas. Pero ambos sabían escuchar y extraer lo genuino

---

[23] Galina Tolmacheva, *Grandes Creadores del Teatro Moderno*, Edit. Centurión, Buenos Aires, 1986.
[24] M. Esslin, op. cit., p.14.

de la otra persona. Debió ser parte del buen «ojo clínico» de Reinhardt encomendarle el rol de Mefistófeles; Fritz lo comenta de pasada: «... el placer que me dio en mis años malvados representar e imaginarme a mí mismo como Mefistófeles» (1975b). Identificarse y jugar cualquier rol lo aprendió aquí, no de Moreno o de otras fuentes, como también asevera C. Naranjo: «... la técnica de identificación con material simbólico ciertamente no provino de Oriente sino, como sabemos, del teatro y, principalmente, de su aprendizaje con Max Reinhardt» (1990).

Ambos amaban a los actores y a la gente de teatro. Fritz trabajó con algunos que acabaron siendo buenos terapeutas gestálticos, como si el entrenamiento terapéutico sobre la disciplina teatral fuera una feliz conjunción.

Reinhardt, como Perls, murió en América. Había ido a trabajar en el cine y allí le cogió la invasión de Austria por los nazis en 1938. Desde el año veinte había vuelto a trabajar en Viena y Salzburgo. Decidió quedarse en Estados Unidos, donde fundó un taller de actores, dirigió alguna obra en Broadway y colaboró en el cine. Murió en Nueva York en 1943.

Paul Goodman y The Living Theatre

Fritz hizo una primera visita fugaz a Nueva York en 1923, de la que no guardó una buena impresión. La segunda y definitiva es en 1946, adelantándose a su familia que seguía en el refugio de Sudáfrica. Con dificultades (y la ayuda de Erich Fromm) retomó su práctica de psicoanalista, sin demasiado estímulo, combinada con el interés por la vida intelectual que esa ciudad le proporcionaba, como una nueva versión del Berlín de entreguerras, tras la forzada tranquilidad de Johannesburgo.

Gracias a Paul Goodman entró en contacto con la vanguardia artística y política del momento, en especial con Judith Malina y Julian Beck, los creadores del grupo teatral Living Theatre.

Del encuentro entre Goodman y Perls tenemos dos versiones: Taylor Stoehr[25] (biógrafo y albacea literario de Goodman) lo sitúa en la

---

[25] T. Stoehr, *Aquí, ahora y lo que viene (Paul Goodman y la psicoterapia Gestalt en tiempos de crisis mundial)*. Cuatro Vientos, Chile 1998, p. 32.

primavera de 1946, a través de conocidos comunes (entre el azar y la magia), por el interés de Perls, para quien

> ubicar a Goodman era parte de su estrategia de éxito en EE UU... Perls había leído con gran interés el artículo de Goodman sobre Reich y los neofreudianos. Ya que él estaba más o menos en el campo reichiano, Goodman encabezó su lista de posibles amigos y aliados en su nueva patria de adopción... Jamás existieron dos personalidades más engreídas, ni siquiera durante las guerras de sucesión psicoanalítica, y ninguno confió en o simpatizó jamás con el otro. Aún así, deben haberse percatado rápidamente de lo mucho que podían aprender de su intercambio de ideas e impresiones.

La versión de Shepard, biógrafo de Perls es que,

> Goodman conoció a Fritz y Laura hacia fines de 1947, poco después de arribar ella. Así como Fritz, viviendo en Africa, había leído y admirado los escritos de Paul, éste había leído y admirado «Ego, Hunger and Aggresion». Los Perls brindaron a Paul una atención simpática y un marco terapéutico en que éste pudiera organizar su vida, caótica a la vez que creativa. Por su parte, él los introdujo en el círculo de la «contracultura» —escritores, actores, músicos y pensadores— dándoles el primer ambiente intelectual llamativo e incitante de que disfrutaran desde su partida de Alemania[26].

Paul Goodman (1911-1972) fue un brillante intelectual, filósofo y ensayista interesado por igual en la política, la poesía, el teatro, el psicoanálisis, la vegetoterapia..., en cualquier caso escritor prolífico, repartido entre la literatura y el pensamiento, polemista crítico y pretencioso[27] rebelde y provocador para sus alumnos y los lectores de

---

[26] M. Shepard, op. cit., p. 58.
[27] Como ejemplo de su impertinencia tenemos el testimonio de dos «pesos pesados», W. Reich y A. S. Neill (el creador de la escuela libre de Summerhill en Inglaterra para niños con problemas). Goodman había rechazado publicar un artículo de Neill, con el evidente enfado del pedagogo. Reich le apoya por carta y hace este retrato de Goodman y su entorno: «Mi estimado Neill: acabo de recibir carta de "Complex" y de Paul Goodman. Te sugiero que olvides a Goodman. Es uno de esos intelectuales que todo lo hace sólo con palabras... El movimiento psicoanalítico que él defiende con tanta pasión fue el mismo que ahogó esas demandas (sociales) donde pudo, incluido Freud. No ha entendido nada y para colmo es un fresco. Hombres así no tienen la menor idea de lo que significa en la práctica construir una escuela y mantenerla funcionando como has hecho tú. Yo no me

las revistas políticas de la Nueva Izquierda en las que estuvo implicado (Complex, Politics, Why?, Resistance), utópico y anarquista. Una personalidad compleja, con muchas similitudes con Fritz: ambos con padre ausente, personalidades con tendencia a la marginalidad y a la contra, iconoclastas, con dificultades para el compromiso afectivo, hambrientos de reconocimiento social... además de su vinculación a W. Reich[28], que fue lo que hizo que Perls le buscara al llegar a Nueva York y le encargara posteriormente dar forma literaria y «académica» a sus apuntes sobre el incipiente método terapéutico que luego sería el libro *Gestalt Therapy*. Por cierto, según Stoehr, ese manuscrito de Fritz no ha desaparecido. Dice en su libro (Cap. 2, nota 13) que,

> tendría unas cien páginas y aparentemente todavía existe, aunque no está disponible para los estudiosos. Del estudio de otros escritos de Fritz Perls, y de lo que han dicho las personas que lo vieron, es posible formarse una idea razonablemente fidedigna de sus contenidos y carácter, aunque, por supuesto, desearíamos poder examinarlo.

Cuando tanto se han discutido los conflictos de autoría de este libro, sería muy esclarecedor que quienes custodian ese documento lo dieran a conocer para discernir el germen de Fritz y la reformulación de Goodman. Es bastante incomprensible que no haya salido a la luz. Mi colega Pedro de Casso intuye y sostiene que el artículo «Teoría y técnica de integración de la personalidad» publicado en el *American Journal of Psychotherapy* (1948)[29] sea una parte de ese manuscrito.

Pero volvamos al teatro neoyorquino con el que Fritz se relacionó.

The Living Theatre (Teatro Vivo)[30], el grupo más radical, independiente y experimental de la historia del teatro norteamericano, fue creado por Julian Beck y Judith Malina, jóvenes pacifistas y anarquistas

---

preocuparía de ellos. Ten por seguro que la creación de la "Nueva Era" no será obra de individuos de esa calaña» (29-6-1950)». Stoehr, op. cit., p. 55.

[28] Goodman conoció a Reich en 1945 y trabajó seis meses con su discípulo Alexander Lowen, aprendiendo «los ejercicios que le interesaban para aplicar, como una especie de yoga, más que como un método o una psicoterapia» (Stoehr).

[29] Reproducido en J. O. Stevens: *Esta es gestalt*. Cuatro Vientos, Chile. 1978, pp. 49-71.

[30] John Tytell, *The Living Theatre. Arte, exilio y escándalo*. Libros de la Liebre de Marzo, Barcelona, 1999.

comprometidos con la idea de que no podía haber separación entre el arte y la vida.

Judith había nacido en Alemania en 1926 de padre rabino y madre aficionada al teatro. En 1928 la familia se instaló en Nueva York, donde Judith conocerá con 17 años a Julian. Éste era un año mayor que Judith y procedía de una familia judía culta e integrada en la ciudad de Nueva York.

La primera vocación de Julian fue la pintura, en la que no acabó de descollar a pesar del apoyo del grupo expresionista con el que mantuvo amistad (cedió más de una vez sus obras para ser subastadas y sacar de algún apuro a la compañía teatral) y con el que llegó a exponer en 1945 en la galería de Peggy Guggenheim, entre obras de Pollock, Motherwell, Willem de Kooning, etc. Sus titubeos artísticos iban parejos con su inseguridad personal, las dudas acerca de su identidad sexual, su aspiración a ser poeta, actor... y en este último interés coincide con Judith, que está estudiando en el Taller Dramático de Piscator.

Julian y Judith se casan en 1948, tras el embarazo de ella. Son años de dificultades económicas, crisis personales, psicoanálisis, bohemia y frecuentación de los círculos anarquistas, donde reforzarán el trato con Paul Goodman (al que Julian ya conocía desde 1944). Como portavoz de un anarquismo no violento, pacifista, Goodman les ofrecía una guía teórica y filosófica para la acción futura, además de compartir sus ideas comunitarias (como forma de vida) y la búsqueda artística: Goodman se debatía por entonces entre sus devaneos políticos y su vocación literaria, entre el ensayo filosófico y la novela, además del teatro. Precisamente por su faceta de autor teatral alentará desde el principio el proyecto de los Beck de crear una compañía de teatro independiente donde sus obras puedan representarse (como luego ocurrirá), empezando por el salón de su casa: el nacimiento oficioso del Living Theatre fue en el verano de 1951 en el salón de estar de la casa de Julian Beck y Judith Malina (Wooster Street) con este programa: una pequeña farsa de P. Goodman (*Crying Backstage*), un intermedio de tres minutos de Gertrude Stein y un diálogo de Lorca (*Así que pasen cinco años*).

Unos meses antes los Beck han conocido al bailarín Merce Cunningham, discípulo de Martha Graham, de cuya compañía fue solista entre 1939 y 1945, y a John Cage músico innovador, admirador de

Webern y Satie, para quien los sonidos de la calle y de las máquinas eran igual de válidos para su composición musical que un violín. Ambos, Cunningham y Cage, llegarían a ser aliados incondicionales del Living Theatre.

Estamos en 1951, año de la publicación de *Gestalt Therapy*. Fritz tiene 58 años, Goodman 45. Así lo retrata Tytell:

> Goodman era juvenil, alegre, insolente e insubordinado; dos veces casado, tenía hijos, pero era agresivamente promiscuo... Goodman afirmaba que su homosexualidad había sido la razón de que le echaran de tres puestos docentes... Hizo una terapia reichiana con Alexander Lowen en 1946, una serie de ejercicios físicos más que conversación... Causó impacto en la vida intelectual neoyorquina cuando escribió *Gestalt Therapy* a partir de las notas de Fritz y Lore Perls, dos judíos alemanes que habían practicado el psicoanálisis en Sudáfrica durante la guerra. Goodman pasó dos años en terapia con Lore Perls y empezó a tratar él mismo a pacientes, una ampliación, pretendía, del asesoramiento a amigos suyos... Su terapia era reichiana, en cuanto se basaba en ejercicios físicos que pudieran aliviar la tensión y acabar con la inhibición, pero también era política. Como anarquista creía que la autoridad coercitiva podía producir más daño que provecho en la mayor parte de los asuntos humanos... Goodman le ofreció a Judith aconsejarla con unas cuantas sesiones gratuitas, ya que ella se encontraba desdichada y alienada por la tensión de intentar formar su propio teatro... A partir de noviembre (1951) acordó verla tres veces por semana[31]...

La versión de Stoehr:

> Cuando ofreció a Judith Malina sesiones privadas de terapia gratis, ella se sintió sorprendida y feliz, pero le dijo que le preocupaba que no fuera discreto...(pág. 139) Su recompensa podía ser un algo potencial, una disposición a corresponder regalos y favores. Cuando se ofreció a atender a Judith Malina como paciente, él no era sólo un amigo necesitado, sino también un dramaturgo cuya obra ella dirigiría para el Living Theatre, si es que éste llegaba a materializarse... (pág. 141). Sus amigos Judith Malina y Julian Beck finalmente fundaron The Living Theatre y durante la década de los cincuenta representaron una obra de Goodman cada dos años. En aquel entonces estaba enamorado del teatro y se decía a sí mis-

---

[31] J. Tytell, op. cit. pp. 53-54.

mo que ése era el arte en el que podía triunfar. Cada tarde aparecía por los ensayos y pronto se prendaba del joven que tenía el rol protagonista, descuidando la producción... (pág. 162).

Esta relación de Paul Goodman con el matrimonio Beck será permanente y estrecha durante dos décadas.

La primera sede «oficial» del Living fue Cherry Lane que inauguraron con una versión de *Fausto* de Gertrude Stein. A este mito, tan cercano a Fritz (que actuó de Mefisto con Reinhardt), siguieron otras obras, (Auden, Jarry, Artaud...), recitales poéticos (de la *beat generation*: Kerouac, Allen Ginsberg, Gregory Corso...), conciertos de J. Cage... siempre con un espíritu de comunidad de artistas y amigos.

Como negocio, el Living Theatre era más bien ruinoso y hubo de cambiar de sitio tantas veces como se acababan los fondos para pagar el alquiler. Habilitaron un desván (1953) y posteriormente la que sería su sede más duradera y conocida, el teatro de la Calle Catorce, unos almacenes abandonados que restauraron en 1957; Merce Cunningham se hizo cargo del cuarto piso para recitales de danza y sala de ensayos y John Cage hizo donación al teatro de su colección de instrumentos de percusión (más de 300). Ésta será la mejor época del Living, con algunas producciones emblemáticas (*The connection*, *The Brig*...) recitales de jazz y poesía, charlas de P. Goodman, Joseph Campbell, Martín Buber, exposiciones de pintura y cualquier actividad que aportara innovación y creatividad.

Volvamos a Fritz Perls. A través de Goodman (y sin la vinculación de éste ya que los intereses de Fritz estaban abocados al mundo terapéutico y no tanto al artístico) conoció y formó parte de esta red contracultural, tan afín a sus ideas y estilo. Por el diario de Judith Malina sabemos de su presencia y la de Laura en diversos acontecimientos: fiestas en casa de los Beck y de los Perls. Se reseña en abril del 54 la asistencia de Fritz y Laura (junto con Paul Goodman y Joseph Campbell) a la representación de *The Age of Anxiety* en el desván de Broadway. También parece que Fritz tuvo tentaciones de empresario teatral cuando el Living estaba sin escenario:

Aunque Perls dejó de vivir con su familia en Nueva York desde 1955, siempre volvía. Por ejemplo, en 1957 Perls volvió a Manhattan para invertir en un inmueble que incluiría una sala de actuaciones para The Living Theatre. Pero el negocio nunca cuajó y Perls invirtió su dinero en otros proyectos.

STOEHR, pág. 215.

Esta pasajera vocación de promotor también la recoge Tytell:

> En el Village había un teatro disponible pero era demasiado caro. Fritz Perls habló de gastar diez mil dólares en un edificio que había alojado un famoso club nocturno, pero ya antes había hablado sin hacer luego nada (pág. 86).

Todo esto nos hace pensar en la implicación de Fritz con las propuestas del Living, además de tener a alguno de sus actores como pacientes. Julian Beck recordará su presencia en ensayos y representaciones, sus comentarios sobre teatro en general y sus actuaciones en particular, lo que da a entender el tiempo que les dedicó más allá de encuentros sociales. Dice Julian:

> En aquel momento Fritz buscaba hacer algo con la dirección de actores, tenía en mente algo que estaba a mitad de camino entre el estilo de interpretación que nosotros ofrecíamos y las sesiones terapéuticas. Siempre intentaba llevar la reunión, el encuentro, hasta sus límites. Y el recurso era siempre la honestidad, la franqueza y cierta técnica de shock. Estas formas de comunicarse fueron muy importantes para nuestro trabajo. Por ejemplo, en *Paradise Now* es preciso en muchas escenas llevar una especie de ingenuidad y de honestidad a una relación de tú-yo entre actor y público. Creo que Judith y yo aprendimos mucho acerca de esto, como concepto y como realidad, gracias a Fritz.

SHEPARD, pág. 60.

El punto en común podría ser la técnica del *shock*, en la que tan experto era Fritz y que también será una de las señas de identidad del Living, especialmente a partir de los años sesenta. Tenemos un testimonio de excepción: el director teatral Peter Brook comenta así uno de los más controvertidos éxitos del Living, *The Connection*[32]:

---

[32] P. Brook, *Más allá del espacio vacío*, Alba, Barcelona, 2001, pp. 51-52.

> ... en *La conexión* el tiempo es el mismo tiempo de la vida... Estamos allí sentados, aguardando la próxima situación, viendo a esos adictos a la droga que pasan el tiempo escuchando jazz, de vez en cuando hablan, pero principalmente se quedan sentados sin hacer nada... Nosotros estamos allí frustrados, irritados, aburridos en nuestra butaca, cuando de repente nos hacemos preguntas: ¿Por qué estamos frustrados, irritados, aburridos? Porque no nos están dando la comida en la boca. Porque nadie nos dice qué debemos mirar ni nadie nos ha programado las actividades, las emociones, los juicios. Porque somos independientes, adultos, libres. Entonces, súbitamente, nos damos cuenta de qué es verdaderamente aquello que tenemos delante.

La aportación específica de Perls tuvo más que ver con la honestidad en la comunicación. Judith recuerda que el código de la época era la maldad brillante, la charla ingeniosa para ofender a alguien, que acabó convirtiéndose en una trampa para el grupo. Fritz, que también compartía esta habilidad hiriente, denunció sin embargo su falsedad, lo que luego llamaría el estrato falso y estereotipado, la sucesión de clichés, roles y juegos psicológicos:

> Gracias a gente como Fritz, que se apartó de eso y nos sacó a los demás de allí, dándonos idea de la porquería en que estábamos metidos... que se basaba en la apariencia, en la personalidad dominante, ingeniosa socialmente, dotada de todas las maneras falsas, toda la actitud de juego, lo que solíamos considerar absolutamente divino.
>
> SHEPARD, pág. 60.

Sin duda Fritz atravesaba el mismo proceso interior que a él le llevaría a separarse del grupo inicial gestáltico (con sus rivalidades disfrazadas de debate teórico), de Laura y de Nueva York, y que al Living Theatre le llevaría a su etapa más polémica, política y socialmente comprometida, y al exilio.

Es fácil entender la simpatía de Perls hacia Julian y Judith cuando revisamos el ideario del Living: anarquismo, anti-sistema, pacifismo, antitabúes, provocación, método comunitario (creación colectiva), desnudez física, exploración con drogas (marihuana y LSD), apertura y experimentación sexual, teatro de improvisación, teatro libre, movilización participativa del público, activismo (salir a la calle), identificación entre el arte y la vida... En la forma intentaban rescatar el espíritu del kibbutz israelí, donde la intimidad era un prejuicio burgués, por lo que había que desterrar las cerraduras, las llaves, la propiedad privada. En el fondo, compartían la actitud del teatro de la crueldad de Artaud, como un azote capaz de derrotar la moralidad y destruir el orden social, un teatro de actos extremos que impusiera al público algún tipo de sufrimiento.

Con estos presupuestos, la vida de la compañía no fue fácil ni cómoda. Las deudas les hicieron perder el espacio de la Calle Catorce y a partir de 1960-1961 comenzarán un peregrinaje por Europa, con largas estancias en Francia. Por la España franquista pasaron en 1967 con su versión de *Antígona* (luego volverían en el 77 y el 81). Mayo del 68 les coge en París, en la ocupación del Odeon, y en el festival de Avignon estrenarán ese mismo año su obra más emblemática, *Paradise Now*.

De vuelta a América en 1969 Julian y Judith son invitados a un simposio para debatir sobre el tema «¿Teatro o Terapia?». Entre los ponentes, Paul Goodman, que habló en tono cauteloso y conservador de la inoportunidad del caos revolucionario. Los actores del Living, sorprendidos, le abuchean y organizan un escándalo recitando a gritos versos de *Paradise Now* (El Paraíso Ahora). Una semana más tarde, antes de volver a Europa, los Beck visitan a Goodman para despedirse (y realmente será la última vez que se vean). Paul está desanimado, no se ha repuesto de la pérdida de su hijo ocurrida hace dos años en un accidente. No soporta el odio que expresan los jóvenes universitarios y que hayan sustituido el signo V (victoria) por el puño cerrado. Cuestiona las pretensiones del Living: aunque definieran con más precisión sus ideas, no podrían encontrar ni la liberación ni el paraíso.

En Europa visitarán a R. D. Laing en Inglaterra, que a su vez les acompañará por Marruecos, acudiendo a sus ensayos, hablando de mitología, advirtiéndoles que el LSD no llevaría a cambios permanentes... Parece que Laing viene a ocupar un lugar en el que antes estuvieron Goodman y Perls, y seguramente inspiró sus actuaciones en psiquiátricos italianos años más tarde.

Hay una disolución de la compañía en 1970, agotada por el activismo y el desgaste de los últimos tiempos, aunque volverá a reunirse dos años más tarde. Entretanto Julian y Judith estuvieron en Brasil haciendo teatro obrero y campesino, fueron encarcelados en Belo Horizonte, y utilizaron la protesta internacional que ocasionó su detención para poner a prueba la censura impuesta por la dictadura militar.

Cuando Fritz murió (marzo del 70), se conmemoró su muerte con un servicio en Nueva York donde el orador fue Paul Goodman. Su discurso (bastante descalificador) aludió al estilo de shock fritziano igualándolo con otras dos aportaciones de los años sesenta: la pedagogía comunitaria de Elliott Shapiro y el teatro participativo de The Living Theatre. La primera con raíces en W. Reich y A. S. Neill, el último derivado de Piscator y Brecht. Aludió al peligro de las técnicas radicalizadoras y en concreto al «teatro educativo de guerrilla» de Fritz, cuestionándolo por la falta de seguimiento y de análisis científico.

Más allá de los debates internos de la compañía y de los alineamientos políticos de la época, parece claro que, a ojos de Paul Goodman, Fritz y el Living Theatre acabaron en un mismo y detestable espacio: «el teatro educativo de guerrilla», que, o bien Goodman no entendió, o bien malinterpretó interesadamente, reduciendo la potencia terapéutica de Fritz a una especie de circo y la revolución teatral del Living a una suerte de inoclastia vacía. Pero sabemos, y el director teatral Peter Brook nos lo recuerda en su reciente autobiografía, que «el teatro no es un lugar sin más, ni simplemente una profesión. Es una metáfora. Ayuda a hacer más claro el proceso de la vida... porque, en su origen, el teatro era un acto de curación»[33].

Jakob Levy Moreno (1889-1974)

La personalidad de Moreno, su gran creatividad y su vocación interdisciplinaria (medicina, psicología, sociología, filosofía, antropología...) le convierten en la influencia más poderosa de la psicología humanista. Sus nociones básicas han sido adoptadas por otros muchos enfoques (la mayoría de las veces sin reconocer la paternidad moreniana), por ejemplo, el concepto de encuentro (1915: *Invitación al encuentro*), la noción de empatía («telé»), la insistencia en el «aquí y ahora»... También acuñó el término «psicoterapia de grupo» en 1913,

---

[33] P.Brook, *Hilos de tiempo*, Siruela, Madrid, 2000.

aunque no puede hablarse con propiedad de un método que responda a tal expresión hasta los años treinta, en su etapa americana (Lewin y su escuela se reúnen en casa de Moreno por primera vez en 1935).

Se afirma (Kriz) que el desempeño y cambio de roles, la silla vacía y el monodrama son elementos que Perls tomó de Moreno. También se sabe (Anne Ginger) que en el Congreso de la Asociación Americana de Psicología de San Francisco (1968) Fritz atacó virulenta y públicamente a Moreno para reconocer después de mala gana que había sacado provecho de las visitas efectuadas diez años antes al Moreno Institute de Beacon igual que Eric Berne y los discípulos de Lewin. Son difíciles de determinar las deudas de la gestalt con el psicodrama si tenemos en cuenta la influencia de Reinhardt en el joven Fritz. A. Ginger resalta las similitudes biográficas y de contexto cultural:

> Perls y Moreno tienen prácticamente la misma edad, ambos crecen a principios de siglo (en Berlín y Viena, respectivamente)... en la época en que surge simultáneamente en Moscú, Berlín, Estocolmo, París... un teatro totalmente renovado... En 1902 Strindberg crea el desdoblamiento de personajes en la obra *El Sueño*. En Austria, en 1909, Schönberg dirige un monodrama: su ópera *Erwartung*. ¡La teoría gestáltica de las polaridades, la técnica del «doble» moreniana y este famoso monodrama ya existían cuando Perls y Moreno eran aún unos niños![34].

Jakob Levy Moreno nació en Bucarest de familia judía sefardí. Se separa de su familia a los trece años para trabajar y estudiar en Viena, donde se doctoró de médico psiquiatra. Desde la época de estudiante escenifica en las plazas públicas su «teatro de la improvisación» con niños, germen del futuro psicodrama. Conoce a Freud en 1912, si bien Moreno no llegó a psicoanalizarse y se mantuvo crítico con el método y la figura dominante de Freud.

Crea el psicodrama (1923), basado en el juego de roles y la expresión espontánea y dramática de sentimientos. Sus elementos son: el escenario, lugar de la representación, deslindado claramente del espacio grupal restante; el protagonista, miembro del grupo que escenifica algún problema o situación conflictiva; el director de escena, general-

---

[34] A. Ginger, «Perls et Moreno: deux frères ennemis», *Boletín francés de Gestalt*, núm. 6, primavera, 1994.

mente el terapeuta: asiste al protagonista, intensifica la representación, analiza el resultado y organiza el *feedback* grupal; los yoes auxiliares, los coactores que desempeñan los roles asignados por el protagonista; por último la audiencia, público resonador que aporta su *feedback* posteriormente. El trabajo se desarrolla en tres etapas diferenciadas: el caldeamiento inicial (*warming-up*: descubrir el problema, definir la escena), la dramatización y los comentarios finales (*summing-up*: elaboración, integración).

En relación con la terapia gestalt, ambos métodos comparten el sustrato filosófico (humanismo, fenomenología), la actitud terapéutica (una relación igualitaria, desestimando la transferencia en favor de la relación auténtica aquí y ahora), la importancia de la movilización corporal, así como de la espontaneidad y creatividad (básicas en cualquier método teatral), la exploración de las emociones no expresadas a través de actualizar la escena o la situación pendiente, el valor de la catarsis como garantía de un *insight* no meramente intelectual y el uso del grupo (o los yoes auxiliares y la audiencia) como contraste, confrontación o ampliación de la conciencia del «protagonista».

A nivel técnico no cabe afirmar que el juego y cambio de roles sea un préstamo del psicodrama sino que es una herencia de Reinhardt. La «silla vacía» sí es una técnica moreniana, utilizada en la fase de caldeamiento[35]. Así como el monodrama (monoterapia) y el soliloquio: el director puede pedirle al protagonista parar la dramatización en algún punto, girarse y expresar lo que siente en ese momento; se trata de ayudar al protagonista a clarificar sus pensamientos y experimentar sus sentimientos de forma más intensa. Ésta es una de las técnicas fundamentales de la gestalt, al igual que la silla vacía. Y precisamente aquí radica su diferencia con el psicodrama: lo que allí son herramientas secundarias, en gestalt son esenciales, como si Fritz, experto en descubrir lo propio por absorción y discriminación de lo ajeno, hubiera extraído y potenciado la valía de estos recursos, desestimando la fuerte orientación interpersonal del psicodrama en favor de una orientación más intrapersonal (aquí podría rastrearse su filiación con el psicoanálisis). Por eso en gestalt no se utilizan yoes auxiliares, raramente

---

[35] Así lo expone S. y A. Ginger (op. cit., p. 22) citando un artículo del año 1958 de Rose Mary Lippitt: «La chaise auxiliaire», en *Group Psychotherapy*, vol. 11.

una persona interviene como actor en la exploración del otro. Fritz prefería que el propio paciente jugara los diversos papeles (o elementos de un sueño, por ejemplo) en lugar de distraerse con la aportación de terceras personas. Puesto que su interés estribaba en reintegrar lo proyectado, trataba de evitar las proyecciones del compañero. En una sesión de gestalt, los compañeros son sobre todo testigos; si participan en algún trabajo son como «sillas vacías», depositarios mudos de la proyección del paciente, que es quien ha de reapropiársela. Éste es al menos el método clásico en la elaboración de sueños y en cualquier exploración del mundo interno del paciente; claro que en otras situaciones la gestalt explota la interrelación, pero siempre marcando la diferencia Yo-Tú. Tenemos opiniones diferentes de Fritz al respecto:

> Podemos jugar al psicodrama con nuestros pacientes y también les podemos pedir que jueguen por sí solos, juego que denominamos monoterapia (1976)... Moreno llama a actuar a otras personas que saben muy poco acerca del paciente; traen sus propias fantasías e interpretaciones que falsifican el rol del terapeuta. Pero si todo lo hace uno mismo, al menos sabemos que estamos dentro de uno mismo. Además, en el psicodrama generalmente hay que atenerse sólo a las personas, en cambio la silla vacía nos permite representar todo tipo de roles: ruedas, arañas, dolores de cabeza, silencio... (1974).

También la técnica del «doblaje» es una aportación del psicodrama. El doble se sitúa tras el protagonista, actúa como él y en momentos habla en su lugar. La función de este álter ego es aumentar la conciencia del protagonista (sus conflictos internos, sus sentimientos reprimidos) y ayudarle a expresarse. En gestalt esta función puede hacerla el terapeuta aunque ni es muy frecuente dicha intervención ni suele ser de esta manera, más bien el gestaltista se guía por lo fenomenológico y/o propone un experimento («prueba a cambiar tal frase», «repite eso como si estuvieras aún más enfadado», etcétera).

Concluyendo, hay más similitudes en la actitud terapéutica y en la comprensión del proceso, que en el despliegue técnico, si bien hay técnicas semejantes y reconocibles. El énfasis en la espontaneidad y en la expresividad es sin duda lo que más profundamente comparten la terapia gestalt y el psicodrama, de ahí la importancia capital del teatro en ambas.

El pensamiento diferencial de Friedlaender

De su juventud bohemia Fritz rescata el encuentro con el filósofo Friedlaender, asiduo frecuentador también de las tertulias de intelectuales y artistas en el Café des Westens y en el Romanische Café. En sus memorias lo cita como su primer gurú, aunque escriba mal su apellido e incluso confunda su nombre, Salomo, con Sigmund (buen lapsus freudiano):

> De S. Friedlaender, que se consideraba a sí mismo como neokantiano, aprendí el significado del equilibrio, del punto cero entre los opuestos (1975b)... se ganaba la vida escribiendo cuentos muy humorísticos bajo el seudónimo de Mynona, que es anonym escrito al revés. Su obra filosófica *Creative Indifference* me impactó muchísimo. Como personalidad, fue el primer hombre ante cuya presencia me sentía humilde, inclinándome ante él con veneración. No había lugar para mi arrogancia (1975b).

Poco se sabe de este autor y de su obra, desaparecida en la Segunda Guerra y hoy inencontrable. C. Naranjo ha ido recuperando algunos escritos y datos después de ardua búsqueda, y aquí resumo sus hallazgos[36].

Salomo Friedlaender nació en 1871. Nunca se interesó en los estudios escolares; comenzó Medicina por voluntad de su padre, abandonando estos estudios por los de filosofía. En 1897 atravesó una transformación durante la cual pasó largos períodos sin alimentarse y tuvo acceso a estados de éxtasis. En este tiempo descubrió ese punto medio entre el sí y el no de la voluntad que llamó al principio una «indiferencia viviente hacia la polaridad del mundo». Escribió *Kant para niños* donde interpreta el idealismo kantiano según su propia intuición de un sujeto puro como realidad trascendente y su experiencia de la toma de conciencia del yo profundo como liberación. Las obras que él mismo consideró más importantes son *Al yo mágico* y *El Experimento Hombre*, si bien escribió más de cuarenta libros y fue calificado

---

[36] C. Naranjo, «Noticias de un genio olvidado», *Boletín de Psicoterapia Integrativa Transpersonal*, núm. 2, Barcelona, primavera, 1995. Posteriormente ha aparecido una *Pequeña Antología de Salomo Friedlaender* en Mandala Ediciones. Madrid, 2007.

en vida como un «Voltaire alemán», «un Charlie Chaplin de la filosofía», «el único heredero de Nietzsche», así como «un profeta» y «el prototipo del cínico». Tras la llegada del nazismo se trasladó a París, donde vivió años de gran miseria. La Gestapo le mantuvo prisionero en el sótano de su casa, ya que su vejez le impedía ser transportado, mientras que sí se llevaron a su anciana esposa. Murió en 1946 a los setenta y seis años.

Perls, en su primer escrito, declara su intención de revisar el psicoanálisis:

a) Reemplazando el concepto psicológico por un concepto organicista.
b) Reemplazando la psicología asociacionista por la psicología de la forma (gestalt).
c) Aplicando el pensamiento diferencial, basado en la indiferencia creativa de Friedlaender.

Se apoya en Friedlaender para reaccionar contra el pensamiento lineal (causa-efecto) en favor de un pensamiento que tiene en cuenta los opuestos desde una posición de neutralidad:

Todo evento se relaciona con un punto cero a partir del cual se realiza una diferenciación en opuestos. Estos opuestos manifiestan, en su concepto específico, una gran afinidad entre sí. Al permanecer atentos al centro, podemos adquirir una capacidad creativa para ver ambas partes de un suceso y complementar una mitad incompleta. Al evitar una visión unilateral logramos una comprensión mucho más profunda de la estructura y función del organismo (1975a).

Esta cita de *Indiferencia creativa*, expuesta por Perls en el primer capítulo de *Yo, hambre y agresión* sustenta la teoría gestáltica de las polaridades (en lugar de la dicotomía del pensamiento dual). Al establecer un puente entre los extremos o polos, la gestalt acentúa el valor de la diferenciación y la posibilidad de la síntesis.

Hasta aquí parece llegar la influencia explícita de Friedlaender en Perls, pero Naranjo rescata otros aspectos espirituales de ese libro: la conciencia indiferenciada es una expresión de la nada, una conciencia que no diferencia siquiera sujeto de objeto, conciencia pura. A esta indiferencia creativa Friedlaender la llama también individualidad: es el verdadero centro de la persona, es decir que lo más personal e individual es al mismo tiempo nada, como en el budismo mahayánico. Friedlaender filosofa sobre lo dionisíaco, estableciendo un puente entre Nietzsche y Perls. Retoma la actitud rebelde de Nietzsche (que oponía a la voluntad castrada su «voluntad de poder») señalando además que la verdadera voluntad es interdependiente con la indiferencia creativa: ese no importarle a uno las consecuencias de su acción, esa suprema indiferencia con que uno puede ponerse más allá del mundo, es la que permite una verdadera libertad y aquella en que puede apoyarse la voluntad.

Friedlaender va más allá afirmando que esa voluntad es divina, que si logramos trascender el mundo podemos contactar con una voluntad, en lo más íntimo de nosotros, que es más bien una voluntad del cosmos. Individualidad y voluntad, a la vez que no voluntad (indiferencia) y totalidad, como dice Friedlaender: «Indiferencia creativa, pero no equivocarse con esa expresión, no se trata de individuos aislados... sino del todo vivido subjetivamente. De una conexión subjetiva con el todo. Un pathos creador». Y en otro momento dice: «Pongámonos de acuerdo: «individuo», pero digamos de partida que el sí mismo es ilusorio», lo cual resuena con el budismo donde no se formula un *self* sustancial, aunque, como afirma Naranjo, es muy improbable que Friedlaender tuviera conocimiento del budismo, sino que haya sido a través de su experiencia interna.

Volveremos a Friedlaender al hablar de las polaridades en gestalt.

Fenomenología y existencialismo

La filosofía de principios de siglo reacciona contra el pensamiento de la época (materialismo y positivismo) con la fenomenología o filosofía de la esencia, y el existencialismo o filosofía de la vida, de la existencia.

Como fundador de la fenomenología, Husserl (1859-1937) distingue entre sujeto, objeto y conciencia. Según A. López[37], la conciencia,

---

[37] A. López Alonso, *Bases filosóficas y teóricas de la Terapia Gestalt*, Archivo de formación de la AETG, 1988.

el darse cuenta, es un acto, una vivencia que no puede confundirse ni con el objeto ni con el sujeto. Esta corriente filosófica propone partir de lo manifiesto, de los fenómenos (aquello que aparece, que es dado a la conciencia en un momento determinado) y su interés se centra en describir las vivencias de tal conciencia. Para llegar a la esencia de las cosas, el camino es la descripción de la experiencia inmediata, no la explicación ni el juicio de valor. Metodológicamente, tan válida es la objetividad como la subjetividad introspectiva, ya que cualquier fenómeno humano ha de observarse teniendo en cuenta la situación externa en que se da, así como los procesos internos del sujeto particular.

La filosofía fenomenológica es antianalítica. Dice Husserl: «Regreso del discurso de las cosas, a las cosas mismas, tal y como aparecen en la realidad, a nivel de los hechos vividos, previos a cualquier elaboración conceptual deformante»[38]. El pensamiento gestáltico comparte los mismos criterios descriptivos y libres de prejuicios, así como la interdependencia del objeto y del sujeto.

El existencialismo acentuó este entendimiento del ser humano como un «ser en situación», un «ser-en-el-mundo» (Heidegger) y el valor de la existencia en sí misma y por sí misma.

La filosofía existencialista se remonta a Kierkegaard (1813-1855) y a Nietzsche (1844-1900)[39]. Más que por los valores absolutos, el existencialismo se interesa por el hombre real en su existencia genuina y desnuda. No hay respuestas eternamente válidas sobre el sentido de la vida, sino cuestionamientos continuos del ser humano sobre su soledad y su angustia en su autodevenir. La esencia de este hombre, en su temporalidad y su finitud, no es sino aquello en lo que se convierte cada vez en virtud de su obrar. La responsabilidad y la libertad hacen posibles la dignidad humana.

Todos estos principios resultan afines a la terapia gestalt; el mismo Perls incluía a la gestalt entre las terapias existenciales, junto con la logoterapia de Frankl y la terapia del Dasein (análisis existencial) de Binswanger. A la vez criticaba a los filósofos existencialistas por necesitar de apoyos teóricos: «Los existencialistas dicen de sí que no son conceptuales, pero si miramos a su gente veremos que todos toman

---

[38] Citado por S. y A. Ginger, op. cit., p. 37.
[39] Precisamente C. Naranjo ha investigado la influencia de Nietzsche en Perls considerándola más significativa que la de los existencialistas posteriores.

prestados conceptos de otras fuentes: Buber del judaísmo, Tillich del protestantismo, Sartre del socialismo, Heidegger del lenguaje, Binswanger del psicoanálisis» (1974).

L. Binswanger (1881-1966) fue el fundador de la Sociedad Suiza de Psicoanálisis. Disiente de Freud y su concepción biológica y mecanicista, propuso a cambio comprender la tendencia humana a percibir significados en los sucesos y, por eso, ser capaz de trascender las situaciones concretas. Utiliza el concepto de Heidegger de ser-en-el-mundo (Dasein) para denominar su método terapéutico, basado en estos puntos: los trastornos psicopatológicos representan una alteración del ser-en-el-mundo, la psicoterapia pretende entender el proyecto existencial de la persona y ayudar a asumir la propia experiencia en toda su plenitud, descubriendo las áreas de alienación para recobrar la autodeterminación.

V. E. Frankl (1905-1997) tuvo una relación con el psicoanálisis más tangencial, aun manteniendo un intenso intercambio epistolar con Freud y habiendo participado en la Asociación de Psicología Individual de Adler. A su logoterapia la llamaba también «análisis existencial» (como Binswanger) y se la ha considerado como la «tercera escuela de Viena» (tras Freud y Adler). Para Frankl cada época tiene una neurosis característica, y si en tiempos de Freud la más corriente era la frustración sexual, actualmente ha sido sustituida por la frustración existencial. El hombre no tiene instintos que le digan lo que tiene que hacer (como los animales) y tampoco tradiciones que se lo señalen (como los hombres del pasado). Las consecuencias de esto son el conformismo, el sometimiento y las neurosis noógenas: derivadas de la falta de sentido de la vida (noos: el espíritu humano). El concepto básico de la logoterapia es el padecimiento por la pérdida del sentido (o vacío existencial) y la tarea terapéutica consiste en encontrarlo o reestablecerlo. Proponía terapias breves y algunas de sus técnicas han sido retomadas por otros enfoques: el cuestionamiento por medio de preguntas, la intención paradójica (intensificar el síntoma con lo que cambia su sentido), la biblioterapia (recomendación de lecturas según el momento del paciente o su problemática), la de-reflexión (entrenamiento para no prestar una atención inadecuada al síntoma), etcétera.

J. P. Sartre (1905-1980) afirma que el hombre está condenado a la libertad, a ser y devenir él mismo, separándose de una concepción del ser humano determinado «desde dentro» (por los rasgos de personalidad) o «desde fuera» (por las relaciones materiales, como afirma el humanismo socialista; su compromiso político con la izquierda fue la respuesta puntual al tiempo que le tocó vivir). Estar condenado a la libertad conlleva el riesgo de elegir, la lucha entre opciones y la responsabilidad última de la propia existencia, pero el hombre sólo puede encontrar sentido en sus propios actos dirigidos.

P. Tillich (1886-1965) es un teólogo de la cultura, que intenta unificar lo espiritual y lo profano, la religión y la filosofía, la fe y la duda. Afirma que el hombre religioso es el que tiene una preocupación última y es precisamente esto lo que le pone en contacto con el fundamento de su ser.

Laura Perls siguió los cursos de Tillich en Fráncfort (años veinte) y posteriormente en Nueva York. Fritz lo conoció en Esalen, si es que no se habían encontrado antes[40]. Su relación con la terapia gestalt es prácticamente inexistente. A la psicología humanista ha llegado a través de Rollo May.

M. Buber (1878-1965), nacido en Viena, es considerado como una de las grandes figuras del pensamiento judío por haber recuperado la tradición hasídica. Laura Perls recibió sus enseñanzas en Alemania y Paul Goodman le programó un seminario en el Instituto Gestáltico de Nueva York. Su enfoque dialógico influyó en Fritz Perls a la hora de sustituir el vínculo transferencial psicoanalítico por el encuentro dialogal, el contacto y la relación puntual. Desde que se popularizó la fórmula lapidaria de Simkin: «Gestalt = Yo-Tú, Aquí y Ahora», Buber ha entrado a formar parte de nuestras referencias gestálticas. Su obra *Yo y Tú*[41], cuya primera versión apareció en 1920 y una segunda en 1957, es un pequeño libro de inspiración místico-poética:

> Las palabras fundamentales del lenguaje no son vocablos aislados, sino pares de vocablos. Una de estas palabras primordiales es el par de vocablos *Yo-Tú*... Las palabras primordiales no significan cosas sino que indican relaciones... La relación significa elegir y ser elegido; es un encuentro a la vez activo y pasivo... La palabra primordial *Yo-Tú* sólo puede ser di-

---

[40] B. Chevalley, «Paul Tillich et La Gestalt-thérapie», *Boletín francés*, núm. 6, primavera, 1994.
[41] M. Buber, *Yo y Tú*, Ed. Nueva Visión, Buenos Aires, 1994.

cha con la totalidad del ser... Me realizo al contacto del *Tú*: al volverme *Yo*, digo *Tú*. Toda vida verdadera es encuentro... El instante realmente presente y pleno sólo existe si hay presencia, encuentro y relación. La presencia nace cuando el *Tú* se torna presente... El presente no es algo fugitivo, pasajero, sino algo continuamente persistente y duradero. El objeto no es duración, sino cese, detención, interrupción, ausencia de relación y de presencia. Los seres verdaderos son vividos en el presente, la vida de los objetos está en el pasado...

Según S. Schoch[42], la filosofía buberiana se inscribe en una perspectiva radicalmente diferente del «cogito» cartesiano, donde la realidad emerge de una conciencia reflexiva. Buber pertenece a la corriente fenomenológica donde la conciencia es «conciencia de algo», pero va más allá al introducir el Yo-Tú que fundamenta la relación peculiar, llamada dialógica, donde no hay intencionalidad ni relación sujeto-objeto, sino presencia cara a cara.

La relación Yo-Tú es un encuentro sin finalidad, sin codicia, sin preconcepto (Kriz). En un encuentro así cada uno tiene la posibilidad de descubrirse hondamente a sí mismo sin ser manipulado en manera alguna por el otro, ambos son catalizadores recíprocos del crecimiento en libertad.

Mientras una gestalt (inspirada en Paul Goodman) analiza el pensamiento de Buber en términos de pre-contacto, contacto pleno, post-contacto, frontera de contacto, etc., C. Naranjo resume la semejanza entre Buber y Perls en la palabra «presencia»:

> Mientras en Buber la palabra presencia tiene una connotación implícita de presencia «amorosa», es decir, solícita, la presencia cultivada en la gestalt es más un asunto de atención en el presente: atención al sí mismo, atención al otro y autenticidad en el encuentro yo-tú. Podríamos decir que la fórmula de Buber para la actitud ideal con el otro es presencia y solicitud, mientras que en el credo implícito de Perls es presencia y autenticidad (incluso si esa autenticidad involucra la expresión de la ira y el reconocimiento de las limitaciones de uno para ser solícito) (1990).

---

[42] S. Schoch de Neuforn, «La philosophie du dialogue chez Martin Buber», *Boletín francés*, núm. 6, primavera, 1994.

En conclusión, cuando Fritz incluía la gestalt entre las corrientes existenciales dejaba clara su diferencia con los autores aquí citados. La suya era una postura ateórica, por eso criticaba la filosofía «acercadeísta» (el pensamiento abstracto acerca de las cosas) y la «debeísta» (moralismo), así como el existencialismo que participaba de una u otra. Él se consideraba un existencialista apoyado en sí mismo, no en una teoría psicológica, filosófica o religiosa, sino en su propia autenticidad frente al otro. Las referencias a los autores aquí citados parecen haber entrado en la gestalt de la mano de Laura Perls, como acredita Yontef:

> Laura tuvo contactos con los teólogos existenciales Martin Buber y Paul Tillich. Gran parte de las influencias gestálticas, fenomenológicas y existenciales llegaron a través de ella... Entre estas influencias estaban el reconocimiento de la responsabilidad y la opción para crear la propia existencia personal, la primacía de la existencia sobre la esencia, y el diálogo existencial[43].

Seguramente Rollo May sea el mejor representante de la psicoterapia existencial y las características con que la define resultan bastante afines a la gestalt[44]:

> El objetivo de la terapia existencial es aumentar la conciencia del cliente respecto a su propia existencia y ayudarle a que la experimente como real.
> La técnica debe ser flexible y ajustarse a las necesidades de cada cliente. Terapeuta y cliente son dos personas en una relación auténtica.
> La dinámica psicológica no es general y común a la especie humana sino que tiene una significación particular para cada cliente según su contexto de vida. Escuchar con respeto en vez de aplicar teorías.
> El terapeuta analiza las formas de comportamiento (de sí y del cliente) que impiden el encuentro real entre ambos.
> Estar comprometido es el verdadero modo de estar vivo[45].

---

[43] G. Yontef, *Proceso y diálogo en psicoterapia gestáltica*, Cuatro Vientos, Chile, 1995, p. 128.
[44] Aunque Fritz no simpatizaba con él y decía que Rollo May era un existencialista sin existencia.
[45] R. May, *Dilema existencial del hombre moderno*, Paidós, Buenos Aires, 1968, p. 102.

En la introducción de su primera obra, Perls alude a los «nuevos instrumentos intelectuales: el holismo (concepción de campo) y la semántica (el significado del significado) con los que se va a oponer al pensamiento psicoanalítico. En esta revisión de las fuentes de la terapia gestalt vamos a concluir exponiendo brevemente estas aportaciones.

La semántica general de Korzybski

Esta teoría subraya la relación existente entre el modo de pensar de un individuo y su manera de expresarse (Petit).

Las conocidas premisas de Korzybski: *el mapa no es el territorio* (ni lo expresa en su totalidad) o *el mapa representa al cartógrafo*, fueron tomadas metafóricamente por Perls para señalar que la experiencia no cabe en las palabras con que se expresa, que el lenguaje es una representación convencional que no abarca los hechos en su totalidad sino que más bien refleja la personalidad de quien habla (el cartógrafo). Aquí coincide la importancia que la gestalt otorga a la expresión y a la comunicación (no sólo la verbal), en términos de responsabilizarse de lo dicho y reapropiarse de lo proyectado. Hablaremos más adelante del estilo de comunicación que recomienda la gestalt, resaltando por el momento lo que Perls valoraba de Korzybski, el lenguaje unitario, «tratamos de hacer lo imposible: integrar personalidades con la ayuda de un lenguaje no-integrativo. Un lenguaje unitario que podría crear o provenir de personalidades unitarias, es una condición sine qua non para la estructura social o personal integrada. Pero hoy el desarrollo de tal lenguaje está aún en su infancia. Korzybski, L. L. White y otros están en la tarea de crearlo»[46].

El holismo de Smuts

Mayor y más directa influencia tuvo esta doctrina en Fritz en su etapa sudafricana. Jan Smuts (1870-1930), ministro de Botha en la guerra

---

[46] F. Perls, «Teoría y técnica de integración de la personalidad» en Stevens, *Esto es gestalt*, Cuatro Vientos, Chile, 1978, p. 51.

de los bóers y primer ministro de Sudáfrica a partir de 1920, fue amigo personal de Perls. Su libro *Holism and Evolution* (1926) se autodefine en la frontera entre ciencia y filosofía; acuña el término de holismo (del griego holos: totalidad) y define la evolución como «el desarrollo y la estratificación graduales de series progresivas de totalidades que se extienden desde lo inorgánico hasta los niveles más elevados de la creación espiritual».

Según J. M. Robine[47], Smuts reacciona contra el viejo principio de causa-efecto (que anula todo progreso y creatividad) y contra una idea de evolución basada en el desarrollo de lo ya dado y por lo tanto predeterminada, proponiendo la idea de evolución creadora. El holismo designa este factor fundamental, motor de la creación de totalidades en el universo.

El holismo no solamente es creador sino autocreador: sus estructuras finales son mucho más holísticas que las iniciales. Las totalidades naturales siempre se componen de partes y es la síntesis (no la suma) de estas partes lo que constituye el todo. Cada totalidad se incluye en otra mayor, del átomo y la célula a la personalidad y al universo. Su obra termina con estas palabras: «La progresión y el autoperfeccionamiento de las totalidades en el seno del Todo es un proceso lento pero infalible y es también la meta del universo holístico».

Directa o indirectamente el pensamiento de Smuts puede rastrearse en muchas teorías de este siglo: Lewin y su concepto de campo, la Teoría General de los Sistemas de Von Bertallanfy, el concepto de Holon de A. Koestler, los «Campos Morfogenéticos» de Sheldrake... y la terapia gestalt con su énfasis en el proceso (un proceso de incesante cambio creativo), en la interdependencia de organismo y medio, en la naturaleza holística de las personas y el universo, donde todas las cosas, vivas o no, están interconectadas.

Para resumir lo que llevamos dicho en estos capítulos, voy a retomar la fórmula con que Claudio Naranjo sintetiza el hacer gestáltico para incardinar en ella las aportaciones e influencias de las que hemos venido hablando.

Esta fórmula (que desarrollaremos más adelante) conjuga la actitud del paciente y la del terapeuta en el marco de la relación:

---

[47] J. M. Robine, «Le Holisme de J. C. Smuts», *Boletín francés*, núm. 6, primavera, 1994.

T. GESTALT [(conciencia / espontaneidad) + (apoyo / confrontación)] RELACIÓN
    ↓   ↓   ↓   ↓   ↓
   Freud Reinhardt Rogers Zen Buber
  Psicoanálisis Moreno Humanismo Chamanismo Smuts

En la primera parte, que podríamos llamar las «tareas» del paciente, la CONCIENCIA nos remite al imperativo socrático: «conócete a ti mismo» y dentro ya de la psicoterapia moderna, a Freud y su formulación del objetivo psicoanalítico: «hacer consciente lo inconsciente». Aun difiriendo en los términos y en el método, el objetivo es semejante en el gestaltista que promueve y amplía la «capacidad del darse cuenta».

La ESPONTANEIDAD nos emparenta con la expresividad de las técnicas teatrales (Reinhardt) y con Moreno, como el primero que aplicó estas herramientas al trabajo psicoterapéutico.

Entre las «tareas» del terapeuta, el APOYO fue la base del Enfoque rogeriano Centrado en el Cliente a través de su concepción de la empatía. Toda la psicología humanista comparte, de distintas maneras, este principio.

La CONFRONTACIÓN es un aporte original de Fritz Perls y la gestalt le confiere una importancia determinante. Más que a los diferentes abordajes psicoterapéuticos occidentales nos remite a algunas tradiciones espirituales donde el maestro zen o el chamán, por ejemplo, utilizan de forma activa la quiebra del autoconcepto y la denuncia de los juegos falsos.

Y todo ello en el marco de la RELACIÓN, en el encuentro, en la experiencia puntual que, dentro del existencialismo, ha resaltado Buber y que también resuena en el holismo de Smuts y en muchos conceptos teóricos de la psicología de la forma.

SEGUNDA PARTE
BASES DE LA TERAPIA GESTALT

> En el jasidismo la personalidad sustituye a la doctrina. Se cuenta la historia de un famoso santo que dijo: «Yo no acudí ante el maestro para aprender de él la Torá, sino para mirar cómo se ataba los cordones de los zapatos».
>
> Gershom SCHOLEM: «Las grandes tendencias de la mística judía»

En esta segunda parte reflexionaremos sobre los conceptos básicos de la terapia gestalt. No se trata de una teoría psicológica sino más bien de una teoría de la práctica: en terapia gestalt trabajamos con estos elementos. Explícitamente se traducen en técnicas (de las que hablaremos también) pero, sobre todo, implícitamente se apoyan en una determinada actitud que iremos configurando a través de estas cuestiones: a qué filosofía nos referimos cuando afirmamos que la gestalt es una filosofía de vida por encima de un enfoque terapéutico, qué calidad de escucha, presencia y conciencia pretendemos desarrollar, cuál es nuestra concepción de la salud y de su menoscabo neurótico, cómo exploramos las divisiones internas y el mundo onírico del individuo, cómo tratamos de restablecer su relación satisfactoria con el exterior sin que eso signifique evitar el dolor y falsearse...

CAPÍTULO 4

PRECEPTOS BÁSICOS DE LA TERAPIA GESTALT

> Han hecho falta siglos para llegar a conocer una parte de las leyes de la naturaleza. Un día basta al sabio para conocer los deberes del hombre.
>
> VOLTAIRE, *Diccionario filosófico*

Fritz Perls arremetía contra el moralismo impuesto desde fuera, no contra aquel que podríamos llamar organísmico o intrínseco: «Existe la moralidad del organismo. Bueno y malo son respuestas del organismo. Pero por desgracia la "etiqueta bueno o malo" es luego proyectada al estímulo; entonces, aisladas y fuera de contexto, estas etiquetas se organizan en códigos de conducta, sistemas morales, a menudo legalizados y conectados con creencias religiosas»[48].

Desde este punto de vista cabe hablar de preceptos gestálticos, de mandatos morales sobre la conveniencia de ciertas actitudes ante la vida y la experiencia, lo que Naranjo denomina una «moralidad más allá del bien y del mal», sin juicios de valor, autojustificaciones, racionalización de necesidades y sutiles manipulaciones en forma de consejo sobre lo que se debe o no hacer.

---

[48] F. Perls, «Moralidad, límite del ego y agresión» (1995), en Stevens, *Esto es Gestalt*, op. cit., p. 39.

Estos imperativos o preceptos traslucen la filosofía de la gestalt:

He aquí algunos mandatos que podrían dar una noción impresionista del estilo de vida que conllevan:
1. Vive ahora, es decir, preocúpate del presente más que del pasado o del futuro.
2. Vive aquí: relaciónate más con lo presente que con lo ausente.
3. Deja de imaginar: experimenta lo real.
4. Abandona los pensamientos innecesarios; más bien siente y observa.
5. Prefiere expresar antes que manipular, explicar, justificar o juzgar.
6. Entrégate al desagrado y al dolor tal como al placer; no restrinjas tu percatarte.
7. No aceptes ningún otro «debería o tendría» más que el tuyo propio: no adores a ningún ídolo.
8. Responsabilízate plenamente de tus acciones, sentimientos y pensamientos.
9. Acepta ser como eres.

NARANJO, 1990, p. 21.

y a su vez podrían resumirse en estos tres principios:

1. Valoración de la actualidad temporal (el presente frente al pasado o el futuro), espacial (lo presente frente a lo ausente) y sustancial (el acto frente al símbolo).
2. Valoración de la atención y aceptación de la experiencia.
3. Valoración de la responsabilidad.

Si tomamos estos principios por lo que son: declaraciones de una verdad y no declaraciones de un deber (Naranjo), podemos entender que la filosofía gestáltica es una filosofía de lo obvio, como diría Fritz Perls; en efecto, el presente, la experiencia y la responsabilidad son realidades obvias.

- El *presente*: nada ocurre sino ahora, el pasado ya no existe y el futuro aún no es. La situación terapéutica sólo es posible en esta actualidad temporal (*ahora*) y espacial (*aquí*). Esta filosofía del aquí y ahora, que la gestalt comparte con las disciplinas espirituales de Oriente y con los grupos de encuentro occidentales, contrasta fuertemente con el pensamiento freudiano (orientado a la rememoración de la infancia y cargado de aspectos transferenciales), si bien el concepto de transferencia en Freud es ya un primer paso de interés hacia el presente, puesto que los sentimientos del paciente hacia el analista se concebían como réplica de sentimientos más antiguos hacia otras personas (padres, hermanos); por lo tanto comprender esta relación terapéutica en el presente se volvió significativa para entender el problema del pasado. Hemos visto también cómo muchos de los continuadores de Freud incluyeron esta valoración del presente en su comprensión de la relación terapéutica y cómo eso modificó su concepción de la transferencia (volveremos a este tema en la tercera parte). C. Naranjo ha señalado los antecedentes de este principio gestáltico en la meditación budista y en la filosofía hedonista («el carpe diem» de Horacio)[49]. En gestalt intentamos evitar todo lo que no está o no se desarrolla en el presente; incluso si el conflicto que aparece hace referencia a una experiencia del pasado o a un temor del futuro, traemos este material al aquí y ahora porque sólo en el presente se puede llevar a cabo la integración. No podremos valorar la importancia del presente si no tenemos en cuenta las trampas con que el neurótico lo evita refugiándose en el pasado o el futuro. El aquí y ahora significa maduración y crecimiento, lo demás no es sino mantener el *statu quo*, reforzar el rol del «enfermo» para seguir movilizando el entorno en vez de empezar a echar mano del autoapoyo. Decía Perls con cierto humor que una persona entra en la terapia con un montón de personajes, vivos y muertos, sobre sus hombros, y que el proceso terapéutico no es sino ir sacando de la sala, uno por uno, a cada personaje (su padre, su madre, su hermano, su amigo, su profesor, etc.) hasta que la persona se encuentra por fin consigo misma, y deja de sentir la necesidad de manipular su biografía y su historia como medio de mantener su neurosis.

Por otra parte el presente hace fluir el auténtico aprendizaje, el cual no es computar información para adecuarla a nuestros con-

---

[49] C. Naranjo, «Centrarse en el presente como técnica, prescripción e ideal», capítulo 3 de *La vieja y Novísima Gestalt*, Cuatro Vientos, Chile, 1990.

ceptos, sino *descubrir*, con todo el riesgo que conlleva, nuestra propia capacidad, nuestro potencial y nuestro apoyo. Esto se refiere al presente sustancial: actuar en lugar de imaginar, como hacemos en gestalt cuando le proponemos a la persona que está trabajando que compruebe sus fantasías, que contraste con el grupo, que exprese lo que teme como catastrófico, etcétera.

- La atención y aceptación de la *experiencia* van ligadas a esta vivencia del presente. Hablaremos más extensamente de ellas en el *darse cuenta*.
- La *responsabilidad* no es un deber, es un hecho. Somos responsables de nosotros mismos queramoslo o no. La terapia gestalt acentúa la conciencia de esta realidad con una permanente invitación a que la persona se responsabilice de lo que está haciendo, sintiendo, evitando o negando, deseando, inhibiendo, etc. Decía Perls que responsabilizarse de la propia vida equivalía a enriquecerse en experiencias y habilidades:

Quiero darles a entender cuánto se gana al tomar responsabilidad de cada emoción, cada sentimiento, cada pensamiento. Y deshacerse de la responsabilidad por cualquier otra persona. El mundo no está ahí para llenar tus expectativas ni tampoco debes tú llenar las expectativas del mundo. En su contexto usual la responsabilidad da la idea de obligación. Si me hago responsable de otra persona me siento omnipotente: tengo que interferir en su vida. Esto significa que tengo un deber... Pero también puede entenderse la responsabilidad como capacidad de responder, tener pensamientos, reacciones, emociones, en determinadas situaciones... Responsabilidad significa simplemente el estar dispuesto a decir: «yo soy yo» y también «yo soy lo que soy» (1974).

Esto, que en otra parte Fritz denomina «la tendencia de todo organismo a actualizarse tal cual es» (y así una rosa es una rosa —G. Stein— lo mismo que un elefante no trata de actualizarse como pájaro), Naranjo lo relaciona con dos suposiciones básicas en la Weltanschauung o cosmovisión de la terapia gestalt:

- Las cosas son, en este momento, de la única manera que pueden ser.
- ¡Atención, el mundo es bueno!

Decir que algo es bueno es una afirmación ajena a la gestalt: las cosas pueden ser buenas sólo para nosotros. Y esto depende de nosotros y de lo que hacemos con nuestras circunstancias. Nuestra percepción actual de la existencia está plagada de dolor, indefensión y victimización... Sin embargo, desde el punto de vista gestáltico, tales quejas y lamentos son un mal juego que jugamos con nosotros mismos, un aspecto más del hecho de rechazar el éxtasis potencial del ahora. En el fondo, estamos donde queremos estar, estamos haciendo lo que queremos hacer, aun cuando equivalga a una tragedia aparente. Si podemos descubrir nuestra libertad dentro de nuestra esclavitud, también podemos descubrir nuestra alegría esencial bajo la cubierta de la victimización (1990).

Citaremos otros dos principios en los que se basa el enfoque gestáltico, tal como los formulan Erving y Miriam Polster[50]:

- El terapeuta es su propio intrumento en la terapia,
- y la terapia es demasiado beneficiosa para limitarla a los enfermos.

Respecto a lo primero, y partiendo de la utopía de la «objetividad científica», en gestalt el terapeuta utiliza sus propios sentimientos y estados de ánimo como instrumentos terapéuticos, comprometiéndose con aquello que dijimos de la actualidad espacial, el «aquí» de la relación. También Carl Rogers ha hablado en su enfoque de la participación del terapeuta, de su comprensión empática y de su congruencia ante el cliente o paciente como motores facilitadores del cambio y maduración de la persona, si bien la gestalt lleva más lejos esta presencia activa.

Respecto a limitar la terapia al enfermo, el propio concepto de enfermo como el de curación resultan hoy día anacrónicos porque nadie es capaz de escapar a la contaminación psíquica del entorno. Por otra parte, «muchos terapeutas han entrevisto últimamente la amplia oportunidad y la gran necesidad social de extender a toda la comunidad las concepciones extraídas de su trabajo con personas conflictuadas»[51]. Como la medicina actual, también la terapia tiene un profundo sentido preventivo, de generar salud más que de intervenir en la enfermedad. Naranjo resalta la actitud de respeto hacia la enfermedad

---

[50] E. y M. Polster, *Terapia Gestáltica*, Amorrortu, Buenos Aires, 1976, p. 15.
[51] E. y M. Polster, op. cit., p. 39.

como una de las recomendaciones al terapeuta. Si entendemos que los tres preceptos básicos valen tanto para el paciente como para el terapeuta: presencia, estar consciente y responsabilidad, el gestaltista los transmite a través de estas actitudes:

- Respetar la enfermedad más que tratar de cambiarla, sin confluir con las exigencias internas del paciente que ya está bastante empeñado en «mejorar» sin aceptarse. Paradójicamente, «el cambio ocurre cuando el paciente se convierte en lo que es, no cuando trata de ser lo que no es» (Beisser, *La teoría paradójica del cambio*, 1970).
- No «ayudar» más de la cuenta, en el sentido de no sustituir el propio crecimiento (autoapoyo) del paciente por falso apoyo o excesiva ayuda.
- Confianza básica en la rectitud de nuestra propia naturaleza, sin manipularnos a nosotros mismos o a los demás. Tampoco negando los sentimientos negativos o el dolor (al contrario, el terapeuta gestáltico facilita su expresión y la responsabilización de los mismos, así como de las resistencias).
- Desprecio por las explicaciones, interpretaciones, justificaciones y la actividad conceptual en general (Naranjo, 1990, pp. 15-19).

Estas actitudes las trasluce el terapeuta en sus procedimientos, sin necesidad de explicación, como el artista a través de su obra y no a través de una teoría.

CAPÍTULO 5

LA ESCUCHA GESTÁLTICA

> Cuando los hombres se saben escuchados, se vuelven débiles. Estos momentos de debilidad son la única rendija a través de la cual puede desprenderse una gota de generosidad del granito humano.
>
> Josep PLÁ, *El cuaderno gris*.

Vamos a hablar aquí de «escucha» en un sentido más amplio que el de «oír»: se trata de percibir (con el oído y también con los demás sentidos), de estar despierto, de afinar la atención.

Atender ¿a qué? En gestalt hablamos de escucha en una doble dirección: hacia adentro y hacia afuera; también transmitimos unas reglas de comunicación determinadas y un estilo peculiar de respuesta.

La escucha y comunicación

La *escucha interna* no es sino la capacidad del escuchador de mirarse hacia adentro, de tomar conciencia de sí y atender a los procesos que se le despiertan. De todo ello hablaremos con más detalle en el capítulo del «darse cuenta», pero sí adelantar aquí que estar disponible para el otro no significa olvidarnos de nosotros. El gestaltista tiene en cuenta lo que a él le está pasando en el mismo momento en que atiende lo que le pasa al otro. Esta escucha interior no tiene por qué interferir la atención al otro, más bien es un excelente método de acompañamiento, un usarse a sí mismo (en sus sensaciones, emociones, etc.) al servicio de la mejor comprensión y escucha de aquello que ocurre fuera. En palabras de J. B. Enright:

> Para llevar a cabo una tarea clínica idónea, los profesionales de la salud mental necesitan tener acceso al flujo de su experiencia interior. El indicio primero y más sutil para entender la angustia, hostilidad, eroticidad, etc. del otro es la conciencia de algún estado similar o complementario en uno mismo... A menudo enseñamos a nuestros alumnos que deben observar las señales externas de los estados afectivos de sus pacientes (la voz, etc.) pero no aclaramos que no es mediante la observación externa que ocurren las cosas. Si, para decirle a un paciente «creo que usted siente enojo», espero a ver sus venas hinchadas, su cuello rojo y su voz furiosa, algo anda mal en mí y en la relación. Si, en cambio, me hubiera abierto antes a mi propia experiencia, habría tomado conciencia desde el principio de cierta molestia, inquietud o temor en mí...[52]

La *escucha externa*, por el contrario, supone un afinamiento sensorial: mantener abiertos todos los sentidos para una mejor captación del otro. Aunque suele dársele tradicionalmente la máxima importancia al oído, aquí se trata no sólo de escuchar lo que dice el otro sino también cómo lo dice.

- La escucha del contenido verbal es importante y por eso acostumbramos, por ejemplo al alumno en entrenamiento, a que repita con la máxima fidelidad lo que escuchó, los temas y las palabras textuales que le transmitió su compañero, como una forma de desarrollar la atención y la concentración. Como decía Fritz:

   > Para poder comunicarnos tenemos que asegurarnos de que somos remitentes, lo que significa que lo que enviamos puede ser entendido; y también asegurarnos de que somos receptores, que estamos dispuestos a escuchar el mensaje proveniente de la otra persona.
   >
   > PERLS, 1974, p. 56.

---

[52] J. B. Enright, «El adiestramiento de la conciencia y los profesionales de la salud mental», en Fagan y Shepherd, *Teoría y técnica de la psicoterapia gestáltica*, Amorrortu, Buenos Aires, 1973, p. 252.

- La escucha del lenguaje no verbal es aún más importante. Habitualmente los gestos, el tono de voz, la postura corporal, etc., informa más sinceramente de lo que está pasando que las palabras con que se narra. Los conflictos emocionales se enmascaran con las palabras mientras que el cuerpo, en este sentido, miente menos.

Hemos bloqueado un lado y luego la expresión sale por otro: en nuestros movimientos, en nuestra postura y más que nada en nuestra voz. Un buen terapeuta no escucha toda la cháchara del paciente sino más bien el sonido de su voz, la música, los titubeos. Por lo general, la comunicación verbal es una mentira... No escuchen las palabras, escuchen lo que la voz les dice, lo que dicen los movimientos, la postura, la imagen... la expresión facial, el lenguaje psicosomático. Está todo ahí si es que permiten que el contenido de las frases haga únicamente de segundo violín (Perls, 1974, p. 65).

La comunicación en gestalt

Hemos hablado de la actitud de escucha gestáltica y eso conlleva también una determinada actitud de comunicación. En gestalt recomendamos unos modos de expresión e intentamos inhibir otros, de forma que vaya estableciéndose una comunicación basada en estas reglas:

- Hablar en primera persona y en tiempo presente. El lenguaje impersonal supone diluir la responsabilidad de lo que se está diciendo: no es lo mismo decir «a veces uno está triste» que «yo estoy triste»; el plural también favorece la ocultación, no es igual decir: «todos tenemos depresiones» que «yo estoy deprimido».
Hablar en tiempo presente (aunque se cuente una experiencia del pasado) facilita la actualización y la vivencia ya que hace más accesibles y disponibles los contenidos emocionales que encierra esa experiencia narrada.
- Responsabilizarse de la expresión. Lo anterior a veces no es suficiente y cuando esto ocurre se le recomienda al que habla que vaya incluyendo en su discurso alguna frase que facilite el hacer-

se cargo de lo que dice: «... estoy sintiendo tensión en el estómago», por ejemplo, puede convertirse en una vivencia más comprometida si en vez de hablar del estómago me convierto en él y hablo en primera persona: «estoy sintiéndome tenso». Si todavía no conecto con lo que digo me puede ayudar intercalar frases del tipo «... y me hago responsable de esto» o similares: «estoy sintiéndome tenso... y me responsabilizo de mi tensión... ahora me agarroto... y me hago responsable de esto...» etcétera.

- Sustituir la conjunción «pero» por «y», como una forma de evitar la dicotomía del lenguaje. Integrar en vez de disociar: «tengo miedo pero no me paralizo» incluye mayor desajuste interno que «tengo miedo... y no me paralizo».
- «Cómo» en vez de «por qué». En palabras de Perls:

> Como todo niño, la persona inmadura pregunta «por qué» para conseguir alguna racionalización o explicación. En el mejor de los casos, el «porqué» acarrea una explicación ingeniosa, jamás un entendimiento. Si preguntan por el «cómo», están mirando la estructura, están viendo lo que ocurre, preocupándose por un entendimiento más profundo del proceso. El cómo nos da perspectiva, orientación.
>
> Perls, 1974, p. 55.

- Evitar las preguntas y convertirlas en afirmaciones. Veamos un ejemplo en directo a través de un coloquio con Fritz:

> —Fritz: «¿Conocen el proverbio "un idiota puede hacer más preguntas de las que mil sabios pueden contestar?" Todas las respuestas están dadas. La mayoría de las preguntas son simplemente invenciones para torturarnos a nosotros mismos y a los demás. La manera de desarrollar la inteligencia propia es convertir cada pregunta en una afirmación. Si se hace este cambio, el fondo de donde surgió la pregunta se abre y se dan las posibilidades para que el interrogador encuentre la respuesta por sí mismo».
> —P: «¿Podrías darme ejemplos de cómo convertir preguntas en afirmaciones?».
> —Fritz: «Me acabas de hacer una pregunta, ¿podrías convertir ésta en una afirmación?».

> —P: «Sería bueno escuchar algunos ejemplos de cómo convertir una pregunta en afirmación».
> —Fritz: «Sería bueno». Pero ocurre que yo no soy bueno. En realidad lo que está detrás de esto es la única manera verdadera de comunicación: el imperativo. Lo que quieres decir en verdad es: "Fritz, dime cómo se hace esto". Hacerme una exigencia. Y el signo de interrogación es el anzuelo de la exigencia. Cada vez que rechazas contestar una pregunta, ayudas a la otra persona a usar sus propios recursos».
>
> PERLS, 1974, p. 47.

Recordemos que cuando Fritz rechazaba el «acercadeísmo» y el «debeísmo» como filosofías y formas de comunicación, estaba apoyando una comunicación existencialista en el sentido de desprenderse de los conceptos y trabajar con los principios del darse cuenta. Todas las reglas que aquí hemos expuesto son plasmaciones de esta actitud comunicacional.

La respuesta gestáltica

Una determinada actitud de escucha supone también una manera específica de respuesta. El terapeuta (entendiendo este rol como el de escuchador o acompañante, en un sentido amplio) está también sujeto a sus ideas preconcebidas, a sus interrupciones o fijaciones, como ya señalamos al hablar de las dificultades de la escucha interna. Las propias convicciones, prejuicios, o sistema teórico de referencia le impedirán al terapeuta escuchar bien y responder en consecuencia.

¿Cuáles son las actitudes inadecuadas a tener en cuenta? Tal como lo expresa Perls:

> Si el terapeuta es demasiado *dominante* no ayudará al paciente hacia su auto-afirmación, incluso se la impedirá. Si se apoya en *teorías rígidas* para compensar su falta de auto-apoyo, terminará aplastando al paciente y denominando «resistencia» cualquier punto de vista en que difieran. Si el terapeuta está profundamente *retraído*, hablará de relaciones interpersonales pero no llegará hasta el paciente... Si elige el camino de la *empatía*, una especie de identificación, se excluye a sí mismo del campo y por

ende elimina la mitad del campo, centrándose exclusivamente en el paciente y sus reacciones... También está la *apatía* o desinterés, que no conduce a ninguna parte.

PERLS, 1976, p. 105.

Tradicionalmente se idealiza el rol del terapeuta basándose en dos mitos: el de la neutralidad (que ya no lo sostiene ni la ciencia moderna que ha puesto en causa la pretendida objetividad) y el de la empatía (que en el peor de los casos se convierte en confluencia). El enfoque gestáltico considera que este campo de la interrelación lo ocupan a partes iguales el terapeuta o acompañante y el paciente o explorador. La gestalt propugna esa concepción dialógica del yo-tú donde cada espacio que pierde uno neurotiza a ambos, mientras que lo saludable es mantener este equilibrio superando patrones paternalistas (el terapeuta bueno y sabio) o juegos de victimismo (el paciente enfermo y sin recursos): nadie es más que nadie aunque la neurosis juegue precisamente a lo contrario.

En consecuencia la respuesta gestáltica es un adecuado equilibrio entre *simpatía* y *frustración*. En palabras de Perls: «La simpatía es un compromiso con el campo total, un darse cuenta de sí mismo y del paciente». La frustración es lo mismo pero en negativo: un darse cuenta de las manipulaciones del paciente escuchando los propios sentimientos negativos que dichas manipulaciones despiertan. En ambos casos el gestaltista se compromete con el otro como consigo mismo

> sin privar al campo de su instrumento más importante: su intuición y su sensibilidad ante los procesos en curso del paciente. Por lo tanto tendrá que aprender a trabajar tanto con simpatía como con frustración. Parecería que estos elementos son incompatibles, pero el arte del terapeuta estriba precisamente en su capacidad de fusionarlos de modo que sean una herramienta efectiva. Para poder ser bondadoso tendrá que ser cruel. Tendrá que darse cuenta de las relaciones del campo total, tanto de sus propias necesidades y reacciones ante las manipulaciones del paciente como de las necesidades del paciente y sus reacciones ante el terapeuta. Y deberá sentirse con la libertad para expresarlas... Con solamente simpatía, el terapeuta se convierte en paciente, podríamos decir que hace del paciente un malcriado. Con frustración solamente, el terapeuta se convierte en el ambiente hostil, con el cual el paciente sólo puede lidiar de

un modo neurótico. En ambos casos, la terapia no da al paciente incentivo alguno para cambiar.

PERLS, 1976, p. 106.

Claudio Naranjo traduce la fórmula de Perls por *apoyo y confrontación*: apoyar las expresiones auténticas del paciente (sus sentimientos, conductas y deseos genuinos) y confrontarle con sus juegos neuróticos (denunciar lo falso, evitativo, manipulativo...).

En resumen, la respuesta gestáltica es un manejo equilibrado tanto de la mano derecha como de la izquierda, superando excesos de la una o de la otra. A los excesos a favor del terapeuta podemos llamarlos, en expresión de A. Rams, *impáticos*, es decir, ocupar más espacio del necesario y esto de muy diversas maneras: tomando una posición de poder intelectual (e interpretando lo que el otro dice no saber de sí), primando sus propias necesidades (exceso frecuente entre los gestaltistas: «yo soy yo» por encima del «y tú eres tú») poniéndose salvador, prepotente, ortodoxo, etc. A los excesos en favor del paciente los llamaremos *empáticos* haciendo un poco de caricatura del enfoque rogeriano. En realidad Rogers hablaba de la combinación de empatía y congruencia que no es sino otra forma de decir lo mismo que propugna la gestalt, pero fue Fritz quien de manera más contundente defendió el uso de los sentimientos del terapeuta como contagio saludable y liberador. Ginger[53] establece la relación personal teniendo en cuenta estos principios rogerianos: «En empatía con el cliente (es decir «en él») en congruencia conmigo mismo (es decir, «en mí»). En simpatía en la relación yo-tú (es decir «entre nosotros»)».

CAMPO RELACIONAL
YO/TÚ

Exceso impático:	*Equilibrio gestáltico*	*Exceso empático:*
Terapeuta interpretador narcisista	Simpatía/Frustración (Perls) Apoyo/Confrontación (Naranjo)	Terapeuta confluyente consentidor

---

[53] S. y A. Ginger, op. cit., p. 173.

Un modelo gestáltico de escucha

Aplicando lo que llevamos dicho al entrenamiento del terapeuta gestáltico, vamos a desarrollar un esquema que difiere considerablemente del modelo médico.

La escucha es esencial en cualquier profesión de ayuda, aunque a veces se la entiende como algo pasivo y exclusivamente en función del rol. Así, por ejemplo, el modelo médico convencional suele funcionar con esta intervención-tipo:

ESCUCHA (de los síntomas)
DIAGNÓSTICO (de la enfermedad)
TRATAMIENTO (generalmente farmacológico).

Aquí la escucha no implica tanto a la persona del médico como a su rol de experto. Está al servicio de su capacidad técnica para (y esto es lo importante) acertar en el diagnóstico e indicar el tratamiento adecuado.

En gestalt hablamos de una escucha activa y de un terapeuta que es su propio instrumento: sin esta buena escucha, la actividad del terapeuta se reduce a aspavientos y *acting-out*.

El Programa Alfa[54] de Albert Rams es el esquema de trabajo más estructurado, dentro de esta línea de reflexión sobre la actividad del terapeuta, que ha circulado en la literatura gestáltica. Resumiendo en lo más esencial, Rams apunta estos tres ítems como fundamentos de la intervención terapéutica:

ESCUCHA-ASIMILACIÓN-DEVOLUCIÓN

Es decir, la comprensión del paciente pasa por escucharle, asimilar (comprender, digerir, organizar) lo que nos trae y revertirlo al cliente en alguna forma operativa.

Vamos a reformular estos ítems de manera diferente, aunque siguiendo el guión de Rams, y desarrollaremos un modelo basado en estos puntos:

---

[54] A. Rams, *Programa Alfa: Un modelo para la relación terapéutica y para la formación de terapeutas*, Edición del autor, Fondos AETG, Barcelona, 1985.

- Escucha fenomenológica
- Toma de conciencia interna
- Asimilación-hipótesis de trabajo
- Devolución-diseño del experimento

Escucha fenomenológica

Escuchar es sobre todo una actitud: disponibilidad, atención, interés por el otro... pero como todo esto es muy complejo, vamos a materializarlo en dos líneas operativas: la escucha del contenido y la percepción de la forma, sin olvidar que ambas son inseparables (en ese interjuego de figura/fondo) aunque aquí vamos a tomarlas artificialmente por separado para facilitar el entrenamiento.

a) Escuchar lo que el otro *dice*, retenerlo e incluso reproducirlo lo más literalmente posible supone una prueba de atención. Casi siempre lo olvidado, cambiado o distorsionado, señala zonas conflictivas del terapeuta, le remite a asuntos inconclusos propios, de forma que podríamos concluir que la memoria es selectiva (Ziegarnik) y que tanto lo rescatado como lo desechado (¿reprimido?) aluden al mundo interno del terapeuta, a su neurosis podríamos decir en la línea de Gurdjieff (donde salud es sinónimo de atención) y en la línea de la gestalt que considera la neurosis como el deterioro del percatarse.

b) La escucha de lo *no-verbal* requiere del terapeuta ser un buen observador. Tradicionalmente se ha considerado más genuino en gestalt el cómo que el qué (Reich) de forma que suele potenciarse la atención sobre cómo se dice más que sobre lo que se dice. Ambos aspectos son dignos de tener en cuenta, si bien en caso de disonancia sería aconsejable apostar por lo no verbal: el tono de voz, los gestos, la postura, las alteraciones de la respiración, los movimientos abortados, los silencios, la emoción que (a veces imperceptiblemente) tiñe una frase, etc. «Escuchar» todo esto no es sino tenerlo en cuenta, incorporarlo a la comunicación del paciente, desarrollarlo dándole voz o exagerándolo corporalmente, y otras muchas formas de trabajar con ello, como veremos más adelante.

Toma de conciencia interna

Enfocamos aquí la escucha del terapeuta, su conciencia de sí mientras trabaja. Diremos, hablando en general, que el buen terapeuta fluye con facilidad entre lo que observa fuera y lo que se mueve dentro; ya Freud recomendaba a los analistas una «atención flotante» y Perls hizo de esto una filosofía y una herramienta fundamental.

Si nos centramos en el mundo interno del terapeuta ¿qué suele dificultarle la escucha de su paciente cuando está frente a él? Sobre todo (y además de otras muchas cosas) suele tener ideas preconcebidas (nivel mental) y sentimientos derivados de la relación (nivel emocional). Es necesario que el terapeuta se escuche con honestidad sobre sus:

- Preconceptos: lo que conoce del paciente, su forma de ser, de actuar, sus resistencias y recursos... Es fácil desarrollar prejuicios y pensar, por ejemplo, que «mi paciente es manipulador o poco colaborador o demasiado masoquista o que siempre se escapa...» y en consecuencia generar a priori sentimientos de inseguridad, enfado, complacencia, hostilidad, etcétera.
- Contratransferencia: la resonancia emocional, los sentimientos puntuales que el terapeuta tiene ante la forma de ser, actuar y sentir del paciente.

Es recomendable decirse a sí mismo o «confesarle» al interlocutor tanto los prejuicios como los sentimientos. La forma, el momento y el grado no pueden generalizarse, depende de cada terapeuta y de la situación.

Asimilación-hipótesis de trabajo

Si observamos lo que un terapeuta hace, mientras trabaja, podemos inferir cómo ha asimilado la escucha de su cliente: si le invita a hablar de un aspecto de sí, si le propone un diálogo con su madre o una movilización corporal, si le señala cualquier cosa... todo esto indica que el terapeuta tiene alguna ocurrencia sobre lo que le pasa a su cliente y también alguna hipótesis sobre cómo abordarlo.

Reflexionar sobre la hipótesis de trabajo es precisamente enfocar y detenerse en el paso entre la escucha y la propuesta, paso que a veces es tan rápido que ni el propio terapeuta podría explicárselo.

En el mejor de los casos se trata de decodificar la intuición, ponerle palabras a aquello que uno no sabe que sabe, a lo que hizo espontánea e intuitivamente, racionalizar la «magia».

En el peor de los casos se trata de evitar la interpretación excesiva: creer saber lo que al otro le pasa, interpretar su experiencia según la propia o según lo leído-aprendido. Esto, más que una hipótesis de trabajo es simplemente falta de escucha.

¿Cómo atenuar estos riesgos? Con una vuelta al aquí y ahora, tras haber revisado la resonancia emocional y las ideas preconcebidas y haberse percatado de la resonancia emocional, lo cual no es fácil. Ayuda recuperar la atención hacia lo no verbal, gestual y postural. Al percibir cómo viene hoy esta persona, observando su comportamiento en el momento puntual, estamos en mejores condiciones de entender lo que pasa y trabajar en la dirección oportuna. La pregunta a hacerse es: «Si éste es el problema, qué sería lo adecuado, la actividad terapéutica oportuna», siempre que entendamos que ésta es una pregunta de laboratorio de entrenamiento y no una recomendación de planear estrategias. Se trata de reflexionar sobre la hipótesis de trabajo.

Dicha hipótesis se apoya sobre el presente, sobre lo obvio que está ocurriendo, más que sobre el estereotipo. En este nivel en el que estamos, una hipótesis no es más que una cierta idea de por dónde van los tiros, tampoco hace falta tenerla clara o segura y mucho menos empeñarse en ella. Por ejemplo: si el paciente está distraído, parecería oportuno ayudarle a centrarse; si está demasiado en la cabeza, habría que señalárselo y quizá guiarle hacia el sentimiento; si es una persona muy dependiente no cabría responder sistemáticamente a todas sus demandas; si está demasiado paralizado, podría ser acertado movilizarlo corporalmente, etcétera.

Devolución-diseño del experimento

Este punto reflexiona sobre la actividad del terapeuta, entendiendo que actividad no es sinónimo de «hacer algo» (por ejemplo, una devolución clásica puede ser no hacer nada, es decir, que el terapeuta permanezca callado y neutro para frustrar, para rebotar las demandas, para denunciar indirectamente la dependencia... o por cualquier otro motivo).

Es amplio el repertorio de respuestas e intervenciones posibles a disposición del terapeuta gestáltico. Resumiéndolas, seguramente las más frecuentes son:

- Señalamientos (basándose en la percepción de lo obvio) del terapeuta: «cuando me dices tal cosa estás mirando para otro lado, tu postura es así, los ojos se te humedecen ahora...». Otras veces lo que se le devuelve es el contenido de las palabras del paciente, literalmente u organizadas por el terapeuta.
- Expresiones emocionales del terapeuta, usando sus propios sentimientos en la relación: «me molesta tu tono, no me llega ese agradecimiento que dices sentir, me asusta esto que me dices...».
- Confrontaciones: del paciente consigo mismo, con el terapeuta, con otras personas presentes o ausentes...
- Ejercicios o experiencias a desarrollar.

Cualquiera de estas intervenciones va encaminada a que el paciente amplíe su conciencia y su experiencia. Muy a menudo la devolución toma la forma de experimento, es decir, se le propone al paciente un juego experimental, que puede ser muy simple o más complejo.

Cuando hablamos de experimento, tomamos esta palabra en el contexto de los Polster, cuando dicen que los grupos (y podríamos extrapolarlo a la terapia en general) ofrecen la oportunidad de crear experimentos, lo que junto a la posibilidad de la toma de contacto y de la toma de conciencia forman la tríada del trabajo gestáltico.

El concepto de experimento así entendido alude a la parte creativa de la terapia: terapeuta y paciente como artistas que vivencian en el presente su propio tránsito, pasando de la toma de conciencia a la acción experimental. El experimento, en palabras de Polster,

> se asemeja a la expresión artística por sus inusuales características de excitación, descubrimiento y emergencia... el paciente, al igual que el artista, atraviesa zonas de experiencia ignoradas que tienen su realidad peculiar y

dentro de las cuales no hay para él garantía alguna de llegar a buen puerto... el terapeuta es el compañero y el guía que le ayuda a mantener el equilibrio entre el aspecto de seguridad y el aspecto de emergencia del experimento: a él le corresponde proporcionar sugerencias, orientación, apoyo... colaborando en un drama que se va escribiendo a medida que se desarrolla[55].

Dentro del modelo que estamos exponiendo, diseñar el experimento es potenciar los recursos técnicos del terapeuta, proponiéndole una reflexión creativa: dada la situación (escucha y conciencia), qué me sugiere, qué podría hacer para abordarla y llegar a otro sitio (asimilación e hipótesis) y qué instrumentos utilizar para ese fin (devolución o experimento). Así explicado, parece que hacer terapia sea algo lineal (causa-efecto) y no lo es, aunque es obvio que alguna pauta seguimos y alguna meta tenemos (sea acertada o errónea, lleguemos o no). La reflexión sobre posibles juegos, ejercicios o experimentos, precisamente le ayuda al terapeuta a entender que hay muchas alternativas para llegar al mismo sitio, y que ese sitio nunca es el mismo porque se configura a lo largo del camino que uno elija recorrer (o según la propuesta que uno seleccione y decida), así que entiéndase todo esto en términos paradójicos o de acuerdo al pensamiento diferencial.

Este modelo de escucha y autoobservación proporciona un mapa bastante fiel de aquellas áreas en que uno fluye y se maneja con facilidad y aquellas otras en que se bloquea y se encuentra con dificultades. Algunas personas no escuchan y enseguida interpretan y proponen, otras escuchan bien al otro pero se olvidan de sí, otras se tienen demasiado en cuenta en sus ideas y sentimientos y desatienden la realidad concreta del paciente. A veces faltan hipótesis o ideas sobre el proceso, a veces se hacen propuestas antes de tiempo. Otras veces se tiene buena percepción de lo que pasa y hacia dónde habría que ir, pero al terapeuta no se le ocurre cómo plasmarlo, sabe lo que habría que hacer pero no cómo hacerlo (falta de recursos técnico-creativos). En la medida en que uno se da cuenta de lo que le falta, está en mejores condiciones de ponerle remedio.

---

[55] E. y M. Polster, op. cit., p. 224.

CAPÍTULO 6

EL DARSE CUENTA

> La vida es breve. No la hagamos pequeña.
>
> J. W. GOETHE

De los muchos apellidos con que se ha denominado a la terapia gestalt seguramente el más simple y descriptivo sea «terapia del darse cuenta». Estamos por tanto ante la esencia de la gestalt y, sin embargo, no podríamos decir que sea una originalidad exclusiva de esta terapia: el psicoanálisis tiene como finalidad hacer consciente lo inconsciente, que viene a ser la misma cosa, aunque ya hemos explicado la diferencia entre los conceptos de inconsciente y darse cuenta. Todas las terapias introspectivas intentan responder al imperativo socrático de autoconocimiento aunque las metodologías sean diferentes. También las tradiciones espirituales de Oriente suscribirían este mandamiento, aunque lo formulen aparentemente al contrario: «desapréndete, despójate de tus conceptos sobre ti mismo».

Darse cuenta es la traducción del original inglés *awareness* que nos llegó en las ediciones chilenas de Fritz Perls. En publicaciones argentinas se suele hablar de tomar conciencia y Claudio Naranjo utiliza otro verbo: percatarse. *Awareness* tiene también las connotaciones de estar alerta y atento, como actitud de estar despierto, no como esfuerzo voluntarioso: «La capacidad de darse cuenta (*awareness*), podría describirse como la melliza desdibujada de la atención. El darse cuenta es más difuso que la atención, implica una percepción relajada (en lugar de una percepción tensa) y es llevada a efecto por la persona total» (Perls, 1976, p. 25).

También cabe dirigir esa percepción con una finalidad determinada y a esto lo llamaba Perls *concentración* (no olvidemos que antes de denominar a su terapia con el nombre de gestalt, la llamó terapia de concentración) o «darse cuenta focalizado», que es una función de la conciencia pero no su esencia. Para explicarlo con un símil, cuando una persona está aprendiendo a conducir un coche, inevitablemente se concentra (y se tensa) en aquello que se debe o no se debe hacer; cuando sea un conductor experto no necesitará este esfuerzo sino que le bastará una actitud relajada y despierta para manejar el vehículo y simultáneamente percibir adecuadamente las señales de la carretera y los cambios del terreno.

> La técnica de concentración (el darse cuenta focalizado) nos da una herramienta de terapia en profundidad más que en extensión. Concentrándose en cada síntoma, en cada área del darse cuenta, el paciente aprende muchas cosas de sí mismo y de su neurosis.
>
> Perls, 1976, p. 73.

En consecuencia, ¿son diferentes los medios y el fin, las técnicas de focalización y la conciencia?, ¿qué es entonces el «darse cuenta»? La espiritualidad oriental habla de «despertar», las tradiciones chamánicas hablan de «conocimiento» (el hombre que «ve», la persona de conocimiento), la gestalt no parece perseguir tanto los fines como atender a los medios: concibe el darse cuenta como el proceso de restauración de la salud, entendiendo que la neurosis es un oscurecimiento de la capacidad de percibir (a sí mismo, al mundo...) y el camino corrector es ir saneando esta ceguera.

Perls intentó sustituir la dicotomía psicoanalítica consciente/inconsciente por un proceso operativo y más simple: ampliar la capacidad de darse cuenta. Decía entre crítico y burlón que el inconsciente freudiano era una creencia puesto que si existe sería inaccesible: ¿cómo saber de él si es inconsciente?, y mucho menos descifrar sus leyes de funcionamiento. Frente a esta suposición intelectual desarrolló una visión más organísmica: es obvio que el neurótico se interrumpe, que no ve la realidad, por lo tanto resulta más operativo comprender cómo están dañadas estas funciones organísmicas que descifrar aquello que no se ve. Primó la función en lugar del concepto.

Yontef ha definido el «darse cuenta» como una forma de vivenciar: «Es el proceso de estar en contacto alerta con la situación más importante en el campo ambiente/individuo, con un total apoyo sensoriomotor, emocional, cognitivo y energético»[56]. Es un medio para orientarse en el mundo, pero un medio que exige ciertas condiciones:

- «El *darse cuenta* sólo es eficaz cuando está basado en (y energetizado por) la necesidad dominante actual del organismo». Si la persona no sabe lo que necesita (figura emergente) su darse cuenta pierde sentido, poder e impacto.
- «El *darse cuenta* no está completo sin conocer directamente la realidad de la situación y cómo está uno en ella». No podemos hablar de conciencia si no me incluyo («pertenencia» lo denomina Yontef) en la situación y no me lleva a hacerme responsable de mí en dicha situación.
- «El *darse cuenta* es siempre aquí y ahora, y siempre cambiando, evolucionando y trascendiéndose a sí mismo». No puede ser estático, sino un proceso de orientación que se renueva en cada momento.

Las definiciones de Yontef se apoyan en la teoría de la formación gestáltica (o configuración figura/fondo), que muchos gestaltistas consideran la esencia de la gestalt. Fritz, aludiendo a lo mismo, hablaba más en términos de autorregulación organísmica, exponiendo su comprensión taoísta de la naturaleza humana:

Así llegamos al fenómeno más importante de toda la patología: la autorregulación versus la regulación externa. La anarquía, generalmente temida por los controladores, tiene, por el contrario, mucho significado.

---

[56] G. Yontef, op. cit., p. 171.

> Significa que se deja solo al organismo para cuidarse a sí mismo sin interferencias externas. Y yo creo que entender esto es una gran cosa: *el darse cuenta* per se *puede ser curativo*. Porque con un *awareness* pleno uno se da cuenta de esta autorregulación organísmica, uno puede permitirse que el organismo se haga cargo sin interferir, sin interrumpir; podemos fiarnos de la sabiduría del organismo.
>
> PERLS, 1974, p. 28.

No vamos a insistir en este momento en la autorregulación organísmica, sólo decir que en ella delegamos los gestaltistas una fe que sustituye la creencia en el inconsciente: si el organismo tiende hacia dicha autorregulación, mostrará en cada momento sus necesidades, impulsos, asuntos inconclusos, etc. Y el darse cuenta será la herramienta integradora:

> En terapia este tipo de autorregulación es muy importante porque lo emergente, lo inconcluso, saldrá a la superficie. No tenemos que cavar, está todo ahí y se puede mirar de la siguiente manera: desde dentro alguna figura emerge, surge, viene a la superficie, luego sale al mundo externo, alcanza lo que queremos, vuelve, asimila y recibe. Algo nuevo surge y el mismo proceso se repite otra vez... El organismo no toma decisiones. Las decisiones son instituciones creadas por los hombres. El organismo siempre trabaja sobre la base de preferencias.
>
> PERLS, 1974, p. 33.

Volviendo al manejo operativo del darse cuenta, éste

> cubre, por así decirlo, tres estratos o capas: el darse cuenta de sí mismo, el darse cuenta del mundo y el darse cuenta de lo que está en medio (la zona intermedia de la fantasía), que impide que la persona esté en contacto consigo y con el mundo.
>
> PERLS, 1974, p. 61.

El desarrollo de la capacidad de conciencia supone por tanto enfocar estas tres zonas: la interna, la externa y la intermedia:

1. *Darse cuenta de la zona interna* es poner la autoobservación en uno mismo: captar las sensaciones térmicas, kinestésicas, los

sentimientos que afloren, los estados de ánimo y su evolución, etc. Un mirar hacia adentro como antídoto a las distracciones de afuera.

2. *Darse cuenta de la zona externa* es optimizar los sentidos y devolverles su función perceptiva, de forma que captemos la realidad del entorno en vez de fantasearlo o interpretarlo. Se trata de recuperar la vista, el oído, la piel y todos los demás canales sensoriales con que nos orientamos en el mundo. Podría parecer todo esto una simpleza, sin embargo, una de las características de la neurosis es precisamente el empobrecimiento sensorial, por eso

> el objetivo de la terapia y del crecimiento está en olvidar cada vez más la mente y despertar a los sentidos. Estar más en contacto con uno mismo y con el mundo, en vez de únicamente en contacto con las fantasías, prejuicios, etcétera.
>
> (ibídem).

3. *Darse cuenta de la zona intermedia* es precisamente enfocar este filtro fantasioso con que tamizamos las percepciones internas y extenas. Perls lo llamaba tierra de nadie y zona desmilitarizada como metáfora de esta frontera entre lo propio y lo ajeno. También utiliza la palabra hindú maya para referirse al mundo de la ilusoriedad:

> Maya es una especie de sueño, de trance. A menudo a esta fantasía, a este maya, se le denomina la mente, pero al mirarle más de cerca lo que llamamos «mente» es fantasía. Es el escenario de los ensayos.
>
> PERLS, 1974, p. 58.

Tradicionalmente se considera esta zona como el lugar privilegiado de la neurosis: aquí residen los prejuicios, fobias, paranoias, distorsiones en general de lo que nos llega de fuera o de dentro, sin embargo, habría que entender que lo dañino es su exceso, es decir, en qué medida soslaya y sustituye la conciencia de las zonas interna y externa.

Esto mismo podemos considerarlo bajo el punto de vista de un proceso, es decir, una ampliación gradual de la conciencia a medida que se avanza en el trabajo terapéutico. Yontef habla de cuatro etapas:

- Darse cuenta simple: la persona enfoca los problemas de su vida y pone conciencia en ellos. Digamos que su darse cuenta se agota aquí, en esta narración de sus conflictos cotidianos sin que se percate de nada más (como, por ejemplo, qué ocurre mientras habla, qué relación mantiene con el terapeuta...).
- Darse cuenta del darse cuenta. Supone un nivel más afinado de conciencia, un mayor grado de distanciamiento interior: la persona se da cuenta de lo que está evitando o se resiste a enfocar, de los sentimientos que se suceden en el aquí y ahora, de la sutil intencionalidad que puede haber en lo que está contando, etcétera.
- Darse cuenta del carácter. En la medida en que uno se percata de sus patrones de darse cuenta y de evitar, va tomando conciencia de la estructura global del carácter que lo sustenta.
- Mantener este darse cuenta en la vida diaria, no sólo en la terapia[57].

Continuum of awareness

Para restablecer y desarrollar la capacidad de percatarse, Perls proponía el entrenamiento en el continuo de la conciencia. Se trata de estar abierto a todo aquello que va surgiendo, como si respondiéramos a la frase «ahora me doy cuenta de...» e incluyéramos aquí tanto sensaciones internas («estoy inquieto, tengo la garganta seca...») como externas («oigo tal ruido, observo la mirada de tal persona...»), así como explicitaciones de la actividad de la mente («me he ido al recuerdo de ayer, interpreto tu mirada como censura...»)

> La técnica que estamos utilizando es restablecer el *continuum* del darse cuenta. Este continuum es requerido por el organismo para poder funcionar de acuerdo al sano principio gestáltico: siempre surgirá la situación inconclusa más importante y podrá entonces ser atendida (Perls, 1974, p. 62).
>
> En el experimento «ahora me doy cuenta», el paciente por lo general se limita a expresiones sensoriales externas. Más tarde, en la medida en que persiste, se amplía esta área para incluir muchos otros factores tanto

[57] G. Yontef, op. cit., p. 262.

internos como externos. En otras palabras, sencillamente dándose cuenta de que uno es capaz de percatarse, aumenta el área potencial de operación. Da una orientación más amplia y mayor libertad de acción y de elección... El neurótico está encajonado en su incapacidad de darse cuenta de sí mismo y de la situación externa y tiene muy poco espacio para maniobrar. Cuando su capacidad aumenta, hace mejor contacto ya que éste requiere mejor orientación enfocada al momento.

PERLS, 1976, p. 79.

El continuo atencional plasma lo que anteriormente Fritz había definido como concentración y que, como dice Laura Perls, Gendling llamaría ahora *focusing*.

La misma Laura previene sobre una utilización equivocada del continuo:

> El continuo de la conciencia es a menudo confundido en terapia gestalt y la gente dice practicarlo cuando lo que están haciendo exactamente es una especie de asociación libre (o disociación libre), saltando de una cosa a otra: ahora me doy cuenta de esto, ahora me doy cuenta de lo otro. Realmente el continuo de la conciencia se desarrolla cuando tú movilizas o disuelves las barreras, las tensiones musculares, los bloqueos, las gestalten fijas. Tú te concentras sobre las gestalten fijas y en cómo tú las fijas[58].

Obviamente, si se toma como un ejercicio mecánico pierde todo su sentido, no provee de conciencia sino todo lo contrario; pero eso sería achacable a la actitud con que se practica, no a la práctica en sí. Claudio Naranjo puntualiza varios aspectos del «continuo atencional» (que así es como él lo traduce):

- Continuo atencional y asociación libre psicoanalítica son equiparables. La diferencia estriba en que el terapeuta gestáltico no se preocupa del contenido (lo que el paciente relata) sino de la acción puntual de traer a la mente tal relato. Por ejemplo, si el paciente recuerda algo, más que explorar y comprometerse con dicho recuerdo (que sería el estilo analítico), el gestaltista pondrá atención sobre qué está ocurriendo ahora para que el paciente

---

[58] L. Perls, op. cit., p. 28.

opte por recordar en lugar de permanecer en el presente. También el psicoanalista puede centrarse en el presente: en este caso lo más probable será que interprete tal recuerdo del paciente como una compensación o una defensa ante los sentimientos del momento. El gestaltista evitará la interpretación (como una abstracción que aleja de la experiencia en curso); más bien acompañará fenomenológicamente al paciente en su esfuerzo por observar ese acto (en vez de teorizar o rotularlo).

> Si el paciente supiera lo que está haciendo en sus acciones de recordar, anticipar, interpretar..., no habría nada de malo en ellas. El problema es que tales acciones reemplazan, cubren y equivalen a un *acting-out* de la experiencia en curso, en lugar de su reconocimiento y aceptación.
>
> NARANJO, 1990, p. 38.

Otra equiparación es que ambos son el principio y el fin de sus respectivas terapias. Al inicio de la psicoterapia, el continuo atencional y la asociación libre reflejan las dificultades psicológicas del paciente y le proporcionan al terapeuta sus claves. A su vez, la capacidad de asociar libremente sin resistencia puede considerarse como un signo de la finalización del análisis, de la misma forma que la capacidad de vivenciar plenitud y profundidad en cada aquí-y-ahora se considera la meta de la terapia gestalt.

- El ejercicio del continuo atencional es la situación gestáltica básica. Sin embargo no se le da la atención que merece sino que se toma como un mero punto de partida para otras intervenciones y direcciones terapéuticas. «No se la considera lo suficiente como una *práctica*: la práctica de una actitud sana centrada en el presente» (p. 234).
- El darse cuenta es multidimensional: en cada instante podemos atender a innumerables experiencias (sonidos, imágenes, emociones...) y cualquiera de ellas puede guiarnos y conducirnos en una dirección particular. «Si resistimos la tentación de convertirnos en manipuladores activos de nuestra experiencia, pero somos verdaderamente sensibles a donde quiera ir nuestra atención,

habrá un flujo psíquico particular, ya sea que interpretemos esto en términos de formación figura-fondo, autorregulación o simple espontaneidad o inspiración» (p. 237). Naranjo prefiere hablar de espontaneidad, porque «el tema de la espontaneidad nos retrae al tema de ser uno mismo. La idea de ser verdadero con uno mismo implica, desde luego, la existencia de un "sí mismo". El significado de este término tiene que ser la contrapartida de la estructura del carácter, lo no condicionado, e implícitamente lo organísmico» (p. 215). Ser uno mismo lo considera una proposición teórica más fundamental para la terapia gestalt que la «formación figura-fondo», el problema es cuál «sí mismo» sea verdadero (considerando las subpersonalidades en pugna que acarreamos, así como la estructura defensiva del carácter), por lo tanto la espontaneidad no hay que separarla de la integración: «lo único que se puede denominar sí mismo es una totalidad integrada» (p. 115), una especie de testigo mudo que no se identifica con lo que va emergiendo, sino que lo observa. Esta autotestificación coincide con las prácticas meditativas.

- El continuo atencional tiene muchas similitudes con la meditación, por ejemplo, la «atención desnuda» del budismo. El continuo atencional es una meditación vipassana interpersonal:

> La práctica de la atención al presente se asemeja mucho a la meditación verbalizada. Más aún, es una meditación llevada a la situación interpersonal como un acto de autoconfesión (p. 32).

Naranjo afirma que la conciencia meditativa constituye el autoapoyo más profundo, «el apoyo que surge de la renuncia al apoyo... un percatarse del percatarse, una pura presencia o un puro despertar, que confiere tanto un sentido de invulnerabilidad como una capacidad de estar con las manos vacías» (p. 274). Y propone varios ejercicios de continuo atencional en este contexto meditativo, como prácticas de libertad interior, de deshacer la autoimagen y transparentarse en la relación yo-tú.

CAPÍTULO 7

POLARIDADES

> Lo vivo y lo muerto son una misma cosa en nosotros, lo despierto y lo dormido, lo joven y lo viejo: lo uno, movido de su lugar, es lo otro. Y lo otro, a su lugar devuelto, lo uno.
>
> HERÁCLITO

En todo organismo, como en la naturaleza en general, los fenómenos actúan dialécticamente: no se puede conocer el sueño sin tener conciencia de la vigilia, es imposible la memoria sin la capacidad de olvido, no podemos calibrar el amor sin reconocer en nosotros la existencia del odio...

Todos tenemos dentro un sistema de opuestos, o mejor dicho, cada parte de nosotros tiene su correspondiente opuesto. Todo esto viene de una antigua tradición filosófico-espiritual: recordemos la complementariedad del ying y el yang en el taoísmo.

Como dicen los Polster: «La existencia de polaridades en el hombre no es ninguna novedad, lo nuevo en la perspectiva gestáltica es la concepción del individuo como una secuencia interminable de polaridades»[59]: unas aparecen en un momento y otras en otro pero todas están ahí y forman parte de nosotros. En realidad no existe incompatibili-

---

[59] E. y M. Polster, op. cit., p. 17.

dad entre opuestos, sino que somos nosotros quienes los juzgamos erróneamente incompatibles, dando como resultado el estrechamiento de la conciencia: al mirar las cosas desde un único sitio limitamos nuestra capacidad de darnos cuenta:

> Si estamos dispuestos a quedarnos en el centro de nuestro mundo y no situar el centro en nuestra computadora o en alguna otra parte en vez de donde realmente corresponde, entonces somos ambidextros, vemos los dos polos en cada acontecimiento.
> Sabemos que la luz no puede existir sin la oscuridad. Si hay similitud ya no cabe el darse cuenta. Si siempre hay luz, uno ya no vivencia la luz. Tiene que estar presente el ritmo de luz y oscuridad. Derecha no existe sin izquierda. Si pierdo mi brazo derecho mi centro se desplaza hacia la izquierda.
>
> PERLS, 1974, p. 29.

Este situarse en el centro como actitud de partida, Fritz reconoce haberlo tomado de Friedlaender, como ya hemos explicado. También alude Perls a que los opuestos existen por diferenciación de «algo no diferenciado (a lo que él llama pre-diferente) y que el punto 0 es el punto donde empieza la diferenciación. En la aplicación terapéutica esta diferenciación es importantísima: la llamamos polarización, es decir, que los polos opuestos se definan con claridad (si están indiferenciados no cabe ni dialéctica, ni darse cuenta, ni integración), que extremen sus posiciones para poder reconocer quiénes son estos contendientes; por ejemplo, en un conflicto entre necesidades intelectuales y emocionales, si la «cabeza» no expresa lo que quiere, lo que teme, etc., y si el «corazón» igualmente no explicita sus deseos legítimos, difícilmente vamos a poder establecer un diálogo entre ambos donde se reconozcan, se escuchen, se entiendan y puedan llegar a algún tipo de acuerdo.

El gestaltista piensa en términos de polaridades (pensamiento diferencial) porque su filosofía es integrativa. El pensamiento lineal, por el contrario introduce dualidades y dicotomías, genera disociación y conflicto interno:

> La filosofía básica de la terapia gestalt es la diferenciación e integración de la naturaleza. La diferenciación conduce por sí misma a polaridades. Como dualidades, estas polaridades se pelearán fácilmente y se paraliza-

rán mutuamente. Al integrar rasgos opuestos, completamos nuevamente a la persona. Por ejemplo: debilidad y bravuconería se integran como una silenciosa firmeza[60].

Cuando en gestalt «polarizamos» o diferenciamos, no estamos intentando dividir a la persona sino limpiando el campo para favorecer la integración:

> Gran parte del trabajo gestáltico consiste en encontrar y ejercitar la división, de modo que las partes de la unidad puedan volver a juntarse. Así, alejados de nuestro propio cuestionamiento y de nuestras exigencias, podemos disfrutar de la unidad del darse cuenta, donde la división dentro del yo desaparece al igual que las divisiones entre yo y los demás, entre yo y el resto del mundo[61].

Esto nos lleva a revisar el concepto de campo.

Campo

Decía Perls: «Si tenemos el campo (el contexto) podemos determinar los opuestos; y al tener los opuestos podemos determinar el campo específico. Este conocimiento nos servirá de mucho al acercarnos a la estructura y comportamiento del organismo dentro de su medio» (1975a).

Se refiere aquí Fritz a que organismo y ambiente no son dicotómicos sino los extremos de una polaridad incluida en el concepto de campo. Este concepto trasciende la psicología centrada en la psique individual así como la psicología centrada en la conducta. Las motivaciones internas del individuo así como su comportamiento son función del campo: «Según Lewin, la conducta aparece entonces como una función de campo en el momento concreto en que tal conducta se da, y para su análisis hay que partir de la situación total (el campo) para diferenciar en él, posteriormente, las partes de que se compone»[62].

---

[60] F. Perls, «Terapia gestalt y potencialidades humanas», en J. O. Stevens, *Esto es gestalt*, op. cit., p. 19.
[61] F. Perls, «Resolución» en J. O. Stevens, *Esto es gestalt*, op. cit., p. 78.
[62] R. Rosal y A. Jimeno, «Aportaciones de la Psicología Gestalt a la Terapia Gestalt», *Revista de Psiquiatría Humanista*, núm. 5, noviembre, 1983.

El campo se define como el conjunto de todas las fuerzas que actúan sobre un punto cualquiera del mismo. «Al considerar que un individuo o un grupo se halla situado en un campo, Lewin afirma implícitamente que su comportamiento depende del conjunto de todas las fuerzas que actúan sobre él en cada momento»[63].

En algún momento Fritz sustituye el concepto de «campo» por el de «situación», aludiendo a que no hace falta que la mente controle (o el cuerpo, o la emocionalidad neurótica) sino que, por el contrario, lo saludable es delegar ese control en la situación.

Esta escucha de la situación está totalmente de acuerdo con la teoría del campo unificado de Lewin y aquí se fundamenta la concepción de Perls del organismo como un todo, que incluye lo interno y lo externo. ¿Qué tiene esto que ver con las polaridades? Pues que Fritz está reaccionando contra el pensamiento de la época que confunde lo parcial con lo total, que da excesiva importancia a escisiones internas (el cuerpo y el espíritu, por ejemplo) perdiendo de vista el campo total donde dicha oposición puede no ser tal: si un individuo ha mutilado su capacidad agresiva (cuerpo, instinto) en aras de una determinada moral (espíritu) no podrá disponer de ella cuando legítimamente la necesite en una situación de daño o peligro. El enfoque gestáltico no considera que la agresividad instintiva se oponga (dual y dicotómicamente) a la moralidad pacifista, sino que ambas son polos de un mismo eje, que su oposición es aparente (producida por el pensamiento escindidor) y que sólo la situación o el campo determinará cuál es la adecuada.

> Así, finalmente hemos llegado a introducir en la psicología el concepto de campo unificado (concepto holístico) que los científicos han esperado por largo tiempo y los psicosomatistas han buscado a tientas. En psicoterapia este concepto nos da una herramienta para tratar con el hombre en su totalidad, viendo cómo se imbrican sus acciones mentales y físicas.
>
> PERLS, 1976, p. 28.

En consecuencia la gestalt no concibe separados el mundo interno y la conducta, los síntomas físicos y las intenciones, la acción y el pen-

---

[63] P. González, *Orientaciones teóricas fundamentales en Psicología de los grupos*, EUB, Barcelona, 1995, p. 66.

samiento, etc., sino que diferencia artificialmente (polarización) para comprender mejor el campo total (integración), o viceversa: enfoca la situación para determinar las partes en pugna que no permiten que dicha situación avance naturalmente (autorregulación).

La integración es siempre el horizonte terapéutico. Kurt Goldstein, que investigó los daños cerebrales, dice que la integración «es forzosa en un organismo sano y complejo (ley de la economía). Sólo acarrea conflictos cuando la función bloqueada se hace crónica y no está disponible en caso de necesidad»[64]. Igualmente a nivel emocional, el extremo o polo no aceptado (por ejemplo la agresión o cualquiera de los considerados sentimientos negativos frente a sus opuestos «positivos» o socialmente aceptados) no sólo acaba por no estar disponible cuando haga falta, sino que además perturba y dificulta la vivencia satisfactoria de la emoción opuesta (por ejemplo, el amor).

Autoconcepto

El organismo necesita de todas sus posibilidades para responder a un ambiente en permanente cambio. Sin embargo, dispone de menos alternativas de las posibles por haber ido perdiéndolas en el camino: el empobrecimiento neurótico radica en esta errónea elección del autoconcepto en lugar del «sí mismo» (*self*).

El autoconcepto consiste en seleccionar interesadamente algunos aspectos de nuestra personalidad, identificarnos con ellos y mostrarnos así de limitados y previsibles ante el mundo. Aunque la foto resultante es parcial y pobre, la enarbolamos como identidad: «Soy esto y no aquello»; paralelamente imponemos dicha foto a la percepción del mundo: «Reconóceme tales rasgos, pero no sus opuestos», como una especie de acuerdo en la ceguera.

En palabras de Perls:

El paciente ha trabajado mucho para proveerse de un autoconcepto. Este autoconcepto se conoce en psiquiatría bajo diversas denominaciones:

---

[64] K. Goldstein, *The effect of brain damage on the personality*, Mac Millan, Nueva York, 1964. Citado por E. y M. Polster, op. cit., p. 75.

formación reactiva, autosistema, ideal del yo, persona (...) A menudo es un concepto completamente erróneo de sí mismo, cada rasgo representa el opuesto exacto de su realidad. Este autoconcepto no le puede brindar al paciente ningún apoyo; por el contrario, le ocupa en reclamar, desaprobarse a sí mismo y aplastar cualquier autoexpresión genuina.

1976.

Lo que dice Perls parece literalmente sacado de Karen Horney cuando explica el comienzo de la enajenación del neurótico: «Su verdadero yo no puede crecer rectamente y, además, su necesidad de crear medios artificiales y estratégicos para su trato con los demás, le ha obligado a vencer sus sentimientos, deseos y pensamientos genuinos... añadiendo un elemento de confusión: ya no sabe dónde está ni quién es» (*Neurosis y Madurez*, p. 17). El falso yo de Horney, «la imagen idealizada» a cambio de la cual el individuo vendió su verdadero ser, corresponde a lo mismo que Fritz llama autoconcepto.

El trabajo gestáltico de polaridades es precisamente el antídoto a este empobrecimiento y falseamiento. Cada rasgo o aspecto del autoconcepto debe incorporar su opuesto como forma de disolver esta pseudoidentidad y acercarse a otra visión menos estática, más espontánea y auténtica de sí. La salud del hombre integrado se caracteriza precisamente, según Fritz, por esta fluidez, que él llama espontaneidad y deliberación:

> La verdadera naturaleza del hombre, como de cualquier otro animal, es la integridad. Únicamente en la espontaneidad y en la capacidad de deliberar integrada, toma una decisión saludable. Porque tanto la espontaneidad como la deliberación están en la naturaleza del hombre. El darse cuenta de y la responsabilidad por el campo total, por el sí mismo como también por el otro, le dan sentido y forma a la vida del hombre.

(ibídem).

Punto 0 y vacío fértil

Friedlaender llamó *punto 0* a la posición de neutralidad entre opuestos. Perls utiliza alternativamente este concepto y el de *centro*:

Detesto usar la palabra «normal» para denominar el punto de indiferencia creativa. Se usa con demasiada frecuencia para denominar el promedio y no para el punto de función óptima. Tampoco me gusta la palabra «perfecto». Me encanta usar y reconocer la palabra centro. Es el símbolo del blanco. Un blanco que le pega a la flecha todas las veces.

1975b.

Pero el término con que más frecuentemente simultanea el punto 0 es el de *nada*:

Mi primer encuentro filosófico con la nada fue el número 0. Lo encontré gracias a Friedlaender bajo el nombre de indiferencia creativa (1975b). El cero es la nada. Un punto de indiferencia, un punto donde nacen los opuestos. Una indiferencia que automáticamente se hace creativa apenas comienza la diferenciación.

1975b.

Pero distingue dos cualidades de la nada que son también los extremos de la polaridad enfermedad-salud.

- Una nada previa a la conciencia, despojada del proceso del darse cuenta, fantaseada como un vacío o una muerte.

    Experimentamos un terror tremendo cuando sentimos la nada. En nuestra cultura, la nada es la inconsciencia, es el equivalente al vacío... Para evitar ese vacío llenamos el hueco artificialmente, con toda clase de compensaciones excesivas, con verborrea, con síntomas... o la evitamos por completo convirtiéndonos en autistas catastróficos[65].

- Una nada donde no hay cosas pero sí conciencia, como describen las tradiciones espirituales de Oriente: «Cuando un oriental dice «nada», la llama «ninguna cosa» (*no-thingness*); no hay cosas ahí, hay únicamente proceso, transcurso» (Perls, 1974, p. 69).

---

[65] P. Baumgardner y F. Perls, *Terapia Gestalt*, Árbol Editorial, México, 1994, p. 144.

La terapia gestalt promueve la supresión de todas las evitaciones con que nos defendemos de esa fantasía de vacío y de muerte. El *continuum of awareness* es, en el fondo, la invitación a atravesar esa experiencia fóbica para salir al otro lado: «Lo mismo que la mayoría de los procesos en la terapia gestalt, los vacíos son polaridades. En un extremo se encuentra el vacío estéril, experimentado como nada. En el otro extremo está el vacío fértil, que es algo que nace»[66].

Naranjo acentúa el carácter ilusorio de esa nada que identifica con lo que más tarde llamaremos impasse:

> Hablar de la nada, experiencia a la que los gestaltistas le asignan especial importancia, es una contradicción de términos (porque una experiencia siempre involucra «alguna cosa»). La «nada» constituye un limbo donde se han abandonado los juegos de superficie de la personalidad y el autopercatarse aún no ha tomado su lugar. Hay una cualidad ilusoria en esta nada... no es una experiencia de la realidad sino el resultado de actitudes contra la realidad (negándola, resistiéndola, temiendo percibirla). La nada, el vacío, la falta de significación, la trivialidad, son experiencias en las que no hemos abandonado totalmente las expectativas o los estándares con que medimos la realidad. No surgen de un puro darse cuenta sino de comparaciones.
>
> La importancia de esta experiencia de la nada es que constituye un puente entre la evitación y el contacto, o como decía Perls, entre las capas fóbicas y explosivas de la personalidad. Perls le asignaba tanta importancia a esta fase del proceso terapéutico que incluso definió la terapia gestáltica como la transformación del vacío estéril en vacío fértil.
>
> NARANJO, 1990, p. 61.

Volviendo entonces al punto 0, podemos identificarlo con ese vacío fértil donde nada ha florecido todavía y donde se dan las potencialidades creativas. Surgirá entonces una figura (si lo queremos nombrar como formación gestáltica) o se pondrá de manifiesto la orientación organísmica (autorregulación) o simplemente nos encontraremos con nosotros mismos en otro nivel de autenticidad. «La "nada" sólo es nada mientras estemos bajo la compulsión de hacer de ella un algo. Una vez que aceptamos la nada, todo se nos da por añadidura... una

---

[66] Ibídem, p. 143.

vez que dejamos de estar preocupados por esto o por aquello... nos percatamos de que somos lo que somos» (Naranjo, 1990, p. 61).

El trabajo de integración de polaridades hace pensar que la gestalt es la suma de sus partes y algo más. Sin embargo, este más es un menos; paradójicamente la esencia de este trabajo es el despojamiento, la desidentificación y la aceptación del vacío. Ni siquiera sirve saber que «al penetrar esta nada, este vacío se hace vivo y se llena» (Perls, 1974, p. 69) hasta que este conocimiento sea el fruto de la experiencia.

Como ya señalamos al hablar de Friedlaender (y su conciencia indiferenciada como conciencia pura), y como igualmente dijimos de la esencia del darse cuenta (el desarrollo del testigo mudo), también este concepto del vacío fértil es profundamente espiritual: «No con poca frecuencia el terapeuta gestáltico puede observar la secuencia de la nada como una muerte-renacimiento parcial, y aun cuando Perls sabía muy bien que «morir y renacer no es fácil», éste es el proceso eminentemente transpersonal que él vio como la esencia de la terapia e incluso de la vida» (Naranjo, 1990, p. 203).

Fritz describía el vacío fértil como una experiencia esquizofrénica en miniatura, difícil de tolerar, que exige confianza y coraje y que resulta más familiar al artista que al intelectualizador: el artista se mueve en este espacio, es la condición de su creatividad, y sabe que ha de abstenerse de intelectualizar para no abortar el proceso. El intelectualizador acaba sumiéndose en la confusión. Pero precisamente

> el objetivo de consultar el vacío fértil es básicamente deshacer la confusión. En el vacío fértil, la confusión se transforma en claridad, la emergencia en continuidad, la interpretación en vivencia. El vacío fértil aumenta el autoapoyo mostrándole a quien lo experimenta que tiene muchas más cosas en la mano de las que él se imagina... La experiencia del vacío fértil no es subjetiva ni objetiva. Tampoco es introspección. Sencillamente es darse cuenta sin especular.
>
> PERLS, 1976, p. 101.

Desde el punto de vista de la actitud del terapeuta, Freud recomendaba a los analistas «atención flotante» y «escepticismo benevolente». El gestaltista combina una implicación activa y a la vez una permanencia en ese punto 0, lo cual no es nada fácil. Fritz era un buen ejemplo de ello, como atestigua Claudio Naranjo:

> Perls mostraba un grado asombroso de indiferencia creativa como psicoterapeuta por su capacidad de quedarse en el punto cero sin verse atrapado en los juegos de sus pacientes. Pienso en el punto cero como un refugio del terapeuta gestáltico en medio de una participación intensa; no sólo como una fuente de fortaleza, sino como su último apoyo.
>
> 1990.

Algunas polaridades en el trabajo gestáltico

En la práctica terapéutica hay unas polaridades clásicas, bien por su frecuencia y relevancia, bien por ser motivo habitual de conflicto interno o porque representan y ejemplarizan las contradicciones culturales en que nos movemos. La división tradicional de nuestra educación judeocristiana ha sido la dicotomía *cuerpo/alma* y todas sus derivaciones (el espíritu y la carne, la razón y la instintividad, etc.) que en la terapia suele presentarse en forma de autotortura entre los dictados y las exigencias de una y otra o como conflicto entre el control y la espontaneidad. La actitud gestáltica en el enfoque de esta problemática es siempre reconocer la legitimidad de lo organísmico y de los valores internos por encima de los valores extrínsecos.

Otras polaridades a considerar en el trabajo gestáltico son:

a) *La parte masculina y femenina* de cada persona, que Perls localiza en la mitad derecha o izquierda, respectivamente, del cuerpo; ambos son componentes psicológicos de cada individuo, independientemente de su sexo biológico. Neurológicamente se relacionan con el hemisferio izquierdo del cerebro (que rige la mitad derecha y se considera el cerebro lógico-masculino, entendido metafóricamente: pensamiento, acción) y con el hemisferio derecho (que rige la mitad izquierda y se considera analógico y femenino: emoción, receptividad...).

b) *Apoyo y relación*, localizadas en la mitad inferior y superior, respectivamente, del cuerpo; la armonía entre ambas permite conjugar el autoapoyo personal y la relación con el entorno. Fritz acredita su descubrimiento a Laura:

> tenemos varias polaridades que si no son balanceadas adecuadamente producen división y conflicto. La más frecuente es la dicotomía entre el lado derecho y el izquierdo. Menos frecuente era la partición entre adelante/atrás o parte superior y parte inferior, descubierta por Lore. La parte que queda por encima de la cintura tiene fundamentalmente funciones de contacto, la parte inferior funciones de apoyo (1975b).

En la bioenergética loweniana se considera igualmente esta segmentación: la sección inferior del cuerpo está sobre todo al servicio del movimiento, la evacuación y la sexualidad (ámbitos que el hombre «civilizado» descuida cada vez más, y que la bioenergética corrige con ejercicios de arraigamiento); la sección superior del cuerpo remite al pensamiento, al habla y a la manipulación del mundo exterior.

c) *Resentimiento y aprecios*. El odio y el amor no son dicotómicos ni incompatibles respecto a un mismo objeto. Poderlos formular en la medida que emerjan, equilibra la vivencia de los sentimientos positivos y negativos sin que los unos anulen a los otros. El trabajo con los resentimientos es una constante en la terapia gestáltica porque son el ejemplo más claro de situación inconclusa, de gestalt incompleta. Perls dice que el resentimiento no expresado se convierte en culpabilidad, o visto de otra forma, que detrás de la culpa (factor social) subyace un resentimiento (factor organísmico) y la conclusión de esta situación culposa es poder expresar ese rencor y pedir o exigir lo que en su momento no se hizo y luego se transformó en enconamiento. Más allá de estos dos sentimientos, cuya importancia es enorme para el desarrollo (el aprecio nutre y autonomiza, el resentimiento crea dependencia e intoxica), la mayoría del trabajo integrador de polaridades se remite al mundo afectivo-emocional donde suelen aparecer dos sentimientos irreconciliables: ternura/dureza, seguridad/inseguridad, etc.

d) *Perro de arriba y perro de abajo*, hablaremos de esta polaridad más adelante, como representación prototípica del juego neurótico.

e) *Contacto-retirada*. Las polaridades que vamos revisando hasta ahora son ejemplos de la visión globalizadora de la gestalt y, en la práctica terapéutica, son potentes orientaciones de trabajo.

Contacto/retirada tiene una dimensión más amplia puesto que es la polaridad donde se engloba la gestalt teóricamente.

Antes hemos hablado de autorregulación organísmica como la esencia del enfoque gestáltico. Esto supone que ese organismo que somos (y que tiende a la armonización) es inseparable de su entorno; precisamente es en dicho entorno o medio donde desplegará sus tendencias reguladoras para orientarse, satisfacer sus necesidades, crecer, defenderse, etc., a través de contactar y retirarse.

El enfoque gestáltico no es una visión intrapsíquica ni tiene una teoría del funcionamiento interno de la psique (como sí la tiene el psicoanálisis en su descripción de las tres instancias: ello, yo y superyó). Es más bien un modelo situacional: percibe al individuo desde dentro (yo) y en su relación con un espacio y un tiempo (aquí y ahora). Por eso se cataloga a la terapia gestalt entre los enfoques existenciales o experimentales, porque la vivencia de sí en el momento y la situación presentes es la experiencia existencial por excelencia.

De distintas maneras venimos refiriéndonos a esto al hablar de escucha interna/externa, darse cuenta de sí y del mundo, el Yo/Tú como esencia dialógica de la gestalt, etcétera.

Como dice Perls, el organismo y su medio, como la figura y el fondo, son inseparables, «están en una relación de reciprocidad. Ninguno es víctima del otro. Su relación es de hecho una relación de opuestos dialécticos» (Perls, 1976, p. 31).

En esta dialéctica de interacción e intercambio puede haber desajustes (déficit o exceso) que generen malestar o enfermedad. Contacto-retirada es la polaridad a través de la cual la gestalt entiende estos desajustes e intenta intervenir correctoramente.

Contactar es salir al mundo, intervenir en el entorno para satisfacer cualquier necesidad. El mero hecho de respirar es el contacto más primario: necesitamos del oxígeno para no morir y lo mismo podríamos decir de las demás funciones de supervivencia (beber, comer...). A nivel emocional ocurre lo mismo puesto que necesitamos calor, afecto, sexo..., así como intercambiar ideas, confrontar diferencias, etcétera.

Retirarse es el movimiento inevitable tras el contacto satisfactorio. Es un retraerse, descansar y prepararse para lo siguiente. Retirarse es también una función de sobrevivencia (escapar de un peligro) así como emocional (despedirse) o intelectual (soltar una idea fija). Fritz explicaba este proceso levantando el brazo con la mano abierta mientras decía: esto no es una mano. Luego mostraba la mano cerrada repitiendo: esto no es una mano. Por último abría y cerraba la mano alternativamente: esto es una mano.

Una forma de entender en gestalt la conducta neurótica es precisamente cuando este ritmo de opuestos no fluye de forma natural. Puede ser por dificultad para contactar (como ocurre con personas retraídas) y también por dificultades de retirarse (aquellos que no pueden estar solos). En la práctica terapéutica lo más frecuente no son tanto estos extremos sino el mal contacto o la mala retirada: falsear lo que uno necesita, manipular para conseguirlo, estar apegado al pasado sin cerrarlo y retirarse, etc. «Si el contacto es demasiado prolongado se torna inefectivo o doloroso; si la retirada es demasiado prolongada, interfiere en el proceso de la vida» (Perls, 1976, p. 35).

CAPÍTULO 8

LA NEUROSIS EN GESTALT

> «Tú debes», obediencia incondicionada de los estoicos, de las órdenes religiosas, de la filosofía de Kant... Por encima del «tú debes» está el «yo quiero» (los héroes). Por encima del «yo quiero» está el «yo soy» (los dioses de los griegos).
>
> NIETZSCHE, *La voluntad de poder*

Conviene recordar, al hablar de neurosis, que la terapia gestalt adoptó desde muy temprano el punto de vista de la salud en lugar del criterio patológico. En consecuencia no vamos a hablar en términos clínicos (y su consiguiente clasificación de las neurosis: obsesiva, fóbica, narcisista... según el lenguaje ya utilizado por Freud y más o menos vigente en las actuales teorías psiquiátricas) sino en términos de mayor o menor grado de conciencia, al estilo de la psicología transpersonal que concibe una polaridad desde lo más oscuro (la psicosis, podríamos decir) hasta lo luminoso (la salud)[67]. En este sentido, la neurosis supone un oscurecimiento de la conciencia, un deterioro del «darse cuenta», con distintos grados de perturbación (puesto que hay personas más «enfermas» que otras) pero sin dejar de considerar la sociedad

---

[67] Naranjo aboga por una integración de la psicoterapia occidental y la espiritualidad oriental, que supere la teoría de la salud y la enfermedad «más ambiciosamente, es decir, una teoría de la iluminación y el oscurecimiento» (1990).

actual como neurótica y por ello entender que todos estamos sujetos a dicha contaminación ambiental, aunque pasemos por personas «normales» clínicamente hablando.

«Yo considero que la neurosis es síntoma de una maduración incompleta. Esta idea podría conducir hacia un nuevo enfoque de la neurosis: considerarla desde un punto de vista educacional en lugar de un punto de vista médico» (Perls, 1975 b, p. 27).

Freud decía que el neurótico sufre de recuerdos, señalando que el origen del mal radica en el pasado. Laplanche y Pontalis definen la neurosis como «expresión simbólica que tiene sus raíces en la historia infantil y constituye compromisos entre el deseo y la defensa»[68], indicando esta tensión equilibrada (YO) entre lo instintivo (ELLO) y la norma interiorizada (SUPERYÓ). Perls no comparte esta teoría de la psique porque su punto de vista no es psicológico sino holístico y tampoco sigue el pensamiento causal que explica el presente según los acontecimientos del pasado. A estas dos concepciones opondrá la idea de perturbación del ritmo contacto/retirada y el concepto de gestalt inconclusa: ambos confluyen en la autorregulación organísmica. Pero vayamos por partes.

Acumulación de situaciones inconclusas

Frente a la historia infantil como origen de la neurosis del presente, Fritz privilegia la conciencia de las interrupciones del momento actual. El pasado inconsciente es más o menos secundario cuando uno cree en la tendencia del organismo a actualizar permanentemente lo inconcluso, como en la metáfora del fondo que provee de innumerables figuras que aspiran a ocupar el primer plano en esa tendencia a su completación. La interrupción de esta tendencia se entiende como un proceso de neurotización: «Describíamos la neurosis como la enfermedad que surge cuando el individuo interrumpe los procesos en curso, cargándose a sí mismo con tantas situaciones inconclusas que llega un momento en que no puede continuar con el proceso de vivir... Las interrup-

---

[68] J. Laplanche y J. B. Pontalis, *Diccionario de Psicoanálisis*, Labor, Barcelona, 1993, p. 236.

ciones psicológicas o neuróticas son de las que ocurren a un nivel consciente o en un nivel que puede llegar a serlo» (Perls, 1976, p. 36).

Perturbación del contacto/retirada

> El enfoque gestáltico, que considera al individuo como una función del campo organismo/ambiente, y que considera su conducta como reflejo de sus relaciones dentro de ese campo, da coherencia a la concepción del hombre como individuo y como ser social. Las psicologías más antiguas describían la vida humana como un conflicto constante entre el individuo y su ambiente. Nosotros la vemos más bien como la interacción entre ambos, el individuo y su ambiente en el marco de un campo continuamente en cambio.
>
> PERLS, 1976, p. 37.

La teoría freudiana de la psique (con sus tres instancias) se sustituye aquí por una concepción no intrapsíquica sino interaccional entre el organismo y su medio. La neurosis se considera por tanto como una perturbación de la necesidad legítima de todo organismo de contactar y/o retirarse de su entorno.

> En el neurótico, su ritmo de contacto-retirada está descompuesto. No puede decidir por sí mismo cuándo participar y cuándo retirarse, porque todos los asuntos inconclusos de su vida, todas las interrupciones de los procesos en transcurso, han perturbado su sentido de la orientación... El hombre que puede vivir en un contacto significativo con su sociedad, sin ser tragado completamente por ella y sin retirarse completamente de ella, es el hombre bien integrado (Perls, 1976, pp. 36-38).

La *teoría del sí mismo (self)* de Paul Goodman[69] formula esto mismo en otros términos más cercanos al psicoanálisis. El *self* no es ni el ego ni el

---

[69] *Gestalt Therapy, Excitement and Growth in the Human Personality*, apareció en Julian Press, Nueva York, 1951. Lo reeditó Dell, Nueva York, en 1965 y posteriormente Batam Books, Toronto-Nueva York, en 1980. Traducido al castellano recientemente. Lo escribieron Hefferline (parte I) y Goodman (parte II) a partir de notas manuscritas de Perls. La llamada Gestalt de la Costa Este (Nueva York, Cleveland) lo considera el texto capital de la terapia gestalt.

yo, sino el proceso de ajustamiento creativo entre el organismo y el medio. Los fenómenos psicológicos se producen en esta frontera entre el sí-mismo y el mundo, a lo cual se denomina *frontera de contacto*.

A nivel metodológico se analizan las funciones del *self*, que son tres:

- *La función «Ello»:* el mundo de los instintos; también el automatismo de los actos del organismo (respirar...) o de la conducta (hacer algo sin prestarle atención). La perturbación de esta función explicaría la psicosis: distorsión de la sensibilidad y la disponibilidad a los estímulos externos e internos.
- *La función «Yo»:* funcionamiento activo y selectivo. Responsabilidad de las propias necesidades y deseos.
- *La función «Personalidad»:* representación que nos hacemos de nosotros mismos, la imagen de sí que permite reconocerse. La identidad.

La neurosis sería una pérdida de la función Yo y/o la función Personalidad.

Manipulación frente a autoapoyo

En relación con lo que acabamos de decir, Fritz define también la neurosis a través de una de sus funciones, la habilidad de manipular:

> El neurótico no viene con las manos vacías. Trae consigo sus medios de manipulación, sus modos de movilizar y usar al ambiente para que haga el trabajo que le corresponde a él. Y no nos engañemos al creer que estas técnicas manipulativas no son ingeniosas. El neurótico no es estúpido. Tiene que ser bastante hábil para sobrevivir, ya que carece en gran medida de una de las cualidades esenciales que promueven la supervivencia: el autoapoyo.
>
> PERLS, 1976, p. 55.

Conclusión: fractura de la autorregulación

Todo lo que venimos diciendo puede resumirse en estos términos: la neurosis se considera en gestalt una fractura de la autorregulación organísmica, o dicho de otra forma, el entorpecimiento de la sabiduría natural del organismo.

Este concepto de autorregulación incluye la visión sana que Fritz tenía de la naturaleza humana y en consecuencia el enfoque de su terapia tiende más a restaurar la salud que a descifrar la patología infantil; también este concepto explica el interés de la gestalt por las evitaciones actuales de la conciencia, por el abordaje de las situaciones inconclusas (que interfieren en el presente el adecuado equilibrio entre contactar con el entorno y retirarse), y por la denuncia de las manipulaciones neuróticas (intentando sustituirlas por actividades y actitudes más adecuadas a la inclinación del organismo según la situación).

La autorregulación organísmica es por tanto el antídoto de la neurosis, la restauración de la sabiduría interna y de la buena orientación externa. Así que podemos definir el concepto gestáltico de neurosis como una equivocación (ignorancia o torpeza en palabras de Norberto Levy) de la autorregulación.

> Todas las perturbaciones neuróticas surgen de la incapacidad del individuo por encontrar y mantener el balance adecuado entre él mismo y el resto del mundo... Su neurosis es una maniobra defensiva para protegerse a sí mismo de la amenaza de ser aplastado por un mundo avasallador. La neurosis es su técnica más efectiva para mantener su balance y su sentido de autorregulación en una situación en la cual siente que la suerte no le favorece.
>
> PERLS, 1976, p. 42.

En otros momentos Fritz lo formulará de forma más coloquial diciendo que la neurosis es la sustitución del autoapoyo por apoyo ambiental y que la maduración supone cambiar esta correlación. En cualquier caso siempre nos remite a la idea de la autorregulación porque entraña una fe en lo organísmico (llámese autoapoyo o de cualquier otra forma) frente a lo social o extrínseco.

Y esto aparece ya en sus primeros escritos, aunque sea en sus años de madurez cuando tal concepto adquiera toda su importancia:

> Esto nos lleva a captar uno de los fenómenos más importantes: el hecho de la autorregulación organísmica que, como W. Reich ha indicado, es muy diferente de la regulación de instintos por la moral o el autocontrol.

La regulación moral conducirá a la acumulación de situaciones inconclusas y a la interrupción del ciclo organísmico.

PERLS, 1975 a, p. 58.

En esta cita Fritz parece atribuir a Reich la paternidad de este concepto, como también hace Laura Perls: «El enfoque organísmico de Goldstein y la teoría de la autorregulación del organismo de W. Reich se funden en la gestalt...»[70]. Kriz se lo adjudica a Goldstein: «Destacó la unidad del organismo y su capacidad de autorregulación» (p. 223). La idea está en estos autores, pero no el concepto. Goldstein habló de auto-actualización: «Goldstein utilizaba el término autoactualización, sin que yo lo comprendiera para nada. Veinticinco años después le escuché a Maslow la misma expresión... Entendí la autoactualización a través de la frase de Gertrude Stein: "Una rosa es una rosa es una rosa." (Perls, 1975 b, p. 12). Goldstein también acuñó el término de «transformación organísmica» en este mismo sentido: es la propiedad del organismo vivo por la cual éste tiende a realizar sus posibilidades y su naturaleza al máximo, en beneficio del organismo total y no de una de sus partes.

Como dice Perls la autoactualización goldsteiniana se basa en la polaridad potencia (el grano de trigo)/actualización (la espiga), de forma que el grano se actualizará como espiga de trigo y nunca como avena. La autorregulación organísmica suena como una versión más abierta e indeterminada, como si sustituyera los datos del conocimiento de la naturaleza por la confianza en dicha naturaleza, lo científico por lo intuitivo.

Karen Horney lo decía a su manera: «Cuando se cree en una tendencia autónoma hacia la propia realización, no se necesita una camisa de fuerza interior con la cual dominar la espontaneidad, ni el látigo de los dictados interiores para impulsarnos a la perfección» (*Neurosis y Madurez*, p. 11).

Según Fritz, la polaridad de la autorregulación es deliberación/inclinación, como un balance equilibrado entre lo que Claudio Naranjo llama apolíneo (atención, responsabilidad...) y dionisíaco (espontaneidad, fluidez del impulso), actualizando los antiguos conceptos

---

[70] L. Perls, *Viviendo en los límites*, op. cit., p. 141.

nietzscheanos; y de nuevo la mano derecha y la mano izquierda de la gestalt. Y en el centro esa actitud transpersonal de la que hemos hablado en el punto 0 y en el vacío fértil, que es lo contrario a cualquier posición teórico-intelectual. Precisamente la definición de gestalt con que Naranjo tituló la versión inglesa de la *La Vieja y Novísima Gestalt* es *Actitud y práctica de un experiencialismo ateórico*.

Dinámica de la neurosis

Perls propone una comprensión dinámica de la neurosis, un ir pelando las capas de la cebolla como metáfora de iluminar los sustratos opacos y atravesar las diferentes barreras evitativas. Para deshacer un nudo hay que saber cómo está hecho y en este sentido Fritz enfoca en el aquí y ahora las sutiles formas en que la neurosis se manifiesta, para así ir restaurando las funciones autorreguladoras. Entender cómo nos separamos de nuestra esencia es el camino para disolver la alienación.

Capas de la neurosis

Perls habla de cinco capas o pasos en este proceso de desandar la neurosis y recuperar una existencia más rica y saludable. Atravesar cada capa supone una disolución progresiva de la neurosis, desde sus aspectos más periféricos hasta los más nucleares.

Los dos primeros sustratos corresponden al nivel digamos periférico y Fritz los denominó:

1º. Capa de los *clichés* y *estereotipos*, que se caracteriza por el vaciamiento y la banalización de las relaciones humanas, así como por la superficialización del concepto de sí.

2º. Capa de los *roles* y *juegos psicológicos*, como máscaras que encubren la autenticidad. Digamos que son los estereotipos anteriores constituidos en conductas automáticas. Eric Berne estudió en profundidad estos *Juegos en que participamos* para manipular el entorno.

La terapia gestalt propone un encuadre terapéutico inicial precisamente dirigido a disolver estos primeros sustratos neurotizantes: hablar en primera persona, mantenerse en el aquí y ahora, responsabilizarse de la experiencia en curso, etc. (recuérdese lo expuesto en el capítulo de los preceptos gestálticos).

Al atravesar los estereotipos y los roles nos acercamos al vacío interior. Esta tercera capa podemos considerarla como bisagra crucial entre lo periférico y lo nuclear. Perls la llamó:

3º. *Impasse* o *sustrato fóbico*. Es un callejón sin salida porque se vivencia como atasco y confusión: ya no sirven los anteriores falsos apoyos (conductas estereotipadas, juegos neuróticamente ventajosos...) con que el individuo se sustentaba, y tampoco confía en su incipiente autoapoyo. El *impasse* se caracteriza por su marcada actitud fóbica: evitar las molestias del vacío, miedo a lo desconocido, evitación de los riesgos del crecimiento. La recomendación terapéutica en estos casos es precisamente sostener este malestar y no abortar la tendencia autorreguladora.

Tras esta encrucijada, sobrevienen los dos sustratos nucleares porque atacan al centro de la estructura dañada:

4º. *Implosión* o *capa de la muerte*: un encogimiento interior, un contacto con lo muerto dentro de nosotros, con los cadáveres que vamos dejando en el camino de la adaptación neurótica.

5º. *Explosión* o *capa de la vida*: contacto con la emoción genuina, con los sentimientos interrumpidos que ahora explotan en su vitalidad original. La explosión así entendida completa una gestalt y cierra una situación inconclusa.

Estos tres últimos sustratos de la neurosis son igualmente un proceso de transformación recogido en las tradiciones espirituales: *agonía* (*impasse*), *muerte* (implosión) y *resurrección* o *renacimiento* (explosión).

En la descripción que Perls hace de las capas de la neurosis no podemos dejar de ver la impronta de Reich. Su *Análisis del carácter* define las tres capas de la coraza caracterial: en la superficie, el «rostro» que una persona muestra a su entorno (es análogo a la «persona» según Jung), donde las resistencias se exteriorizan a través de una disposición epidérmica a cooperar (conducta exageradamente amistosa, maneras muy correctas, expresión no genuina, etc.). Debajo existe una capa de fantasías e impulsos «peligrosos, grotescos, irracionales» (el inconsciente reprimido según Freud). Y en el fondo último, una capa primaria que Reich describe como un mundo «de aspiraciones humanas, simples, dignas, de una espontánea sinceridad, naturales». Un carácter no acorazado es capaz de actuar desde esta capa primaria, que ha de ser despejada por medio de la técnica de análisis del carácter.

Cuando Perls habla de la capa explosiva señala que las explosiones básicas se reducen a las cuatro emociones que Reich consideró fundamentales: pena (o dolor), ira (o rabia), alegría y orgasmo. La persona completa es aquella capaz de explotar en todas las cuatro.

La autotortura neurótica: topdog/underdog

Si antes aludíamos a una de las funciones de la neurosis (la manipulación del entorno) vamos a hablar ahora de una de sus consecuencias: el juego de la autotortura. Se trata de una guerra interna entre aspectos de uno mismo, de forma que la «actividad» que, según la buena orientación autorreguladora, debería dirigirse hacia el mundo, se desvía hacia el escenario interior y genera un círculo vicioso de sufrimiento.

A estas dos partes en litigio Perls las llamó *Perro de arriba* y *Perro de abajo* como una polaridad entre los aspectos autoritarios y sumisos de la misma persona: «Si es que hay un *superego* también debe haber un *infraego*. Nuevamente Freud dejó el asunto a medias. Él vio al "perro de arriba", al superego, pero dejó fuera al "perro de abajo", que es tan real como el otro» (1974). Pero Perls no está intentando definir el aparato psíquico sino describir un proceso neurótico en términos de polaridad: porque existe la parte controladora tiene que existir igualmente el polo opuesto: la parte controlada. Cada una le da sentido a la otra porque ¿qué función tendría el policía sin el delincuente y viceversa? Obviamente el *topdog* es una versión del superego freudiano (o del «estado Padre del yo» en Eric Berne), y la aportación de Perls es haberle dado forma al antagonista, al *underdog* reactivo, como figura activa en el conflicto (en lugar de un Ello freudiano «que es un conglomerado de instintos y recuerdos reprimidos»)[71].

---

[71] F. Perls, «Terapia gestalt y potencialidades humanas», en J. O. Stevens, op. cit., pp. 17-19.

Con esta expresión *topdog/underdog* Perls alude a la jerarquía que se establece en las jaurías de perros. Podrían denominarse «amo y esclavo», «opresor y oprimido» o, en palabras de C. Naranjo «mandón-mandado».

El *topdog* se expresa en forma autoritaria, virtuosa, ejemplar; siempre tiene la razón, exige y amenaza. Como el tirano de K. Horney, habla en términos de «tú debieras».

El *underdog* se muestra defensivo, adulador, víctima. Se justifica y pospone sus compromisos.

Cada uno intenta controlar al otro y así se perpetúa la autotortura. El objetivo de esta persecución, además de mantener el sufrimiento interno, es distraerse de la realidad:

> Todo control, incluso el control externo interiorizado —«tú debes»— interfiere con el funcionamiento sano del organismo. Hay solamente una cosa que debe ser la que controla: la situación. Si entendemos la situación en que nos encontramos y dejamos que sea ella la que controle nuestros actos, entonces sí hemos aprendido a encarar la vida.
>
> PERLS, 1974, p. 31.

No estamos por tanto ante un conflicto interno (sí interiorizado) sino de nuevo ante una fractura de la autorregulación con el entorno: Perls insistió en defender lo genuino en lugar de los valores externos, lo organísmico en lugar de lo social. Tras el *topdog* resuena lo social, la norma interiorizada, lo superyoico. Tras el *underdog* resuena lo organísmico, el impulso emocional, la inclinación genuina. Aun teniendo en cuenta esto, no podemos concluir que el uno sea mejor que el otro, puesto que, como juego neurótico, ambos se necesitan y por ambas partes se intenta mantener la contienda. En palabras de Fritz:

> Cuando el topdog alimenta las expectativas de éxito, logros, mejoría y cambios del *underdog*, éste generalmente responde con una suerte de autocomplacencia o sabotaje. El resultado es ineficiencia y pesar. Cuando el *underdog* trata sinceramente de cumplir, tiene que elegir entre una neurosis obsesiva, un escape traducido en enfermedad o una quiebra nerviosa... Perro de arriba y perro de abajo son en realidad dos payasos que representan roles bizarros e inútiles en el escenario de un yo mudo y tolerante. La integración o cura sólo se puede lograr cuando cesa la mutua

necesidad de control entre ambos. Sólo entonces se escucharán el uno al otro[72].

Naranjo desarrolla una visión del *topdog* o mandón que favorece la integración: su voluntad de ayudar, aunque en la forma parezca precisamente lo contrario. Originalmente el mandón es una manera de protegernos, como un padre que hubiéramos creado dentro de nosotros. Le pierde su impaciencia (quiere que mejoremos inmediatamente) y su estrechez de miras (no tiene en cuenta la situación de la persona total); por eso se muestra destructivo. La terapia es como un exorcismo donde «la expresión sirve para percatarse de una motivación más profunda que subyace a la motivación aparente, una motivación organísmica cuya expresión superficial es una vicisitud» (1990). Contactando con esa motivación profunda de querer ayudar, el mandón es un colaborador al servicio del crecimiento.

---

[72] Ibídem.

CAPÍTULO 9

MECANISMOS NEURÓTICOS

> Somos puras máquinas, sentimientos, pasiones, gustos, talentos, maneras de pensar, de hablar o de andar, todo nos viene yo no sé cómo.
>
> VOLTAIRE, *Epistolario*

Con este nombre se refería Perls a lo que Freud llamaba «Mecanismos de defensa» y que son el gran tema del psicoanálisis. «Mecanismo de defensa significa un mecanismo para permanecer inconsciente. No es, como comúnmente se malentiende la palabra, un mecanismo de interferencia entre los impulsos y la acción (aunque está muy unido a eso) sino esencialmente una manera de permanecer ciego; y hay muchas formas de ceguera que reciben distintos nombres»[73].

Perls aludió específicamente a estos cuatro mecanismos: introyección, proyección, retroflexión y confluencia.

Introyección

Consiste en incorporar, sin ningún filtro selectivo, lo que recibimos del entorno. No llegamos a integrarlo, sino que lo «tragamos» pasiva e

---

[73] C. Naranjo, *Charla sobre mecanismos de defensa*, Taller de Eneagrama, Madrid, 1993, Archivos de Documentación de la EMTG.

indiscriminadamente. Pueden ser mandatos familiares («tienes que ser trabajador»), normas o máximas que explican la cultura familiar o definen una visión del mundo («la vida es un valle de lágrimas») o cualquier otro tipo de valores o de modelos personales con los que nos construimos una identidad ajena (porque se tomó prestada sin la necesaria asimilación o masticación). Freud distinguía una introyección *total* o patológica y otra *parcial* y saludable porque proporciona los ladrillos con que se construye el ego. La visión de Perls es más radical:

> Yo sostengo que cada introyecto, sea parcial o total, es un cuerpo extraño dentro del organismo. Sólo la destrucción completa, como preparación para la asimilación, aporta algo al mantenimiento y al desarrollo del organismo[74].

Fritz ponía la metáfora de la masticación como contrapartida del introyecto engullido: si nos tragamos una manzana nos dañará, si la destruimos mediante la masticación podemos incorporarla al organismo y nutrirnos.

Proyección

Es la cara inversa de la introyección. Más que tragar, aquí se trata de «escupir», es decir, colocar en los demás lo que no aceptamos de nosotros mismos.

La proyección es la tendencia a hacer responsable al mundo de lo propio, de lo que se origina en uno mismo.

> El proyector no sólo tiene la tendencia a desposeerse de sus propios impulsos (achacándoselos a los demás), sino que también tiende a desposeerse de aquellas partes de él mismo donde se originan dichos impulsos.
>
> PERLS, 1976, p. 46.

Es decir, se proyectan sentimientos, intenciones o acciones de las que uno no se hace cargo («el otro me mira hostilmente», o «quiere apro-

---

[74] F. Perls, «Teoría y técnica de la integración de la personalidad», en J. O. Stevens, op. cit., p. 67.

vecharse de mí») y se acaba desapropiándose del propio organismo, de los sentidos, del cuerpo: en el caso del que se siente mirado hostilmente, no sólo ha puesto fuera su agresividad, sino también sus ojos: él ya no «ve» (mira de reojo, interpreta la mirada del otro...) sino que se siente «visto».

Proyección e introyección, como caras inversas de la misma moneda, mantienen una relación de proporcionalidad compensatoria: si me «tragué» que debo ser trabajador, tenderé a proyectar fuera mi parte perezosa o vaga, para evitar el conflicto interno. Como señalamos al hablar de polaridades, solemos juzgar erróneamente incompatibles partes de nosotros que no lo son. La proyección proporciona una economía y una simplificación interior: se exporta el conflicto (criticando a los vagos, no cumplidores o parados) para que el autoconcepto no sufra fisuras («yo cumplo muy bien con mi trabajo»).

Confluencia

Consiste en la pérdida de límites entre uno mismo y el entorno, fundiéndose con lo de afuera. El confluyente es el que se queda pegado, el que confunde identidad con unión, comulgando —sin diferenciación— con los sentimientos, ideologías y conductas del otro o de su grupo de referencia.

> La confluencia implica la no-existencia, o el no darse cuenta, de los límites. La confluencia en el adulto es fijación sadomasoquista disfrazada de amor. El odio es la codicia frustrada de confluencia. El contacto es la apreciación de las diferencias[75].

La confluencia es como perpetuar el estado de bebé (incluso antes: la permanencia en el útero es el mejor símil) evitando los riesgos de la diferenciación. Subyace en todos los fanatismos (nacionalistas, ideológicos y de todo tipo) y a un nivel más cotidiano, en cualquier negación de las diferencias, como el padre que reprocha: «Con ese carácter no puedes ser hijo mío».

---

[75] Ibídem.

Retroflexión

Consiste en marcar excesivamente el límite entre yo y el entorno, de forma que en vez de traspasar ese límite y establecer contacto, el individuo se vuelve hacia/contra sí (precisamente Freud llamó a este mecanismo la *vuelta contra sí*) y se hace a sí mismo lo que le gustaría hacer a los demás.

> El retroflector sabe cómo trazar la línea de demarcación entre él y el ambiente y dibuja una línea clara y nítida... pero la traza por el medio de sí mismo... Deja de dirigir sus energías hacia afuera en un intento de manipular y llevar a cabo cambios en el ambiente que satisfagan sus necesidades; más bien reorienta su actividad hacia dentro y sustituye el ambiente por el sí mismo como objetivo del comportamiento.
>
> PERLS, 1976, p. 50.

Lo que retroflectamos son eminentemente los sentimientos negativos y en este sentido es un mecanismo de autopunición: en vez de enfadarme con quien me pisó, me reprocho estar en un lugar de paso, expuesto a pisotones. También podemos entender como retroflexiones las somatizaciones puesto que son daños orgánicos que nos infligimos en lugar de responder al entorno: puedo deprimirme y hacer una úlcera en lugar de enfrentarme con quien me perjudica sistemáticamente. Perls decía en *Yo, hambre y agresión* que las retroflexiones más importantes son: odio dirigido contra uno, narcisismo y autocontrol, señalando la autodestrucción como la más peligrosa de todas (p. 289).

Después de Perls, se han ido incorporando a la teoría gestáltica otros mecanismos:

Deflexión

Concepto procedente de los Polster que corrigieron la denominación «desensibilización» (Fagan y Shephard).

> La deflexión es una maniobra que tiende a soslayar el contacto directo con otra persona, un medio de enfriar el contacto real[76].

---

[76] E. y M. Polster, *Terapia gestáltica*, op. cit., p. 95.

Y ponen diversos ejemplos de conducta deflexiva, como el circunloquio y la verborrea, tomar a risa lo que se dice, hablar en abstracto, irse por las ramas, ser diplomático en vez de franco, etcétera.

El aburrimiento, la apatía y la desenergetización son también deflexiones típicas que desvitalizan la relación.

Proflexión

Mecanismo incorporado a la teoría gestáltica por Sylvia Crocker. Se trata de una combinación de proyección y retroflexión: hacerle al otro lo que me gustaría que el otro me hiciese a mí. Como, por ejemplo, adular el vestido de una persona para que así se interese en mi ropa y la valore... ponerse simpático en un ambiente desconocido y atemorizante para ser tratado con la misma simpatía, etcétera.

La proflexión es una forma de manipulación seductora.

Egotismo

Paul Goodman definió este mecanismo como un reforzamiento deliberado de la frontera de contacto, una inflación del ego favorecida por la propia terapia gestalt, como si se hubiera entendido mal e interesadamente la primera parte de la oración gestáltica «Yo soy yo» en detrimento del «Tú eres tú».

Suele ser una fase del proceso terapéutico: uno se interesa mucho por sí mismo, malinterpreta la autorresponsabilidad hasta caer en un exceso narcisista que descuida al otro y la situación. Es un paso necesario mientras la persona tantea y consolida su autoapoyo. Quedarse aquí es lo que constituiría un mecanismo neurótico, frente a la madurez dialógica que propugna la gestalt (el «Yo-Tú» de Buber).

De la misma manera que en psicoanálisis se habla de la liquidación de la neurosis de transferencia (patología propiciada por la propia terapia) como final del análisis, en gestalt diríamos que la disolución del egotismo supone el paso de la excesiva independencia a la interdependencia, o con palabras de J. M. Robine «evolucionar de una egología a una ecología»[77].

[77] J. M. Robine, *Quel avenir pour la Gestalt-Therapie*, Fondos de Documentación de la AETG, 1985.

Terminología y clasificación

El psicoanálisis ha descrito con mayor riqueza y amplitud los «mecanismos de defensa del yo», según término de Ana Freud que, en su sistematización, alude a estos mecanismos: represión, regresión, formación reactiva, aislamiento, anulación retroactiva, proyección, introyección, vuelta hacia la propia persona, transformación en lo contrario y sublimación; cita de pasada la negación por la fantasía, la idealización y la identificación con el agresor. Melanie Klein hizo algunas otras aportaciones: la identificación proyectiva, la escisión del objeto, el control omnipotente del objeto...

En *Yo, hambre y agresión*, Perls habla de diversos mecanismos clásicos psicoanalíticos: fijación, sublimación, sobrecompensación, intelectualismo (racionalización), etc., si bien señala que las cuatro inhibiciones más importantes son la represión, la introyección, la proyección y la retroflexión (que estuvo tentado de denominarla «introversión») (p. 285). De todos ellos habla, sin apenas aludir en esta época a la confluencia: se cita de pasada como ejemplo de la relación de la madre con el bebé lactante cuando habla del «complejo de maniquí», propio de los individuos que «se apoyan en una persona o cosa y esperan que esta actitud sea suficiente, por sí misma, para hacer que la leche fluya» (p. 175).

En *Gestalt Therapy* (1951), se habla de los mecanismos neuróticos como aquello que interrumpe el desarrollo de la excitación organísmica; se ofrece en la segunda parte una lista de tres: retroflexión, introyección y proyección, mientras que en la tercera parte se habla de cinco: los anteriores más la confluencia y el egotismo.

Será en los años sesenta cuando Perls cierre su lista de cuatro: introyección, proyección, retroflexión y confluencia. Podemos preguntarnos por qué se limitó a estos cuatro, desestimando tantos otros mecanismos de los que habló el psicoanálisis y que corresponden a formas obvias de inconsciencia. También podemos interrogarnos sobre los motivos por los que decidió denominarlos «mecanismos» neuróticos si toda su vida estuvo oponiéndose al pensamiento mecanicista de Freud. Pienso que Perls, aun manteniendo el concepto de mecanismo (lo que nos hace no olvidar su aspecto automático-mecánico) alteró la denotación psicológica de «defensa del yo» por la más simple y abarcadora de «neurótico». La neurosis en gestalt es la perturbación del ritmo organísmico (contacto/retirada) y los cuatro mecanismos seleccionados debieron de parecerle los que mejor explicaban las interferencias de esta autorregulación.

Precisamente Naranjo propone mantener la terminología freudiana de mecanismos de defensa, enfatizando el sentido de:

- Perturbaciones de la conciencia (Freud).
- Perturbaciones de la autorregulación (Perls).

En la terapia gestalt, como vamos viendo, ha habido diferentes terminologías y clasificaciones: *perturbaciones de la frontera de contacto* (Goodman), *transacciones de la resistencia* (Polster 1974: así tradujeron en la versión de Amorrortu su denominación «Major channels of resistant interaction»), *mecanismos psicológicos* (Van de Reit, 1980), *interferencias de la frontera-contacto* (Crocker 1982), *procesos de la frontera o fronterizos* (Boundary Processes, Swanson 1988), *patologías del contacto/retirada* (Peñarrubia, 1989)[78]... Está claro que después de la simplificación de Perls: (mecanismos neuróticos), nos hemos ido complicando la vida.

El volumen XI del *Gestalt Journal* abrió un debate en torno a los mecanismos de los que habla la gestalt. Allí, en el artículo original de John L. Swanson se revisa la terminología y se propone esta clasificación en términos de polaridades[79]:

proyección — introyección
proflexión — retroflexión
deflexión — fijación
confluencia — aislamiento

Donde se incorpora la fijación y el aislamiento como opuestos directos de la deflexión y la confluencia, respectivamente. Perls ya habló en su primera obra de la polaridad entre confluencia y aislamiento, aunque se refiere más bien a la retirada:

---

[78] F. Peñarrubia, «Mecanismos Neuróticos: Patologías del contacto y de la retirada», III Congreso Internacional de Gestalt, Ciudad de México, julio, 1989.

[79] J. L. Swanson, «Boundary processes and boundary states», *The Gestalt Journal*, vol. XI, núm. 2, otoño, 1988, pp. 5-24.

A esto tengo que decir que el contacto incluye su opuesto dialéctico: el aislamiento... Sin el componente del aislamiento, el contacto se convierte en confluencia.

PERLS, 1975 a, p. 83.

Siguiendo con la clasificación en términos de polaridad, pero centrándonos en contacto-retirada como la polaridad fundacional de la gestalt, propongo entender los cuatro mecanismos perlsianos como patologías de uno u otro polo:

CONTACTO ⇔ RETIRADA
introyección   proyección
confluencia   retroflexión

Desde este punto de vista, la *introyección* es un mecanismo de excesivo contacto con valores o figuras externas. Los introyectos han sido ingeridos pero no digeridos, «continúan siendo cuerpos extraños aunque hayan tomado nuestras mentes por morada»; y en otro momento dice Perls: «En la introyección hemos corrido el límite entre nosotros y el resto del mundo tan demasiado hacia dentro de nosotros mismos que casi no queda nada de nosotros» (1976), es decir, lo externo y lo ajeno cobran mayor relevancia. El introyector está en permanente contacto con aspectos del entorno (valores, mandatos, consignas educacionales, etc.) y adolece de la adecuada discriminación entre lo propio y lo ajeno. Por eso Fritz habla de la «asimilación» como antídoto. La introyección es un exceso de contacto, una dificultad de retirada (en el sentido de «discriminación» o «asimilación» propias).

— La confluencia es un contacto patológico porque carece de la necesaria diferenciación entre sus necesidades y las de aquellos con quienes confluye (grupo ideológico o afectivo, familia, institución, figura de autoridad, etc.). El confluyente «no se da cuenta del límite entre sí mismo y los demás, no puede hacer buen contacto con ellos. Tampoco puede contactarse consigo mismo» (Perls, 1976, p. 48).

Esta dificultad de retiro, de vuelta a sí mismo, es lo que caracteriza a la confluencia como patología del contacto, como un exceso de contacto, como un quedarse pegado. Por eso Perls alude a la «diferenciación»[80] como antídoto contra esta identificación masiva. Lo que hoy día llamamos proceso de individuación es precisamente lo opuesto a la confluencia: es un proceso sano de retirada, física y sobre todo psicológicamente hablando.

— De la *proyección* dice Perls: «En la proyección trasladamos el límite entre nosotros y el resto del mundo un poco demasiado a nuestro favor, de un modo que nos hace posible desposeer y renunciar a aquellos aspectos de nuestra personalidad que encontramos difíciles y ofensivos o poco atractivos» (1976).

La proyección es una patología de la retirada, puesto que al proyectar algo propio afuera, el proyector no sólo se desconecta de sí, sino que además:

- evita contacto con aquellas situaciones o personas depositarias de sus propias proyecciones,
- cuando contacta, no lo hace con el mundo «como es», sino como él lo percibe neuróticamente. Diríamos que no «ve» al otro, sino que se ve a sí mismo en el otro (por más que no se dé cuenta), por lo tanto no existe un contacto real.

Reapropiarse de lo proyectado es el antídoto por excelencia, o dicho de otro modo, ampliar la capacidad de darse cuenta de sí y del mundo.

— La *retroflexión* «significa que una función, originalmente dirigida desde el individuo hacia el mundo, cambia su dirección y se gira hacia atrás, en dirección a su originador. Un ejemplo es el narcisista, una persona que en vez de dirigir su amor hacia afuera, a un objeto, se enamora de sí mismo» (Perls, 1975 a, p. 155).

La retroflexión es una permanente retirada patológica, ya que evita contactar con el mundo especialmente a través de los sentimientos negativos-agresivos, pero no sólo éstos, como indica la anterior cita.

---

[80] Aunque la traducción de Cuatro Vientos habla de «distinción», «ser algo distinto de» en *Dentro y fuera del tarro de la basura*, p. 104.

Reconversión creativa de los mecanismos

Veamos a continuación dos formas creativas de trabajar con los mecanismos. Se trata de dos abordajes paradójicos: el primero consiste en movilizar la energía entre mecanismos opuestos y el segundo en aprovechar el aspecto sano de su estructura.

Movilizar la energía entre opuestos

Enlazando directamente con lo antes expuesto, si consideramos que unos mecanismos son patologías del contacto, resulta terapéuticamente eficaz dirigir la energía hacia sus opuestas patologías de la retirada y viceversa, de forma que a través del trabajo de polaridades amplifiquemos la conciencia y desbloqueemos la fijación.

La relación polar entre INTROYECCIÓN-PROYECCIÓN es ya tradicional en la conceptualización gestáltica. Perls habló de ellas como opuestos directos: el introyector traga sin masticar lo extraño a él (incorporado del ambiente), mientras que el proyector vomita como extraño (como perteneciente al ambiente), aquello que es propio; los introyectos producen sentimientos de inaceptación de uno mismo, y estos mismos sentimientos desencadenan las proyecciones: se trata de poner fuera aquellos aspectos propios que transgreden las normas introyectadas, para no vivir en conflicto interno. Jugar con estas polaridades es ya una pauta terapéutica: discriminar entre los introyectos y aquellos otros valores propios (asimilados, digeridos), ayuda a reincorporar lo proyectado, que si antes era inaceptable, ahora puede reconocerse más fácilmente como propio.

Entre RETROFLEXIÓN-CONFLUENCIA, aunque no son opuestos directos, sin embargo su diferente cualidad de retirada y de contacto patológicos las hacen complementarias. En otras palabras, al retroflector le viene muy bien aprender a confluir: la posibilidad de fusionarse le saca de su onanismo psicológico, le permite atravesar sus dificultades de contacto.

PROYECCIÓN-RETROFLEXIÓN, aunque ambas son patologías de la retirada, su diferente cualidad permite también jugar con ellas en términos de polaridades: si exploramos el propio juez interior (una de las expresiones más habituales de la retroflexión, la autocensura y descalificación) podemos detectar que muchos de los reproches de este juez son en realidad quejas que habría que expresar hacia afuera, hacia sus legítimos responsables, cosa que el retroflector no se permite.

Cuando logran ser expresados en esta dirección, se facilita la reconciliación interna, se desbloquea la energía que estuvo estancada hacia uno y contra uno mismo. Algún comentario de Perls, aunque nunca aludió directamente a esta complementariedad entre retroflexión y proyección, puede hacernos pensar en ello:

> El auto reproche conducirá a la depresión y a resoluciones impotentes, mientras que el reproche al objeto conducirá al acercamiento al objeto, a un enfrentamiento, y posiblemente, al término de una situación de resentimiento[81].

Entre CONFLUENCIA-INTROYECCIÓN la energía cualitativa es menos distinta. Creo que una alimenta a la otra y viceversa, y la disolución de ambas es similar: discriminar, asimilar (introyección) y diferenciar, individualizar (confluencia).

A lo largo de todo lo dicho, se podrá preguntar para qué sirve cambiar un mecanismo por otro si ambos son neuróticos, o qué gana una persona con resolver sus comportamientos retroflexivos si va a desarrollar otros proyectivos. Pues bien, gana mucho porque el solo hecho de cambiar el énfasis del síntoma, de movilizar de otra manera sus energías afloja la cualidad básica de la neurosis, que es la fijación.

Aprovechar la estructura del mecanismo

Este segundo abordaje creativo se basa en rescatar el aspecto saludable del mecanismo, es decir, utilizar para el crecimiento la estructura de estos mecanismos ya instaurados y además inevitables.

Los aspectos sanos de los mecanismos los he definido con estos conceptos: tradición, conocimiento, disciplina y trascendencia[82].

---

[81] F. Perls, «Teoría y técnica de la integración de la personalidad», op. cit., p. 69.
[82] F. Peñarrubia, *Las Cuatro Caras del Héroe*, II Congreso Internacional de Terapia Gestalt, Madrid, 1987, Publicación de la AETG, pp. 46-50.

TRADICIÓN (INTROYECCIÓN). Cualquier proceso de aprendizaje y educación es un proceso introyectivo, y sin ello no existiría la cultura. El reconocimiento de la tradición, de lo que nos viene dado, supone una economía de energía (puesto que no somos los primeros habitantes del planeta) y disuelve los aspectos más voluntaristas de una excesiva discriminación. Se trata por tanto de aprovechar lo recibido, nuestros orígenes, nuestras programaciones, incluso la patología familiar heredada, como una forma paradójica y creativa de asimilarlo. Trabajar desde este enfoque supone reconocer los límites más que los recursos. Uno puede sentirse creador de su propio destino, pero conviene no creérselo demasiado.

CONOCIMIENTO (PROYECCIÓN). La proyección es un excelente sistema de conocimiento en una doble dirección: dice algo de aquel sobre el que se proyecta (la intuición del neurótico por algo proyecta en tal pantalla y no en otra) y sobre todo dice mucho del proyector si se detiene a reapropiarse de lo que proyecta.

Se trata por tanto de valorar las proyecciones como pistas de conocimiento, desandar el camino de la alienación, que decía Perls, ir a la búsqueda de lo propio que no sabemos que es nuestro hasta no encontrarlo fuera. Este camino hacia dentro a través de lo de fuera resulta tan paradójico como el viaje del héroe mitológico que se pone en camino a la búsqueda de algo y acaba por encontrarse a sí mismo.

DISCIPLINA (RETROFLEXIÓN). Toda disciplina supone un esfuerzo, un cierto castigo, un trabajo que va en contra de alguna tendencia personal. La estructura retroflexiva es de la misma cualidad, si bien cambia el sentido final de cada una: a favor de sí (en el caso de la disciplina) o en contra de uno mismo (como es el caso en la autodestrucción retroflexiva). Desarrollar la disciplina es por lo tanto aprovechar la estructura ya instaurada de la retroflexión, añadiéndole una finalidad saludable, lo cual aumenta la autoestima y éste es el mejor antídoto para disolver las tendencias autopunitivas.

TRASCENDENCIA (CONFLUENCIA). El enfoque gestáltico hace mucho hincapié en el desarrollo de la individuación, en la clarificación de los límites entre el individuo y el mundo. Esto es obviamente saludable, sobre todo para corregir las tendencias simbióticas. Pero no debemos dejar de considerar también muy enfermo a quien nunca puede traspasar estos límites o barreras.

La trascendencia es el aspecto sano de la confluencia, es la capacidad de trascender los límites del individuo, del ego como dice la psicología transpersonal (uno de cuyos títulos clásicos dice precisamente: «Más allá del ego»).

Desarrollar este aspecto sano de la confluencia facilita la experiencia de la entrega, del abandono, de la fusión amorosa, de la contemplación de la belleza y todo aquello que se ha denominado experiencias-cumbre (Maslow).

Esta habilidad de trascender es inseparable de la capacidad para individuarse, si lo entendemos en términos de polaridad. Venimos de una confluencia (el útero materno) y vamos hacia otra (quienes hablan del «Bien morir» utilizan estos mismos conceptos de entrega y abandono) y entremedias todo es un proceso de individuación, casi siempre doloroso si no viene equilibrado con la experiencia de trascender.

En resumen, éstas son dos formas creativas de trabajar con los mecanismos, entendiendo que lo creativo es el rodeo que permite soslayar las defensas, ya sea desde desbloquear la fijación (movilizando el mecanismo opuesto), ya sea aprovechando la estructura sana del mecanismo (su aspecto creativamente recuperable).

	CONTACTO		RETIRADA	
MECANISMOS	INTROYECCIÓN	CONFLUENCIA	PROYECCIÓN	RETROFLEXIÓN
ANTÍDOTO	Asimilación	Diferenciación	Reapropiación	Expresión de lo negativo
ASPECTO CREATIVO	Tradición	Trascendencia	Conocimiento	Disciplina

CAPÍTULO 10

EL CICLO GESTÁLTICO

No hay nada misterioso respecto a la libertad de elección. Si lo deseas, lo haces, si no lo deseas, no lo haces.

Rabí NACHMAN, *La silla vacía.*

El concepto, no tan claramente formulado, aparece en el primer Perls, aunque se haya desarrollado posteriormente gracias a los discípulos de la segunda generación de Cleveland.

Harmon habló de *ciclo de autorregulación organísmica*[83]; Joseph Zinker le dio forma como *ciclo de conciencia-excitación-contacto*[84], también conocido como *ciclo de satisfacción de necesidades*; también se le ha denominado *ciclo de contacto-retirada* y, más genéricamente hablando, *ciclo gestáltico.*

Se trata de la descripción, paso a paso, del proceso que acontece cuando una necesidad organísmica emerge y pugna por su satisfacción. Podríamos relacionarlo con la metáfora de la figura sobresaliendo del fondo para ser percibida (satisfecha) antes de volver a él y también entenderlo como una explicación de la dinámica que sigue una

---

[83] R. L. Harmon, «Goals of Gestalt Therapy», *Professional Psycology*, mayo, 1974.
[84] J. Zinker, *El proceso creativo en la terapia gestalt*, Paidós, Buenos Aires, 1979.

gestalt en su tendencia a completarse; esta teoría explicaría igualmente cómo dicha gestalt puede quedar inconclusa. Por último, podemos considerar el ciclo como una disección detallada de lo que sucede con el ritmo contacto/retirada, es decir, un análisis de la fluidez o bloqueo de la autorregulación.

Según Zinker, a partir de una situación de REPOSO (punto 0) emerge la necesidad en forma de SENSACIÓN (punto 1). La sensación es difusa, todavía no tiene nombre, se registra en forma de señales sensoriales más o menos inconcretas: incomodidad corporal, sequedad de boca, etc., que están señalando un estado de déficit del organismo.

El siguiente paso (punto 2) es el DARSE CUENTA, la toma de CONCIENCIA, que no es sino darle nombre a la sensación: «tengo hambre, o sed, o ganas de salir o necesidad de llamar a tal persona».

Le sigue la movilización de energía o ENERGETIZACIÓN (punto 3) que es un estado de excitación corporal, una preparación para entrar en acción, un calentar motores: visualizo comida o bebida, siento el impulso de moverme hacia la calle o hacia el teléfono... (según los ejemplos anteriores).

El cuarto paso es la ACCIÓN: comienza el movimiento o la conducta dirigidos a satisfacer la necesidad: voy a la nevera, salgo de casa, marco el número de teléfono de la persona con quien quiero hablar...

Le sigue el CONTACTO (punto 5) donde la necesidad del organismo se resuelve intercambiando con el entorno: como, bebo, doy un paseo, hablo con esa persona...

El último paso es la RETIRADA (punto 6) o vuelta al estado de reposo, una vez satisfecha la necesidad, hasta que emerja un nuevo ciclo: tras comer, beber, pasear o hablar, cambio de actividad o descanso o me duermo (la retirada por excelencia).

Michel Katzeff[85] aporta un nuevo paso entre el contacto y la retirada: la CONSUMACIÓN, que no es sino la celebración del contacto: degustar lo ingerido, disfrutar del paseo, sentirse satisfecho tras la comunicación telefónica... También Zinker alude en otra obra[86] a un ciclo en siete etapas, incluyendo como sexta la RESOLUCIÓN, en un sentido similar a Katzeff.

---

[85] M. Katzeff, *Cómo realizarse con la gestalt*, Publicación de la AETG, 1985.
[86] J. Zinker en Fender y Ronall, *Beyond the Hot Seat*, capítulo 5, Brunner and Mazel, Nueva York, 1977.

Lo expuesto por Zinker ya lo dijo Fritz Perls en 1942. Habló del *Ciclo de la interdependencia del organismo y del medio ambiente*, también en seis pasos aunque los puntos 1 y 2 los entendía como la aparición de un factor perturbador interno o externo. Comparemos el ejemplo que pone Perls y la sistematización de Zinker:

> Podría servir como ejemplo del ciclo de perturbación interna:
> 1. Estoy dormitando en el lecho (para Zinker sería el punto 0).
> 2. El deseo de leer algo interesante penetra en mi conciencia (puntos 1 y 2 en Zinker).
> 3. Recuerdo una determinada librería. (A partir de aquí coincide la puntuación de Perls y Zinker).
> 4. Voy ahí y compro un libro.
> 5. Estoy leyendo.
> 6. Me he cansado. Dejo el libro a un lado.
>
> Un ciclo de perturbación externa podría ser:
> 1. Estoy acostado (Zinker: 0).
> 2. Una mosca me recorre la cara (Zinker: 1).
> 3. Tomo conciencia del perturbador (Zinker: 2).
> 4. Me siento molesto y busco un matamoscas (Zinker 3 y 4).
> 5. Mato la mosca.
> 6. Vuelvo a la cama.
>
> Básicamente el ciclo externo no es diferente del interno.
>
> PERLS, 1975 a, pp. 57-58.

Puesto que la época en que Perls escribió esto estaba más próxima a su etapa psicoanalítica, podemos inferir la influencia de Reich y su ciclo de cuatro tiempos: tensión, carga, descarga y reposo, entendidos como expansión-contracción, «oposiciones primordiales de la vida vegetativa» (*La función del orgasmo*, 1934, pp. 188-225), lo que en gestalt llamaríamos polaridad básica contacto-retirada.

Reich considera los fenómenos psíquicos y somáticos como aspectos distintos, dialécticos, de una totalidad. Se inspiró en las investigaciones del médico berlinés Friedrich Kraus sobre tensión mecánica, traduciéndola en una secuencia que llamó la «fórmula de la vida»: expansión (estiramiento, dilatación) y contracción (compresión, estrechamiento). Afirma que placer y angustia son los correlatos anímicos de la expansión y la contracción, manifestaciones opuestas de la mis-

Desde siempre me ha parecido este mapa del ciclo una metáfora sobrevalorada, más útil como reflexión para el entrenamiento que como instrumento terapéutico, a no ser que hablemos de un terapeuta excesivamente analizador; creo que la patología individual (el carácter) va a determinar en buena parte que una persona se incline más a proyectar que a retroflectar y viceversa, de forma que tenderá a interrumpir su propio ciclo experiencial con el mecanismo neurótico más desarrollado y habitual. Además, hablando con rigor, todos los mecanismos son neuróticos por la falta del «darse cuenta», así que todos deberían ser considerados como previos al punto 2 (conciencia). Si lo entendemos más en general, puesto que todos sufrimos de estos cinco mecanismos (independientemente del grado y la «preferencia»), no comparto, en cualquier caso, la totalidad de este mapa de las resistencias según Zinker. Me parece más coherente empezar por la introyección como el mecanismo más temprano en el aprendizaje.

- La introyección interfiere entre sensación y conciencia. Todos los introyectos, en cuanto normativa moral, se oponen a lo organísmico («debes ser amable», «no se debe llorar», etc.) de forma que, simplificando, podemos resumir que el introyecto fundamental es «no sientas tu organismo» (que remitiría a la represión) o «cambia la conciencia de tu impulso y ponle otro nombre» (falseamiento); en consecuencia, un carácter puritano, por ejemplo, difícilmente le pondrá a su sensación de excitación la conciencia de un deseo sexual, sino que le resultará más fácil nombrar esa sensación como hambre, o necesidad de hacer deporte o cualquier otro sinónimo más aceptable que le llevará por otros caminos distintos de la necesidad original.
- Entre conciencia y energetización, actuaría la *deflexión*, que es precisamente eso, una desenergetización, un apagar los motores antes de que se calienten.
- Entre energetización y acción interfieren las *proyecciones* en cuanto que su función es precisamente desresponsabilizarse de la movilización propia y no actuarla, sino proyectarla en la acción del otro («el otro me persigue, me quiere agredir» sin hacerme cargo de mi tensión o mi excitación agresiva).

- Entre acción y contacto podríamos ubicar la *retroflexión*, cuya esencia es precisamente no contactar con el exterior sino volverse contra sí. Es una acción autopunitiva, para evitar la interrelación.
- Entre contacto y retirada interfiere, obviamente, la *confluencia*.

En términos operativos, el ciclo tiene dos estadios que conviene considerar:

- Una parte preparatoria (sensación-conciencia-energetización).
- Una parte resolutoria (acción-contacto-retirada).

Si entendemos que esto es una polaridad que nos remite a todo lo que llevamos dicho sobre Yo-Tú, u organismo-medio, entonces se hacen más operativas estas dos mitades del ciclo en el trabajo psicoterapéutico, ya que hay personas cuya dificultad neurótica tiene más que ver con la primera parte: son expresivas, actúan, contactan... pero con muy poca conciencia de sí, así que la actividad terapéutica debería dirigirse más explícitamente hacia uno de los pilares de la gestalt: el darse cuenta (punto 2).

Otras personas tienen más capacidad de introspección, de percatarse de sí, pero les falta poner en práctica el resultado de su conciencia, así que la actividad terapéutica ha de dirigirse más a plasmar en el mundo (acción-contacto) aquello que han descubierto de sí.

En cada una de estas mitades del ciclo la gestalt acentúa un tipo de intervención: en la primera, la conciencia (no olvidemos que una de las definiciones más conocidas de la gestalt es «terapia del darse cuenta»); en la segunda, el contacto (también se ha denominado a la gestalt «terapia de contacto»). Ambos, *awareness* y contacto son claves fundamentales del modelo gestáltico.

ma energía (sólo cambia su manifestación: placer, en la genitalidad; angustia, en el sistema cardiovascular).

Perls intercambia los términos angustia-placer por los de tensión del déficit y tendencia a la satisfacción, que más tarde formulará como homeostasis.

Los mecanismos neuróticos como interruptores del ciclo

Para muchos gestaltistas el ciclo es la principal herramienta en su seguimiento del proceso terapéutico individual y grupal. Cuando dicho proceso se interrumpe y bloquea, se consideran los mecanismos neuróticos que perturban las diferentes secuencias. Según Zinker habría que entender así las interrupciones del ciclo:

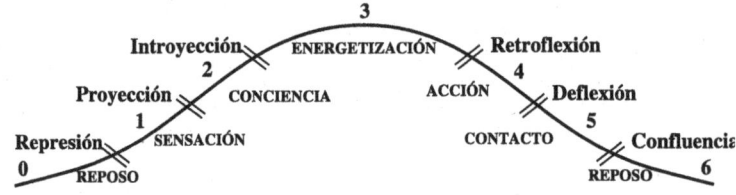

Es decir, el mecanismo que no permitiría la emergencia de la sensación es la *represión*.

Entre sensación y conciencia se sitúa la *proyección*, considerada en gestalt como una resistencia a darse cuenta.

Si hay conciencia pero no se moviliza la energía, estaría interfiriendo el mecanismo de la *introyección*, como la rigidez muscular e intelectual que no permite la energetización emocional y corporal.

Puede interrumpirse el proceso y no llegar a la acción por un mecanismo de *retroflexión*, donde la movilización energética no sigue su curso sino que se vuelve contra sí en forma fisiológica o psicológica.

Entre acción y contacto se sitúa la *deflexión*, desenfocando el objeto de contacto y distrayéndose en otra dirección.

Cuando hay interrupción entre el contacto y la retirada, tiene que ver con el mecanismo de *confluencia*: quedarse pegado a la experiencia, sin poder separarse para ir a otra cosa.

CAPÍTULO 11

LA TÉCNICA GESTÁLTICA

> No pensamos que la música de Bach sea una mezcla de anteriores estilos italianos, alemanes y franceses (aunque, en cierto modo, lo es), sino que nos impresiona por su peculiar síntesis más que por el reconocimiento de sus componentes; así el nuevo edificio de la terapia gestalt nos impresiona más que sus viejos ladrillos.
>
> C. NARANJO, *La vieja y novísima gestalt.*

Hablar de «técnicas», en plural, corre el peligro de considerar a la gestalt como un conjunto de trucos eficaces para la terapia y no es ésta mi intención por más que la creatividad de Fritz y Laura (y posteriormente sus seguidores) haya configurado un notable repertorio de experimentos, ejercicios y experiencias de comprobada utilidad[87].

Entendemos por técnica gestáltica la metodología con que la terapia gestalt aborda la tarea de la conciencia, de la misma forma que Freud fue afinando a lo largo de su vida su técnica para acceder al inconsciente (primero a través de la hipnosis, luego la asociación libre, etc.). No olvidemos que, en gestalt, las técnicas son inseparables de quien las utiliza, y están subordinadas a la adecuada actitud del practicante:

---

[87] Ya existe una recopilación de estos experimentos, *El darse cuenta* de John O. Stevens (op. cit.) y en su día me comentó su editor, Pancho Huneeus, su reticencia a publicarlo en castellano porque podía sonar a «saco de trucos».

> El profesional con habilidad en psicoterapia es, sobre todo, aquel que puede producir acción real, más allá de las acciones superficiales, las cuales, si no están respaldadas por la actitud apropiada, no son más que un ritual vacío... Cualquier libro puede describir una técnica, pero una actitud debe ser transmitida por una persona.
>
> NARANJO, 1990, p. 13.

En la literatura gestáltica se ha debatido largamente este asunto, la discrepancia entre las técnicas artificiales y la respuesta genuina (véase Fagan y Sheperd —p. 88— donde remiten a los artículos de Fagan, Cohn y Kempler). En este mismo libro dice John B. Enright[88]: «El terapeuta ¿es un técnico o una persona? ¿responde al paciente con una técnica profesional o con su reacción humana espontánea? Entre las filas de los gestaltistas me he encontrado con individuos situados a ambos extremos, ya que la terapia gestáltica no toma posición acerca de este punto».

No comparto esta opinión, que creo que dicotomiza algo unitario (en gestalt el terapeuta es su técnica). El mismo Fritz aconsejaba que no imitaran su hacer sino que se contagiaran de su actitud de ser él mismo y estar entero frente al paciente. Sin embargo, la cita anterior de Enright denuncia precisamente el peligro de vaciar las técnicas de su contenido y cosificarlas. Más adelante señala que dudar entre una respuesta profesional y otra más personal ya supone haber enfriado la relación y haberse puesto técnico:

> (...) he seguido un lento pero constante proceso hacia la revelación más franca de mis propios sentimientos de tedio, placer, molestia, embarazo, etc. También esto es una técnica, estrictamente hablando... Si comienzo a aburrirme con un paciente, puedo preguntarle si tiene conciencia de su voz monótona... pero puedo igualmente comentarle que me resulta difícil seguirlo con atención. Ésta es mi reacción humana, sin duda, ¡pero nada tiene de espontánea si debo detenerme para decidir cuál de los dos enfoques adoptar!

Sin la actitud apropiada, cualquier técnica se resiente por más profesional o pseudogenuina que parezca. Así que, de cara a los aprendices

---

[88] J. B. Enright, «Introducción a las técnicas gestálticas», en Fagan y Shepherd, op. cit., p. 127.

de gestalt, hay que aprender las técnicas para luego olvidarlas, o dicho de otra manera, son útiles al principio (como las muletas de alguien que aprende a andar) para convertirse después en expresiones creativas de la actitud.

En palabras de C. Naranjo, prácticamente todas las técnicas gestálticas pueden considerarse plasmaciones de dos prescripciones: «percátate» (*awareness*) y «hazte responsable de tus vivencias».

«Decir que la terapia gestáltica tiene por objeto el despertar de la conciencia, del sentido de la actualidad y de la responsabilidad, equivale a decir que su objetivo es la capacidad de vivenciar (*experience*)» (Naranjo, 1990, p. 57).

Vamos a ver esto en detalle, tomando como referencia el desarrollo histórico, es decir, cómo ha ido tomando forma la metodología gestáltica a lo largo del tiempo.

1942. Perls. Yo, hambre y agresión

En su primera obra, Perls propone el mismo nombre para su terapia y su método: la *concentración*. Delimita el término: no se trata de un esfuerzo deliberado ni tampoco de la concentración consciente obsesiva, sino de despertar el organismo, algo parecido al yoga: lo que años más tarde denominaría «el continuo atencional» (*continuum of awareness*). Como plasmaciones técnicas del concepto propone desarrollar la *concentración en la comida* (masticación, asimilación), la *visualización* (no evitar las imágenes internas sino percatarse de las reacciones emocionales y de las resistencias que provocan. Es el equivalente de la masticación pero a nivel mental y aquí reside la semilla de su posterior trabajo con sueños y psicofantasías), el *sentido de la actualidad* (describir detalladamente la experiencia del presente), el *silencio interior* (descrito como una técnica meditativa: escuchar los pensamientos. Su objetivo es contactar con los niveles más profundos de nuestra existencia, rejuvenecer nuestro pensamiento y alcanzar la intuición), la *primera persona singular* (responsabilizarse de la expresión), la *anulación de retroflexiones* (disolver el odio contra uno mismo, el narcisismo y el autocontrol), la *asimilación de proyecciones* (a través de la reidentificación con lo propio alienado) y la *concentración corporal* (incorporar los niveles biológicos de nuestra existencia), a la manera reichiana: «Nuestro fin es diluir la rigidez del cuerpo y el ego petrificado, el carácter» (p. 295).

1948. Perls. *Teoría y técnica de la integración de la personalidad*[89]

En esta época afirma Perls

> actualmente mi técnica está basada en la función y el experimento... Trato de averiguar todo lo posible acerca de los desórdenes de la personalidad del paciente mediante la observación y la discusión... Los conflictos del paciente sólo tienen una pauta: la pauta identificación/alienación. Es decir, se identifica con muchas de sus acciones, ideas y emociones, pero dice violentamente «no» a otras. La integración requiere una identificación con todas las funciones vitales (p. 59).

La meta es por tanto la integración y su método es la ampliación de la conciencia para reapropiarse de lo alienado. Aquí ya no habla de concentración pero sí de autoobservación y de capacidad de «darse cuenta». Polemizando con la técnica psicoanalítica, opone a la asociación libre freudiana (que tacha de «fuga de ideas») el *registro de lo obvio en el aquí y ahora*, insistiendo en que lo real es lo actual. Privilegia la atención al lenguaje corporal como pauta para la integración, criticando los enfoques dualísticos (cuerpo/mente), como el método Alexander y otros.

Propone *cambiar la re-sistencia en a-sistencia*, es decir no analizar el inconsciente a través de la resistencia sino descifrar cómo ésta actúa en el presente, reconvirtiendo esa energía a favor de la persona. Alude como resistencias a la introyección, proyección y retroflexión (muy colateralmente a la confluencia) proponiendo «reorientarlas topológicamente» para cambiar su función alienadora por integradora, «liberando tanto al carcelero como al encarcelado».

---

[89] Artículo de Fritz Perls publicado originalmente en el *American Journal of Psychotherapy*, vol. 2, núm. 4. Aparecido en castellano en *Esto es Gestalt*, op. cit. Es el primer escrito donde Fritz comenta su estilo de forma más explícita.

Siguiendo con el modelo psicoanalítico, desestima el análisis de la *transferencia* sustituyéndolo por *experimentos* en el presente que faciliten la experiencia de la aceptación/rechazo (otro sinónimo de identificación/alienación). Lo ilustra con el caso de una paciente:

> Estaba llena de quejas respecto a su analista anterior... después de haberle mostrado que su quejarse de alguien con un tercero (por ejemplo, de mí con un amigo) en vez de hacerlo en mi propia cara era su forma de evitar el contacto agresivo, procedimos a hacer un experimento en que ella me atacaba... Aparecieron una buena dosis de miedo y vergüenza de los que previamente no se había percatado (p. 62).

El experimento favorece estas vivencias que con el análisis (o la asociación libre) se evitan. Miedo, vergüenza, disgusto y ansiedad son catalogadas por Perls como «barreras desensibilizadoras» de la emoción, son por tanto responsables de neurotización.

En resumen, la metodología que Fritz transmite en esta época es básicamente el experimento y la conciencia, orientados ambos a cambiar la función neurótica por otra más sana (integradora) a través de la transformación de las resistencias (alienación) en fuerzas cooperadoras (identificación).

> El disgusto, vía la codicia, se transforma en discriminación; la ansiedad, vía la excitación, en un interés específico; el miedo, vía la sospecha, en experimentación; y la vergüenza, vía el exhibicionismo, en autoexpresión (p. 70).

1951. Perls, Hefferline y Goodman. Terapia Gestalt: excitación y crecimiento de la personalidad humana[90]

El aspecto técnico aparece sobre todo en la primera parte de este libro (la que se atribuye principalmente a Hefferline y en menor medida a Perls).

---

[90] F. Perls, R. Hefferline y P. Goodman: «Terapia Gestalt: Excitación y crecimiento de la personalidad humana», Los libros del C.T.P., Madrid, 2002.

Se describen una serie de *experimentos de contacto* con el entorno (sentir el presente, sentir los opuestos, atención y concentración, diferenciación y unificación) así como *técnicas para el darse cuenta* (recordar, verbalizar, experimentar la continuidad emocional, convertir la confluencia en contacto, cambiar la ansiedad por excitación...). Otros experimentos ilustran la teorización sobre los *mecanismos neuróticos* (retroflexión, introflexión y proyección), desde sentir la musculatura y masticar hasta descubrir y asimilar proyecciones.

1969. Levitsky y Perls. Las reglas y juegos de la terapia Gestalt[91]

En este escrito clásico se estructura la metodología gestáltica en torno a dos conceptos: las *reglas*, entendidas no como mandatos o dogmas sino como propuestas actitudinales, algo parecido a lo que Fagan llama pautamiento y control y que podríamos traducir como las condiciones del encuadre gestáltico; los *juegos* como técnicas o experimentos concretos sacados de la práctica de Fritz. La conjugación de reglas y juegos organizan coherentemente las técnicas gestálticas que hasta ese momento habían sido expuestas más desestructuradamente:

Las reglas

- *El principio del ahora*: invitación a la comunicación en tiempo presente.
- *Yo-Tú*: comunicación directa.
- *Lenguaje impersonal y personal*: evitar el lenguaje del «ello», favoreciendo el lenguaje del «yo».
- *Empleo del «continuo atencional»*, enfatizado el «cómo» de la experiencia en curso en vez de su «porqué», además de potenciar los sentidos y lo obvio en lugar de las fantasías.

---

[91] Artículo aparecido por primera vez en 1969, en H. Ruitenbreeck, Group Therapy Today. Versión en castellano: *Métodos y técnicas en la psicoterapia de grupo*, Troquel, Buenos Aires, 1977. Recogido también por Fagan y Shepherd en 1970. Versión en castellano: *Teoría y técnica de la psicoterapia gestáltica*, op. cit. Aunque firmado por ambos, parece que la autoría le corresponde a Abe Levitsky.

- *No murmurar*: invitación a la comunicación franca, sin evitar los sentimientos y el contacto directos.
- *Convertir las preguntas en afirmaciones*.

Los juegos

- *Diálogos* que facilitan la escucha e integración de partes en litigio (*topdog-underdog*, etcétera).
- *Hacer la ronda*: experimentar la coherencia o no de una afirmación repitiéndola ante cada miembro del grupo. Puede hacerse también con contenidos no verbales (caricias, observación, a través de la mirada...).
- *Asuntos pendientes*: invitación a completar cualquier sentimiento inconcluso.
- *«Me hago responsable»*: variación del continuo de conciencia, añadiendo esta coletilla de autorresponsabilización.
- *«Yo tengo un secreto»*: juego para explorar la vergüenza y la culpabilidad.
- *Juego de las proyecciones*, incorporando, en primera persona, lo proyectado.
- *Juego de los opuestos*, explorando la conducta antitética.
- *Contacto-retirada*: contactar o sustraerse al contacto cuando el paciente lo necesite, sin entenderlo necesariamente como resistencia sino como el ritmo natural del organismo.
- *Ensayo teatral*: experimentar lo fantaseado y las expectativas de futuro.
- *Exageración*: amplificar la conciencia exagerando lo gestual, el movimiento, tono de voz, etcétera.
- *«¿Puedo ofrecerte una frase?»*: Explicitación de lo que el terapeuta observa o intuye, proponiéndoselo al paciente como una frase a repetir y explorar.
- *Asesoramiento matrimonial*: Experimentos grupales donde los compañeros se enfrentan y se turnan para decir frases que comienzan (por ejemplo): «Te detesto por...» y luego lo opuesto: «Lo que aprecio en ti...». Múltiples variantes según lo que se pretende explorar (dominancia-sumisión, aceptación-rechazo, etcétera).

- «*¿Puedes quedarte con este sentimiento?*»: Técnica para no evitar lo desagradable, frustrante, el *impasse*, etcétera.

1973. Perls. El enfoque gestáltico

El capítulo 6 de este libro aporta algunas extensiones a la «técnica» básica del darse cuenta:

- *Ir y venir*: enfocando la atención alternativamente de un punto a otro: de sensación a sensación (por ejemplo, de la conciencia de la respiración a la de un dolor o molestia corporal determinados), de sensación a fantasía (alternar la visualización de un recuerdo y las percepciones sensoriales actuales), de sentimiento a proyección, de pasado a presente, etcétera.
- *Dramatización del síntoma.*
- Aceptación y escucha de la *confusión*. Es la descripción de cómo abordar el impasse y cómo retraerse al vacío fértil.

1973. Naranjo. Las técnicas de la terapia gestalt[92]

Este escrito configura definitivamente el mapa de las técnicas gestálticas trascendiendo la catalogación anterior en reglas y juegos y abriendo tres grandes epígrafes: *técnicas supresivas, expresivas e integrativas*. Más que recorrer las diversas técnicas enumeradas en cada apartado conviene resaltar aquí que C. Naranjo estructura la metodología gestáltica según cuál sea la actividad del terapeuta. Tradicionalmente, esta actividad se fundamenta en alentar lo genuino del paciente e inhibir sus manipulaciones neuróticas. El terapeuta gestáltico utiliza su mano derecha tanto como su izquierda, lo que Fritz denominaba simpatía-frustración y Claudio, apoyo-confrontación.

Las técnicas *supresivas* corresponden a aquellas orientadas a detener la evitación del paciente (experimentar la nada, evitar el «acercadeís-

---

[92] *The Techniques of Gestalt Therapy* apareció en 1973 en edición del autor (SAT Press, Berkeley). El *Gestalt Journal* lo publicó en 1980. En castellano se editó en 1990, dentro de *La vieja y novísima gestalt*, op. cit.

mo», el «debeísmo», las manipulaciones, las preguntas, expresar vivencias en vez de hacer demandas o pedir permiso...).

Las técnicas *expresivas* favorecen los contenidos de la conciencia genuina a través de la expresión de los impulsos, sentimientos y acciones auténticamente organísmicos (iniciar la acción, completar la expresión, ser directo, repetir, exagerar, identificarse y actuar...).

Las técnicas *integrativas* facilitan la escucha y asimilación de las voces conflictivas internas (encuentro interpersonal, asimilación de proyecciones...).

1989. Naranjo. Modo directo frente a modo indirecto[93]

El modo directo engloba las técnicas anteriores, dirigidas a implantar el ideal gestáltico: autenticidad, responsabilidad, centrarse en el presente. El modo indirecto representa la otra mitad de la gestalt: invitar al paciente a exagerar su falsedad, criticarse, sabotearse, racionalizar, predicar... es decir, experimentar aquello que se considera neurótico o inmaduro, aplicando el principio de que «uno jamás supera algo resistiéndolo, sólo se puede superar entrando más profundamente en ello» (expresión demasiado radical de Fritz, pero válida). Este estilo alternativo, a favor del síntoma (que ya comentamos al hablar de Adler) le permite al terapeuta mayor amplitud de intervención: por ejemplo, si el paciente divaga, el terapeuta puede orientarle hacia centrarse (modo directo) o hacia aumentar su divagación (modo indirecto). Naranjo señala tres plasmaciones de este segundo modo, que «atentan» contra los preceptos gestálticos (en la forma, no en el fondo): la estrategia de la irresponsabilidad (alentar al paciente a actuar sobre la suposición de que «éste no soy yo»), la técnica de recordar (con las indicaciones para guiar este proceso) y la exploración del futuro (anticipaciones, posibilidades... todo ese caudal fantasioso que puede trabajarse con la misma técnica que los sueños).

Como síntesis de este trabajo Claudio Naranjo sostiene que la gestalt no cuenta con una teoría del psiquismo pero sí con una «teoría de la técnica», es decir, que a través del hacer gestáltico se revela la filoso-

---

[93] Capítulo 10 de *La vieja y novísima gestalt*, op. cit.

fía de vida y la actitud que subyacen. Lo sintetiza con la sencillez de una fórmula matemática[94].

T. GESTALT = [(conciencia + espontaneidad) x (apoyo + confrontación)] RELACIÓN

Donde el primer paréntesis corresponde a la tarea del paciente: se le invita a sostener la atención en el «darse cuenta», así como abandonar el control y fluir espontáneamente. El segundo paréntesis corresponde al terapeuta y el uso de sus dos manos, como antes decíamos. Y todo ello en el marco de la relación, en el Yo-Tú gestáltico, sin el cual no hay encuentro ni posibilidad de cambio profundo (la terapia así entendida no podría aprenderse en un libro, por ejemplo).

Las técnicas gestálticas tienen siempre esa finalidad: favorecer la conciencia y la espontaneidad, incluyendo al terapeuta gestáltico que será el instrumento para que esto ocurra. En palabras de Laura Perls: «Un buen terapeuta no utiliza técnicas, sino que se aplica él mismo a las situaciones... por lo tanto prefiero hablar de *estilos* de terapia en vez de técnicas: éstas pueden prácticamente todas aplicarse dentro del marco de la terapia gestalt con tal que sean existenciales, experienciales y experimentales»[95].

La silla caliente y la silla vacía

El uso de las sillas «caliente» y «vacía» se ha convertido en un emblema de la terapia gestalt (algo así como el diván para el psicoanálisis) y merece, aunque sólo sea por eso, dedicarle unas líneas.

Más que una técnica propiamente dicha, es un *espacio* para la conciencia (y todas las técnicas que la promueven), un *escenario* para la experiencia. Hablar de escenario no es gratuito pues ya sabemos que Fritz tomó la idea del psicodrama de Moreno y de su formación con Max Reinhardt, como también señala Laura Perls:

---

[94] C. Naranjo, «Conferencia Inaugural del III Congreso Internacional de T. G.», México, 1989, publicado en el *Boletín de la AETG*, núm. 12, noviembre, 1991.
[95] L. Perls, op. cit., p. 146.

Fritz estaba orientado mucho más analíticamente de lo que él se daba cuenta. Pienso que la «silla caliente», la «silla vacía» y la dirección del paciente hacia su propia interpretación es una especie de libre asociación dramatizada... así él podía no entrometerse y dar solamente ciertas directrices o consignas. Eso provenía parcialmente de su experiencia prepsiquiátrica en el teatro, durante varios años en la Escuela de Reinhardt[96].

Cuando Fritz hacía sus demostraciones de trabajos con sueños, tenía junto a sí dos sillas. En una se sentaba la persona que salía a trabajar: la llamaba «hot-seat» o «silla caliente», que en argot significa también «silla eléctrica», lo cual da idea del nivel de compromiso que Perls pedía al paciente: ponerse en situación de dolor, de excitación, de riesgo...

Enfrente había otra silla llamada «empty-chair» o «silla vacía», donde, a lo largo del trabajo, iban a sentarse personas imaginarias con quienes establecer diálogo, aspectos de sí proyectados, etcétera.

En el transcurso de los años, este método de Perls ha ido cambiando. Para empezar, en los grupos de gestalt no suele haber sillas sino cojines y se usa indiscriminadamente la expresión «caliente» o «vacía» para referirse a la silla o al cojín de enfrente. Lo que permanece es la validez de este escenario donde dramatizar los conflictos internos.

El cojín de enfrente es el espacio privilegiado del darse cuenta; por él pasan los opuestos negados (o polaridad rechazada), los elementos del sueño que se está explorando, el padre y la madre (o cualquier otra figura) interiorizados a quienes expresar lo inconcluso, etcétera.

Cuando la persona «pasa» por ese espacio, incorpora y le da voz a lo que antes era ciego, proyectado o evitado.

Es también el espacio de la integración, ya que, a través del diálogo y la escucha, la persona amplía la comprensión de sí, trasmutando la alienación por identidad.

A nivel técnico, a veces ni siquiera se utiliza el cojín sino cualquier otro objeto, «como un vestido, una joya... como objetos transicionales que pueden simbolizar a personajes, partes del cuerpo y entidades abstractas»[97].

---

[96] Ibídem, p. 24.
[97] S. y A. Ginger, op. cit., p. 23. La idea de «objeto transicional» está tomada de Winnicott. Véase también A. Rams: *Introducción a la terapia transicional*, Edición del autor, 1980, Fondos de la AETG.

Otras veces se sienta imaginariamente en el cojín a otro miembro del grupo o al terapeuta, que aunque estén presentes, se toman en este caso como proyecciones de la persona que está trabajando. Se ha discutido mucho este tema: por qué sentar en efigie y dialogar en fantasía, en vez de enfrentarse directamente con el interesado y establecer una comunicación «real». Se trata de dos técnicas diferentes: la esencia del uso de la silla es la exploración interna, por lo tanto la utilizaremos cuando el paciente necesite percatarse de sus fantasías, prejuicios, temores o demandas hacia el otro. Si en lugar de esta exploración interna precipitamos la comunicación directa con el otro, estamos favoreciendo la evitación de la conciencia, es decir, no hacerse responsable de sí, sino manipular el entorno.

La comunicación «cara a cara» es, sin embargo, la técnica adecuada cuando lo que se está evitando es el contacto puntual, sustituyéndolo por «acercadeísmos», hablar en impersonal, fantasear en lugar de experimentar, etc. Digamos en síntesis, que la «silla» favorece la conciencia interna mientras que la confrontación directa favorece el contacto con el mundo. En esencia no son incompatibles sino complementarias, eso sí, en momentos diferentes del trabajo: cuando se ha tomado conciencia de las propias fantasías (zona intermedia) se está en mejor disposición para establecer contacto con el mundo (zona externa) y comunicarse con el otro de forma genuina, discriminada y acorde con la situación.

He abierto algún capítulo de este libro con citas del rabino Nachman de Breslau (Wroclaw-Polonia), autor de un pequeño libro de aforismos, llamado precisamente *La silla vacía*. El rabí Nachman (1772-1810), pertenece a la corriente hassídica (o jasidismo), tradición mística judía inspirada en la Cábala y fundada por su abuelo Baal Shem Tob. Aunque más adelante hablaremos de la espiritualidad jasídica y su resonancia en Perls y la gestalt (también en Buber), quiero rescatar aquí las sabias palabras de este maestro, a modo de resumen de lo que venimos diciendo de la «silla» como espacio de conocimiento interior:

> ¿Está vacía la silla donde estás sentado? No parece posible pues de hecho tú estás sentado en ella. Pero sí es posible que la persona sentada en esa silla se sienta vacía. Entonces esa silla está vacía, ¡aun estando ocupada!

El rabí Nachman de Breslau estaba por comenzar una lección cuando de pronto aferró los brazos del sillón y dijo: «¡Cuando uno se sienta en la silla, uno es un *mensch*!»... *Mensch* significa persona íntegra y de honor... En lenguaje moderno, designa a un ser humano completo. Es ese hombre o mujer que ha integrado los diversos elementos de su ser físico y espiritual; alguien que ha superado el vacío interior que a veces sentimos. Cuando una persona así se sienta en una silla, la silla está ocupada. Uno se sienta en ella y uno es un *mensch*[98].

---

[98] Rabí Nachman, *La silla vacía*, Olañeta Editor, Palma de Mallorca, 1997, pp. 9-10.

CAPÍTULO 12

EL TRABAJO CON SUEÑOS Y PSICOFANTASÍAS

> Si los sueños fueran más claros no sabríamos a qué llamarle realidad.
>
> A. SCHNAKE, *Sonia...*

La elaboración de los sueños es una de las intervenciones más frecuentes y originales de la terapia gestalt, que Fritz popularizó a través de sus vídeos y trascripciones.

Para Freud y el psicoanálisis el material onírico es sumamente importante ya que el sueño es la «vía privilegiada al inconsciente». Si confrontamos esta frase con otra de Perls: «El sueño es un ataque frontal al seno de la no-existencia», podemos señalar las diferencias de concepción y de método.

Según Freud el sueño permite aflorar elementos que en estado de vigilia serían censurados por el psiquismo superior. Según Perls el sueño tiene unidad en sí mismo, en el sueño está «todo», es decir en él aparecen el mensaje y las evitaciones a la comprensión de ese mensaje:

> En los sueños encontramos los huecos en la personalidad. Encontramos que la persona no tiene ojos o no tiene alma o piernas en las que apoyar-

se. Cualquier cosa que falte en el sueño falta en la existencia de esa persona. El sueño señala directamente lo que se evita para estar completo[99].

También Jung, a diferencia de Freud, vio en los sueños y su simbolismo expresiones creativas del sí mismo, no disfraces inconscientes de experiencias perturbadoras. Para un gestaltista el sueño es igualmente una expresión creativa, no un camuflaje que oculta tanto como expresa significados inconscientes: «No discutiré si es cierto o no que los sueños esconden activamente el mensaje y lo revelan a medias. Acaso es más exacto decir que sólo hemos dejado de entender su significado. En gestalt no se trata de la codificación del mensaje del sueño, sino de su decodificación» (Naranjo, 1990, p. 165).

Tampoco la gestalt suscribe que las repeticiones sean expresiones del instinto tanático, como en el caso de las pesadillas recurrentes:

> El error de Freud acerca del instinto de muerte en estos sueños que se repiten consiste en que no vio que un sueño repetitivo es el resultado de una gestalt inconclusa. El sueño es un intento, que se hace una y otra vez, de resolver un problema, y estos mostrarán la forma de ayudar al paciente a poner fin a la situación[100].

Otra diferencia notable es que en gestalt el sueño no se interpreta sino que se actualiza vivencialmente: «Eventualmente puede ser entendido y sin embargo no buscamos alcanzar tal comprensión *pensando acerca de ello*... sino permitir que la experiencia hable por sí misma: *entrar* al sueño en lugar de *traerlo a la mente*» (Naranjo, 1990, p. 165).

Desde este punto de vista no suponemos que el sueño en su totalidad tiene necesariamente un sentido último, una clave definitiva que hay que entender. Cualquier fragmento, cualquier pequeño elemento, es existencialmente significativo, como descubriremos en su exploración, sin que haga falta una interpretación global (desestimada por los gestaltistas) o una psicodramatización de la situación completa (más afín a la gestalt, e incorporada por algunos gestaltistas, como luego veremos): «En el psicoanálisis nos hemos acostumbrado tanto a interpretar el sueño, a buscar asociaciones con sucesos... que la idea de que

---

[99] P. Baumgardner y F. Perls, *Terapia Gestalt*, op. cit., p. 173.
[100] P. Baumgardner y F. Perls, op. cit., p. 173.

este sueño sea un pequeño episodio que contiene la esencia del argumento de una vida resulta un tanto difícil de aceptar»[101].

El mensajero existencial

Así definió Perls al sueño: como portador de un mensaje actual, que es algo muy diferente del desplazamiento de deseos inconscientes o la expresión de premoniciones o incluso la necesidad de que se realice una situación inconclusa:

> Tengo la sospecha de que el sueño no es ni la realización de deseos ni una profecía de futuro. Para mí es un mensaje existencial. Le dice al paciente qué situación vive y especialmente cómo cambiar la pesadilla de su existencia en un darse cuenta de qué lugar histórico ocupa en la vida[102].

El neurótico vive en una especie de trance: se toma la fantasía por realidad y lo saludable para él sería despertar de esta ilusión y ver las cosas como son. En los sueños precisamente se da esta situación «neurótica» en su mejor y mayor expresión: allí la fantasía es real, lo absurdo es lógico, lo incoherente tiene visos de «normalidad». Y paradójicamente, al despertar, descalificamos y olvidamos el sueño por irreal. La posición gestáltica es la de restituirles a la vida y al sueño la realidad que les corresponde: «Cuando despertamos vemos lo irracional que es todo y entonces olvidamos que la realidad del sueño es una realidad; una realidad con un significado mucho más profundo que el que pueda reconocer toda lógica»[103]. Dicho significado es lo que Fritz llama mensaje existencial del sueño y por eso lo aborda no como fantasía sino como existencia real en todos sus aspectos y elementos, «atentando contra la no-existencia» que comentábamos antes, es decir, contra el adormecimiento neurótico que no es exclusivo ni de la vigilia ni del sueño, si bien este último tiene la ventaja de su «espontaneidad y articulación inusuales» (Naranjo) a la hora de explorarlo terapéuticamente.

---

[101] Ibídem, op. cit., p. 171.
[102] F. Perls, «Terapia gestalt y las potencialidades humanas», op. cit., p. 18.
[103] P. Baumgardner y F. Perls, op. cit., p. 170.

Si captamos esta posición (o sería mejor decir actitud) podemos entender dos intervenciones originales del trabajo gestáltico con sueños: qué pasa cuando no se recuerdan sueños y cuando se interrumpen.

- La persona que no tiene sueños, para mí significa que no está dispuesta a enfrentarse a sus problemas existenciales. Entonces hacemos que esa persona considere los sueños como algo que se encuentra en alguna parte en torno a ella y le hacemos hablar al sueño para descubrir nosotros qué objeciones tiene a recordar ese sueño[104].
- Puede ser bastante provechoso llenar los vacíos con fantasía o concluir el sueño partiendo de donde se interrumpió al despertar. Al abocarse a esta tarea el individuo necesariamente vuelve a convertirse en soñante y se transforma en uno con su sí mismo soñado.

NARANJO, 1990, p. 167.

Metodología

El primer paso es que el individuo narre el sueño en tiempo presente, como si estuviera ocurriendo ahora mismo. Si traemos el sueño al «aquí y ahora», es porque no es posible la integración fuera del presente, incluso cuando el sueño plantea situaciones pasadas: el sueño no ha de ser recordado sino «traído de vuelta a la vida» (Naranjo). Para reforzar este compromiso con el presente y acrecentar la responsabilidad de la experiencia, Fritz recomendaba incluir una frase como coletilla de cada expresión:

> hacemos que el paciente intercale la declaración «ésta es mi existencia», después de cada oración... Uno dirá: «Nado en el océano. Ésta es mi existencia», o bien: «No puedo descansar. Ésta es mi existencia», «siento como si me hundiera. Ésta es mi existencia». Así nuestros clientes pueden conectar los mensajes de su sueño con el argumento de su propia vida[105].

El segundo paso es explorar el sueño proyectiva y dramáticamente: «Hacemos del sueño una historia, una pieza teatral, donde nuestro

---

[104] P. Baumgardner y F. Perls, op. cit., p. 169.
[105] Ibídem, p. 171.

paciente se convierte en el director, en el elenco y en toda la utilería. Es el drama de la reidentificación»[106].

Como ya hemos dicho que en el sueño está «todo», podemos empezar a trabajar cualquier elemento de los que aparezcan, invitando a la persona a identificarse con cada uno de ellos, a expresarse «como si fuera ese elemento».

El concepto de identificación va unido al de proyección y son el fundamento básico del tratamiento gestáltico de los sueños. Dice Perls:

> Creo que cada parte del sueño es una parte de uno mismo no solamente el protagonista, sino cada detalle, cada matiz afectivo... Hago representar al paciente todos los papeles, porque sólo representándolos se puede llegar a la identificación total, y la identificación contrarresta la alienación. A menudo, encuentro una enorme resistencia a representar la parte alienada.
>
> 1974.

Fritz Perls trabajó principalmente el sueño como proyección, lo cual supone que cada elemento del mismo es representación de una parte propia del soñante y una parte además alienada. La técnica de identificación con cada uno de los elementos es una forma, primero, de tomar conciencia de las propias proyecciones, y, segundo, de reposeerlas, de integrarlas. Es, pues, el camino inverso a la alienación.

En este proceso de reapropiación de las partes alienadas, el rol del terapeuta se reduce a facilitar el darse cuenta. La razón fundamental es que el paciente, cuando descubre un hueco en su personalidad, cuando conecta con una parte alienada, tiende a evitarla. Hay muchas formas de interrumpir, así como evitaciones y fobias a entrar en contacto con uno mismo. Algunas habituales son: el verbalismo, los espacios en blanco, la acción motora (también mental: enrollándose en pensamientos), las interpretaciones y racionalizaciones con que el paciente se manipula, etcétera.

El terapeuta acompaña este proceso confrontando/apoyando, como es natural, atento al movimiento corporal y a la veracidad de lo no verbal.

---

[106] Ibídem, p. 172.

El último paso o cierre es la integración, es decir, el resultado de todo lo que ya viene sucediendo. Podemos hablar de asimilación responsable:

> En el proceso de representar voluntariamente lo que en el sueño sólo «sucedió», el individuo se va colocando a sí mismo tras sus acciones irresponsables del sueño. Está diciendo implícitamente: «Este sueño soy yo mismo, no es sólo un sueño»; y así es como integra a la conciencia su actividad hasta ahora inconsciente.
>
> NARANJO, 1990, p. 169.

Podemos también hablar de pacto, síntesis o acuerdo, ya que las zonas de conflicto en el sueño suelen aparecer en forma de discusiones entre elementos: una parte de sí lucha contra otra, y la discusión se hace agria cuando se trata de polaridades directas (*topdog-underdog*, la propia ternura contra la propia agresividad, etc.). El paciente establece un diálogo jugando los roles de ambas partes alternativamente, hasta que sobrevenga un acuerdo o una comprensión, que siempre es posterior a la expresión de todos los resentimientos entre ambas; también es importante expresar el reconocimiento por los servicios que se han prestado entre sí. Básicamente, éste es el esquema clásico de elaborar los sueños en la terapia gestáltica. Cuando la persona ha «entendido» con todo su organismo el mensaje del sueño y lo ha integrado, su personalidad es más entera, está más capacitada para seguir creciendo.

Si Perls trabajó fundamentalmente el sueño como proyección, E. y M. Polster resaltan otros aspectos. Para ellos el sueño puede elaborarse, además de como una proyección:

- Como sondeo de posibilidades de *contacto* accesibles al paciente; la elaboración de un sueño permite al soñante, con la ayuda del terapeuta, establecer múltiples contactos entre el mundo de la fantasía y los procesos corporales y afectivos que ocurren a la vez, con lo cual la información se incrementa así como las pautas de comprensión e integración.
- Como posibilidad de *interacciones* (con el terapeuta, entre los compañeros) cuando se trabaja en grupo. El grupo alrededor de la persona que elabora un sueño no sólo puede facilitar pantallas

proyectivas, sino intervenir y actuar como catalizadores del soñante y ayudarle en la vivencia y expresión de sus relaciones con los demás. En este sentido, también el psicodrama resulta útil en la elaboración del sueño; Joseph Zinker lo utiliza como teatralización del sueño, repartiendo el soñante los papeles (otras veces los miembros del grupo los toman voluntariamente) para proporcionarle al protagonista un espejo de la situación.

Aunque Perls fue partidario de utilizar el psicodrama sólo si la persona autorrepresentaba todos los roles (para evitar la «contaminación» de las proyecciones ajenas), esto nos da una idea de las múltiples formas y estilos de trabajar los sueños dentro de la orientación gestáltica, siempre que el terapeuta acompañe sin interferir más de lo imprescindible:

> Si trabajan sus sueños, es mejor hacerlo con alguien que les pueda mostrar dónde están ustedes evitando. Entender un sueño significa darse cuenta de cuándo se está evitando lo obvio. El único peligro consiste en que la otra persona puede llegar al rescate demasiado pronto y decirles lo que está ocurriendo en vez de darles la oportunidad de descubrirlo ustedes mismos.
>
> PERLS, 1974, p. 82.

Y siempre que se eviten las interpretaciones, tanto del terapeuta como del paciente.

> Una advertencia. Sólo hay un gran error que se puede cometer. Y eso es interpretar. Si empiezas a interpretar estás perdido. Conviertes esto en un juego intelectual freudiano y en el mejor de los casos podrás archivar algunas introspecciones muy interesantes en tu archivador intelectual, asegurándote así que nada de verdad ocurra.
>
> PERLS, 1976, p. 168.

Las fantasías dirigidas

Muy utilizadas en terapia gestalt, con este nombre o el de psicofantasías o fantasías guiadas, sus antecedentes podemos detectarlos en Desoille.

Robert Desoille estructuró una forma de acción terapéutica llamada Ensueño Dirigido que se basa en que el paciente, bajo la sugestión y conducción del terapeuta, recree una fantasía onírica en estado de vigilia. Como técnica terapéutica, sus objetivos son fundamentalmente de diagnóstico: «Esto permitía reemplazar el sueño nocturno incompleto u olvidado a veces, por un ensueño que, con el sostén del psicoterapeuta, daba lugar a un estudio exhaustivo de la afectividad básica del individuo»[107].

La interpretación es inherente a esta forma de trabajo, aunque «no existe un diccionario de símbolos», sino que el terapeuta interpreta en función de cada persona. La técnica del Ensueño Dirigido tiene mucho en común con la *conducción de fantasías*, en gestalt. La diferencia más notoria entre ambas es el tratamiento del material que aportan. Desoille propone un «adormecimiento» del paciente, un estado de «inhibición de las funciones del psiquismo superior» que elimine en lo posible las resistencias y facilite la producción de imágenes. Justifica incluso el ensueño dirigido como técnica de sublimación, es decir, la persona utiliza las ventajas de lo irreal porque en este campo «los deseos no tropiezan con obstáculo alguno y además la propia irrealidad hace al individuo vivir ciertas emociones intensas, sin tener que soportar las consecuencias». En la terapia gestáltica el acento se pone en la toma de conciencia personal, en situación de relax pero sin ningún tipo de adormecimiento, sino por el contrario, una comprensión total (no sólo intelectual, sino afectiva y corporal) de todo lo que está experienciando, con la ayuda del terapeuta, y sin interpretaciones.

La finalidad de la conducción de fantasías es la ampliación de la autoconciencia, así como proponer al paciente vivenciarse en acción, descubrimiento este hecho por Desoille en su invitación a ascender-descender imaginariamente. También la psicosíntesis de R. Asaggioli propone guiones exploratorios como este ascenso-descenso para explorar los aspectos trascendentes y materiales de la persona. Los Polster señalan estas ventajas funcionales de la conducción de fantasías en gestalt: poder entablar contacto con algo evitado, establecer contacto con una persona que no está disponible o con una situación incon-

---

[107] R. Desoille, *Lecciones sobre ensueño dirigido en psicoterapia*, Amorrortu, Buenos Aires, 1975, pp. 32 y 52.

clusa (por ejemplo, poder expresar el resentimiento por medio de la fantasía), explorar lo desconocido y explorar aspectos nuevos o desacostumbrados de uno mismo.

Hay todo un repertorio de psicofantasías en gestalt (viajes regresivos a la infancia, encuentros con personajes arquetípicos, proyecciones hacia el futuro, etc.) pero lo importante es siempre la creatividad del terapeuta al servicio de la situación.

TERCERA PARTE

REFLEXIONES SOBRE EL TERAPEUTA Y SU OFICIO

> Si incurro en la menor distracción, en el más pequeño desfalleci-
> miento, sobre todo si un día me da por interpretar en exceso, si
> una teoría me arrastra ahora contrariando la de la víspera, si pien-
> so mientras pinto, si intervengo, ¡todo se derrumba!
>
> Paul CÉZANNE, «Memorias»[108].

La originalidad de la terapia gestalt no podría entenderse a través de las bases teórico-prácticas que hemos expuesto. Queremos precisamente reflexionar en esta tercera parte sobre los aspectos relacionales que determinan lo más genuino de este enfoque terapéutico: la actitud e implicación del terapeuta, que concibe su tarea como un oficio artístico más que como un rol técnico, lo cual afecta a la comprensión y manejo de algunos conceptos clásicos de la psicoterapia, como son la transferencia, el encuadre, el diagnóstico, etcétera.

También vamos a considerar tres aspectos sobre los que no hay mucho escrito desde un punto de vista específicamente gestáltico, el grupo, el trabajo corporal y el sustrato espiritual de la psicoterapia. Para acabar insistiendo en el aspecto creativo de la gestalt que la alinea con otros abordajes artísticos-terapéuticos.

---

[108] Joachim Gasquet, *Cézanne: Lo que vi y lo que me dijo*, Gadir, Madrid, 2005.

CAPÍTULO 13

EL TERAPEUTA GESTÁLTICO

> El instrumento y quien lo tañe son una misma cosa, al servicio de la música.
>
> Narciso YEPES, «Ser instrumento» [109].

Fritz Perls formuló la «oración gestáltica», que se ha prestado a muchos malentendidos, olvidándose que él mismo la propone «como una orientación». La oración dice:

> Yo hago lo mío y tú haces lo tuyo.
> No estoy en este mundo para llenar tus expectativas.
> Y tú no estás en este mundo para llenar las mías.
> Tú eres tú y yo soy yo.
> Y si por casualidad nos encontramos, es hermoso.
> Si no, no puede remediarse
>
> PERLS, 1974, p. 16.

Es claramente una orientación actitudinal. Alude a la actitud del terapeuta en el encuentro, subrayando su aspecto existencial, irrepeti-

---

[109] N. Yepes, «Ser instrumento», Discurso de ingreso en la Real Academia de Bellas Artes.

ble, basado en la conciencia y la responsabilidad de los interlocutores, denunciando por anticipado los juegos de manipulación y explotación que pueden hacer peligrar esta relación y aceptando de entrada que el encuentro puede o no suceder sin que eso sea una tragedia.

Se ha cuestionado esta fórmula por entenderla como prepotente, que acentúa el poder narcisista del terapeuta y descuida la atención y cuidado del paciente. Aunque a mí tampoco me guste mucho por otros motivos (se hizo muy popular y eso conlleva cierta sobre simplificación), creo que escandalizó a sus detractores porque ataca otro de los mitos del modelo médico: el terapeuta sacrificado y salvador, (como si eso no fuera cuestionable narcisísticamente hablando).

La actitud que aquí se propone no es otra que la buberiana Yo-Tú, un reparto horizontal de la relación (al 50%) y la constatación de que el encuentro no siempre se da, sin que eso tenga que traducirse en frustración culpabilizadora: ese «no puede remediarse» a mí me parece no sólo tranquilo y calmo sino incluso gozoso, el gozo del desapego. También se trata de aceptar los límites: si el otro no está para trabajar no puedes obligarle; y además ¿por qué esforzarse en trabajar con quien no quiere si hay otros muchos que sí están dispuestos?

Las tareas del terapeuta

Para empezar a reflexionar sobre el terapeuta gestáltico, utilizo la primera parte de la oración: yo hago lo mío y tú lo tuyo. ¿Qué es entonces lo propio del terapeuta, qué le corresponde hacer?

Veamos algunas aportaciones al tema.

Joen Fagan[110] señala estas variables como las tareas del terapeuta gestáltico:

- *Pautamiento* o recogida de información que proporciona pautas, que le da al terapeuta una idea de la interacción de sucesos (hechos ocurridos al cliente) y sistemas (biológicos, familiares, etc.). Los sistemas están interconectados, de forma que el cambio

---

[110] J. Fagan, «Las tareas del terapeuta gestáltico», en Fagan y Shepherd, *Teoría y técnica de la psicoterapia gestáltica*, op. cit., pp. 93-110.

suscitado en uno produce cambios en varios otros, por lo tanto el terapeuta ha de aclarar la interacción total para prever el cambio más positivo sobre el conflicto, con el mínimo esfuerzo y ocasionando los menores trastornos a los restantes sistemas. Esto se llama generalmente diagnóstico, y de ello hablaremos más adelante. El pautamiento gestáltico reduce la importancia de la teoría cognitiva y enfatiza la amplia ayuda del darse cuenta del terapeuta, ya que estas pautas se elaboran en el propio proceso terapéutico en mayor medida que en el registro de la historia, y se elaboran a partir del aquí y ahora y de los gestos, posturas, tono de voz, etcétera.

- *Control*, en el sentido de capacidad del terapeuta para persuadir al cliente a seguir los procedimientos fijados por él. «A menos que el paciente haga algunas de las cosas que le sugieren los terapeutas, muy poco habrá de ocurrir, y si ocurre, será principalmente por azar.»

  Ya que todo síntoma es una forma indirecta de controlar, el terapeuta ha de contrarrestar el control que el paciente quiere ejercer sobre él y así establecer las condiciones necesarias para su tarea. Este control no se opone a la capacidad de simpatía y empatía, que posteriormente veremos, sino que la completa.

- *Técnicas frente a no-directividad.* En varias circunstancias el terapeuta tiene necesidad de técnicas, experimentos, trucos, instrucciones y sugerencias que superen la inercia y promuevan el movimiento. Los enfoques no directivos abogan por las relaciones auténticas, juzgando las técnicas artificiales, como si donde las haya no pudiera haber autenticidad; pero también es cierto que muchas situaciones de malestar, de miedo, de sufrimiento, pueden reducirse con ayuda de técnicas. Entre el sufrimiento y las «técnicas artificiales», que son dos extremos indeseables, hay otras muchas combinaciones posibles de técnica y humanidad y no hay por qué renunciar a ellas si se muestran operativas.

- *Humanidad,* significa implicación del terapeuta en la situación, incluyendo:

  > el interés y cuidado por el paciente en un plano personal y afectivo;
  > la disposición a compartir con él sus propias reacciones emociona-

les directas o de transmitirle sus propias experiencias cuando sea pertinente; su aptitud para advertir los tanteos del paciente en busca de una mayor autenticidad, y brindarle apoyo y reconocimiento; su continua apertura a un mayor crecimiento, que ha de servirle al paciente de modelo.

- *Compromiso*. El compromiso terapéutico tiene distintas bandas, ya que el terapeuta

    contrae un compromiso con su profesión, con la exigencia concomitante de un desarrollo continuo de su comprensión y capacidad. También contrae un compromiso con cada uno de los pacientes con los que trabaja. Por último contrae un compromiso con la disciplina en su conjunto, a la que deberá contribuir con sus investigaciones, trabajos, escritos, actividad docente, etcétera.

Donde la terapia gestalt pone más acento es en el compromiso del terapeuta consigo mismo, de lo que luego hablaremos en términos de implicación.

Gary Yontef[111] acentúa la relación dialogal y describe las características del contacto en dicha relación:

- *Inclusión*. Concepto buberiano que se refiere a entrar en el mundo del otro, algo así como la empatía rogeriana de ponerse en el lugar del paciente.
    «El terapeuta acepta la experiencia fenomenológica del paciente, entra respetuosamente en su mundo fenomenológico, lo vivencia y acepta tal como es», lo cual supone una actitud tolerante del terapeuta y un poner entre paréntesis sus necesidades y valores.
- *Presencia*. El terapeuta se muestra como es, sin aparentar otra cosa. Estar presente es un sinónimo de honestidad, y esto es algo más que una cálida aceptación.
    «El terapeuta muestra sus dudas personales, expresa limitaciones, rabia, aburrimiento... sin que eso se interprete como rechazo o no-aceptación de cómo es el paciente en ese momento.»

[111] G. Yontef, op. cit., pp. 207-221.

- *Compromiso con el diálogo.* Inclusión y presencia son las condiciones del diálogo: el terapeuta se permite ser afectado por el paciente (inclusión) y permite al paciente ser afectado por él (presencia). El compromiso con el diálogo significa que ninguno de los dos asuma el control, sino «permitir que lo que está "entre", tome el control». Fritz lo afirmaba de forma más abarcadora: que sea la situación la que controle.
Esta relación es más que dos monólogos, es un intercambio significativo entre dos personas con necesidades y vidas diferentes y que reconocen y permiten estas diferencias.
- *No-explotación.* «El terapeuta considera a cada persona como un fin en sí misma. Aunque en terapia la reciprocidad no es completa (hay una diferenciación de tarea-rol), no existe una jerarquía estimulada o impulsada por el terapeuta. La relación es horizontal». Yontef distingue cuatro formas de explotación: tratar al paciente como un medio para un fin, la desigualdad en el lenguaje, no trabajar o incumplir el compromiso de trabajo adquirido y no tener en cuenta los límites del contexto.
- *Vivir la relación.* Hacer y vivenciar es más importante que analizar o hablar «acerca de». La relación completa incluye todos los aspectos humanos: sentimiento, pensamiento, espontaneidad, experimentación programada, creatividad, pelear, amar, impedir el aburrimiento, etcétera.

Claudio Naranjo parte de la afirmación de Perls de que ser terapeuta es ser uno mismo y viceversa. Lo esencial del terapeuta es por tanto su autenticidad y en ella radica su potencia curativa (por contraste, por contagio...).

«En la mente de Fritz no existía división entre ser lo que era y hacer su trabajo. Lo que "enseñaba" al "entrenar" psicoterapeutas era guiarlos a *ser* ellos mismos. Confiaba en que el hecho de ser era contagioso y que el aprendizaje intrínseco de la psicoterapia era suficiente» (1990). De forma que el trabajo interno y la maduración personal tienen más peso que el aprendizaje externo y destierran por completo la idea de rol.

Si recordamos su fórmula, las tareas del terapeuta son apoyar lo genuino y confrontar lo falso-evitativo (simpatía-frustración en Fritz), dando por hecho que la conciencia y espontaneidad que se alientan en el paciente, el terapeuta las ha incorporado a lo largo de su trabajo personal y está en contacto con ellas, si no ¿cómo podrá apoyar y confrontar? ¿Cómo «saber» qué es lo auténtico/falso sino a través del propio darse cuenta (fenomenológico, interno, contratransferencial...) y confiando en el impulso espontáneo?

Ser persona es lo que iguala a terapeuta y paciente y a la vez lo que los diferencia, en el sentido de que el terapeuta ha hecho más camino y por eso puede ser acompañante-guía del paciente. La jerarquía no es de rol sino de madurez.

En el terreno de la intervención específica Naranjo resalta que «el terapeuta gestáltico le da más valor a la acción que a las palabras, a la experiencia más que a los pensamientos, al proceso vivo de la relación terapéutica y al cambio interno resultante de ella, más que a las creencias influyentes...» (1990); por no repetir la filosofía implícita que ya expusimos (respeto por la enfermedad, confianza básica en la rectitud de nuestra propia naturaleza, etc. Véase el apartado de preceptos básicos) y que se resumen en la actitud de «ser uno mismo» tal como Perls la entendía: estar aquí y ahora, estar consciente y ser responsable, es decir, estar detrás de las propias acciones y sentimientos.

La implicación del terapeuta

Después de lo que llevamos dicho, está claro que el gestaltista no se esconde tras las técnicas: sería, como dice Isadore From del terapeuta que sólo hace sillas vacías, «volver otra vez tras el diván psicoanalítico». Las técnicas tienen muy poco alcance si son meros trucos. Son eficaces cuando son prolongaciones de la actitud del terapeuta, como dice Naranjo, y añade: «Las ideas son iguales de peligrosas que las técnicas como sustitutos de la experiencia real».

Se entiende entonces aquella afirmación de los Polster de que el terapeuta es el instrumento de la terapia, su mejor técnica, lo cual significa que «a semejanza del artista, el terapeuta parte de sus propios sentimientos y utiliza su propio estado de ánimo como instrumento terapéutico»[112]. Este uso terapéutico de sí no es una apología de la sub-

---

[112] E y M. Polster, op. cit., p. 34.

jetividad, porque hace falta tacto y talento para ir ajustando el flujo entre el paciente y el terapeuta, de modo que responda a los fines de ambos y a la continuidad de sus intereses. El equilibrio en este fluir no es fácil, pero hay que tener en cuenta que malamente podemos enseñar a nuestros clientes a ser ellos mismos si nosotros no somos auténticos en esa relación. Como dice Latner: «La buena terapia exige que el terapeuta practique lo que predica. Debe estar en contacto con el campo, centrado en su propio proceso y también consciente de los sucesos en este límite de contacto que es el encuentro con el paciente»[113].

En las teorías de grupo se habla de dos estilos de conducción: el terapeuta pantalla y el terapeuta modelo. El primero favorece las proyecciones de los pacientes a través de revelar lo mínimo de sí mismo. El segundo se muestra y revela como un modelo humano. El terapeuta gestáltico corresponde a este segundo estilo, siempre que no lo entendamos como un ideal a imitar sino como un modelador de actitudes.

Es utópico hablar de un terapeuta ideal. El terapeuta de carne y hueso mostrará inevitablemente su personalidad, sus limitaciones y sus propios prejuicios en la situación terapéutica, y no olvidemos que prejuicios pueden ser también las convicciones teóricas y las especulaciones del terapeuta para descubrir lo que ocurre dentro del paciente.

También es utópico definir cuál es el grado óptimo de implicación de un terapeuta de estas características, pues cada uno si es honesto mostrará el punto humano y de desarrollo interno en que se encuentra, sin forzarse o exigirse ninguna perfección ajena a su momento.

Fritz Perls ofrece algunas recomendaciones que, aunque no van dirigidas específicamente a los terapeutas, resultan pertinentes:

Amigo, no seas perfeccionista. El perfeccionismo es una maldición y un esfuerzo. Eres perfecto si te dejas estar y ser.

Amigo no temas equivocarte. Los errores no son pecado. Son maneras de hacer algo de modo diferente, tal vez novedosamente creativo.

Amigo, no te arrepientas de tus equivocaciones. Ponte orgulloso de ellas. Tuviste el coraje de dar algo de ti.

Toma años el llegar a centrarse. Se tarda más que años en entender lo que es el estar ahora. Hasta entonces ten cuidado de ambos extremos, tanto del perfeccionismo como de la cura instantánea (1975b).

---

[113] J. Latner, *Fundamentos de la Gestalt*, Cuatro Vientos, Chile, 1994, p. 148.

Una forma de implicación del terapeuta es revelar asuntos personales, cosa que otros enfoques terapéuticos desaconsejan o desaprueban. En gestalt se considera parte de la actividad del terapeuta. En una entrevista a Laura Perls[114] le preguntan su opinión acerca de esta autorrevelación del terapeuta:

> Únicamente relataré problemas y experiencias propias o de otros pacientes si creo que con ello puedo contribuir a un comportamiento más cabal de su propia posición y potencialidades por parte de un paciente determinado. En otras palabras, si con ello puedo ayudarlo a dar el próximo paso.

Como apunta Yontef, en un contexto psicoanalítico (de tratamiento a través de la transferencia), nuestra revelación espontánea al paciente se consideraría «sobreactuación, regresión, indulgencia narcisista, instigación y alteración de la exploración analítica» (p. 220). Lo más probable es que se la tache de *acting-out* del terapeuta, concepto éste que muchos gestaltistas discuten. De nuevo citamos la opinión de Laura Perls al respecto:

> Al hablar de *acting out*, creo que en lugar de apuntar a un problema, se lo crea. Todo paciente está «actuando» de alguna manera. Decimos que hace *acting out* cuando su actuación es inconveniente, inapropiada, exagerada, demasiado agresiva, perversa... pero el sujeto hace, o puede hacer *acting out* en momentos en que se comporta muy correctamente, y aun cuando verbaliza de la manera más racional y articulada... De modo que la misión del terapeuta no es interferir o impedir su *acting out*, que es la única forma posible para él de actuar en ese momento, sino ayudarle a confiar en sus propios recursos para alcanzar una conducta más integradora e integrada. Este proceso lleva tiempo y por lo general no lo favorece la imposición de restricciones, limitaciones o amenazas... Yo no actúo en forma punitiva. No creo que la actitud «Mejor haga lo que le digo, porque sino...» indica un respeto auténtico por el paciente, cuyas resis-

---

[114] L. Perls, «El enfoque de una terapeuta gestáltica». Este artículo aparece en su libro *Viviendo en los límites*, con el título «Una terapeuta gestalt y su enfoque particular». Se trata de una conferencia-coloquio de Laura Perls en el congreso anual de la American Academy of Psychotherapists (1959). Esta cita y la siguiente están tomadas de la versión revisada que se publicó en Fagan y Shepherd, op. cit., p. 132.

tencias constituyen su principal base de apoyo. Castigarlo por confiar en lo que confía, provoca casi siempre una reacción negativa: temor, encono, resentimiento, deseos de venganza, todo lo cual interrumpe el proceso de comunicación y comprensión. El terapeuta punitivo hace *acting out* de la peor ralea, y por las mismas razones que el paciente que incurre en él: porque no sabe qué otra cosa hacer, porque él mismo no cuenta con suficiente apoyo como para brindarlo cuando más se lo necesita.

La terapia gestalt no sólo despenaliza sino que alienta la expresividad física y emocional del terapeuta. La mayoría de los enfoques terapéuticos muestran recelos hacia esta libertad del terapeuta y más en concreto a que exista contacto corporal entre él y sus pacientes. Creo que en esto subyacen dos tabúes muy arraigados en nuestra cultura y que obviamente también se reflejan en la situación terapéutica: la sexualidad y la agresividad. Merece la pena reflexionar sobre ellos.

Sexualidad y agresividad

Son componentes básicos del ser humano y por lo tanto insoslayables en la situación terapéutica. La posición gestáltica, como en cualquier otro tema que surja en la terapia, es evitar el «acercadeísmo» (hablar sobre el asunto, analizarlo, etc.) y abordarlo desde el darse cuenta de la experiencia en curso. Si el gestaltista se maneja con el apoyo y la confrontación, parecería que el sexo y la agresividad fueran los extremos catastróficos de cada uno de estos polos, respectivamente. Fritz Perls avisa del componente fantasioso que distorsiona la experiencia, poniéndonos en lo peor (catastrófico) o en lo mejor (anastrófico):

> acerca de la posibilidad de ser agredido, muchos de nosotros tenemos expectativas catastróficas. No nos molestamos en constatar su racionalidad, nos tornamos fóbicos y no estamos dispuestos a tomar ni siquiera riesgos razonables. O tenemos expectativas anastróficas y tampoco constatamos su racionalidad, nos descuidamos y no estamos dispuestos a tomar las precauciones necesarias. Hay quienes tenemos un cierto equilibrio entre las fantasías catastróficas y las anastróficas; tenemos por tanto perspectiva y arrojo racionales.
>
> PERLS, 1975 b, p. 133.

Lo que aquí dice de la agresividad valdría igualmente para la sexualidad o simplemente el contacto físico. El trabajo de Antonio Asín «El contacto corporal como fenómeno grupal», hacía una crítica a la postura psicoanalítica sobre el tema, en estos términos:

> El núcleo central de la polémica que mantienen las orientaciones favorables al contacto corporal y los psicoanalistas, es el concepto de «principio de realidad». Allí donde un gestaltista alienta la expresión corporal como un medio de que el paciente conecte con sus sensaciones reales según el «aquí y ahora», un psicoanalista ortodoxo tan sólo ve una fórmula burda, no elaborada y dirigida, de lenguaje meramente simbólico. Para un terapeuta de la escuela humanista, un contacto corporal favorece la propia noción del «ahora». Para un psicoanalista el mismo hecho resulta una peligrosa ocasión para caer en una fijación de orden simbólico. Lo dice R. Gentis: «Toda terapia es un trabajo de reorganización simbólica». Aun aceptando este último supuesto, cabe preguntarse por qué se ha soslayado un lenguaje simbólico —el corporal—, en favor de otro lenguaje igualmente simbólico como es la palabra[115].

Laura Perls es concluyente en este tema:

> Recurro a todo tipo de contacto físico cuando creo que éste puede facilitar el próximo paso del paciente en su toma de conciencia de la situación real y de lo que él hace o no hace en ella y con ella. No tengo reglas especiales para los pacientes masculinos o femeninos. Le encenderé a alguien su cigarrillo, le daré de comer con una cuchara, le arreglaré el peinado a una niña, tomaré al paciente de la mano o lo alzaré en mis faldas, si creo que ése es el mejor medio de establecer una comunicación o de retomar la interrumpida. Así mismo, en experimentos destinados a aumentar la conciencia corporal, toco a los pacientes o dejo que me toquen, con el fin de apuntar las tensiones, la coordinación muscular deficiente, el ritmo respiratorio, las contracciones espasmódicas, la fluidez del movimiento, etc. Parece haber gran divergencia de opiniones y mucha ansiedad en torno a la admisión del contacto físico en la terapia. Si queremos ayudar a nuestros pacientes a realizarse más cabalmente como verdaderos seres humanos, debemos afrontar con valentía los riesgos implícitos en ser humanos[116].

[115] A. Asín, «El contacto corporal como fenómeno grupal», ponencia del XI Symposium de la SEPTG, 1983, p. 30.
[116] L. Perls, op. cit.; p. 133. Véase nota número 113.

Uno de estos «riesgos» (entendidos como temores del terapeuta) es la erotización y la posibilidad de que derive en una relación sexual. Dice Fritz: «No pongo límites a ninguna explosión, ¡incluso fornicar! En realidad jamás se llega a fornicar, pero no hay tabúes de éstos en mi tipo de terapia. Al menos puedes fornicar en fantasía»[117]. Y aporto otro testimonio de Guillermo Borja:

> Al terapeuta no le pueden gustar sus pacientes. El terapeuta no puede tener relaciones sexuales con sus pacientes. El terapeuta no puede ser amigo de sus pacientes, etc. Entonces ¿qué es lo permitido?... El derecho a gustar es universal, aunque no da derecho automático a tener lo que se quiere. Pero sí se puede decir lo que se siente y eso es salud, bienestar... No estoy haciendo una invitación a que todos los terapeutas hagan faloterapia. Digo que permitir que se manifieste todo lo que honestamente ocurra es más curativo que negarlo[118].

Creo que en la psicoterapia en general sigue pesando la tajante opinión de Freud: «La técnica analítica impone al médico el precepto de negar a la paciente la satisfacción amorosa por ella demandada. La cura debe desarrollarse en la abstinencia»[119], incorporada como una norma o un introyecto. En general asumimos que la erotización puede surgir en una de las partes o en ambas (terapeuta y paciente) y que la actitud hacia este hecho no es negarlo o prohibirlo sino explorarlo. Lo que está «prohibido» en gestalt no es mantener relaciones sexuales sino no darse cuenta, no responsabilizarse e interrumpir la experiencia aquí y ahora, como venimos repitiendo en cada apartado de este libro. Aunque luego hablaremos de transferencia y contratransferencia, adelantamos aquí que, desde el lado del terapeuta, la explicitación de sus sentimientos o autorrevelación es parte del riesgo de su trabajo. Cada terapeuta resuelve este riesgo a su manera, según su madurez y según la situación; claro que también puede hacerlo a la manera ajena (norma extrínseca) neuróticamente y sin tener en cuenta la situación total, en cuyo caso no podemos hablar de una relación gestáltica.

---

[117] F. Perls, «Acting out versus atravesar», en J. O. Stevens, *Esto es Gestalt*, op. cit., p. 35.
[118] G. Borja, *La locura lo cura*, Ediciones Arkan, México, 1995, p. 78.
[119] S. Freud, «Observaciones sobre el amor de transferencia», en *Técnica Psicoanalítica*, Alianza Editorial, Madrid, 1974, p. 199.

Fritz Perls era muy explícito en lo que al sexo se refiere, y sus actitudes escandalizaron entonces y todavía hoy. A mí su testimonio me sigue conmoviendo:

> Mis manos son cálidas y firmes. Las manos de un viejo licencioso son frías y húmedas. Tengo afecto y amor, demasiado tal vez. Y si al darle afecto a una chica apenada o con dolor, los sollozos se desvanecen y se cobija más cerca y las caricias pierden su ritmo y se deslizan sobre sus caderas y sus pechos... ¿dónde es que termina la pena y un perfume comienza a destaponar tu nariz acatarrada?
>
> PERLS, 1975 b, p. 90.

Respecto a la agresividad, Perls la consideró desde su primera obra (1942) como un componente básico del crecimiento, ya que sin agresión no puede transformarse el medio y hacerlo asimilable al organismo, como ocurre con el alimento, que ha de ser destruido, masticado, para poder asimilarse.

En la situación terapéutica, paciente y terapeuta temen la agresión propia tanto como la del otro, y como dijimos de la sexualidad, esta angustia sólo puede atravesarse experiencialmente. La agresividad del paciente puede descargarse sobre un cojín o de cualquier otra manera que la libere sin riesgos:

> El terapeuta gestáltico no dice que la agresión no destruya o hiera, pero sí que la medida de la agresión es parte de nuestro funcionamiento organísmico, y que, si no se le reconoce, si se le suprime, rechaza o distorsiona, es probable que ese potencial agresivo tenga como resultado una destructividad mayor, así como también infelicidad personal. Por consiguiente, el trabajo del terapeuta gestáltico se caracteriza en gran medida por el grado en que invita a conductas explosivas, agresivas u otras. No teme a los sentimientos extremos o a la falta de control, sino al contrario, los ve como la ocasión para la requerida atención (*awareness*) a los impulsos y para que el paciente se haga responsable de ellos, reconociéndolos como parte de su existencia.
>
> NARANJO, 1990, p. 17.

Cuando la agresión va directamente contra el terapeuta, éste toma sus precauciones pero no la prohíbe. En palabras de Fritz:

Pocas veces tengo miedo. Un buen psiquiatra tiene que arriesgar su vida si es que quiere lograr algo de verdad. Tiene que tomar una posición. Las «componendas» y la «servicialidad» no sirven para nada. Una persona que luego resultó ser una terapeuta de primera clase, trabajando conmigo tuvo finalmente una explosión de ira. Se vino encima de mí con una silla en la mano, dispuesta a aplastarme. Le dije tranquilamente: «sigue no más, yo ya he vivido mi vida»; y con eso ella despertó de su trance.

PERLS, 1975 b, p. 88.

Tampoco penalizamos la agresividad del terapeuta sino que intentamos convertirla en herramienta de trabajo; y el grado en que dicho terapeuta explicite sus sentimientos negativos depende de su congruencia, no es un asunto de estrategia o técnica. Dice G. Borja:

Yo no puedo trabajar con un paciente sin que haya una carga de afecto. Puedo trabajar si le aclaro que me cae mal, que tiene cara de imbécil, que su presencia es horrorosa para mí, que me es difícil trabajar con él. Si a partir de ahí quiere trabajar, trabajamos. Trabajamos a partir de la verdad. La verdad es curativa y yo no puedo ser cómplice en el engaño. Pues estoy seguro que lo han engañado, que lo han sometido al rechazo silencioso o a la «vergalización» seductora... La verdad no enferma. El terapeuta teme perder el control frente a los pacientes. No puede tener conductas más irracionales e incongruentes que las de sus pacientes. Pero es muy sano para el paciente que su terapeuta se desespere, se harte, se canse, si no, no se va a a enterar nunca de la verdad[120].

En conclusión, la sexualidad y la agresividad (como cualquier otro asunto) son encaradas por el gestaltista como experiencias, no como tabúes. La combinación de perspectiva y arrojo que decía Fritz y que yo traduzco como precaución y riesgo son las dos variables con las que nos manejamos. Obviamente, el nivel de riesgo y de cautela es diferente para cada terapeuta y no podemos hablar ni de un modelo único ni óptimo. Los testimonios aquí expuestos (Fritz, Laura, Naranjo, Borja...) tienen una finalidad esclarecedora, no imitativa. Personalmente, los terapeutas que he visto trabajar con más libertad y riesgo de los que yo tenía en ese momento, me han abierto perspectivas y me

---

[120] G. Borja, op. cit., pp. 79-82.

han ayudado a comprometerme con este oficio. Y estoy de acuerdo con Fritz en que «si no quieres correr el riesgo, entonces no seas terapeuta»[121].

De forma indirecta, todo lo que estamos hablando remite a la madurez del terapeuta, es decir a su propio proceso de terapia y a la supervisión como espacio de reflexión personal-profesional. Y toca un tema de amplia discusión en el mundo de la psicoterapia: la transferencia y la contratransferencia, términos psicoanalíticos poco usados en terapia gestalt y que vamos a revisar a continuación.

---

[121] F. Perls, «Acting out versus atravesar», op. cit., p. 35.

CAPÍTULO 14

TRANSPARENCIA Y TRANSFERENCIA

> El mundo material es una ficción; pero cualquier otro mundo es una pesadilla.
>
> G. SANTAYANA, *Letters*

Para contextualizar el concepto de transferencia, ya que en gestalt se habla poco o no se habla de ella en estos términos (trans-contratransferencia) conviene revisar brevemente su historia.

Transferencia/contratransferencia según Freud

En psicoanálisis la «transferencia» se considera una de las más fundamentales técnicas del analista. La técnica psicoanalítica evolucionó a la par que Freud y resumo esta progresión según Heinrich Racker[122]:

A sus treinta años Freud viaja a París para estudiar con Charcot los fenómenos histéricos. Allí toma nota del hecho de que las paralizaciones histéricas pueden ser producidas por sugestión en estado hip-

---

[122] H. Racker, *Estudios sobre técnica psicoanalítica*, Paidós, Barcelona, 1986, pp. 17-26.

nótico. Luego se entera de que dos médicos franceses, Liébault y Bernheim, logran buenos resultados terapéuticos con histéricos por medio de la sugestión, predominantemente con hipnosis. Freud adopta el método de la *hipnosis* y publica con Breuer los *Estudios sobre la histeria* donde exponen sus conclusiones acerca de las ventajas y desventajas del método hipnótico. Poco a poco, Freud va abandonando la hipnosis y en su lugar insiste a sus enfermos en que recuerden las vivencias olvidadas o «reprimidas». Por aquí descubre la resistencia como la fuerza o tendencia a no recordar lo penoso, lo vergonzoso, etc., y desarrolla una técnica como base del tratamiento: la *asociación libre*. Esta técnica, que se llamó la «regla fundamental», consistía en que el paciente dijera todo lo que se le ocurriera, sin omitir nada, aunque le fuera penoso decirlo o aunque le pareciera que carecía de sentido, de importancia, o fuera de lugar. La función del analista era adivinar, a través de las asociaciones libres, los impulsos infantiles reprimidos y comunicarle al paciente lo que había adivinado, es decir, interpretarle este material. La *interpretación* de los impulsos infantiles se constituyó por lo tanto en el instrumento terapéutico por excelencia. Pero Freud observa que para que la interpretación surta efecto, antes de comunicarle al paciente sus impulsos reprimidos había que superar sus resistencias, había por tanto que interpretar las resistencias, lo cual le llevó a investigar los *mecanismos de defensa* del yo (la represión, la proyección, la introyección, la regresión, etc.). Estos mecanismos se expresan como resistencias al análisis puesto que el análisis pretende anular las defensas patológicas e integrar la personalidad. Con la interpretación de las resistencias y la interpretación de los impulsos rechazados, la tarea técnica del analista estaría cumplida. Pero mientras Freud se ocupa de esta tarea descubre que los enfermos que hasta entonces habían colaborado, perdían el interés por el pasado y lo volcaban hacia el presente, un presente muy determinado que no era otro que la persona del mismo Sigmund Freud. Descubre así un fenómeno que tendrá la mayor importancia en la terapia analítica: la transferencia. Los pacientes, después de un período de colaboración empezaban, por ejemplo, a volverse rebeldes contra Freud y les importaba más tener razón en contra de él, no deberle nada y mostrarle su impotencia, que curarse. ¿A qué se debía este fenómeno? Freud observó que esto ocurría regularmente cuando la investigación del pasado llegaba a algún punto sensible, a algún complejo infantil intensamente reprimido. En lugar de «recordar» aquel complejo, el paciente «reproducía» el sentimiento, refiriéndolo «a través de un enlace mental equivocado» a la persona del médico. Freud entiende que este fenómeno es, en primer lugar, una *expresión de la resistencia*, y en segundo lugar, una *repetición desplazada* de viejos sentimientos. Por eso lo denominó «transferencia», porque estos sentimientos dirigidos hacia el analista eran transferidos de las relaciones anteriores, de los objetos originales.

A partir de aquí, el análisis de la transferencia se considera una de las técnicas esenciales de la tarea analítica, hasta el punto que Freud aconseja al analista «concentrar toda la libido del paciente en la transferencia» y librarlo de sus represiones a través del análisis de sus relaciones psíquicas con el analista. La importancia concedida a esta técnica queda clara en otras afirmaciones de Freud, como la imposibilidad de curación de la neurosis narcisista precisamente porque no transfiere: «... los que adolecen de neurosis narcisista no tienen ninguna capacidad de transferencia, o sólo restos insuficientes de ella. Rechazan al médico, no con hostilidad sino con indiferencia. Por eso no pueden ser influidos... No muestran transferencia alguna y son inaccesibles para nuestro empeño: no podemos curarlos»[123].

Y en otro momento insiste: «Donde la capacidad de transferir se ha vuelto en lo esencial negativa, como es el caso de los paranoicos, cesa también la posibilidad de influir y de curar»[124].

Freud habla de transferencia positiva y negativa:

> Es preciso separar la transferencia «positiva» de una «negativa», la transferencia de sentimientos tiernos y la de sentimientos hostiles, y tratar por separado de ambas variedades de transferencia sobre el médico. Y la positiva se descompone en la de sentimientos amistosos, tiernos, que son susceptibles de consciencia, y la de sus prosecuciones en lo inconsciente (es decir la que se remonta a fuentes eróticas)... la transferencia sobre el médico sólo resulta apropiada como resistencia dentro de la cura cuando

---

[123] S. Freud, *Conferencia de introducción al psicoanálisis. 27ª Conferencia; la transferencia*, (1917), *Obras completas*, vol. 16, Amorrortu Editores, Buenos Aires, 1980, pp. 406-407.
[124] S. Freud, *Sobre la dinámica de la transferencia*, (1912), *Obras completas*, vol. 12, Amorrortu, Buenos Aires, 1980, p. 104.

es una transferencia negativa o una positiva de nociones eróticas reprimidas[125].

Según esto ¿sólo es resistencial la transferencia negativa y sexual, como acabamos de ver en esta cita de Freud del año 1912, aunque su opinión en *Más allá del principio del placer* del año 1920 es diferente? Dentro del psicoanálisis se ha debatido ampliamente si la transferencia es la resistencia o lo resistido, y de aquí han surgido dos tendencias técnicas divergentes: la que enfatiza el recuerdo infantil propiamente dicho (y entonces la transferencia se entiende como resistencia) y la que enfatiza la revivencia y concienciación en la transferencia. En la primera la técnica está al servicio de la indagación del pasado. En la segunda se tiene más en cuenta el presente.

Acerca de la «contratransferencia», su descubrimiento es similar a lo que hemos visto en la transferencia. Freud observó que la labor del analista se ve igualmente interferida por los impulsos y sentimientos que le surgen hacia el analizado, ajenos a su función de comprender e interpretar las resistencias y los complejos infantiles de éste.

No es mucho lo que Freud dice de este fenómeno. Según James Strachey (ordenador y comentador de la edición de las obras completas freudianas que Amorrortu ha publicado en los años ochenta), «el problema de la contratransferencia lo planteó Freud en *Las perspectivas futuras de la terapia analítica*, lo retoma en *Puntualizaciones sobre el amor de transferencia* y aparte de estos pasajes es difícil encontrar otro examen expreso de la cuestión en sus obras publicadas».

En ese primer planteamiento, en la conferencia inaugural del Congreso Internacional de Psicoanálisis en Núremberg (marzo de 1910) dice Freud:

Otras innovaciones de la técnica atañen a la persona del propio médico. Nos hemos visto llevados a prestar atención a la contratransferencia que se instala en el médico por el influjo que el paciente ejerce sobre su sentir inconsciente, y no estamos lejos de exigirle que la discierna dentro de sí y la domine. Desde que un número mayor de personas ejercen el psicoanálisis e intercambian sus experiencias, hemos notado que cada psicoanalista sólo llega hasta donde se lo permiten sus propios complejos y resistencias

[125] Ibídem, pp. 102-103.

interiores, y por eso exigimos que inicie su actividad con un autoanálisis y lo profundice de manera ininterrumpida a medida que hace sus experiencias en los enfermos. Quien no consiga nada con ese autoanálisis puede considerar que carece de la aptitud para analizar enfermos[126].

En el origen, pues, Freud designa como meta el conocer y dominar la contratransferencia. Según Racker, en la actualidad muchos analistas agregan la tarea de utilizar la contratransferencia para la comprensión de los procesos psicológicos del analizado. Algunos consejos de Freud al analista como «la actitud de cirujano» o ser sólo «espejo», se han prestado a malentendidos y pueden inducir a una represión de la contratransferencia. Sin embargo,

> la relación del analista con el analizado es una relación libidinal y una constante vivencia afectiva. Los deseos, las frustraciones y las angustias del analista son reales. La contratransferencia oscila constantemente con las oscilaciones de la transferencia, y el destino del tratamiento depende en buen grado de la capacidad del analista de mantener por encima de los destinos de su «neurosis de contratransferencia», su contratransferencia positiva, o bien de hacerla nacer de nuevo de todo daño que haya sufrido[127].

La comprensión del fenómeno transferencial ha evolucionado lógicamente después de Freud. Veamos algunos ejemplos.

Aportaciones postfreudianas

Según Jacobi[128] debemos reconocer a Jung pionero en considerar el psicoanálisis como un proceso interpersonal, o en palabras suyas, proceso recíproco en el cual participa el psicoanalista. Jung afirma que el paciente no puede progresar más allá del punto alcanzado por el analista, y a la vez considera que éste puede seguir desarrollándose por medio del contacto con sus pacientes. Esta concepción más horizon-

---

[126] S. Freud, *Las perspectivas futuras de la terapia psicoanalítica*, (1910), *Obras completas*, vol. 11, Amorrortu, Buenos Aires, 1979, p. 136.
[127] H. Racker, op. cit., p. 53.
[128] J. Jacobi, *La Psicología de C. G. Jung*, Espasa Calpe, Madrid, 1963, p. 78.

tal de la relación, así como la actitud de respeto por el paciente y su neurosis facilitó que la situación terapéutica fuera descargándose de aspectos simbólicos en favor de aspectos puntuales, de forma que la actitud del paciente hacia el analista se considerara una mezcla de transferencia y de valoración real.

En la década de los veinte, los estudios de Sullivan en Estados Unidos sobre la esquizofrenia demostraron que en los enfermos que Freud llamaba narcisistas sí había transferencia. La indiferencia o el recelo que tan frecuentemente muestran los psicóticos hacia el analista son justamente una repetición de pautas primitivas, tal como el «amor» o la competitividad de los histéricos. Sullivan y Fromm-Reichmann han demostrado que el comportamiento del psicótico puede considerarse casi por completo como una transferencia, en el sentido de que es tomado de otros sistemas de referencia y de que guarda muy poca relación efectiva con el psicoanalista, ya que el psicótico encuentra mayor dificultad para captar las situaciones reales que el neurótico. Esto supone una inversión del criterio freudiano para el tratamiento ya que induce a considerar como básicamente transferenciales las reacciones del psicótico y sin embargo no las del neurótico: forzar en este caso la concepción transferencial anularía la visión real que el neurótico también tiene del analista. Frieda Fromm-Reichmann afirma que la dificultad en lograr una relación viable entre el médico y el paciente esquizofrénico no se debe a la patología del paciente sino a los problemas de personalidad del médico, lo cual nos remite a la contratransferencia.

Por estos mismos años (1915-1925), el temor a los aspectos contratransferenciales influyó desafortunadamente en muchos discípulos de Freud, deshumanizándolos. La actitud del psicoanalista se hizo estudiada y antinatural. Rank y Fereczi quedaron impresionados por la estéril artificialidad del psicoanalista en este período.

Rank reacciona proclamando que el psicoanalista es una figura importante por sí misma, no un simple espejo, y considera que la situación psicoanalítica es algo más que una mera repetición del pasado. Critica el «nihilismo terapéutico» de Freud y sustituye el recuerdo del pasado por el estudio de la dinámica de la situación terapéutica. Su tesis es que el analista debe ser un participante activo y formar parte decididamente de la situación psicoanalítica. Basándose en esto introdujo tres modificaciones técnicas: destacar la situación presente, establecer un límite definido al tiempo del tratamiento y enfocar las reacciones del paciente hacia el analista como correspondientes a las que se tienen con la madre (no con el padre), según su teoría del trauma del nacimiento. En consecuencia mostraba al paciente la transferencia materna desde el principio del análisis, y de una forma activa que escandalizó a la ortodoxia.

Ferenczi observó que los sentimientos del psicoanalista hacia su paciente son provocados por el propio paciente y que el analista no puede ayudar más que al paciente por el que siente afecto (despenalizando así la contratransferencia). Advirtió sobre las observaciones correctas del paciente, llegando a la conclusión revolucionaria de que se podría facilitar grandemente el sentido de realidad del paciente si el psicoanalista admitía que las reacciones del paciente hacia él no se debían a actitudes transferenciales sino a la situación real. Esto incluía aceptar los errores y defectos del psicoanalista en su conducta, asunto rechazado por quienes consideran que el analista debe mantenerse al margen y no perder su autoridad. Por el contrario, quienes aceptan el enfoque interpersonal, consideran que precisamente el debilitamiento de la autoridad irracional del psicoanalista forma parte del proceso curativo. Durante un tiempo compartió la técnica activa de Rank (provocar reacciones en el paciente), considerándola eficaz porque producía emociones muy violentas. Posteriormente relacionó el éxito terapéutico con la atmósfera de tolerancia y calidez que el psicoanalista pueda proveer. La relación y la actitud del terapeuta cobran aquí suma importancia porque proporcionan una experiencia nueva al paciente. Cada paciente reacciona ante la verdadera personalidad del psicoanalista, quien se convierte en el instrumento curativo. Si adopta posiciones autoritarias o falsas, obliga al paciente a revivir situaciones infantiles sin ningún discernimiento, mientras que Ferenczi sustentaba la creencia de que el efecto terapéutico de la situación psicoanalítica estriba en que sea diferente de la experiencia del pasado, lo que años más tarde Alexander llamaría «experiencia emocional correctiva».

Otras aportaciones de Ferenczi a favor de la relación real es su creencia de que el psicoanalista debe ver y aceptar al paciente como realmente es con todos sus errores como condición indispensable para que se dé la situación terapéutica, lo cual insiste en la madurez del terapeuta, y no olvidemos que Ferenczi fue el primero en considerar la terapia personal como requisito imprescindible del futuro terapeuta, el llamado análisis didáctico. También introdujo la dramatización correctora de la infancia, alentando por ejemplo al paciente a comportarse como un niño, jugar como tal, etc., participando también el analista en dicha situación. Winnicott y otros autores de la escuela inglesa (Bowlby) han otorgado igualmente importancia al juego y de esta manera, a una determinada relación entre el analista y el paciente.

Ferenczi, a diferencia de Rank (que pensaba que el pasado sólo es vital cuando se convierte en presente vivo) tenía los ojos puestos en el pasado, reviviéndolo en el presente con una diferencia nueva: la aportación de la propia personalidad del psicoanalista. Su método ha sido injustamente criticado como susceptible de caer en un psicoanálisis recíproco.

Los neofreudianos de la escuela americana han contribuido significativamente a la revisión del concepto de transferencia. La Teoría de las Relaciones Interpersonales de Sullivan (1935) afirma que entre dos personas reales pasa algo más que lo que efectivamente parece. Acuñó el término de «distorsión paratáxica» para referirse a que, al menos uno de los participantes, reacciona a una personificación que sólo existe en su fantasía. Por lo tanto incluye la transferencia de actitudes que se tenían hacia los padres, pero el fenómeno es más amplio y afecta a todas las situaciones interpersonales, no sólo a la relación terapéutica: cualquier actitud que se apoye en la fantasía o en la identificación con otras figuras será una distorsión paratáxica. Uno de los propósitos más importantes de la terapia consiste precisamente en tomar conciencia de estas identificaciones distorsionadas que perturban la percepción del otro.

K. Horney, en esta misma línea, no comparte la noción freudiana de transferencia y su relación con la repetición compulsiva, como ya hemos expuesto. Su aportación más personal al tema de la transferencia es concebir la situación psicoanalítica como una lucha por el poder. El enamoramiento de un paciente, por ejemplo, que Freud consideraría una repetición de la situación edípica, Horney lo concibe como lucha de poder (para desacreditar al analista, para convertirlo en trofeo conquistado, para ponerlo al mismo nivel, etc.), sin negar que el paciente puede haber reaccionado de esta misma manera en situaciones infantiles remotas. Pero subestima esta visión para acentuar las ganancias actuales de esta reacción. En una palabra, Horney considera la transferencia como un modo de obtener un beneficio secundario y cree que constituye una situación presente, esencialmente nueva, para reaccionar ante las abrumadoras amenazas que supone la terapia (contra las defensas neuróticas).

La técnica gestáltica. La transparencia

Por lo que llevamos dicho, desde Freud a la terapia gestalt hay toda una serie de aportaciones que han cambiado considerablemente el concepto de la trans-contratransferencia y su instrumentalización en el encuentro terapéutico. Aparte de que Fritz Perls, como otros muchos, no compartiera la teoría freudiana de la sexualidad infantil ni la noción de compulsión a la repetición (y en ambos conceptos se basó la transferencia) tampoco la técnica gestáltica tiene que ver con la técnica psicoanalítica, así que en rigor, el gestaltista no trabaja desde los presupuestos transferenciales y si a veces utiliza estos conceptos es porque forman parte de la jerga psicoterapéutica y con ellos nos referimos a las proyecciones y distorsiones que se intercambian entre paciente y terapeuta. En el Boletín núm. 17 de la Asociación Española de Terapia Gestalt (mayo de 1997) coordiné una reflexión sobre estos temas; la palabra que más comúnmente utilizaron mis colegas para sustituir la terminología freudiana fue la de «transparencia», lo cual tiene mucho sentido después de lo que hemos dicho del terapeuta gestáltico. Al hablar de transparencia no negamos el fenómeno en sí: cualquier terapeuta puede confirmar que los pacientes actualizan sus relaciones biográficas en el aquí y ahora terapéutico, que le identifican y reaccionan ante él como si fuera el padre-madre o cualquier otra figura significativa y de autoridad y que esto afecta a los sentimientos y la conducta del terapeuta... Lo que pasa es que trabajamos desde otro lado.

Simplificando lo que ya hemos dicho, la técnica gestáltica puede resumirse en: atención al presente, darse cuenta y hacerse responsable de sí en el encuentro Yo-Tú. Veámoslo por partes.

El presente

Igual que en la terapia gestalt el lugar de la asociación libre psicoanalítica lo ocupa la comunicación de la experiencia presente o el lugar de la interpretación lo ocupa la explicitación (invitar al propio paciente a que haga consciente y exprese su vivencia y sus conductas evitativas de presente), el lugar del análisis de la transferencia lo ocupa la focalización en la relación presente, aquí y ahora, de los componentes del encuentro. Ya Fritz señaló que: «El descuido del presente hizo necesaria la introducción de la transferencia en el sistema freudiano» (Perls, 1975 a, p. 121).

Entender que los sentimientos hacia el terapeuta son transferenciales de la relación con los padres corre el riesgo de deflectar la situación presente, de tornarla poco o nada significativa, de vivirla como propia del pasado. El enfoque gestáltico hace una actualización del pasado o del futuro considerando por encima de todo la experiencia del momento; si surgen recuerdos del pasado espontáneos o asociados a la persona del terapeuta, se trabajan en tiempo presente, acentuando lo que está ocurriendo aquí y ahora, primando esa experiencia como situación correctora.

La relación Yo-Tú

Esta formulación de Buber nos remite a una comprensión existencialista del fenómeno de la transferencia. En palabras de Rollo May[129]:

> Lo que ocurre realmente no es que el paciente neurótico «transfiere» sentimientos que experimentaba hacia su madre o su padre sobre su mujer o su terapeuta. Diríamos más bien que el neurótico, en algunas áreas, no ha sobrepasado nunca ciertas modalidades estrechas y limitadas de la experiencia característica del niño. Por consiguiente, percibe después a la mujer o al terapeuta a través de los mismos lentes deformantes y restringidos con que percibía al padre o a la madre. Este problema debe ser entendido en términos de percepción y de forma de relación con el mundo. Esto hace inútil el concepto de «transferencia» en el sentido de

---

[129] R. May, *Contributions of existencial psychotherapy*, Basic Books, Nueva York, 1958. Citado por S. y A. Ginger op. cit., p. 169.

desplazamiento de sentimientos trasladables de un objeto a otro. En el marco de la terapia existencial, la transferencia se sitúa en el contexto nuevo de un evento que tiene lugar en una relación «real» entre dos personas. Casi todo lo que el paciente hace en la sesión terapéutica hacia el terapeuta contiene un «elemento» transferencial. Pero no todo es «solamente transferencia» que explique al paciente aritméticamente. El concepto de transferencia en sí ha sido a menudo utilizado como una «pantalla protectora» adecuada, detrás de la cual terapeuta y paciente se esconden para evitar la situación más angustiosa de la confrontación directa.

La gestalt comparte vivamente esta opinión. El terapeuta y su cliente son dos «partenaires» comprometidos en una relación «dual» auténtica, aunque su estatus y sus tareas sean diferentes. Cada uno desarrolla una atención a sí y al entorno, y en este caso el entorno es el otro (el Tú). La transferencia del cliente se entendería en gestalt como proyecciones, y la contratransferencia del terapeuta no es sino la explotación deliberada y más o menos selectiva (según el estilo del terapeuta) de sus propios sentimientos como motor del tratamiento. Como dice Yontef, «en terapia gestalt hemos descubierto que al cambiar de una orientación psicoanalítica a una fenomenológica, y de una base transferencial a una dialogal, la terapia con frecuencia aumenta su eficacia a medida que el paciente es capaz de relacionarse en el yo-tú»[130].

Sobre el aspecto proyectivo-transferencial veamos lo que dice Perls:

> ¿Qué proyectamos como nuestras necesidades cuando acudimos a la terapia? A este respecto, la mejor pantalla de proyección es el terapeuta: si el paciente quiere ser omnipotente, verá al terapeuta como omnipotente. Si necesita amor, verá al terapeuta como capaz de dar amor... Nuestros pacientes vienen a que les demos el apoyo ambiental que no han podido obtener en el mundo. Los colocamos entonces en situación de frustración. Y así como consideramos que toda interpretación es un error del terapeuta, de la misma manera creemos que cualquier otra ayuda que va más allá de un mínimo absoluto equivale a suministrar el apoyo ambiental que evita que nuestros pacientes desarrollen su propio apoyo[131].

---

[130] G. Yontef, op. cit., p. 217.
[131] P. Baumgardner y F. Perls, op. cit., p. 138.

Perls está aquí negando de base el fenómeno transferencial (no veo omnipotente al terapeuta porque así veía a mi padre, sino porque he alienado ese aspecto de mí y lo he puesto en el entorno, en este caso el terapeuta) y sustituyéndolo por el concepto de responsabilidad, es decir, el paciente se desresponsabiliza de una parte de sí y la proyecta; aquí radica la manipulación neurótica. Y el terapeuta no toma la responsabilidad del otro, sino que desvela el juego y lo frustra, sin sustituir al paciente (y por ende manipularlo) más allá del mínimo que ha sido dañado por la neurosis, por la ignorancia de la neurosis que se desentiende de la responsabilidad.

El terapeuta como instrumento

Ya hemos hablado de este asunto y si vuelvo a traerlo ahora es por su relación con la contratransferencia. Si en gestalt utilizamos la terminología freudiana deberíamos cambiar el orden y hablar de contratransferencia y transferencia, a la manera del chiste de Levitzky que decía satíricamente que si la terapia rogeriana estaba centrada en el cliente, la gestáltica estaba centrada en el terapeuta[132].

Cito a los Polster:

> A veces el terapeuta está aburrido, confuso, divertido, enojado, consternado, excitado sexualmente, asustado, acorralado, inhibido, abrumado, etc. *Cada una de estas reacciones dice algo acerca de él y del paciente y sintetiza muchos datos vitales de la experiencia terapéutica.* Para alimentar esta experiencia bastará que describa la suya y siga hasta el fin los efectos que sus observaciones puedan tener sobre la interacción... Importa, además, que el terapeuta trabaje libremente, pues de otro modo se arriesgaría a estropear su principal instrumento, que es él mismo...

En otro momento, hablando de la técnica de la frustración, incluso cuando está «contaminada» por una característica personal del terapeuta, como puede ser un exceso de severidad, dicen:

---

[132] Esta anécdota de Abraham Levitzky la cita Jean Ambrosi en: *La Gestalt-thérapie revisitée*, Privat, Toulouse, 1964. Diríamos, en rigor, que el enfoque del terapeuta gestáltico está «centrado en el cliente y en sí mismo».

Será asunto suyo (del terapeuta) tomar conciencia de esta característica y aceptar esta toma de consciencia como parte de la corriente terapéutica. Si descuida hacerlo para concentrarse solamente en la patología del paciente, fomenta la distancia personal. Sacrifica de este modo la vitalidad de la relación mutua entre dos seres humanos y se priva a sí mismo de oportunidades de crecimiento... Si por el contrario, ignora este rasgo de su carácter, podrá hacer un trabajo eficiente en muchos casos, pero no será más que un técnico que administra la terapia a otros sin vivirla plenamente[133].

Yontef insiste en esta autoconciencia del terapeuta, así como en su responsabilidad (antes aludíamos a la del paciente o cliente):

La terapia gestáltica ha enfatizado desde sus inicios la importancia del darse cuenta y responsabilidad del terapeuta... que estará siempre abierto a considerar su responsabilidad y rol en lo que está ocurriendo. Este auto-darse cuenta no se rotula como contratransferencia, pero eso no disminuye el hecho de que el terapeuta es responsable de darse cuenta y de sus reacciones[134].

Queda muy clara la actitud que se pide al terapeuta gestáltico, no sólo como parte de su crecimiento personal y de la conciencia de sus proyecciones neuróticas, cosa que ya dijo Freud y que todos los profesionales comparten, sino como un uso sistemático de lo que podríamos llamar lo contratransferencial como instrumento de trabajo. El terapeuta gestáltico utiliza sus propios sentimientos, su resonancia afectiva, de forma activa en la terapia: en ese sentido él es su técnica. Según Frieda Fromm Reichmann[135] «no diferimos de nuestros pacientes en especie sino en grado... Tal respeto solamente puede ser válido si el psiquiatra comprende que las dificultades de sus pacientes en el vivir no difieren demasiado de las suyas propias».

Si aceptamos esta afirmación no tiene mucho sentido que carguemos de aspectos simbólicos la relación para descargarla de los aspectos reales que están apareciendo en cada encuentro. Perls ya afirmaba en

---

[133] E. y M. Polster, op. cit., pp. 34 y ss.
[134] G. Yontef, op. cit., p. 317.
[135] F. Fromm-Reichmann, *Principios de psicoterapia intensiva*, Hormé, Buenos Aires, 1989, p. 14.

su primer libro que el manejo de la transferencia era una complicación innecesaria y una pérdida de tiempo: «Si puedo coger agua del grifo de mi habitación, no es necesario que baje al pozo» (Perls, 1975 a, p. 310). En este sentido, la actitud activa del terapeuta es una provocación de lo más rentable (pro-vocare = llamar hacia).

> El psicoanálisis propone una actitud de «neutralidad benevolente» donde el terapeuta tiende a distanciarse emocionalmente de su cliente, respetando la «regla de abstinencia» para, a través de esta frustración, favorecer los mecanismos transferenciales. Perls califica esta actitud reservada de «frustración pasiva (por falta de respuesta) + apatía» y le opone la «frustración activa + simpatía» que tiene un valor de provocación y es una llamada movilizadora[136].

Cómo jugar esta actitud activa depende en buena parte de la personalidad del terapeuta. Los Polster aluden a que el terapeuta no se limite a ser un reactivador automático, sino que se convierta en un colaborador artístico en la creación de nueva vida; «a diferencia de un factor catalizador, que produce una transformación química sin variar en sí mismo, el terapeuta cambia: se vuelve más abierto a toda la gama de experiencias». Ginger propone algo parecido cuando habla del terapeuta gestáltico como «catalista» en lugar de analista: «De un catalizador se dice que se encuentra inalterado después de acabada la reacción. Inalterado hay que entenderlo aquí en sentido etimológico: no se ha convertido en «otra cosa» sino, por el contrario, se ha hecho más él mismo, limpio, revelado, gracias a la interacción. Se ha «transformado», no «deformado»»[137].

En *conclusión*, podemos decir que el presente supone no negar lo simbólico, sino enfatizar lo «real». Esto, además del uso de sí mismo que hace el terapeuta gestáltico y del entendimiento dialógico de la relación Yo-Tú, hace que nuestro abordaje no se centre en el análisis de la transferencia-contratransferencia sino en lo que fluye o se evita en la relación aquí-ahora, que atañe a todos los componentes de dicha relación. Dice Marie Petit[138]:

---

[136] S. y A. Ginger, op. cit., p. 166.
[137] Ibídem, p. 167.
[138] M. Petit, *La terapia gestalt*, Kairós, Barcelona, 1987, p. 190. La cita literal está tomada de la versión francesa (1980) p. 180, que es más explícita que su traducción castellana.

Al final de su vida Perls rechaza el concepto de transferencia... Coherente con su planteamiento fenomenológico del «aquí y ahora», ve en la relación terapéutica la confrontación de dos individuos que ponen en juego, en dicha relación, todas sus características personales. Mi experiencia, compartida por varios colegas, me hace pensar que, si no transferencia en el sentido estricto de la palabra, sí que suele ocurrir que el cliente invista al terapeuta de un poder casi mágico y de proyecciones que a menudo toman forma transferencial, aunque su análisis inmediato haga que duren poco.

Y añade Nana Schnake:

> Pude observar que al trabajar con una orientación analítica, como lo hice en el inicio, o existencial o gestáltica, el fenómeno transferencial aparecía sistemáticamente y las diferencias estaban en el manejo de esta situación... En este contexto, la terapia gestalt, que ponía el acento en la responsabilidad del paciente y me daba instrumentos para favorecer esto, me facilitó enormemente la tarea. Y la primera sorpresa fue la facilidad con que podía manejar situaciones transferenciales que antes se me habían hecho tortuosas[139].

Dentro del encuadre grupal

En el grupo terapéutico la oportunidad de proyectar es significativamente mayor que en la sesión individual, lo que un psicoanalista traduciría como mayor posibilidad de transferir. A Perls le interesaban especialmente las proyecciones a la vez que consideraba la situación grupal como espacio privilegiado para contrastar dichas proyecciones y distorsiones:

> Lo que el grupo posibilita más que la sesión privada es que para todo el grupo es obvio que la persona angustiada no ve lo obvio, no ve que la mayor parte del sufrimiento es pura imaginación. Frente a esta convicción colectiva del grupo, el paciente no puede usar su habitual conducta fóbica, consistente en renegar del terapeuta cuando no logra manipular-

---

[139] A. Schnake, «Transferencia y contratransferencia en Terapia Gestáltica», *Revista de Psiquiatría y Psicología Latinoamericana*, vol. XXVII, 1981.

lo. De alguna manera, la confianza en el grupo parece ser mayor que la confianza en el terapeuta, a pesar de toda la así llamada confianza transferencial[140].

Lo que Fritz está valorando en el grupo es su autoridad y fiabilidad ante el paciente resistente.

Desde otros enfoques se ha insistido con frecuencia en que las transferencias sobre el terapeuta resultan más «suaves» en grupo, de forma que para ciertos pacientes la situación grupal sería la más adecuada, puesto que no soportarían el encuentro cara a cara, más angustioso y amenazante.

Por otra parte, Hugh Mullan viene a decir lo contrario[141]: «La terapia de grupo libera transferencias y contratransferencias latentes en un grado mayor y más variado que la individual, lo cual la hace mucho más complicada».

El grupo, como espacio privilegiado de juego de espejos, pone más de relieve el aspecto proyectivo, identificativo, etc., que se produce inevitablemente en toda interacción, y por supuesto no sólo hacia el terapeuta sino sobre todo entre los miembros del propio grupo. Desde el punto de vista contratransferencial, el grupo recoge con especial sensibilidad las reacciones emocionales del terapeuta y lo confronta a menudo con aspectos suyos de los que no se da cuenta. Según Mullan,

> la situación terapéutica de grupo pone de manifiesto y delinea rigurosamente las reacciones de contratransferencia y los puntos ciegos del terapeuta de grupo se hacen evidentes de inmediato al miembro más perspicaz del grupo, quien con el apoyo de los demás se atreve a manifestar sus exactas y (para el terapeuta) a menudo desconcertantes observaciones. La contratransferencia es inherente al psicoterapeuta. Además de los métodos comunes para disminuirla (análisis individual y/o de grupo, supervisión permanente y entrenamiento didáctico) se aconseja al psicoterapeuta de grupo que preste una continua atención a las observaciones, interpretaciones e intuiciones de los miembros del grupo en lo que a él se refiere.

---

[140] F. Perls, «Terapia de grupo versus terapia individual», en J. O. Stevens, *Esto es Gestalt*, op. cit., p. 25.
[141] H. Mullan, «Transferencia y Contratransferencia: Nuevos Horizontes», en H. Ruitenbeek, *Métodos y técnicas en la psicoterapia de grupo*, op. cit., capítulo 7.

No quiero acabar este apartado sin aludir a una de las primeras teorías sobre transferencias grupales. Walter Schindler, en los primeros años cincuenta, desarrolló la terapia de grupo analítica según el modelo familiar, afirmando que:

> Sobre el analista los miembros del grupo transfieren la imagen del padre (sobre todo si el analista es un hombre y más todavía en nuestra sociedad patriarcal), frente a los restantes miembros del grupo hay una transferencia de hermanos y frente al grupo como totalidad una transferencia de madre... Antes de que el grupo realmente llegue a ser un grupo, todos los miembros desearían de buena gana ser el único hijo. Frecuentemente se expresan sentimientos agresivos contra el padre-terapeuta, que también tiene que cuidar de los otros pacientes y también frente a otros miembros del grupo que son vistos como hermanos o hermanas[142].

Esta idea del grupo como madre también la recoge Foulkes al decir que en todo grupo terapéutico se forma una red inconsciente, espontánea y continuada de relaciones afectivas entre los participantes, algo así como un escenario común o «matriz grupal», según sus palabras.

---

[142] W. Schindler, *La terapia de grupo analítica según el modelo familiar*, Oldenbourg-Múnich, 1980, p. 31.

CAPÍTULO 15

ENCUADRE, DIAGNÓSTICO Y SUPERVISIÓN

> Es preciso estar siempre a la altura del azar.
>
> NIETZSCHE, *Ecce Homo*

Revisando los aspectos más concretos del encuentro terapéutico, no podemos hablar de un criterio único y general acerca del encuadre (*setting*) o del diagnóstico: cada gestaltista muestra, también aquí, su estilo personal. En consecuencia es muy poca la literatura al respecto, pero quiero al menos aportar algunas ideas recogidas.

Encuadre y contrato

La terapia gestáltica se imparte en forma individual y grupal (incluyo aquí las sesiones de pareja y familia). En la práctica clínica convencional, la terapia individual suele ser de una hora a la semana y la duración de un proceso muy variable: desde unos meses hasta unos años. Raramente se contrata por un período determinado de tiempo (aunque también) ya que eso dependerá del proceso, con todo lo que esto supone: disponibilidad del paciente y del terapeuta, objetivo terapéutico (no es lo mismo la persona que acude para enfocar un determinado asunto o síntoma que la que trae unas expectativas más generales de autoconocimiento), ritmo del paciente, estilo del terapeuta, etcétera.

En cuanto al marco, Yontef[143] apunta:

> Las citas generalmente se programan por teléfono. La decoración del consultorio refleja la personalidad del terapeuta y no es neutral. Suele estar amueblado de manera confortable, sin escritorio o mesa entre terapeuta y paciente. Generalmente la distribución física deja espacio para moverse y experimentar; suele estar, en lo posible, a prueba de ruidos. La vestimenta y actitud del terapeuta son generalmente bastante informales.

También señala que el acuerdo de los honorarios varía según el individuo y no existe un estilo particular salvo la honradez. Normalmente es el propio terapeuta el que cobra. El trabajo empieza desde el primer momento y no se toman notas durante la sesión porque interfieren con el contacto. Cada terapeuta decide si toma notas o no después de la sesión. Las decisiones se toman conjuntamente y se espera que ambos respeten los acuerdos. El proceso de evaluación es parte de la terapia y es mutuo: incluye decidirse por terapia individual o grupal, valorar si la relación es de confianza e interés, establecer períodos de prueba, etc. Los problemas que surgen de la relación se discuten directamente (Yontef).

Martorell[144] resalta como especificidad gestáltica «transmitir al paciente desde el primer momento que la responsabilidad sobre seguir o dar por terminada la terapia es suya, pretendiendo con ello aumentar el grado de implicación constructiva».

Ninguna de estas condiciones es unánimemente compartida sino que caben todo tipo de variaciones, aunque a grandes rasgos pueden dar una idea bastante exacta del encuadre y contrato gestálticos.

En lo esencial, yo sostengo que el terapeuta gestáltico es su propio encuadre, coherente con la premisa de que él es también el instrumento de la terapia. Los aspectos formales tienen menos importancia, y recuerdo aquí los testimonios de muchos que trabajaron con Fritz y que coinciden en que tan terapeuta era en la sala de trabajo como

---

[143] G. Yontef, op. cit., p. 159.
[144] J. L. Martorell, *Psicoterapias*, Pirámide, Madrid, 1996, p. 82.

fuera de ella. A través de Fritz, la gestalt «ha contribuido más que ningún otro abordaje, a liberar a la terapia de técnicas y roles fijos... Fritz se usaba a sí mismo, si con «usar» nos referimos a creer en la primacía del encuentro por encima de cualquier otra cosa. Sólo en el caso de Laing podemos decir que la terapia y la vida estaban tan cerca una de otra y que la diferencia entre ambas era tan sutil»[145].

Perls resumía así su utillaje: «Para trabajar necesito: 1) mi destreza, 2) un pañuelo, 3) la silla caliente, 4) la silla vacía, 5) mis cigarrillos, 6) un cenicero» (1975b). Habla de los pañuelos o Kleenex (mejor dicho, habla del llanto en psicoterapia) y nada más, excepto del primer punto, de su destreza entendida como uso de sí: se reconoce excelente terapeuta al tiempo que admite que no puede curar a nadie e incluso cuestiona a aquel que pide ser curado. Su destreza la atribuye a que tiene ojos para ver y oídos para escuchar[146], es decir, a su habilidad fenomenológica, además de su intuición e involucración: «Soy honesto contigo aunque te duela. Mientras juegas tus roles y juegos yo también juego contigo: me burlo de tus lágrimas de bebé lloricón, lloro contigo en tu dolor, bailo con tu alegría. Cuando trabajo ya no soy Fritz Perls. Me convierto en nada, en un catalizador, me olvido de mí y me entrego a ti y a tu dificultad» (1975b). Pide a cambio un poco de buena voluntad, es decir, estar en disposición de trabajar, y avisa de los juegos de poder que frustrará o denunciará: el paciente que pone cebos para luego cortarle la cabeza al terapeuta, el que va de sabelotodo, el enloquecedor... muy a la manera de Karen Horney, que partía también de esta actitud de reto y lucha por el poder con que viene el paciente.

El encuadre al que aquí está aludiendo Perls es el del taller de sueños con grupo grande. En otro momento expone así su «contrato»: «Le anuncio al grupo que no me hago responsable de nadie más que de mí mismo. Les digo que si quieren volverse locos o suicidarse y que si ésta es «su cosa», entonces prefiero que abandonen el grupo» (1975b).

En este tipo de taller, Perls se negaba a trabajar con patologías severas: «Entonces, por lo general, se me ataca por mi crueldad y mi falta de deseo de ser "ayudador". En estos seminarios cortos de fin de sema-

---

[145] C. Naranjo, *Gestalt sin fronteras*, op. cit, p. 19.
[146] Abe Levitsky recuerda esta expresión más completa: «Fritz preguntaba: ¿qué me convierte en un buen terapeuta?: tengo ojos, oídos y valor» En Naranjo, op. cit., p. 93.

na no tengo tiempo para ponerme en contacto con esas personas cerradas» (ibídem).

Se ha discutido (y negado) que lo que Fritz hacía en estos talleres fuera terapia, y desde luego no era la terapia con el encuadre y contrato convencionales (sesiones regularizadas, proceso proyectado en el tiempo, objetivos a alcanzar según la sintomatología, etc.) sino otra concepción de lo terapéutico basada en el encuentro puntual, el poder y la eficacia de dicho encuentro bajo condiciones gestálticas: conciencia, responsabilidad y presencia. Como bien dice Laura Perls, Fritz no tenía paciencia pero eso sólo no explica su estilo, más chamánico en la forma, como ya hemos dicho, y en el fondo, es decir, apoyado en una profunda confianza en el poder transformador de la verdad.

Jim Simkin tenía otro estilo: en su película *In the Now* encuadra así el trabajo: «Reitero nuestro contrato o acuerdo. En terapia gestalt, la esencia del contrato es decir dónde estamos, qué estamos experimentando en cualquier momento y, si se puede, permanecer en el continuo atencional, informando en qué estamos concentrados y de qué nos estamos dando cuenta»[147].

Simkin no compartía la radicalidad de Fritz en esto de hacerse sólo responsable de sí. Como psicólogo clínico se consideraba también responsable de sus pacientes. Claudio Naranjo y Bob Hall[148] opinan al respecto:

> Hall:
> Yo he sido formado en el *establishment* médico aquí en los EE. UU., y nos cargaron muchos fardos encima, haciéndonos responsables por todo lo que pasaba en el mundo. Así que (Fritz) fue todo un alivio. Y muy inspirador.

> Naranjo:
> Fritz consideraba que ése era el modo de enseñar a sus clientes a responsabilizarse por sí mismos. Nos alentaba a romper el tabú de no conformarse al rol del doctor como protector, y hoy en día se habla mucho de que la terapia ocurre a través de la relación en vez de las ideas y las técnicas.

---

[147] Transcrito por su discípulo G. Yontef, op. cit., p. 163.
[148] C. Naranjo, op. cit., p. 85.

Diagnóstico

La psicología humanista reaccionó contra el modelo clásico, psicoanalítico y médico, de diagnóstico, rebelándose contra la reducción de las personas a entidades enfermas, encasilladas en categorías. La gestalt comparte esta actitud ya que considera a las personas como totalidades que emergen, existencialmente, en el encuentro Yo-Tú. En consecuencia el diagnóstico se discute entre los gestaltistas. Fagan propone el término de *pautamiento*, desligado de la idea de clasificar la enfermedad, porque ésa no es obviamente la finalidad del proceso gestáltico. Cuando el terapeuta se encuentra con el cliente: «Cuenta con un cuerpo de teoría (de naturaleza cognitiva), con su experiencia previa y con una serie de reacciones personales y de tomas de conciencia que derivan de la interacción establecida y que tienen abundantes elementos afectivos e intuitivos»[149]. Los aspectos cognitivos (teorías clínicas, psicopatología...) que tanto peso tienen en el diagnóstico convencional, aquí se combinan con la intuición del terapeuta y su capacidad de estar entero en la situación terapéutica. Fagan alude también a la experiencia previa y aquí creo yo que está el quid de la cuestión. Fritz no hablaba de diagnóstico pero tenía un excelente «ojo clínico» para ver la esencia del juego neurótico existencial del que tenía enfrente: denunciaba el carácter con caricaturas del estilo «reina de las tragedias, trampero de osos», etc., ¿podríamos decir que esto es una forma burda de diagnóstico? En parte sí, pero desde luego no respondía a presupuestos conceptuales sino a su experiencia (sabía más por viejo que por diablo, como dice Naranjo).

A mayor experiencia y madurez del terapeuta, menor importancia y necesidad de diagnóstico. Esta correlación suele ser tan cierta como que se notan más diferencias entre dos terapeutas noveles de enfoques distintos que entre dos «representantes» expertos de esos mismos enfoques.

El problema es que el diagnóstico adquiere más urgencia para los terapeutas principiantes porque cuentan con menos autoapoyo, cosa muy comprensible; a la vez dicho apoyo se dificultará mayormente si se aferran a esta muleta. La situación es paradójica y como tal hay que

---

[149] J. Fagan, «Las tareas del terapeuta gestáltico», op. cit., p. 94.

atravesarla: cuantos más conocimientos se tengan sobre la enfermedad y sus manifestaciones, mejor; cuanto menos interfiera este conocimiento en el contacto real con el paciente, mejor. Diagnóstico significa precisamente «conocimiento a través», y la posición gestáltica es que este «a través» sea lo menos preconceptual posible y lo más fenomenológico y humano que el terapeuta pueda aportar e ir desarrollando con la práctica y los años.

No es muy frecuente, en cualquier caso, que los gestaltistas dediquen un tiempo específico a la obtención de un diagnóstico (en las primeras entrevistas, con tests u otras pruebas) ni que intercambien entre colegas con términos psicopatológicos (hablar de sus pacientes como neuróticos obsesivos, o personalidades narcisistas, etc.) y que cuando se utilizan es más bien de la forma genérica y coloquial aceptada que según el DSM o cualquier otra nomenclatura. Quienes tengan formación psicológica o psiquiátrica la traducirán, como dice Yontef: «Soy un psicólogo que practica la psicoterapia desde una perspectiva gestáltica, pero mi compromiso no es sólo con lo que se ha elaborado en su literatura»[150]. Quienes tengan formación bioenergética seguramente trabajarán desde la perspectiva de las tipologías lowenianas, como veremos luego; quienes conozcan la psicología de los eneatipos (eneagrama) pondrán más atención a la peculiaridad caracterial, etc. Cualquiera que sea su bagaje teórico y su nivel de experiencia profesional, a todo terapeuta le interesa el significado de la estructura de personalidad de su paciente.

Yontef explicita un modelo de diagnóstico gestáltico donde el significado de esta estructura se entiende a través de la formación figura-fondo: mientras el contexto (campo organismo-ambiente) cambia continuamente, cada persona muestra formas únicas y características de relacionarse (que incluyen conducta, percepción, sentimiento, creencias, pensamiento, etcétera). Comprender la unicidad de tal persona sólo es posible por comparación con otras personas, lo cual remite a una gestalt más amplia. El diagnóstico no es un absoluto sino que se construye en el contacto terapeuta-paciente y ayuda a esclarecer en qué figura, fondo y relación figura-fondo es más recomendable concentrarse en un momento particular.

---

[150] G. Yontef, op. cit., p. 371.

Levitsky[151], que llegó a la gestalt desde el psicoanálisis, valora la enseñanza de Simkin «para que fuera ganando confianza como gestaltista, de modo que podía trabajar con el material que tenía delante sin tanta necesidad de conocer la historia y la evolución del individuo, a las que sigo recurriendo, pero que cada vez me resultan menos indispensables»; así como la influencia de Fritz:

> Siempre me intrigó que el método gestáltico no se basara en programa ni partiera de entrevistas o de la gama de herramientas que suelen utilizarse. El paciente no necesita anunciar de antemano cuál es su problema o dilema; desde el primer encuentro el terapeuta gestáltico se basa en su percatamiento actual, los sentimientos y el lenguaje corporal de su paciente... me hubiese sido imposible realizar esta clase de trabajo sin antes adaptarme al «darse cuenta» gestáltico o a la toma de conciencia no interpretativa.

Otro discípulo de Perls, Gideon Schwarz, dice que la persona frente a él le suscita el mismo interés y deleite que la tela de un cuadro: «Sin mucha necesidad de inquirir, de preguntar antecedentes, rastrear la historia, etc. Todos los gestaltistas «sabemos» esto, pero otra cuestión es sentirlo parte de uno y no experimentar ninguna necesidad de «apoyarse» en otras fuentes».

Tenemos también el testimonio de Richard Olney que parte de los caracteres bioenergéticos aplicando su aportación gestáltica: «Siempre utilizo la tipología de Lowen, aunque he cambiado el énfasis: en vez de nombrar los tipos según la patología, los nombré según la autorrealización. En lugar del «masoquista», una estructura persistente, en lugar del «oral», una estructura amorosa; el «esquizo» se convirtió en una estructura creativa, el «psicópata» en desafiador y el «rígido» en realizador»[152].

Y tenemos la aportación de Claudio Naranjo con su caracterología eneatípica. Las sesiones de gestalt bajo esta óptica en las que he participado siempre me han asombrado por el incremento de su potencial cuando se suman este conocimiento y la actitud y técnica gestálticas. En la forma no difieren de los trabajos que nos han llegado a través de los vídeos de Perls. La peculiaridad de Naranjo es su organización de

---

[151] C. Naranjo, op. cit., pp. 94 y ss.
[152] Ibídem, p. 114.

todos los aspectos fenomenológicos que el paciente trasluce hasta enfrentarlo con su verdad enferma-sana (el punto ciego caracterial) sin que esto suene a estrategia preconcebida sino al resultado de la interacción y a su propia orientación guiada por este saber.

Entrenamiento

Ferenczi inauguró dentro del psicoanálisis la conveniencia del «análisis didáctico», es decir, la propia terapia del candidato a terapeuta. Hoy en día esto se da por supuesto en todos los abordajes introspectivos y también en gestalt, donde consideramos la terapia personal como parte esencial del proceso formativo. Entendida como proceso de autoconocimiento, la terapia dura toda la vida, si bien cambia de formato. Los otros dos pilares del oficio de terapeuta son el entrenamiento y la supervisión.

Fritz Perls no elaboró ningún método de entrenamiento excepto su propio modelaje: verle trabajar y trabajar con él. «La manera de aprender era observarlo. Y creo que lo observamos de un modo muy especial, porque teníamos la sensación de estar ante un verdadero maestro. Le conferíamos una maestría que normalmente no se le da a la gente en campos como éste, algo comparable a la actitud que se tiene ante un maestro zen»[153].

El modelo no es tanto el de profesor-alumno como el de aprendiz-maestro según la vieja tradición del gremio artesanal, modelo criticado por algunos como introyectador; Naranjo lo entiende por el contrario como una transmisión y asimilación de la herencia:

> Está el fenómeno de la profunda asimilación de la herencia espiritual que sucede en toda forma de cultura, como en el arte; si me pregunto en qué consiste verdaderamente la herencia de Fritz, me digo que no es su bolsa de trucos, ni sus ideas, sino algo más difícil de enunciar con claridad, algo que se acerca mucho a este tragar todo un modo de ser. Así que hay introyección y hay una receptividad apreciativa que percibe lo que es un modo de ver el mundo, una manera de reaccionar que asimila sanamente[154].

---

[153] C. Naranjo, op. cit., p. 81.
[154] Ibídem, p. 135.

Levitsky cuenta una respuesta de Perls que indica esta misma necesidad de que el aprendiz no imite sino que discrimine: «Le comenté mi preocupación a Fritz: lo que tú haces es maravilloso, pero dudo si alguna vez seré capaz de aplicar tu técnica. Es evidente que deberé adaptarla a mí mismo de una manera u otra. Me respondió: Estás hablando como un terapeuta gestáltico»[155].

Podemos, a través de esta anécdota, reseñar otro aspecto de este modelo: que es el maestro el que reconoce y acredita al aprendiz, o dicho de otra forma, el que nombra a sus herederos.

Jim Simkin fue quien primero se interesó por darle una estructura al entrenamiento gestáltico y sabemos, a través del doctor Kiritz, que su programa de estudios duraba un mínimo de tres años y consistía en un mes de entrenamiento anualmente, en régimen residencial. «Algunos estudiantes necesitaban más tiempo. A otros se les pedía que dejaran el programa o se alejaran durante algunos años antes de volver a intentarlo. En mi caso, pasé tanto tiempo haciendo terapia con Jim durante el segundo año, que éste me pidió que lo repitiera»[156].

En mi propia experiencia como formador, intento que el carisma gestáltico no se pierda, que los alumnos reciban vivencialmente este espíritu de la gestalt, pero no dejo de albergar dudas respecto a cuánto o no de estructura se necesita sin que dicho espíritu se ahogue. La supervisión se convierte entonces, después del entrenamiento, en mi única garantía de que los nuevos terapeutas sigan trabajando sobre sí y afinen su propio estilo sin traicionarse.

Supervisión

La supervisión, así entendida, no es sino la «terapia del terapeuta»[157], aunque hay otras formas de enfocarla. De la literatura gestáltica[158], res-

---

[155] Ibídem, p. 95.
[156] Ibídem, p. 58.
[157] A. Chevreux, «La supervisión: terapia del terapeuta», *Boletín AETG*, núm. 12, noviembre, 1991.
[158] B. Feder y R. Ronall, *Beyond the Hot Seat*, Brunner Mazel, Nueva York, 1980; E. Marcus, *Gestalt Therapy and Beyond*, Cupertino, California, 1979; Salama y Castanedo, *Manual de psicodiagnóstico, intervención y supervisión para psicoterapeutas*, Manual Moderno, México, 1991; E. E. Mintz, «Gestalt Approaches to Supervision», *Gestalt Journal*, VI, 1, 1987.

cato algunas aportaciones. A. Rams describe las dos modalidades primordiales de supervisión: prácticas supervisadas (in situ) o supervisión de prácticas (comentar los casos)[159]. Harman y Tarleton[160] señalan áreas problemáticas a supervisar: la falta de conocimientos teóricos del terapeuta, su rigidez e inflexibilidad con pacientes de carácter similar a él, y por último los mecanismos defensivos del terapeuta. De Ginger[161] rescato dos ideas: la supervisión es una antiformación (ayuda a deshacer los introyectos del aprendizaje y los estereotipos técnicos aprendidos durante el entrenamiento) y su decisión de no supervisar a ningún terapeuta novel que no tenga al menos tres pacientes: al paciente único se le «sobreinviste», ocupa demasiado la mente del terapeuta principiante que tiende a dramatizar las dificultades y a sobrevalorar los aciertos. Además el terapeuta corre el riesgo de adaptarse al perfil de su paciente y crear actitudes que a la larga se conviertan en estereotipos. Con dos pacientes, el terapeuta tiende a compararlos en vez de considerarlos a cada uno por separado. Así que la cifra de tres es la más representativa como punto de partida.

No voy a comentar demasiado, por ser tema de otro escrito[162]; pero, en resumen, ser terapeuta es tan difícil y arriesgado como ser persona. No lo concibo por tanto ni como un rol ni como una profesión, sino a lo máximo como un oficio (entendiendo que nos referimos a una vocación); un oficio artístico que echa raíces en el interior, que se alimenta de inseguridad y que crece apelando a todos los recursos creativos de que somos capaces.

La supervisión del terapeuta actualiza esa práctica tradicional de los gremios artesanales donde el aprendiz da sus primeros pasos ante la mirada más experta del maestro. Esto no quiere decir que la supervisión sólo le sirva al aprendiz. Lo que pasa es que el terapeuta principiante tiene algo entrañable: el estado de gracia del neófito. Desafortunadamente, este estado de gracia inicial luego se va perdiendo:

---

[159] A. Rams, «Reflexiones sobre la supervisión en Gestalt», *Boletin AETG*, núm. 10, Barcelona, 1989.
[160] R. Harman y K. B. Tarleton, «Gestalt Therapy Supervision», *The Gestalt Journal*, vol. VI, núm. 1, 1983.
[161] S. Ginger, «Pour une Supervision specifiquement gestaltiste», Ponencia del 4.º Congreso Europeo de Gestalt, París, mayo, 1992.
[162] F. Peñarrubia, «La supervisión gestáltica», en C. Naranjo, *Gestalt de vanguardia*, Edit. La Llave, Vitoria 2002, pp. 87-115.

Cuanto más sabe uno, más cuenta se da de lo mucho que no sabe, además de perder la frescura original, los benditos riesgos de la «inconsciencia», que acaban haciéndonos más expertos y serios y paralelamente más conservadores. Al terapeuta novato se le diagnostican actitudes mesiánicas y entusiastas, impaciencia por curar al otro, narcisismo omnipotente y cosas parecidas con las que estoy de acuerdo pero no censuro. Yo creo que sin narcisismo (si es que esto puede concebirse) nadie se metería en este oficio tan complicado y comprometido. Así, concluyamos que dicho narcisismo es, primeramente, inevitable; en segundo lugar, útil como motor profesional y por último, tema fundamental de trabajo interior, ya que antes o después uno acaba descalabrándose y de eso se suele aprender mucho.

Respecto a los temas de supervisión, los que con más frecuencia se refieren al terapeuta son:

- *La relación*. Es el ámbito fundamental de la terapia, donde confluyen terapeuta, paciente y proceso. La terapia así entendida no puede impartirla ni un libro ni un ordenador bien programado, sino que es el resultado del encuentro humano. Pero la relación es algo más que el encuentro físico: su potencia transformadora y curativa depende de la actitud del terapeuta, y no olvidemos la primacía de la actitud (Naranjo) sobre los recursos técnicos. Supervisar la calidad de la relación terapéutica nos lleva a reflexionar sobre la presencia y el contacto del terapeuta.
- *La presencia*. Si el terapeuta «no está» (o está sólo físicamente), la relación se desposee de todo contenido humano real. A eso se refería Fritz al decir que el gestaltista combina frustración y simpatía mientras que el terapeuta apático (el que no está) de poco sirve. Ésta es la forma más burda de ausencia (desinterés, estar en otra cosa...) pero hay formas más sutiles de falta de presencia. La que he observado más a menudo en supervisión es cuando el terapeuta se desconecta de sí como persona y se queda en el rol. Entonces actúa como se supone que debe ser el terapeuta ideal: maduro, neutro, respetuoso, sabelotodo... enmascarándose en este modelo y desapareciendo tras de él. Otras veces el terapeuta se ausenta en sus diálogos internos teórico-técnicos; desaparece como interlocutor y se dedica la sesión a sí mismo, o mejor

dicho, a su intelecto, a su «maquinita de hacer terapia»: diagnosticando mentalmente, interpretando, sopesando qué intervención sería más eficaz... incluso pone en práctica esa intervención brillante o ese ejercicio estupendo, y cuando el paciente lo juega tampoco lo escucha porque está imaginando qué dirían otros colegas si le vieran este bien hacer, o cómo admiraría su maestro semejante creatividad...

Digamos en resumen que el terapeuta no está con su paciente, y suelo ser bastante confrontativo cuando percibo en la supervisión esta falta de presencia real, de estar entero y comprometido, tanto si se trata de una práctica in situ (con preguntas del tipo: ¿para quién estás trabajando?) como en la supervisión de casos, donde tengo constatado que la misma actitud que aparece en la supervisión corresponde a la que el terapeuta tiene con su cliente, así que me fío mucho de lo que observo en el presente de la supervisión para denunciar la falsedad de la pseudopresencia en la terapia.

- *El contacto.* Seguimos hablando de lo mismo, ya que si el terapeuta no está, tampoco puede contactar con el otro. La contrapartida del terapeuta que se pone técnico y profesional es que, con quien contacta es con un caso, no con una persona, y la relación se convierte en un juego de fantasmas.

Si el terapeuta considera ese «caso» grave, suele asustarse y el miedo va a restarle mucha de su potencia y de sus recursos terapéuticos. Es frecuente en supervisión, cuando indago qué temores tiene el terapeuta hacia su cliente, por qué no está siendo claro y asertivo con él, etc., que aparezcan respuestas del tipo: «si le digo eso, se desmorona», «si le frustro, temo que se suicide», «no puedo tratarle de otra manera porque está muy deprimido»... Incluso si están percibiendo bien la patología del paciente, suele haber un plus de fantasía (de zona intermedia o maya, que diría Perls) que desvirtúa el contacto porque sólo deja ver la enfermedad. También podemos entenderlo como proyecciones del terapeuta (su propio miedo a la locura o a la muerte), pero la proyección no es sino otra forma de romper el contacto auténtico.

Otras veces el «caso» se considera fácil y el terapeuta hace todo el despliegue técnico adecuado para que se cure rápidamente. Éste es otro tema frecuente en supervisión: la impaciencia del terapeuta que no le deja ver al otro como la persona que es sino como un mecanismo de relojería (neurótico, eso sí) que hay que arreglar siguiendo el manual de instrucciones. Esta persecución del éxito terapéutico tampoco permite un contacto real con el otro. El terapeuta se pone exigente, no tolera supuestos «pasos atrás» y no se percata de cuántas expectativas propias está depositando sobre los hombros de su paciente.

En estas situaciones acostumbro «alentar la recaída» del terapeuta como Milton Erickson hacía con sus pacientes, preparándolos para las inevitables fases de contracción que sobrevienen a las fases de expansión (C. Naranjo dice que precisamente en la contracción está la bendición), para así disolver esta impaciencia; y no conozco mejor antídoto que referir al terapeuta a su propio proceso personal: cuánto tiempo le llevó darse cuenta de ciertas cosas, cómo éstas reaparecen conflictivamente después de creerlas superadas, qué cortas son las subidas y cuán largos los descensos... El pensamiento lineal es muy desaconsejable a la hora de entender los fenómenos humanos y los avatares de la relación.

- *El uso de sí.* Es un antiguo aforismo de los Polster que «el terapeuta es el instrumento de la terapia», y tenemos los vídeos de Fritz para no olvidarnos de cómo se utilizaba a sí mismo en sus sesiones. Los límites entre implicación y neutralidad han sido objeto de reflexión y discusión en todas las doctrinas psicoterapéuticas, desde los consejos de Freud a los médicos psicoanalistas, recomendándoles una actitud neutra, de frialdad de sentimientos y de nula transparencia[163], hasta la propuesta de Lacan años más tarde, donde propugna para el terapeuta el lugar del «muerto», del «sujeto no deseante», que supongo será una metáfora porque de lo contrario se trataría de algo utópico o incluso delirante, ya que no se concibe este oficio sin un interés humano genuino por el otro. Claudio Naranjo rescata de Perls este uso de sí:

---

[163] S. Freud, «Consejos al médico sobre tratamiento psicoanalítico», en «Trabajos sobre técnica psicoanalítica». *Obras completas*, Vol. XII. Amorrortu, Buenos Aires, 1980.

Fritz también era un gran manipulador de personas y en una de mis primeras conversaciones con él definió su actividad precisamente como eso. Pero más allá, era alguien que se usaba a sí mismo, si con «usar» nos referimos a creer en la primacía del encuentro por encima de cualquier cosa... Y además la Gestalt ha sido una inspiración a la psicoterapia en general por esa mayor libertad otorgada al terapeuta, para que éste pueda utilizarse a sí mismo como persona, más que como técnico o como espejo[164].

A la hora de supervisar se plantea por tanto un aparente dilema: ¿cómo usarse a sí mismo y a la vez mantener esa neutralidad que parece deseable en todo terapeuta? Si tomamos la neutralidad como algo extrínseco, se convertirá en una técnica, en un enfriar el mundo emocional del terapeuta, en una represión de su contratransferencia, lo que conlleva desproveerse de una de sus mejores herramientas. El propio psicoanálisis actual desaprueba esta represión como restos del orden patriarcal infiltrados en la situación analítica, de generación en generación, que el candidato a psicoanalista aprende en su propio análisis didáctico por la falta de transparencia de su analista:

> Hay que comenzar con la revisión de nuestra posición frente a la propia contratransferencia, buscando una mejor superación de los ideales infantiles y aceptando en mayor grado ser niños y neuróticos aún siendo adultos y analistas: sólo así venciendo mejor la represión de la contratransferencia, se conseguirá el mismo resultado en el candidato (alumno»)[165].

Hay que tomar, por tanto, la neutralidad como algo intrínseco, como resultado del proceso de maduración interior. Perls aludía al punto 0 de indiferencia creativa (Friedlaender) como un posicionamiento interior desde el que trabajar. Claudio Naranjo traduce esta habilidad de Perls como una actitud de no apego que le permitía no engancharse, utilizar tanto los sentimientos cálidos como los negativos y todo ello con fluidez, al servicio del otro y de sí en un continuum de autenticidad. Esta neutralidad como estado psicológico

---
[164] C. Naranjo, *Gestalt sin fronteras*, Era Naciente, Buenos Aires, 1993.
[165] H. Racker, *Estudios sobre técnica psicoanalítica*, Paidós, Buenos Aires, 1986.

(más poderosa que la «atención flotante» o el «escepticismo benevolente» de Freud) es propia de alguien con un gran desarrollo interior, lo cual no es el caso del terapeuta principiante; sin embarga puede entrenársele en esta dirección y no conozco mejor camino que alentar en la supervisión al terapeuta a usarse tanto en sus mejores recursos como en sus aspectos más neuróticos. No se puede cambiar algo si no se le conoce previamente y con detenimiento, así que recomiendo que aprovechen el impartir terapia para conocerse mejor a sí mismos, en la idea (aunque descontextualizada) de los Polster de que «la terapia es demasiado beneficiosa para dejársela sólo a los enfermos». Yo creo que es tan beneficiosa para el paciente como para el terapeuta, es más, creo profundamente que en la medida en que nos sirve a los profesionales nos permite contagiar salud, es decir, autenticidad, o lo que es lo mismo, aprender a ser. También he observado entre mis colegas de más experiencia, que nuestro trabajo tiene sentido en la medida en que nos provee de autoconocimiento; cuando éste se va colmando, lo normal es dejar de hacer terapia, o cambiar muy significativamente la forma de hacerla, derivando hacia terrenos más creativos y artísticos.

- *El estilo personal.* Después de todo lo dicho, parece claro que la supervisión no tiene como objetivo adiestrar y mejorar gestaltistas en serie sino, por el contrario, afinar el estilo terapéutico personal, la forma en que cada uno siente y transmite la terapia gestalt. En este afinamiento de lo peculiar hay que considerar tanto lo mejor del terapeuta como sus aspectos neuróticos, para reconvertirlos en útiles de trabajo, como ya hemos dicho.

En consecuencia, son muy pocas las verdades generales, las normas de oro que habría que recomendarle al principiante y refrescarle al experimentado, más allá de los encabezamientos anteriores (la calidad de relación, de presencia, contacto). Sólo falta poner más énfasis en las dos intervenciones por antonomasia del buen terapeuta gestáltico: apoyar y frustrar.

Podríamos decir, en general que mucho del trabajo supervisor es confrontar al terapeuta con sus dificultades de apoyar y/o frustrar, y tratar de desarrollar la parte que más le falte, a la búsqueda de un equilibrio entre ambas. Dicho esto, siempre habrá terapeutas más empáticos-simpáticos y otros más frustrantes-confrontativos, pero es tarea de la supervisión rescatar los aspectos crueles de un terapeuta amoroso y viceversa, por poner un caso.

De nuevo aquí tendríamos que referirnos al estilo personal, por ejemplo, remarcando la forma particular que uno tenga de frustrar: hay terapeutas que manejan bien la confrontación agresiva, otros lo hacen a través del humor, otros mediante vacío... Hay terapeutas que apoyan bien a través de la palabra pero se manejan mal en el acercamiento corporal, mientras que otros expresan mejor su empatía con el contacto físico, etcétera.

Hay tantas formas de hacer gestalt como gestaltistas y no puede ser de otra forma en una terapia que exige el uso de sí a quien la practica. El único limite que habría que considerar en esto del estilo personal es que no se convierta en fijación. Si un terapeuta, por tomar el ejemplo anterior, siempre y compulsivamente confronta con humor, habría que poner en causa esta tendencia a hacer chistes y proponerle otras maneras más directas de denunciar al paciente.

Igual que la terapia no acaba sino que cambia de forma, la supervisión mantiene al terapeuta en permanente revisión de sí a través de su oficio. La supervisión es necesaria siempre, si no con «supervisor» instituido, al menos interpares, es decir, compartiendo las dificultades e impasses con los colegas.

Bugental[166] señala las gratificaciones neuróticas que reporta impartir psicoterapia (intimidad unilateral, omnipotencia, etc.) y ante las que conviene permanecer atentos. Conforme pasa el tiempo, la madurez del terapeuta se refleja en actitudes de humildad (aceptando los límites, lo que no sabemos), de participación selectiva (aprendiendo a hacer-decir lo justo, ni más ni menos), de encuentro (presencia, Yo-Tú...), de estar en evolución respecto a los conceptos y la teoría, y finalmente, de aceptar la culpa retrospectivamente (desde el presente, se ve más claramente lo que uno hizo mal en el pasado, cuando tenía menos experiencia). Esta «culpa» es una de las peores lacras que he observado en la supervisión: no sirve de nada, excepto para evitar responsabilizarse. Prefiero un aprendizaje que se base en la actualización responsable: uno no puede ser sino lo que es en cada momento.

---

[166] I. F. T. Bugental, «La persona que es el terapeuta», en Lafarga y Gómez del Campo, *Desarrollo del Potencial Humano*, vol. 2, pp. 176 y ss.

CAPÍTULO 16

EL GRUPO EN TERAPIA GESTALT

> (...) Nadie puede computar ese vértigo, la cifra de lo que multiplican los espejos, de sombras que se alargan y regresan, de pasos que divergen y convergen.
>
> J. L. BORGES, *Antología poética*.

Aunque la terapia gestalt se imparte muy frecuentemente en formato grupal, no podemos afirmar, sin embargo, que el grupo gestáltico sea una terapia *de* grupo, sino más bien una terapia *en* grupo. En la tradición psicoanalítica nos encontramos con una polémica muy similar. Hay psicoanálisis *en* grupo, donde se analiza a los pacientes como si estuvieran aislados y tomados de uno en otro (Wolf y Schwart); hay psicoanálisis *del* grupo, donde se psicoanaliza al propio grupo como si se tratara de un solo paciente (Ezriel y Bion); y por último hay *grupoanálisis* que analiza simultánea y globalmente al individuo y al grupo (Foulkes)[167]. Podríamos también hablar de «gestalt en grupo», según la tradición de Fritz Perls que remite al psicoanálisis y sobre todo a la formación teatral con Reinhardt, y «gestalt de grupo», emparentada con Foulkes y desarrollada en la Escuela de Cleveland.

---

[167] J. Campos, «Psicoanálisis, Protoanálisis y Psicoterapias grupales», en Campos, Peñarrubia y otros, *Psicología Dinámica Grupal*, Fundamentos, Madrid, 1980, p. 39.

Gestalt en grupo

En su época californiana Perls había abandonado la terapia individual y enfatizaba la eficacia del encuadre grupal sobre el individual porque actuaba de manera más contundente en las resistencias del paciente. Algo así como que el individuo puede defenderse mejor de las intervenciones del terapeuta individual (cuando éste frustra las evitaciones de su paciente e intenta confrontarlo con su falsedad) pensando, por ejemplo, que son «cosas del terapeuta». Esto mismo difícilmente ocurrirá en grupo: no se puede descalificar lo que están viendo docenas de ojos que coinciden en señalar los juegos neuróticos del individuo que trabaja en ese momento en el centro del grupo.

Perls trabajaba habitualmente así, en una especie de sesión individual ante el grupo, utilizando a éste como una comparsa muy especial puesto que se convertía en un resonador energético del trabajo que se estaba desarrollando en el centro. Algunos conciben este estilo heredado de Perls y habitual entre los gestaltistas, como una prolongación de la personalidad autoritaria de su creador, que conllevaría un cierto desprecio de los recursos del grupo. Sin embargo, cualquiera que haya experimentado esta manera de trabajar en grupo coincidirá en los niveles de implicación, de compromiso y de autenticidad que se dan en esa «sesión».

Es cierto que Perls, que tanto insistió en la fe en la autorregulación organísmica como sinónimo de la salud personal, no tenía la fe de Rogers en la autorregulación del propio grupo, al que bastaba «dejar ser» para que se convirtiera en un agente curativo, más allá de la figura de conocimiento o de poder que represente el terapeuta (al que Rogers llamaba precisamente «facilitador» de ese proceso, a diferencia del modelo médico del terapeuta). La personalidad arrolladora de Perls introdujo un modelo de terapeuta más directivo, susceptible de ser entendido como excesivamente poderoso, pero también podemos entenderlo como el más profundamente respetuoso puesto que apoyar al paciente más allá de los mínimos es infantilizarlo y es no respetar que él eche mano de su propio autoapoyo. Así que el estilo de Fritz era «facilitador» en el sentido más duro de la palabra, es decir, dificultando lo neurótico e invitando al vacío, a ese espacio del centro del grupo que llamamos «silla caliente» como eufemismo de «silla eléctrica».

Al final de sus días Perls ni siquiera creía ya en el grupo terapeútico convencional, sino que propugnaba la comunidad terapéutica, el «Kibbutz gestáltico» donde la convivencia y la propia vida serían los factores de aprendizaje de la gestalt como filosofía de vida.

Este estilo perlsiano tiene mucho que ver con el psicoanálisis individual en el que Fritz se formó (en el sentido de que el psicoanálisis grupal estaba muy poco desarrollado en los años veinte-treinta, época de su entrenamiento como analista) pero sobre todo es herencia del aprendizaje teatral de Perls con el gran director alemán Max Reinhardt. El grupo como fondo o comparsa tiene muchas resonancias con el coro teatral, tan importante en la tragedia griega, y al que Reinhardt dedicaba especial atención como contrapunto subrayador, contrastador, etc., de la acción central. El coro-grupo así entendido es el contexto del trabajo del «protagonista»: este coro a veces pone la palabra de la sociedad, a veces la voz de los dioses (como *álter ego* psicodramático), a veces se contagia de la emoción y encadena la siguiente sesión en el centro, a veces es utilizado como recurso de espejos proyectivos para quien está trabajando. Los trabajos de Fritz que nos han llegado registrados en vídeo nos lo muestran en muchas ocasiones como un magistral director de escena que saca el máximo partido del grupo y del individuo en una interrelación tan sutil como poderosa para su finalidad terapéutica: ampliar la conciencia interna y externa.

Ruth C. Cohn llama también a este estilo «método del coro griego» como definición de la terapia de grupo gestáltica que hacía Perls. Ella ha investigado con cinco modelos de interacción grupal: el psicoanalítico, la terapia experiencial, el grupo T, su propio método al que llama «interacción centrada en un tema» y la terapia gestáltica así entendida. Descubrió que «invariablemente los grupos exhibieron la mayor participación personal en el laboratorio de terapia gestáltica, pese a que la mayor parte del tiempo eran espectadores más que participantes en interacción. La observación del diálogo dramático terapéutico tenía mayor repercusión que la interacción personal»[168].

---

[168] R. C. Cohn, «Terapia de grupo psicoanalítica, experiencial y gestáltica», en Fagan y Shephard, *Teoría y técnica de la psicoterapia gestáltica*, op. cit., pp. 135-143.

Gestalt de grupo

Como ya hemos dicho Laura Perls conocía mejor que Fritz las teorías de la psicología de la gestalt o de la forma, uno de cuyos postulados básicos es que «el todo es más que la suma de las partes». Parecería una consecuencia lógica aplicar este principio al grupo, cosa que a Fritz no pareció interesarle y tampoco a la terapia gestalt en general: al menos durante bastantes años ha sido muy poca la literatura gestáltica en torno al fenómeno grupal.

Las reflexiones sobre el grupo como un todo han sido patrimonio del psicoanálisis (aunque muchos analistas no comparten que pueda hacerse psicoanálisis en un encuadre grupal) y debemos al menos citar a Bion y su lectura del inconsciente grupal, como una de las teorías pioneras y reconocidas dentro de esta corriente.

Pero el enfoque que creo más pertinente es el *Grupoanálisis* de Foulkes que, como dijimos, analiza simultáneamente al individuo y al grupo, y quien hace el análisis es el propio grupo, al que como uno más, pero con características distintas, pertenece el terapeuta como miembro. Seguramente el esquema foulkiano es el modelo «gestáltico» por excelencia según la psicología de la forma. Si alguna deuda tiene la terapia gestalt con dicha psicología, Foulkes sería la línea más directa en lo que se refiere a grupos. Foulkes, que era alemán aunque desarrolló sus teorías grupales en Inglaterra, colaboró estrechamente con Kurt Goldstein, en Fráncfort en la misma época que Fritz Perls. Siguiendo con las coincidencias, diremos que Foulkes se analizó con Helene Deutsch, que también fue la supervisora de los primeros pacientes de Perls en Viena.

El abordaje de Foulkes representa una excelente síntesis del psicoanálisis y la dinámica de grupos (Foulkes siguió con interés los estudios de Lewin en América, otra rama de aquella psicología de la gestalt, dedicada ahora a la investigación de la dinámica de los grupos pequeños). El modelo foulkiano recoge la tradición analítica respecto al grupo, es decir, un especial énfasis en la comprensión de los fenómenos de autoridad, cosa que ya apuntó Freud y desarrolló Bion. A su vez, el terapeuta como un miembro más del grupo resuena con el enfoque rogeriano y apoya el poder terapéutico del propio grupo. Su modelo alude a cuatro fases de la historia del grupo, encadenadas en una secuencia:

CONFORMIDAD-AUTORIDAD-DEPENDENCIA-CAMBIO

pudiendo primar cualquiera de estas fases en cualquier momento del grupo. La *conformidad* recoge los fenómenos grupales que surgen de la tensión de adecuación del individuo a las normas y cultura del grupo. *Autoridad*, que refleja tanto las relaciones con la autoridad instituida (el terapeuta) como el propio poder personal que va desarrollándose a lo largo de la historia del grupo. *Dependencia*, que señala los fenómenos de rebeldía y de frustración de expectativas depositadas en un terapeuta omnipotente; y por último los procesos de maduración que recoge la fase de *cambio*.

Su explicación de los fenómenos grupales es que son el resultado de la dinámica de los individuos y del grupo, lo cual recoge, actualiza y sintetiza coherentemente los aportes de la psicología de la gestalt, de la dinámica de grupos de Lewin, del psicoanálisis e incluso de la sociología[169].

Aparte del modelo teórico de referencia, lo que va a diferenciar más a un terapeuta grupoanalítico y a un gestaltista es la manera de hacer. Generalmente, el gestaltista es más directivo, interviene más en la actividad del grupo, proponiendo (y veces participando en) experiencias, ejercicios, juegos y experimentos grupales que involucren a la totalidad de los miembros. No atiende tanto a los conceptos de transferencia y resistencia, sino a la autenticidad y franqueza de las comunicaciones y las conductas, «haciendo mayor hincapié terapéutico en la singularidad y espontaneidad del individuo en la interacción grupal» como Ruth C. Cohn señala propio del terapeuta experiencial.

El Instituto de Cleveland desarrolló un modelo gestáltico de grupo que resuena profundamente con Foulkes. Lo formula Elaine Kepner también en cuatro fases (*identidad, influencia, intimidad* y *cierre*), pero lo expondremos en el siguiente apartado donde se recogen las aportaciones gestálticas más significativas que han ido apareciendo.

---

[169] En los años de Foulkes en Fráncfort, el Instituto Psicoanalítico compartía el edificio (e incluso actividades comunes) con el Instituto de Sociología o Escuela de Fráncfort que nutrió a pensadores de la talla de Adorno y Benjamin.

Modelos de grupo gestálticos

No existe demasiada literatura gestáltica sobre grupos. Ya hemos expuesto cómo la gestalt de los años sesenta-setenta tendía a considerar el grupo como telón de fondo o coro griego, en un contexto relativamente pasivo; algunos como Simkin desalentaban los intercambios entre los miembros del grupo, otros facilitaban más interrelaciones entre protagonistas y grupo (Fritz Perls, Claudio Naranjo...) pero siempre manteniendo al grupo en segundo plano.

En los años ochenta el Instituto de Cleveland intenta aplicar al grupo y desarrollar teóricamente algunos conceptos clásicos gestálticos, como aquel que afirma que «el individuo y el campo social forman un campo unificado y coherente»; se trata de buscar la convergencia de las ideas de Lewin (que concibe el grupo como figura y el cambio social como meta) y el hacer de Perls (la persona como figura y el cambio individual como objetivo). En este campo de fuerzas, el individuo a veces constituye la figura y el ambiente pasa al fondo, mientras que otras veces el proceso se invierte. Así lo reflejan los planteamientos de Feder y Ronall[170] cuando destacan la necesidad de «ir más allá de la silla caliente» e incorporar a la labor terapéutica gestáltica los procesos interpersonales y las experiencias comunes existentes en todo momento en el grupo como fenómeno «aquí y ahora».

Vamos a resumir las aportaciones y sus autores (Zinker, Kepner, Frew) según Losada[171].

- En el capítulo 7 de *El proceso creativo en terapia gestalt*, Joseph Zinker define el grupo como una comunidad creativa de aprendizaje y delinea por lo menos cuatro «principios básicos del proceso grupal gestáltico» como son:

    1. La necesidad de prestar atención a la *experiencia* que está constantemente presente en el grupo (experiencia grupal).

---

[170] B. Feder y R. Ronall, *Beyond the Hot Seat. Gestalt Approaches to Group*, op. cit., p. 98.
[171] J. V. Losada, *Dinámica de Grupos y Terapia Gestalt*, Avepso, Publicación de la Asociación Venezolana de Psicología Social, fascículo 5, Caracas, 1988.

2. El reconocimiento de la existencia de un *darse cuenta* que está ocurriendo también en el grupo como organismo y no sólo en los individuos aislados (darse cuenta grupal).
3. La importancia de las situaciones de contacto (relación, reconocimiento del otro como distinto de mí) y por lo tanto, de la presencia de *límites* entre los miembros del grupo.
4. La necesidad de que el facilitador del grupo promueva y estimule experimentos interactivos entre los participantes (*acción versus* verbalización).

Posteriormente, Zinker[172] aplica el «ciclo gestáltico» al proceso de un grupo de terapia gestalt para explicar la evolución y las fases de la vida del grupo. Así, el grupo se inicia a un nivel de «sensación», genera luego su propia «conciencia», moviliza su peculiar grado de «energía» y su sistema especial de «acción» dialéctica, desarrolla procesos de intimidad y «contacto» y completa su curso con el logro de un sentido de arraigo, descanso, silencio o «retirada». Todo ello dentro del marco de una cohesión cada vez mayor.

- Elaine Kepner[173] plantea la interacción de terapia gestalt y dinámica de grupos. Mira el grupo con una doble atención: enfocando el desarrollo de los individuos en el grupo e, ininterrumpidamente, el desarrollo del grupo como un sistema social. El grupo es un «ambiente psicosocial» o sistema que afecta poderosamente al comportamiento de los elementos que lo integran y, a su vez, es afectado por la conducta de sus componentes. Estos procesos de influencia recíproca tienen lugar mediante un «proceso gestáltico» que se produce en los grupos, ya que éstos, como los organismos individuales, atraviesan distintas etapas en su evolución. Tales etapas son:

1. *Identidad y dependencia* (darse cuenta de uno mismo y de los otros y darse cuenta grupal). La identidad es el polo opuesto de la pseudoidentidad o dependencia.
2. *Influencia y contradependencia* (el tema de la autoridad y el control. Confrontación al líder).

---

[172] J. Zinker, «The Developmental Process of a Gestalt Therapy Group», en Feder y Ronall, op. cit., 1980.
[173] E. Kepner, «Gestalt Group Process», en Feder y Ronall, op. cit., 1980.

3. Intimidad e interdependencia (apoyo, reciprocidad y contacto).
4. Una cuarta etapa llamada *cierre*, no suficientemente precisada por la autora, en la cual el grupo arriba a su final (retirada) o cierre de asuntos inconclusos y reconocimiento de los no concluidos.

Cada una de estas etapas supone la presencia de necesidades características en los miembros y en el grupo, y de roles específicos en el facilitador o terapeuta.

- El aporte de J. Frew[174] relaciona los cinco mecanismos neuróticos clásicos (introyección, proyección, retroflexión, deflexión y confluencia) entendidos como cinco estilos de contacto, con las fases del grupo.

Frew se basa en el esquema de fases de Yalom, quien formula un modelo de desarrollo grupal en tres etapas: 1) *orientación*, 2) *conflicto* y 3) *cohesión*. Cada fase afecta a los patrones de contacto de los miembros del grupo y es tarea del terapeuta reconocer el estilo predominante en el grupo en un momento dado.

Por ejemplo, la «introyección» es el mecanismo característico de los momentos iniciales del grupo (*fase de orientación*), cuando los participantes esperan que el terapeuta les provea de estructura y dirección. También en esta etapa predomina la comunicación «deflexiva»: intercambios verbales superficiales, escaso compromiso, miradas huidizas...

En la *fase de conflicto* (enfrentamiento y lucha por el control) abundan los mecanismos de «proyección», además de «retroflexiones» individuales.

En la *fase de cohesión*, la «confluencia» suele ser el estilo característico.

A traves de este proceso el terapeuta (en palabras de Frew) «puede ayudar a los miembros del grupo a identificar sus necesidades, a examinar y reconocer los estilos de contacto que utilizan, y a probar la efectividad de esos estilos para satisfacer aquellas necesidades».

---

[174] J. Frew, «The functions and patterns of occurrence of contact styles during the developmental phases of the gestalt group», *The Gestalt Journal*, vol. IX, núm. 1, primavera, 1986.

- Dentro de nuestra área lingüística hay que resaltar el texto de Marta Atienza[175] donde señala que el grupo atraviesa diversos períodos, algunos más regresivos y otros más adultos:
    - Período de *desorganización*: al comienzo. Temor a lo desconocido.
    - Período *voraz-dependiente*: competencia entre los participantes, pelea por la atención del terapeuta.
    - Período de *condenación*: enjuiciamientos y consejos entre los miembros. Falta de acompañamiento.
    - Período *intelectualizador*: se evitan los afectos. Primacía de la comprensión intelectual.
    - Período *expansivo*: intercomunicación emocional, complicidades, alianzas, celos...
    - Período *elaborativo*: facilidad para profundizar. Apoyo y crecimiento.

  Aportando los fenómenos, las resistencias patológicas y las intervenciones más adecuadas del terapeuta en cada uno de los períodos. El modelo de Atienza conecta con la teoría de Foulkes, y así podemos entender como *conformidad* los períodos de desorganización; como *dependencia* y *autoridad* aquello que denomina voracidad-dependencia, condenación e intelectualización; el *cambio* recoge los períodos expansivos y elaborativos.

- Por último, el libro de Celedonio Castanedo[176] se limita a aportar diferentes ejercicios grupales y numerosas fantasías dirigidas que proporcionan material emocional con el que trabajar en grupo.

Modelo mixto: gestalt grupal[177]

Según vamos viendo, en terapia gestalt se trabaja con grupos de muy diversas maneras, casi siempre en función del estilo personal del terapeuta.

---

[175] M. Atienza, *Estrategias en psicoterapia gestáltica: grupos, parejas y dinámica gestáltica*, Nueva Visión, Buenos Aires, 1987.
[176] C. Castanedo, *Grupos de encuentro en terapia gestalt*, Herder, Barcelona, 1990.
[177] F. Peñarrubia, «Terapia Gestáltica Grupal», *Revista Clínica y Salud*, vol. 2, núm. 2, Colegio Oficial de Psicólogos, Madrid, 1991, pp. 115-123.

- Puede ser una sucesión de trabajos individuales (a la manera clásica de Perls).
- Pueden ser propuestas de trabajo en subgrupos (parejas, tríadas...) dirigidos a la exploración del aquí/ahora o a la indagación de asuntos inconclusos de cada persona; Claudio Naranjo ha desarrollado eminentemente esta especialidad, entre otras, como una forma de autoterapia o terapia autogestionada dentro del grupo, transmitiendo una profunda fe en el valor curativo de la interacción relacional en un clima de transparencia y confianza y donde el terapeuta es más un «supervisor» de las tareas del subgrupo.
- Pueden ser ejercicios propuestos al grupo (fantasías dirigidas, juegos, etc.) cuya capacidad movilizadora suscite material para trabajar después individualmente, adoptando aquí el terapeuta un rol más activo y apriorístico.

Aquí ofrezco un modelo mixto, que llamaremos Gestalt Grupal, como síntesis de lo anteriormente expuesto, un modelo que oscila entre los extremos de una misma polaridad: intervención/no directividad, con lo que cada uno de estos ejes conlleva.

No-directividad

Se trata de atender especialmente a lo que el grupo expresa de muy diferentes maneras: verbal y gestualmente, en la distribución del espacio, en el silencio, en el tono de la voz, en el código del lenguaje (personal e impersonal), etc. A esta escucha conviene dedicarle el tiempo inicial (que pueden ser horas si se trata de un grupo intensivo al estilo del taller de fin de semana); durará más o menos en función del material que aparezca y de la habilidad del terapeuta para captarlo.

En estas secuencias no directivas suelen emerger los fenómenos de grupo que han analizado todos los modelos clásicos: Bion, Foulkes, Lewin, Bales, etc., y que el esquema de Bennis y Shepard[178] aglutina en forma abarcadora y comprensiva.

---

[178] Bennis-Shepard, «A theory of group development», *Human Relations*, 9 (1956), pp. 415-437.

Este esquema, que puede considerarse uno de los mapas más útiles, con tal de no confundir el mapa con el territorio, viene a decir, en síntesis, que el proceso de un grupo tiene dos ciclos o fases por las que pasa. La primera tiene que ver con lo que llaman *dependencia* y se refiere a todos los asuntos con la autoridad. La segunda, denominada *interdependencia*, tiene que ver con los asuntos de intimidad entre los miembros del grupo. Es como si la línea vertical que inauguró Freud al hablar de que la psicología del grupo atañe a la identificación de cada miembro con el padre-terapeuta, y que desarrolló Bion a través de sus supuestos básicos de dependencia, lucha-fuga y emparejamiento (por no repetir lo que tanto Foulkes como Kepner señalan al respecto), aquí se combinara con la línea horizontal que atañe a los vínculos afectivos entre los propios componentes del grupo. Estos dos ejes, vertical y horizontal, van a definir el proceso del grupo, es decir, su resolución de los conflictos de poder por un lado y los del amor por otro. Lo que Bennis y Shepard afirman, y mi experiencia en grupos lo corrobora, es que hasta que no se resuelven los conflictos con la autoridad (fase de dependencia) no afloran en el proceso grupal los fenómenos más claramente afectivos (fase de *interdependencia*).

Intervención

Intervenir significa a veces señalar los aspectos fenomenológicos observados, devolver lo obvio que el grupo no percibe, no se «da cuenta» o no se percata.

La señalización gestáltica trata de no caer en un «acercadeísmo» sino más bien invitar a la experiencia. Esto puede desembocar frecuentemente en un trabajo individual al estilo de lo que denominamos «gestalt en grupo», con las ventajas situacionales ya señaladas. El *trabajo individual* ocupa muy a menudo el lugar del «emergente grupal», es decir, permite que aflore en forma de conflicto personal lo que sería conflicto grupal. En este sentido puede ser el terapeuta el que seleccione qué trabajo hacer, invitando a unos y no a otros a explorar en el centro. Otras veces, de forma espontánea y ante la pregunta «¿quién quiere trabajar?», la persona que se ofrece acaba mostrando un retrato puntual y simbólico de lo que pasa en el grupo y es el terapeuta entonces quien lo extrapola y lo explicita.

Esto fomenta que el *feedback* del grupo sea más comprometido y autorresponsable y da lugar a un encadenamiento de trabajos individuales que son acumulativos respecto al nivel de apertura y conciencia del grupo, lo cual viene a suscribir de forma aparentemente paradójica aquello de que el todo es más que la suma de las partes.

La segunda intervención por excelencia es el *experimento*. Los Polster señalan que los tres principios gestálticos aplicables al trabajo con grupos son la oportunidad de crear experimentos junto con la toma de contacto y la toma de conciencia (*awareness*). También Perls alude al grupo como espacio de experimentación:

> Hay otras ventajas al trabajar con un grupo. Gran parte del desarrollo individual puede ser facilitado haciendo experimentos de retirada, o aprendiendo la importancia de la atmósfera, o mostrando a la persona en el lugar mismo cómo aburre colectivamente, hipnotiza o divierte al entorno. En la pena o situaciones de similar carga emocional, ocurren frecuentemente reacciones en cadena. El grupo aprende pronto a entender la diferencia entre las buenas intenciones y el verdadero apoyo[179].

Podríamos generalizar que el espacio que en el grupo psicoanalítico ocupa la interpretación, en el grupo gestáltico lo ocupa el experimento ya que cuando el terapeuta propone un determinado juego, ejercicio o experimentación improvisada en el momento, parte de una hipótesis acerca de lo que está pasando y precisamente propone ese trabajo colectivo para explorar, para ampliar la conciencia, para que el grupo se percate más y mejor de lo que ocurre.

Hay ejercicios colectivos clásicos en gestalt cuya probada eficacia los hace especialmente útiles en según qué momentos:

- Rondas grupales donde cada cual expresa su percepción de los otros, haciendo hincapié en lo negativo, en lo positivo o en ambas cosas. Este tipo de juego pone de relieve una de las mayores ventajas del grupo: la multiplicación de espejos proyectivos, es decir, la situación grupal favorece que cada persona deposite en los demás miembros del grupo aspectos propios rechazados, y

---

[179] F. Perls, «Terapia de grupo vs. Terapia individual», op. cit., p. 26.

precisamente porque explicita estas proyecciones puede volver a recuperar lo suyo enajenado en los otros.
- Juegos de acercamiento/distanciamiento, donde cada cual puede experimentar sus temores y deseos de contacto con los otros.
- Fantasías dirigidas, donde el terapeuta puede proponer imágenes significativas que amplifiquen la conciencia emocional del momento grupal. A veces son de corte regresivo: fantasías de vuelta a la infancia para rememorar y vivenciar asuntos emocionales inconclusos. A veces son proyecciones en el futuro para tantear los aspectos motivacionales, las metas de autorrealización y denunciar las paralizaciones que hacen que en el presente el grupo no se haga responsable de sus legítimas necesidades. Otras veces ayudan a jugar a favor de las resistencias para desarticular de forma simbólica lo defensivo: alentar la evitación, refugiándose en fantasías gratificantes y luego volver con más fuerza y seguridad a enfocar lo conflictivo donde antes se atascó el grupo.

Por lo general es la escucha atenta lo que va a devenir en experimentos adecuados al momento. Por ejemplo en las situaciones de crisis con la autoridad, el grupo tiende a paranoizarse y resultan especialmente eficaces los experimentos que faciliten la expresión de la agresión: explicitar las rivalidades entre líderes, confrontar los subgrupos en pugna, recuperar las proyecciones puestas en los otros, enfrentarse a la autoridad del terapeuta, afirmarse asertivamente, exagerar la rebeldía y la sumisión, expresar las demandas de necesidad, peleas de cojines, enfrentamiento de «machos» por las mujeres o viceversa, etcétera.

En las fases de crisis afectivas los fenómenos más susceptibles de experimentación son aquellos que tienen que ver con la identidad (quién soy yo ante los otros) con el temor a expresar rechazos y atracciones, con los fantasmas de erotización, con las dificultades de pedir, dar y recibir amor, las rivalidades y alianzas con el propio sexo frente al sexo opuesto, la confianza y la aceptación, experimentar y atravesar el temor a ser «engullido» por el grupo, etcétera.

Esta combinación de no-directividad, análisis del proceso grupal (con la ayuda de algún modelo teórico, como el de Bennis y Shepard) e intervención, resuena con el esquema de escucha que hemos venido desarrollando en la terapia individual: escucha, asimilación-hipótesis y devolución, de forma que podemos concluir que la actitud del terapeuta no ha de ser diferente por tener delante un paciente individual o un grupo terapéutico.

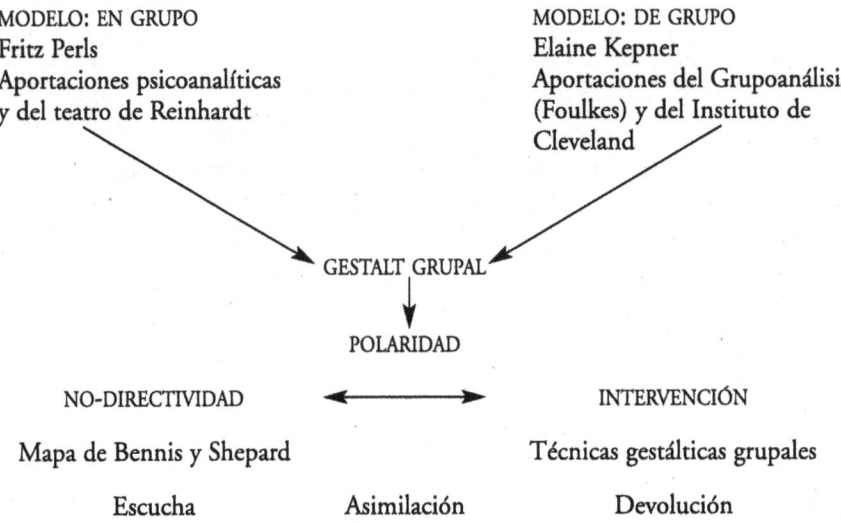

CAPÍTULO 17

EL TRABAJO CORPORAL

> Esencial: partir del cuerpo y utilizarlo como guía. Es el fenómeno más rico, el que permite observaciones más claras. La creencia en el cuerpo está mejor fundamentada que la creencia en el espíritu.
>
> NIETZSCHE, *La voluntad de poder*.

Kogan[180] describe más de una docena de enfoques que pueden definirse bajo el epígrafe de «trabajo corporal», agrupándolos según sus objetivos psicoterapéuticos (o enfoques psicofísicos: terapia reichiana, neorreichiana —Lowen, Keleman, Pierrakos...— y terapia gestalt), según sus objetivos de salud corporal (o terapias físicas: rolfing, método Feldenkrais, técnica Alexander...) y según la combinación de ambos (gestalt y... rolfing, por ejemplo).

Parece incuestionable que la gestalt ocupa un lugar relevante entre las terapias psicocorporales, sin embargo se discute el alcance y la profundidad de su abordaje corporal por comparación con las terapias de corte reichiano; también se discute su asociación con otros enfoques físicos cuando se trata de una superposición: Kepner lo denuncia como «enfoques estratificados» que pueden estar en contradicción teórica,

---

[180] G. Kogan, *Your body works*, Transformations Press, Berkeley, 1980.

por ejemplo, la terapia gestalt y el rolfing tienen visiones muy diferentes sobre la naturaleza de la tensión como resistencia... uno puede legítimamente alternar rolfing y gestalt, pero si las aplica juntas, no está siendo sincero con la teoría y el espíritu de la gestalt, o con el del rolfing o con ambos. Un enfoque verdaderamente integrador busca el holismo tanto en su metodología como en su visión de la persona[181].

¿Cómo aborda entonces la terapia gestalt el trabajo corporal? Dentro de una misma inspiración, hay diversos estilos que quiero ir revisando en función del desarrollo histórico y también de los autores y enfoques que han tenido alguna relación con la gestalt.

Influencias históricas

En palabras de Kepner, Wilhelm Reich es el padre de los enfoques unificados de la terapia en cuanto descubridor de la resistencia caracterial como asunto muscular y no simplemente cognitivo o de naturaleza puramente mental. Aparte de concretar el concepto abstracto de libido freudiana,

> su noción de la identidad funcional entre un fenómeno corporal (contención y tensión musculares) y uno emocional, y por lo tanto psicológico (la defensa), fue la clave para el desarrollo de enfoques somáticos. Implicaron que los fenómenos mentales y físicos eran una unidad y podían ser accesibles tanto a la intervención psicológica como somática... Reich, entonces fue el primero en relacionar con claridad el funcionamiento corporal y el psicológico como un todo intrínseco. También formuló la primera metodología somática o «trabajo corporal» con objetivos terapéuticos: la liberación de emociones y energía psíquica bloqueadas como una función de los conflictos y fijaciones del desarrollo[182].

Fritz Perls fue profundamente influido por Reich, como ya hemos comentado ampliamente. En su vejez recuerda las aportaciones reichianas: «... El terapeuta ahora se ponía en contacto con el paciente: el

---

[181] J. I. Kepner, *Proceso corporal*, Manual Moderno, México, 1992, p. 35.
[182] Ibídem, p. 208.

"cuerpo" recobraba así sus derechos... (Respecto a Reich) mis objeciones tienen poca importancia comparadas con el tremendo paso dado en favor de lograr finalmente un enfoque holístico» (Perls, 1975 b, pp. 50-51). Las objeciones a que aquí se refiere (descrédito del orgón, la armadura muscular como un sistema defensivo-paranoide del entorno, la catarsis emocional susceptible de provocar enajenación y desapropiación del sí mismo...) vienen tomando forma mucho antes.

De los años cuarenta a los cincuenta, y tomando como referencia las dos obras de este período, *Yo, hambre y agresión* y *Terapia Gestalt: Excitación y crecimiento de la personalidad humana*, vemos la revisión de los conceptos reichianos por parte de Fritz y Goodman (que fue uno de los primeros pacientes de Lowen).

Del primer libro resalto el capítulo sobre «La concentración corporal» donde Perls describe su técnica para «restablecer por medio de la concentración las funciones del ego, diluir la rigidez del cuerpo y el ego petrificado, el carácter» (1975a). La rigidez corporal es sinónimo de retroflexión (concepto que aquí sustituye a la noción de coraza muscular) y deja de estar al servicio del trabajo, la actividad y la relación con el mundo para volverse contra sí (convertirse en «carcelero» dice Fritz). Aquí hay una clara diferencia con Reich: el bloqueo no se organiza alrededor de conflictos y sucesos internos, sino en relación al contacto con el entorno.

La otra diferencia es que a Perls le interesaba la experiencia fenomenológica del paciente sobre su propio cuerpo, más que el movimiento y la expresión. En este texto se enfatiza la sensación y la conciencia, lo cual modifica el concepto de resistencia.

En *Terapia Gestalt: Excitación y crecimiento de la personalidad humana* se explicita la naturaleza de la resistencia: a diferencia de Reich para quien la resistencia muscular debería ser eliminada por impedir el curso de la terapia y el funcionamiento apropiado, para Goodman-Perls «la tensión muscular es una función del yo, parte del sí mismo, si bien negada y fuera de la conciencia. Desbaratarla o eliminarla sería eliminar parte de sí mismo... y el paciente llegará a ser menos de lo que es». La resistencia se reintegra a través de la conciencia de la sensación, y esta sensación es más importante que el contenido reprimido (por ejemplo, el recuerdo del pasado): «La escena recobrada carece de importancia; lo que importa es el sentimiento y la actitud infantiles con que se la vivió. Los sentimientos infantiles no importan como pasado (que debe revivirse) sino porque son algunas de las más hermosas potencialidades que deben recobrarse para la vida adulta: espontaneidad, imaginación, conciencia directa de las cosas y manipulación»[183].

En esta década, a la que nos estamos refiriendo, Perls se muestra muy crítico con todos los métodos mecánicos (como el entrenamiento del cuerpo para relajarse o cambiar de postura) y con el lenguaje dualístico de muchos abordajes que parecen hablar del cuerpo separado de la totalidad organísmica:

> Todos estos movimientos, como las escuelas de F. M. Alexander, Elsa Gindler y Jacobson, famosos por su enfoque «usted-debe-relajarse», proporcionarán ayuda a cualquier clase de buena psicoterapia. El mayor peligro aquí es el mismo que con el pensamiento compartamental (que divide la totalidad en compartimentos) y con todos los enfoques no-integrativos: la evitación del aspecto crucial y la concentración en una trivialidad[184].

En *Yo, hambre y agresión*, los autores más citados, después de Freud y Reich, son precisamente Alexander y Jacobson. Revisemos sus aportaciones.

Matthias F. Alexander: terapeuta australiano que, hacia 1890, desarrolló un modelo de educación física que se popularizaría a partir de 1910 (cuando creó su escuela en Londres) como «Técnica Alexander» en Europa y EE. UU.; murió en 1955. Actor y orador, sufría pérdidas periódicas de voz sin que los métodos tradicionales le proporcionaran ninguna mejoría. Entonces emprendió un disciplinado sistema de hablar ante el espejo, descubriendo las relaciones entre los mecanismos vocales y la totalidad del cuerpo. Su teoría de «control primario» sostiene que cualquier tensión corporal se refleja en los músculos de la cabeza y el cuello[185]. La síntesis de su trabajo es:

---

[183] Perls, Hefferline, Goodman, *Gestalt Therapy*, op. cit., pp. 291-296.
[184] F. Perls, «Teoría y técnica de integración de la personalidad», op. cit., p. 64. Este artículo es de 1948; en el párrafo citado Fritz ironiza sobre el libro de Jacobson, *You Must Relax*, de 1938.
[185] Denise Mc Cluggage en *El esquiador centrado* (Cuatro Vientos, Chile, 1982) cuenta que Alexander leía los usos y abusos del cuerpo con simplemente colocar la mano sobre la nuca. En una ocasión, tocando el cuello de un alumno determinado le preguntó: «¿Cómo se hirió su rodilla izquierda, Feldenkrais?».

1. Que el sujeto tome conciencia de los detalles de su postura y sus movimientos.
2. El uso que hace habitualmente de su cuerpo...
3. ... y de su preparación al movimiento
4. Mejorar la coordinación entre la cabeza, el cuello y el torso, tanto en la postura...
5. ... como en los movimientos de la vida cotidiana. De lo que resulta un relajamiento de tensiones inútiles, mejor uso de la musculatura y sensación de ligereza y libertad[186].

Edmund Jacobson, psicofisiólogo americano, desarrolló en Chicago su método de «relajación progresiva» (título de su libro de 1928), centrada en la regulación del tono muscular, a través de la reducción progresiva y voluntaria de la contracción, tono o actividad de los músculos y del sistema nervioso motor correspondiente. Otro de sus términos, la relajación diferencial, se refiere a la técnica de

> adiestramiento paulatino, procediendo de las acciones más simples a las más complejas, para emplear en cada una de ellas la cantidad mínima de energía muscular indispensable para su realización. Requiere un fino aprendizaje diferencial con respecto al papel que en cada acción juegan los diversos músculos, y supone sobre todo desarrollar la capacidad de independizar unos de otros (los diversos grupos musculares innecesariamente implicados entre sí)[187].

El método de Jacobson es puramente fisiológico, sin ningún tipo de enlace con lo psicológico.

Fritz critica sistemáticamente a estos dos autores:

> El método de Alexander de «inhibir la actitud equivocada» y de concentrarse en la correcta, es tan insuficiente y unilateral como el acercamiento de Freud, que se centra ante todo en el análisis de actitudes indeseables (Perls, 1975 a, p. 235). Típico de la actitud no integrativa es el fetiche de la relajación. Un paciente puede avanzar bastante aprendiendo a relajarse, pero volverá a estar tenso nuevamente en cada situación, sen-

---

[186] A. Schutzenberger y M. J. Sauret, *Le corps et le groupe*, Privat, Toulouse, 1977, p. 238.
[187] P. de Casso, «Relajación», en VV. AA., *Integración Corporal y Psicología Humanista*, Marova, Madrid, 1979.

sación, acción o emoción no deseada. A nuestros pacientes les es difícil aprender que no les exigimos relajación deliberada sino que lleguen a darse cuenta del conflicto interno del cual la tensión es sólo una parte[188].

Su aprendizaje de Reich (pero también de Max Reinhardt) acerca del cómo (la forma y la expresión) por encima del discurso intelectual, así como sus dotes de observación fenomenológica, confluyen en esa «concentración corporal» como sistema de acompañamiento de la experiencia en curso, sin que aluda a técnicas directivas de intervención corporal (fomentar la catarsis, por ejemplo).

Aportaciones de Laura Perls

Laura Perls tenía entrenamiento en técnicas corporales y en danza, así que su aportación es muy significativa en la época a la que nos estamos refiriendo. En este primer libro, me parece más importante que discutir sobre los capítulos que escribió o no ella, rescatar su conocimiento de la técnica Alexander y otras disciplinas corporales citadas en dicho texto. Más discutible me resulta su desestimación de la influencia de Reich (no así Reinhardt) en Fritz y en la gestalt:

> En la práctica, la costumbre de centrarnos en la conciencia del cuerpo no fue incorporada a la Terapia Gestalt a través del trabajo de Reich, sino que se debió a mi experiencia de la eurítmica y la danza contemporánea, a mis estudios de movimiento expresivo y creatividad en la obra de Lundwig Klages, a mi conocimiento de los métodos de Alexander y Feldenkrais muchos años antes de que se inventara la Bioenergética y otras terapias corporales... Toda interferencia adquirida es parte del sistema muscular voluntario. Eso lo conocemos con mayor detalle a partir de Reich, pero yo lo sabía bastante antes a raíz de mi experiencia en la danza[189].

Laura aprendió desde niña danza expresiva y piano. Continuó posteriormente su interés y su formación en diversas técnicas corporales

---

[188] F. Perls, «Teoría y técnica de integración de la personalidad», op. cit., p. 65.
[189] L. Perls, *Viviendo en los límites*, op. cit., p. 21 y p. 142.

que con el tiempo se han incluido en el grupo de las llamadas «gimnasias suaves», y que ella conoció en sus orígenes: Rudolf Steiner creó a principios de siglo la Euritmia, método corporal desarrollado dentro del marco de la Antroposofía; Jacques Dalcroze, pedagogo suizo, fue pionero de la educación rítmica basada en la unidad entre el cuerpo y el alma; Bess Messendieck y su escuela alemana de gimnasia terapéutica, elaboró la noción de Eutonía así como un sistema de educación corporal para influir voluntariamente en la postura y en el movimiento; Gerda Alexander, nacida en Alemania en 1908 aunque desarrolló su método en Dinamarca, denominó Eutonía a su sistema pedagógico y terapéutico destinado, no a relajar las tensiones, sino a reequilibrarlas, en un intento de armonizar la personalidad total: lograr un estado de conciencia esencial mediante la toma de conciencia corporal[190].

Moshe Feldenkrais, judío de origen ruso, futbolista y judoka, sufrió un accidente en la rodilla que le obligó a abandonar sus actividades deportivas. A partir de aquí decide estudiar los movimientos musculares para resolver su problema a través de la anatomía, la fisiología y la psicología. Descubre que todo es cuestión de postura, de equilibrio corporal, de arraigamiento de los pies en el suelo, de distribución del peso, de gravedad en último término, lo cual afecta a la seguridad interna del individuo, a su evolución (el mayor miedo del niño es a caerse) y a la actividad cerebral. Su método intenta integrar espíritu, cuerpo y entorno, ya que la maduración no es sino la progresiva diferenciación que el niño va desarrollando entre lo propio y lo ajeno, la imagen corporal de sí y su postura ante el mundo (o posición de su cuerpo en relación con el entorno). Puesto que actuamos en función de la imagen que nos hemos hecho de nuestro cuerpo, Feldenkrais propone trabajar sobre esta imagen en vez de sobre el cuerpo: observar y conocer el funcionamiento de las articulaciones, la variedad de movimientos de las caderas, cómo es nuestra boca, etc. Su técnica se basa en numerosos ejercicios[191], toques y manipulaciones no dolorosas, liberación progre-

---

[190] Fuentes consultadas: Schutzenberger y Sauret (op. cit.), *Las Guías de las Nuevas Terapias* de Edmond Marc (Kairós, Barcelona, 1993) y Antonio Lázaro (Barath, Madrid, 1983), sin olvidar la aportación de Françoise Mézières (estiramiento muscular) recogida en la antigimnasia de Thérèse Bertherat (*El cuerpo tiene sus razones*, Argos-Vergara, Barcelona, 1977).

[191] M. Feldenkrais, *Autoconciencia por el movimiento*, Paidós Ibérica, Barcelona, 1992.

siva de la rotación de cabeza, tronco, etc., desarrollo del movimiento (adelante, atrás, arriba, abajo, a los lados...) sin sobrecargar la respiración, rechinar los dientes, apretar las mandíbulas o endurecer la lengua. Movimiento sin esfuerzo, como los niños o los gatos. La mayoría de los ejercicios se practican en el suelo, tomando conciencia del movimiento realizado, de los músculos movilizados, de la mejora progresiva de los movimientos defectuosos y de los esfuerzos inútiles.

Feldenkrais emigró a Israel y el reconocimiento internacional le llegó (como a Fritz) en torno a sus setenta años, alternando sus enseñanzas entre la Universidad de Tel Aviv y el Instituto Esalen.

Si hemos revisado todos estos abordajes corporales es porque influyeron significativamente en Laura Perls y nos remiten al contexto donde se originó la terapia gestalt: tan importante fue el psicoanálisis germano en Fritz como la eclosión no menos rica de todas estas nuevas pedagogías corporales en la Alemania de principios de siglo, de las que sí tenía conocimiento y experiencia Laura. Así podemos situar mejor sus aportaciones acerca de la postura, verticalidad y autoapoyo, como ya comentamos al hablar de las polaridades físicas (adelante/atrás y mitad superior/inferior del cuerpo).

Laura describe así su estilo de trabajo: «Cada gestaltista desarrolla un estilo propio: yo trabajo mucho con la conciencia corporal, con la respiración, la postura, la coordinación, la fluidez de los movimientos, las expresiones de la cara, los gestos, la voz, porque he estudiado música, euritmia, danza contemporánea, los métodos orientales que se basan en el cuerpo...»[192] donde podemos apreciar la síntesis de su aprendizaje temprano en Alemania así como su aportación a la concentración corporal de la que hablábamos antes: «En *Yo, hambre y agresión* la llamábamos terapia de concentración como contrario a terapia de asociación: es lo que Gendling llamaría ahora *focusing*»[193].

Estados Unidos. Esalen

En el afinamiento de su método terapéutico (que Fritz desarrolló en los años cincuenta-sesenta) hay dos aportaciones a considerar, Char-

---
[192] L. Perls, op. cit., p. 138.
[193] Ibídem, p. 28.

lotte Selver e Ida Rolf, ambas alemanas, que elaboraron sus métodos en Norteamérica.

Charlotte Selver: discípula de la gimnasta Elsa Grinder (que creó la escuela alemana de Movimiento Funcional en Berlín hacia 1900), se trasladó en 1938 a Estados Unidos huyendo del nazismo. Fritz la conoció en 1952 y fue su alumno durante casi dos años, reencontrándose posteriormente en California. El intercambio fue mutuo y significativo, de manera que en las formulaciones de Selver encontramos conceptos gestálticos, así como del zen. Su método de conciencia sensorial (*Sensory Awareness*) parte de los presupuestos de E. Grinder de que «el cambio creador no es el resultado de manipular, controlar o transformar la realidad, sino el resultado de una percepción más profunda de la misma»[194]. La toma de conciencia sensorial es diferente de la conciencia intelectual. Se basa en la concentración (atención relajada, entre la indiferencia y la tensión como opuestos dialécticos), la fluidez (dejarse llevar integrado, entre el aburrimiento y la dispersión como dialéctica errónea del falso fluir), el contacto (amenazado por dos extremos equivocados: el aislamiento y la identificación —confluencia gestáltica—) y el movimiento espontáneo. «Si la concentración es apertura, el fluir es relación y el contacto es aceptación de la realidad, el movimiento es la respuesta que damos al otro o lo otro.»[195] El movimiento espontáneo emana de la profundidad máxima del individuo. Muchos de los trabajos que conocemos de Fritz en su época de Esalen transmiten esta misma focalización en la conciencia sensorial, como si fuera una puesta al día de aquella concentración corporal de su primer libro. El testimonio de Barry Stevens, discípula de los últimos tiempos en Cowichan (Canadá), nos hace pensar, por su trabajo y por las anécdotas que nos trasmite de Fritz, que éste era también su estilo definitivo de abordaje corporal: favorecer y acompañar el movimiento espontáneo[196].

Ida Rolf (1896-1979). Doctora en bioquímica, desarrolló a lo largo de cuarenta años una técnica de alineación de la estructura corporal en

---

[194] J. M. Sánchez-Rivera, «Conciencia sensorial», en VV. AA., *Integración Corporal y Psicología Humanista*, op. cit., p. 161.
[195] Sánchez Rivera, op. cit., p. 166.
[196] B. Stevens, «Trabajo Corporal», en J. O. Stevens, *Esto es Gestalt*, op. cit., pp. 159-186.

relación a la verticalidad y a la ley de la gravedad. Si bien nacemos con la potencialidad de una estructura integrada, los accidentes de la vida desvirtúan dicha integración, produciendo inestabilidad y pérdidas de energía. Sin embargo, dada la plasticidad del tejido conjuntivo, puede modificarse esta estructura y reorganizarse por medio de una especie de masaje que recibe el nombre de su creadora, *rolfing*, o integración estructural (integración postural, según Jack Painter). El tratamiento se aplica en diez sesiones, con el paciente tumbado mientras el rolfista ejerce presión con las manos, puños y codos, coordinando sus manipulaciones con los movimientos y la respiración del paciente. El *rolfing* no actúa propiamente sobre el movimiento, pero en la medida en que enseña al sujeto a «vivir en su cuerpo» y a reequilibrarlo (en sentido literal) le permite moverse más armoniosamente.

El método es tan doloroso como eficaz y Fritz lo experimentó en sí mismo: en 1965 (a sus setenta y dos años) se somete en Esalen a cincuenta sesiones con Ida Rolf de las que saldrá rejuvenecido, habiendo corregido su desviación de columna y su pecho hundido, «como si le hubiera regalado algunos años de vida». Dice Perls:

> Al igual que yo, Ida trabaja sobre el desbalance de la persona. Los reichianos rompen la armadura donde creen que van a encontrar las represiones. Ida tiene un enfoque más bien holístico: toma en cuenta al cuerpo entero y trata de reubicar cualquier cosa que esté fuera de su lugar... Ahora estamos combinando la terapia gestalt con sus métodos, ya que ni las personas con problemas mentales severos se van a beneficiar plenamente con su trabajo ni las personas con defectos posturales crónicos van a aprovechar la eficacia de la gestalt; de la coordinación está emergiendo algo bueno.
>
> PERLS, 1975 b, pp. 168-169.

Parece que esta colaboración se basa en trabajar gestálticamente el material que aparece gracias al *rolfing*: «Al tocar Ida un punto doloroso, que viene a ser la memoria de los músculos, entonces el contexto total, incluso las emociones e imágenes inexpresadas, pueden surgir y estar a mano para su asimilación y su integración... Estructura y función son idénticos: al cambiar una estructura se cambia la función y viceversa» (ibídem).

En el mismo sentido va el testimonio de Robert Hall, que integra gestalt, *rolfing* y meditación: «Observé un cambio tan rápido en los pacientes, no sólo en el cuerpo, también en el nivel de la conciencia, que me interesó mucho la posibilidad de integrar gestalt con trabajo corporal»[197]. Alude a sus dificultades para lograr dicha integración que finalmente entendió en términos de repetición y conciencia: en gestalt se utiliza la técnica de la repetición (frases, gestos...) y el rolfing enseña a la persona a repetir su tensión una y otra vez. Hall afirma utilizar la gestalt para integrar los contenidos emocionales disparados por el rolfing y también al contrario: en momentos de estancamiento, tocar directamente sobre la contracción energética.

En los años de Perls y Rolf en Esalen se desarrollaron además varios tipos de masaje no doloroso que se relacionan con la gestalt: masaje californiano (realizado en pareja, con el acento en el contacto interpersonal) de Bernard Gunther y Molly Day; masaje sensitivo gestáltico (una variante del anterior) de Margaret Elke... así como diversas integraciones entre abordajes corporales (movimiento, danza) y la filosofía gestáltica del darse cuenta aquí y ahora. Los trasvases y enriquecimiento mutuos son innegables.

Enfoque integrativo

Entre los gestaltistas hay quienes piensan que el abordaje corporal clásico de la terapia gestalt es suficiente y quienes por el contrario lo perciben deficiente y abogan por una síntesis de «gestalt y» otras metodologías. En palabras de C. Naranjo:

> La gestalt es loable por su toma de conciencia del cuerpo, la atención a la postura y los gestos en el curso del proceso terapéutico así como también su atención a la sensación corporal como parte del despertar de las sensaciones y como espejo de ellas. Sin embargo pienso que Fritz y Laura han sido algo arrogantes en su satisfacción de que esto era suficiente, y alabo a los gestaltistas de nuestra generación (Bob Hall, Laing Bloomberg, Ilana Rubenfeld...) que han integrado elementos reichianos y otros de trabajo corporal a la gestalt.
>
> NARANJO, 1990, p. 274.

[197] C. Naranjo, op. cit., p. 72.

En palabras de Kepner: «Los movimientos «dados» por el terapeuta (ejercicios bioenergéticos lowenianos) donde lo que interesa es hacerlos completos o correctamente, suelen acabar en imitación y a menudo en poca aceptación de la expresión. El cliente no experimenta el sentimiento como originado en sí mismo, y el movimiento permanece como un ejercicio imitativo»[198].

Estas dos opiniones son menos incompatibles de lo que parecen. Si partimos de que la gestalt es más una determinada actitud que un conjunto de técnicas, lo importante es entonces determinar si la actitud del terapeuta es gestáltica, más allá de la pureza o mestizaje de sus técnicas.

Desde el punto de vista de la actitud, lo que no es gestáltico es el lenguaje dualístico que escucho a algunos colegas cuando hablan del cuerpo como de una «cosa» separada de lo demás. Tampoco es gestáltica la visión psicosomática convencional donde el conflicto mental es «causa» de los síntomas físicos. Este pensamiento casual, lineal y dualístico me hace sospechar de la actitud gestáltica de quienes así se expresan.

Podemos decir entonces que un enfoque integrado (gestáltico) se caracteriza por las premisas que Kepner explicita:

- El proceso psicológico que se expresa verbalmente (por ejemplo, conflictos o creencias) está explícitamente conectado a sus expresiones corporales.
- Procesos físicos como postura, contención muscular y perturbaciones somáticas, son vistos como expresiones significativas de la persona.
- Se considera que tanto los procesos físicos como los psicológicos son aspectos del mismo todo (la persona/organismo). Las divisiones en partes son problema de interés terapéutico, ya que precisamente la técnica terapéutica intenta restaurar el sentido de la totalidad y ratificar la mutua identidad de las partes.

Si aceptamos esto, la peculiar sintetización de técnicas que cada gestaltista haga es perfectamente legítima, como corrobora esta opinión de Laura Perls:

---

[198] J. Kepner, op. cit., p. 155.

Fritz empleaba un enfoque psicodramático, otros gestaltistas trabajan con el arte, la música, la poesía, la filosofía, la meditación, el yoga y otros métodos cuyo objetivo es hacernos más conscientes de nuestro cuerpo, tales como la formación en sensibilización, danza, técnica Alexander, rolfing, bioenergética, método Arica, ejercicios ópticos y cualquier otra técnica que hayan asimilado e incluido en su método de trabajo. Por lo tanto no se trata de Terapia Gestalt y conciencia corporal, o terapia gestalt y cualquier otra cosa, sino que la gestalt en sí es un proceso continuo de innovación y expansión que avanza por cualquier camino que esté disponible, echando mano de los medios que estén al alcance del terapeuta y de su paciente[199].

Desde el punto de vista técnico hemos de admitir ciertas deficiencias en la terapia gestalt. Naranjo señala que cualquier enfoque corporal serio necesita tiempo para la instrucción y algo de dedicación constante (desde el método Feldenkrais hasta el yoga o el *Tai-chi*), por eso no basta el simple acompañamiento de lo que surja espontáneamente. Kepner alude a que la gestalt no ha desarrollado un corpus tan completo de técnicas corporales como los abordajes reichianos-bioenergéticos o el *rolfing*, ni un sistema de ideas para el trabajo con las manos (trabajo terapéutico con el contacto físico), aparte de que «la comprensión de la relación de la respiración con el trabajo emocional en la terapia gestalt es rudimentaria (comparada con el enfoque reichiano) y en mi opinión incluso errónea, como el comentario de Perls-Goodman (*Gestalt Therapy*) de que la ansiedad es excitación sin respiración»[200].

Podemos añadir que la visión del carácter como gestalt fija no suple la eficacia de contar con una caracterología más operativa como son los tipos lowenianos o los eneatipos. En consecuencia, cualquier esfuerzo integrativo tiene mucho sentido en este final de siglo cuando tantas aportaciones se han venido haciendo al campo de la psicoterapia desde Oriente a Occidente.

Desde el punto de vista del estilo terapéutico y en relación con lo anterior, podemos determinar dos formas de hacer gestalt que corresponden a lo que Claudio Naranjo llama aspectos dionisíaco/apolíneos y Fritz definía como espontaneidad/deliberación.

---

[199] L. Perls, op. cit., p. 133.
[200] J. Kepner, op. cit., p. 213.

- *Estilo orgánico.* Lo corporal se enfoca fenomenológicamente, atendiendo a los mensajes que transmite la respiración, postura, gestos, voz... El terapeuta acompaña este proceso sin forzarlo, sólo ampliando la conciencia del mismo con todos los medios de que disponga (señalar, reflejar, exagerar...), siendo el principal remitir al paciente a su propia conciencia corporal.
- *Estilo sistemático.* Supone la inclusión de técnicas corporales de cualquier enfoque que necesiten un entrenamiento y dedicación sistemáticos. El terapeuta generalmente coordina (directivamente) el trabajo corporal y después elabora gestálticamente aquello que se movilizó.

En el arco entre ambos estilos caben todo tipo de implicaciones corporales del propio terapeuta (desde el que permanece sentado hasta el que se mueve y participa en ejercicios) y respecto al paciente (desde privilegiar su comunicación verbal hasta proponer experiencias físicas de movimiento, contacto, ejercicios bioenergéticos, etcétera).

Se ha discutido mucho sobre qué es más «gestáltico» o no según criterios de directividad, respeto, abordaje de las resistencias, etc. Se cita a Perls como terapeuta poco activo corporalmente al igual que su maestro Reich: según S. Ginger, Reich apenas intervenía corporalmente: «El paciente se mantiene en el diván, Reich observa atentamente su respiración, postura, inflexiones de la voz, pero no es sino excepcionalmente que le toca su mandíbula o su esternón» y lo mismo Fritz: «Que casi no dejaba su sillón legendario»[201]..., lo cual es discutible porque también tenemos ejemplos de riesgo y compromiso físicos de Fritz y en el caso de Reich podemos suponer lo contrario a través de algunos de sus ejemplos: «El individuo acorazado... no puede emitir un suspiro de placer ni imitarlo... es incapaz de lanzar un grito de cólera o de imitar en forma convincente el dar puñetazos de rabia sobre el diván»[202], aunque desde luego dista mucho del estilo de su discípulo Lowen. Creo que, en cualquier caso, más que un tema teórico es un asunto personal. Sabemos que el mapa habla del cartógrafo, es decir, que cada terapeuta trabajará con las herramientas técnicas y

---

[201] S. y A. Ginger, op. cit., pp. 86 y 186.
[202] W. Reich, *Análisis del carácter*, op. cit., p. 369.

conceptuales que mejor se adecuen a su personalidad, lo cual incluye tanto a sus recursos como a sus limitaciones.

Para acabar quiero comentar algunas formas de trabajar corporalmente más recientes en el tiempo.

Jean Ambrosi acuñó el término de *biogestalt*, también utilizado por Antonio Asín, como una integración entre bioenergética y gestalt:

> Hacerse consciente del propio cuerpo y de sus mecanismos a través de los mensajes por él emitidos de forma natural, propicia los movimientos que los reichianos llaman energéticos... y éstos, a su vez, pueden ser considerados como el desenlace final de un ciclo gestáltico por los gestaltistas, que no presumen ni de movimientos privilegiados, ni de conductas privilegiadas, ni de una noción universal de felicidad o bienestar[203].

Richard Olney en su integración también de gestalt y bioenergética, ha diseñado fantasías para los diversos caracteres lowenianos: fantasía de la ciénaga o de la bomba que explota, para el masoquista; fantasía del guerrero que pelea en una batalla perdida de antemano, para el psicópata; fantasía de la madre que te abandona en el bosque, para el oral; etcétera[204]. Juan José Albert propone, en este mismo sentido, una secuencia de escenas psicodramáticas para cada tipología (esquizoide, oral, masoquista, psicopático y rígido, este último en cuatro variantes: fálico narcisista obsesivo, histérico, fálico compulsivo y pasivo femenino), de contenido regresivo (en relación con los padres), dándole a la última de las escenas secuenciales un sentido reparador[205].

Adriana Schnake ha desarrollado un método de exploración de la enfermedad psicosomática, proponiendo encuentros y diálogos entre el órgano dañado y la persona que lo sufre, en un intento de escuchar el mensaje y el sentido existencial de la enfermedad, al servicio de la salud[206].

James Kepner expone el uso terapéutico del contacto físico, señalando sus efectos curativos, más allá del simple apoyo, que afectan al

---

[203] J. Ambrosi, *Thérapie de la respiration*, citado por Pedro de Casso, «A propósito de la sabiduría del organismo. Una forma biogestáltica de trabajo corporal», *Boletín AETG*, núm. 16, febrero, 1996.
[204] C. Naranjo, op. cit., p. 114.
[205] J. J. Albert, *Ternura y agresividad*, de próxima publicación.
[206] A. Schnake, *Los diálogos del cuerpo*, Cuatro Vientos, Chile, 1995.

sentido profundo de sí del paciente, además de reactivar la memoria corporal, liberar emociones contenidas, reorganizar la estructura corporal y cambiar la relación con la vida.

Todas estas aportaciones participan de la orientación integrativa a que nos hemos estado refiriendo y sostienen el objetivo gestáltico de ser un cuerpo, o como el juego de palabras que gustaban de utilizar Fritz y Laura, ser alguien (*some-body*) en lugar de ser nadie (*no-body*).

CAPÍTULO 18

LA ESPIRITUALIDAD. GESTALT TRANSPERSONAL

> ¿Qué puedo hacer, oh musulmanes?
> Pues no me reconozco a mí mismo.
> No soy cristiano, ni judío, ni mago, ni musulmán.
> Mi lugar es el sinlugar, mi señal es la sinseñal.
> No tengo cuerpo ni alma, pues pertenezco al alma del Amado.
> He desechado la dualidad, he visto que los dos mundos son uno.
> Uno busco, Uno conozco, Uno veo, Uno llamo.
>
> RUMI, *Poemas*.

Hablar de trascendencia y espiritualidad era sinónimo, hasta hace bien poco, de pensamiento no científico, a la vez que se asociaba con las creencias religiosas y el consiguiente prejuicio en todos aquellos que hemos recibido una «mala educación religiosa» autoritaria y basada en valores morales externos (sociales). Recojo el testimonio de John Rowan:

> El término espiritual tiene ciertas connotaciones intimidatorias para muchos de nosotros (o en cualquier caso, las tiene para mí) porque evoca los recuerdos infantiles de la religión formal en la que fui educado. En lo que a mí respecta, este tipo de vivencia religiosa se limitaba a tratar de ajustar mi vida a una serie de ideales imposibles, un hecho que, por lo general, me reportaba más sufrimiento que felicidad porque, desde esta perspectiva, la culpa y la hipocresía van de la mano. Hoy en día comprendo que todo esto tiene muy poco que ver con la auténtica religión. Las crisis que he atravesado tanto en mi proceso terapéutico como en mi proceso espiritual, no han sido limitadoras sino liberadoras. No se trata

tanto de cumplir nuevas obligaciones o de adoptar nuevos mandamientos como de ir descubriendo quién soy realmente[207].

El término «transpersonal» evita «topar con las iglesias» y permite encuadrar la espiritualidad en la experiencia interior (personal), que es única e individual aunque, a la vez, esté recogida en todas las grandes tradiciones metafísicas de Oriente y Occidente.

También hablar de espiritualidad desde la óptica de la psicología ha sido un riesgo e incluso una contradicción según el enfoque psicológico al que uno se adscribiera. Estados de conciencia trascendentes se han interpretado desde la psicología y la psiquiatría como «regresiones patológicas del ego de proporciones casi psicóticas»; las experiencias místicas se han tachado también de «regresiones neuróticas a la unión con el pecho», los estados extáticos como «neurosis narcisistas» y la iluminación como «regresión a etapas intrauterinas».

La irrupción de la psicología humanista en Occidente, a la que se llamó «tercera fuerza» respecto al psicoanálisis y al conductismo, vino a modificar esta situación. La Asociación Internacional de Psicología Humanista definió así, entre otros objetivos, la filosofía del movimiento:

> Sobrepasar los límites tradicionales de la Psicología, para incluir métodos de comprensión de la experiencia humana y la experiencia del potencial de cada uno; insistir en las experiencias que favorecen la realización de sí mismo..., la responsabilidad individual, autenticidad y *trascendencia*; proponer una percepción de la persona total: corporal, mental, emocional y *espiritual...*

A partir de aquí se ha desarrollado un movimiento que ha dado en llamarse «psicología transpersonal».

---

[207] J. Rowan, *Lo Transpersonal. Psicoterapia y counselling*, Libros de la liebre de marzo, Barcelona, 1996, p. 25.

La psicología transpersonal

El *Journal of Transpersonal Psychology*[208], aparecido por primera vez en EE. UU. en 1969, define así sus propósitos:

> Interés por los procesos, valores y estados transpersonales, la conciencia unitiva, las metanecesidades, las experiencias cumbre, el éxtasis, la experiencia mística, el ser, la esencia, la beatitud, la reverencia, el asombro, la transcendencia del sí mismo..., las teorías y prácticas de la meditación, los caminos espirituales, la compasión, la cooperación transpersonal, la realización y actualización transpersonales y los conceptos, experiencias y actividades con ellos relacionados.

La psicología transpersonal apunta al campo de la investigación psicológica incluyendo áreas de la experiencia que hasta entonces se habían soslayado. El término transpersonal alude, según Walsh y Vaughan[209], a las experiencias que afectan a la conciencia y a una extensión de la identidad que va más allá de la individualidad y de la personalidad. Se nutre tanto de la ciencia occidental como de la sabiduría oriental en un intento de integrar ambos conocimientos en lo referente al desarrollo del potencial humano.

Dentro de estos términos, la realización de dicho potencial tiene que ver, resumiéndolo de la manera más simple, con trascender los límites del ego, entendiendo por ego no el yo freudiano, sino el autoconcepto, la imagen condicionada y empobrecida de nosotros mismos con la que nos identificamos.

Podemos hablar indistintamente de psicología o de psicoterapia transpersonal, porque «la psicoterapia constituye de por sí un tipo de abordaje espiritual. El mero hecho de prestar atención a lo que está ocurriendo en nuestro interior (como algo muy diferente a lo que debería estar ocurriendo o de lo que nos gustaría que ocurriese) puede ser considerado como un acto espiritual»[210]. No olvidemos que la psi-

---

[208] Como curiosidad, sus fundadores fueron: Warren Bennis, Stanislas Grof, Laurence Lee Shan, Stanley Kripner, Michael Murphy, Robert Tannenbaum, Herbert Guenther, Chgyam Trungpa, Arthur Koestler, Victor Frankl y Medard Boss.
[209] R. Walsh y F. Vaughan, *Más allá del ego*, Kairós, Barcelona, 1982.
[210] J. Rowan, op. cit., p. 22.

coterapia, tal como la entendemos actualmente, tiene un siglo de existencia, es muy reciente: anteriormente han sido las tradiciones espirituales las que se han ocupado de la conciencia y del desarrollo interior (como, por poner ejemplos de nuestra cultura cristiana, los ejercicios espirituales ignacianos y el examen de conciencia).

En la medida en que la transpersonalidad se ha convertido en un fenómeno de investigación (y también en una moda) se han ido acotando sus límites, lo que es o no es, la jerga adecuada y la inadecuada: se diferencia lo transpersonal de lo prepersonal (previo a la lógica y regresivo) y de lo extrapersonal (lo paranormal en general), tampoco es sinónimo de «nueva era» ni de una nueva religión ni de la preponderancia del hemisferio cerebral derecho. Se relaciona con la intuición, la creatividad, las experiencias-cumbre de las que hablaba Maslow (no necesariamente extraordinarias sino ligadas a la vida cotidiana como la contemplación extasiada de un atardecer), etc. Creo sinceramente que se está complicando el bosque y cada vez parece más una selva.

Lo esencial del movimiento podría resumirse en lo que C. Naranjo denomina «una reespiritualización de la psicología», después de los excesos cientificistas. También considera la psicoterapia como una «conducción psicoespiritual» sin que pueda separarse el proceso psicológico del espiritual.

La terapia gestalt en el contexto transpersonal

Es conocido el mapa de Ken Wilber[211]: «El espectro de la conciencia», donde cataloga a las escuelas psicológicas en función del nivel de conciencia que contemplan, entendiendo que la personalidad humana es una manifestación o expresión en múltiples niveles de una sola conciencia. También los enfoques terapéuticos pueden jerarquizarse según el nivel de conciencia en que operan, y así Wilber señala, por ejemplo, que el psicoanálisis actúa en el nivel del ego.

Este nivel del «ego» alude a la identificación del hombre no con su organismo psicosomático sino con una representación o imagen mental, más o menos precisa, de su organismo total. Se identifica con su

---

[211] K. Wilber, *The Atman Project*, Quest Book, Illinois, 1980.

ego, con una imagen de sí, escindiendo normalmente la psique y el cuerpo. Además de esta dualidad psique/cuerpo, en este nivel opera la dualidad consciente/inconsciente, por eso aquí se ubican las terapias que comparten la creencia en la escisión entre la persona y su sombra y precisamente el proceso terapéutico consiste en restablecer el contacto con la sombra y reapropiarse de lo proyectado fuera hasta que el individuo adquiera una imagen de sí más exacta y aceptable, más correcta con su organismo total.

Al siguiente escalón Wilber lo denomina nivel «existencial» y aquí ubica a la terapia gestalt. En este nivel operan las terapias no tan preocupadas por los dualismos escindidores del organismo (psique/cuerpo, consciente/inconsciente) sino que conciben holísticamente a la persona como un organismo total, y la polaridad es aquí entre el organismo y el medio; se trata por tanto, de restablecer el equilibrio entre las necesidades del individuo y las de su entorno, ocupándose de las crisis que ocurren en esta frontera y apoyando las potencialidades de la persona para desarrollarse mejor e intervenir más adecuadamente en su medio.

Seguiría jerárquicamente la banda «transpersonal», que se caracteriza por la suspensión de todos los dualismos. Permite al individuo mirar con amplitud sus limitaciones emocionales y de todo tipo, lo cual significa que ha dejado de usarlas para deformar la realidad, es decir, que ya no se vale de ellas para interpretar neuróticamente el mundo. Sería una posición de testigo supraindividual, como ocurre en las prácticas budistas o en la experiencia de arquetipos.

Por último, en el nivel de la «mente» operan las «terapias» (sería más adecuado hablar de prácticas espirituales) que trascienden el sutil dualismo anterior del testigo frente a lo testimoniado. Cuando despierta la mente, ambos son la misma cosa. Es la experiencia del universo por el universo, es la conciencia de la conciencia cósmica intemporal e inespacial de la que habla el budismo mahayana, el taoísmo, el sufismo, algunas formas de misticismo cristiano, etcétera.

Si es difícil describir un proceso terapéutico, no lo es menos sintetizar el desarrollo espiritual, como Wilber intenta a través de este mapa, reconociendo que su clasificación es relativa y parcial (yo la criticaría más bien por exceso de intelectualidad) pero que sirve para explicar cómo el desarrolllo de la conciencia es un proceso de renuncia a las identificaciones exclusivas, estrechas y parciales para ir descubriendo otras más amplias y globales mediante el desapego.

La espiritualidad de la gestalt

Si en la terapia gestalt es innegable el carácter existencial, y eso justifica la clasificación de Wilber, no es menos cierta la influencia de la teoría holística en sus orígenes inspiradores. Jan Smuts definía el holismo en los años veinte (muchos siglos después de que la filosofía oriental hubiera concebido este concepto unitario y globalizador del hombre y el cosmos) en términos de evolución. Dice Smuts: «Hacia donde miremos en la naturaleza no vemos más que «todos»; y no se trata de todos simples sino jerárquicos: cada uno es parte de un todo mayor... el universo tiende a producir "todos" de nivel cada vez más elevado, cada vez más amplios y organizados. Este proceso cósmico global no es otra cosa que la evolución»[212]. La teoría holística así como la indiferenciación creativa de Friedlaender sustentan el concepto de polaridad gestáltico, que es un salto cualitativo para trascender la dualidad y entenderla como polaridad, como equilibrio entre opuestos, opuestos más aparentes que reales como podemos ver cuando su dialéctica evoluciona hacia la integración.

• *La integración gestáltica de polaridades*. Tiene un implícito sentido espiritual aunque la mayoría de los gestaltistas lo consideren exclusivamente una labor terapéutica sin mayores pretensiones. Lo que hacemos a nivel terapéutico no se diferencia mucho de lo que Huxley dice en *Cielo e infierno* a nivel espiritual: para vivir la experiencia mística es necesario ir más allá de todas las dualidades.

En gestalt no hablamos de dualismos sino de integración. La polaridad clave de la teoría gestáltica es contacto-retirada, entendida como el movimiento espontáneo del organismo. La teoría del *self* ha conceptualizado este proceso en términos acordes con la catalogación de Wilber: el *self* como contacto/retirada según el déficit o la satisfacción de sus necesidades; la terapia gestalt californiana, sin embargo, ha

---

[212] J. Smuts, *Holism and evolution*, MacMillan, Nueva York, 1925.

hecho una lectura espiritual del contacto-retirada como expansión-contracción de la conciencia, como ampliación de la conciencia del contacto.

Fritz Perls, en su etapa de madurez, ya no hablaba de *self* sino de «fe en la autorregulación organísmica», un concepto de profunda resonancia espiritual que Claudio Naranjo define como sinónimo de tao.

• *La influencia del zen* también podemos apreciarla en la terapia gestalt. Fritz lo conoció a través de Paul Weiss en los primeros cincuenta en Nueva York: «Mi querido amigo Paul Weiss fue parte integral de mi creciente interés en el zen» (1975b), dando a entender que su apertura al zen no estaba separada del respeto hacia Weiss, al que retrata como persona sólida, auténtica, disciplinada y sabia («una de las pocas personas en mi vida a quien yo escuché»). Tras su marcha a Florida y luego a California, ya en los sesenta, Fritz practicó el zen en un monasterio japonés durante dos meses. Por más que la evaluación de esta experiencia no sea muy favorable en boca de Fritz, sabemos lo que buscaba y encontró: «El zen me atraía como la posibilidad de una religión sin dios... me interesaba su sabiduría, su potencial y su actitud no-moralista... buscaba la creación de un método viable de hacer alcanzable este tipo de autotrascendencia humana al hombre occidental» (1975b). La gestalt que Perls desarrolló en la década de los sesenta es la plasmación de esta búsqueda. En Florida, antes de su viaje a Japón, tuvo una experiencia espontánea de iluminación (*satori*) descrita en su biografía. Según Claudio Naranjo, esta experiencia, así como la práctica de la meditación sirvieron de base para que Perls fuera moldeando (quizá sin saberlo) su terapia como un equivalente moderno de la práctica budista.

Finalmente, en Esalen, lugar creado por dos discípulos de Alan Watts (brillante difusor del zen en Occidente), contrasta la actitud pública de Fritz de bromear y descalificar todo lo que sonara a misticismo (como decir del zen que producía catatonia al igual que la asociación libre freudiana producía disociación) con su comportamiento privado, según el testimonio de Naranjo: «Fritz, personalmente, meditaba por lo menos en la época de su vida en que lo conocí, pero, como consecuencia de su escasa disposición a alabar cualquier otra forma que no fuera la suya propia, daba la impresión de menospreciar todo lo relacionado con la espiritualidad. Como consecuencia, algunos gestaltistas actuales no se percatan de que la conciencia meditativa constituye el autoapoyo más profundo» (1990).

Las similitudes que Naranjo resalta entre gestalt y zen son la invitación a suspender el pensamiento conceptual, la apreciación de la espontaneidad y un estilo característicamente cortante y severo por parte del maestro-terapeuta.

De la aceptación de la no-experiencia, de la nada, ya hemos hablado en el punto 0-vacío fértil, rescatando este aspecto criptobudista de la terapia gestalt. Igualmente encontramos en Perls términos budistas como *satori* o *maya*.

La iluminación o *satori*, que el zen define como «la iluminación última, el umbral, el velo que se desgarra, la paz que viene en sí misma, la comprensión total, la revelación»[213], era el término que Perls utilizaba para referirse a algo más profundo que el *insight*: el descubrimiento de la verdad personal, de la esencia o del ser. Así que podríamos decir que el concepto de salud gestáltico se explica a veces en términos budistas: *satori*, o «despertar» y el mismo Fritz equiparaba las finalidades del budismo y la terapia: «la tarea de todas las religiones profundas, especialmente el budismo zen, o de una terapia realmente buena, es el *satori*, el gran despertar, el despertar de los propios sentidos, el despertarse de los propios sueños.» (Perls, 1974, p. 160). Igualmente a la neurosis se la define como oscurecimiento de la conciencia, como *maya*, que era la forma con que Perls se refería a la «zona intermedia» (fantasías, prejuicios, fobias...) que distorsiona la experiencia interna-externa. *Maya* es la concepción del mundo sustentada por una cultura, aquello que determina la confusión neurótica (confundir la fantasía con la realidad) y que hay que atravesar puesto que «lo que persigue una forma de liberación no es destruir a *maya*, sino verla tal como es, o ver a través de ella»[214].

Perls llamaba computación a perderse en esa zona intermedia de pensamientos y fantasías (*maya*) que dificulta el contacto con la realidad. La meditación persigue ese mismo contacto para no confundir el mundo como es con el mundo como se piensa, como se habla de él o

---

[213] M. de Smedt, *50 técnicas de meditación*, Teorema, Barcelona, 1982, p. 259.
[214] A. Watts, *Psicoterapia del Este, Psicoterapia del Oeste*, Kairós, Barcelona, 1972, p. 23.

se le describe: «Si pienso todo el tiempo, es decir, si estoy continuamente hablando conmigo mismo, no tengo nada en que pensar a no ser pensamientos. Por ende, estoy viviendo totalmente en el mundo de los símbolos sin estar jamás en relación con la realidad. Y quiero ponerme en contacto con ella: ésa es la razón básica para la meditación»[215].

Este contacto con la experiencia real se ha descrito a veces según los términos de la antigua psicología de la gestalt: observar el fondo y dejar que emerja la figura, sin manipular la fluidez organísmica. En el trabajo gestáltico tiende a enfatizarse el valor significativo de la figura (como situación inconclusa) mientras que el fondo es «difuso y amorfo. Su poder reside en su fertilidad» según palabras de los Polster, lo que supone un enfoque del fondo como lugar privilegiado de la conciencia y esto nos remite de nuevo al budismo: «Percibir el proceso figura/fondo desde el punto de vista dualístico de la figura, es el estilo habitual de los seres humanos. Percibir este proceso desde el punto de vista unitario del fondo, es el modo zen»[216]. Así que no es gratuito que Perls abandonara tempranamente la metáfora de figura-fondo en aras de la vacuidad, no de forma explícita, pero sí reconocible en su manera de trabajar el vacío. Watts lo explica certeramente y uno no puede dejar de ver la actitud de Fritz detrás de estas palabras: «El principio budista de que la forma es vacío (*sunya*) indica que las formas son inseparables de su contexto, que la forma de una figura es también la de su fondo. La doctrina de Sunyata o Vacuidad afirma que no existen formas por sí mismas, pues cuanto más se concentra uno en una cosa individual, más se complica con el universo entero»[217].

Hemos hablado de meditación y vamos ahora a reflexionar sobre el continuo atencional y sus semejanzas con una práctica del budismo hinayánico: la meditación vipassana.

- *Continuum of awareness gestáltico y meditación vipassana.* La terapia gestalt ha desarrollado una metodología de la conciencia que en esencia es una práctica meditativa. El *continuum of awareness* o continuo atencional, es atención focalizada en el presente y abierta a todos

---

[215] A. Watts, *Nueve meditaciones*, Kairós, Barcelona, 1979, p. 30.
[216] M. Joslyn, «Figura-fondo: Gestalt-Zen», en J. O. Stevens, op. cit., p. 238.
[217] A. Watts, *Psicoterapia del Este, Psicoterapia del Oeste*, op. cit., p. 81.

los contenidos que emerjan puntualmente a la conciencia. Aunque sólo sirviera para centrarse en el presente ya sería per se una práctica saludable. «Como el vivir neurótico es básicamente anacrónico, cualquier retorno a la experiencia presente es en sí mismo un antídoto parcial a la neurosis»[218]. El budismo también alude a esta práctica como una pérdida del yo a través de la suspensión del pensamiento, del recuerdo y de las anticipaciones: «No se trata de que deberíamos evitar pensar acerca del pasado o ensayar para el futuro, sólo que no es sabio confundir estas actividades con la verdadera realidad»[219].

Cuando se ejercita este continuo del darse cuenta se enfoca la actividad de la mente (pensar, imaginar, recordar...) y se acentúa la atención en los contenidos emocionales y sensoriales. Lo cual resuena con el zen cuando dice que el hombre liberado es un hombre «sin mente» (*Wu-hsin*), de la misma manera que Perls recomendaba abandonar la mente y volver a los sentidos. Esta práctica de la atención al presente se parece mucho a una meditación verbalizada, aunque la meditación tradicionalmente se realiza en silencio (es más bien un acto de silencio: acallar la mente), y por ello puede resultar sorprendente equiparar esta práctica gestáltica con otras formas meditativas. Sin embargo tiene gran semejanza con la meditación vipassana.

De las diversas sectas y agrupaciones (según maestros y comarcas geográficas) en que se diversificó el budismo, dos ramas cobraron relevancia tras el concilio que tuvo lugar el año 380 de nuestra era: la vía del *Hinayana* (o «pequeño vehículo») y la vía del *Mahayana* (o «gran vehículo»)[220]. Dentro de la vía del *Hinayana*, son dos las técnicas que constituyen la base de la práctica: *Anapana* (atención a la respiración y a la concentración de espíritu) y *Vipassana* (visión interna de las cosas tal como son). La técnica de *Anapana* se basa, según Marc de Smedt, en «observar cada inspiración y cada expiración. No contarlas. No regularlas. No impedirles ser tal cual son... Dejar que la respiración sea como es, pero poner una gran atención en la observación de ese vaivén en sí mismo». A su vez, la técnica *Vipassana* es «un proceso de limpieza y un camino de purificación... Si una suciedad se va, soy

---

[218] E. y M. Polster, op. cit., p. 28.
[219] M. Joslyn, op. cit., p. 236.
[220] A. Solé-Leris, *La meditación budista*, Martínez Roca, Barcelona, 1986.

liberado de ella. Incluso si se va parcialmente, soy liberado de la parte que se va. Dejad que las impurezas suban: vienen y se van... Con una observación precisa de cada parte del cuerpo, uno ve nacer las sensaciones y marcharse...»[221].

Son aspectos básicos de esta meditación, una sensibilidad de espíritu, atenta y sutil, y una actitud de ecuanimidad. La sensibilidad facilita el estar consciente de uno mismo y del mundo que le rodea. La ecuanimidad permite ser observador neutral de los procesos, distanciándose de los mismos.

Este desapego mental (que supone la suspensión de la evaluación, del juicio de valor y de la censura) es también la condición del *continuum of awareness*. «Un testigo que juzga no es un verdadero testigo... Las ideas preconcebidas limitan la observación a una mera confirmación de evidencias... Si se observa la actuación sin juzgarla, el resultado no sólo es categórico, sino también informativo, conduciendo a la introvisión y a la comprensión»[222].

Así que, en esencia, tanto la meditación vipassana como el continuo atencional gestáltico persiguen la misma meta y se sustentan en principios similares. La diferencia básica es que el *continuum* gestáltico es verbal e interrelacional como corresponde a la esencia de la terapia gestalt que es expresiva y dialógica (Yo-Tú). Claudio Naranjo señala estas ventajas de la práctica gestáltica:

— La tarea de tener que comunicar algo, implica tener que observarlo realmente en lugar de soñar con observarlo.
— La presencia de un testigo conlleva incrementar tanto la atención como lo significativo de aquello que se observa.
— En un marco interpersonal, los contenidos de la conciencia se referirán a la relación interpersonal, cosa que no le ocurriría a un meditador solitario.
— La presencia de un interlocutor permite que éste devuelva al presente al otro cuando se distraiga de sí (Naranjo, 1990, pp. 33-34).

---

[221] M. de Smedt, op. cit., pp. 212 y ss.
[222] S. Resnick, «La terapia gestáltica como práctica meditativa», en J. O. Stevens, op. cit., p. 228.

- *El chamanismo* es otro aspecto esencial de la espiritualidad gestáltica:

> Más que a un maestro zen, Fritz se parecía al terapeuta transpersonal más temprano: el chamán, que también es el precedente del rol del terapeuta gestáltico: el rol de un guía experimentado, un conductor consciente. Lo que le hace particularmente chamanístico es su versatilidad, su movimiento orgánico entre los dominios sensorial, afectivo, cognitivo, interactivo e imaginativo.
>
> Naranjo, 1990, p. 203.

Mircea Eliade[223], reconocido estudioso del fenómeno chamánico, define al chamán como el gran especialista del alma humana, el maestro del éxtasis en culturas donde la experiencia extática se considera la experiencia religiosa por excelencia. Cada chamán utiliza un método de su exclusiva pertenencia, aunque todos hayan recibido una doble instrucción: de orden extático (sueños, trances, etc.) y de orden tradicional (técnicas, nombre y funciones de los espíritus, mitología del clan, lenguaje secreto...) que equivale a una iniciación. Si el chamán puede ser un guía es porque ha sufrido y atravesado su propia patología. Joseph Campell lo diferencia del sacerdote

> que es un miembro iniciado socialmente, instalado ceremonialmente, que ocupa un rango y actúa como usufructuario de un cargo que otros ostentaron antes que él, mientras que el chamán es alguien que, como consecuencia de una crisis psicológica personal, ha obtenido ciertos poderes propios. Los visitantes espirituales que se le presentaron en la visión nunca antes habían sido vistos por ningún otro, eran sus familiares personales y protectores[224].

Eliade insiste en este punto:

> El chamán es un enfermo que se ha conseguido curar y que se ha curado a sí mismo. Su instrucción es demasiado complicada para ser accesible a

---

[223] M. Eliade, *El chamanismo y las técnicas arcaicas del éxtasis*, Fondo de Cultura Económica, México, 1960, pp. 19 y ss.
[224] J. Campbell, *Las máscaras de Dios*, primer volumen, Mitología Primitiva, Alianza Editorial, Madrid, 1991, p. 267.

un neurótico, no pueden ser considerados como simples enfermos porque su experiencia psicopática tiene un contenido teórico. Si se curan a sí mismos y saben curar a los demás es, entre otras cosas, porque conocen el mecanismo, o mejor dicho aún, la «teoría» de la enfermedad[225].

Fritz Perls era un chamán «en su confianza en la intuición, en su orientación científico-artística, en su combinación de fuerza y ordinariez, en su anticonvencionalismo y desafío a la tradición, su familiaridad con los cielos y los infiernos y, tal vez lo más importante, su mente dionisíaca y apreciación de la rendición» (Naranjo, 1990, p. 204).

Mucho de esto está en la terapia gestalt donde se alienta el estilo propio del terapeuta, el uso de sí, su experiencia en atravesar la neurosis para poder acompañar a otros, su heterodoxia[226], etcétera.

Pero el aspecto chamánico más reseñable de la espiritualidad gestáltica es su carácter no santurrón: Fritz decía de sí que era 50% hijo de Dios y 50% hijo de puta, lo cual escandalizaba a las personas de creencias religiosas rígidas y contribuyó a considerar a la gestalt «antiespiritual».

También su forma confrontativa de trabajar,

> Su insistencia en la frustración para desarticular las manipulaciones del paciente... contribuyó a dar una visión de la gestalt como una terapia dura, a veces cruel y afianzada en lo real, y permitió que algunos discípulos de Perls siguieran un modelo limitado y estrecho donde frustrar era más importante que la autorrealización... la separación entre Yo-Tú (recuérdese la oración gestáltica) se convirtió en una finalidad en lugar de ser un medio hacia el encuentro con otros seres humanos y con todas las manifestaciones de la vida y de la energía[227].

• *Otras resonancias espirituales en la terapia gestalt.* Claudio Naranjo ha señalado las siguientes: el espíritu del *taoísmo*, con su fe en la sabiduría de la espontaneidad más allá de la voluntad programada: «Es una espiritualidad que abarca no sólo la esfera real y concreta, sino la corporal, en particular, y la instintiva».

---

[225] M. Eliade, op. cit., pp. 37-41.
[226] F. Peñarrubia, «La heterodoxia terapéutica como neo-chamanismo», ponencia del Symposium anual de la SEPTG, Almería, mayo, 1989.
[227] E. Pérez, Gestalt *Transpersonal*, Fondos de la AETG, 1985.

Del *sufismo*, y particularmente de la tradición del *cuarto camino*, Naranjo observa la similitud entre Gurdjieff y Perls: la insistencia en el «trabajo», la no evasión del sufrimiento: el «sufrimiento consciente», el trabajo con la atención...

El acento en el gozo de vivir, en la alegría de la salud mental, asemeja a Perls a un rabino de la tradición *hassídica* y la gestalt ha heredado ese aspecto gozoso de la integración del niño espontáneo en el adulto serio y maduro.

En síntesis, la espiritualidad de la gestalt según Naranjo[228] se basa en el equilibrio e interacción de lo apolíneo y lo dionisíaco: el desarrollo de una actitud voluntaria de inhibición (que supone una moralidad, un cultivo de la virtud: en nuestro caso, inhibir la conceptualización obsesiva, la manipulación y los juegos o conductas inauténticos), y el desarrollo de la espontaneidad (fe en el impulso, fluidez de la experiencia...). «La integración de la espontaneidad y la deliberación fue uno de los últimos intereses de Fritz y una de sus contribuciones más originales e importantes. Espontaneidad más deliberación es igual a naturalidad inteligente: el modo gestáltico» (Naranjo, 1990, p. 223).

Y todo esto está en la esencia de la terapia gestalt aunque haya que poner una frontera lingüística artificial entre lo psicoterapéutico y lo transpersonal. Si trascendemos esta convención podemos percibir la profunda espiritualidad de la gestalt, por ese entendimiento integrador de las polaridades a que antes nos referíamos, por la fe en la sabiduría del organismo, por la comprensión compasiva del Yo-Tú (dialógicos e inseparables), por su esencia taoísta que confía en la espontaneidad y expresividad del impulso al que basta ponerle conciencia... además del énfasis en el aquí y ahora, la invitación a atravesar el impasse y la implosión como enfrentamiento con el vacío y con la muerte del ego. Podemos decir que «la Terapia Gestalt y la Gestalt Transpersonal no son claramente separables, la una se funde en la otra como el hielo se disuelve en el agua»[229], acentuando que la espiritualidad de la gestalt está encarnada en el aquí y ahora y en el Yo-Tú: «Lo transpersonal en lo interpersonal» (Naranjo, 1990, p. 204).

---

[228] A. Chevreux, «Gestalt y Espiritualidad según Claudio Naranjo», *Boletín de Psicoterapia Integrativa Transpersonal*, núm. 2, primavera, 1995 y *Boletín de la Asociación Transpersonal Española* (ATRE), núm. 1, 1995.

[229] E. Elkin, *Transformation: a Transpersonal Gestalt Primer*, Fondos de la AETG, 1983.

CAPÍTULO 19

ARTE Y CREATIVIDAD EN LA TERAPIA

> El arte viene de donde viene el impulso religioso, el don religioso, es decir, la sed; el arte creador nos llega de muy lejos y de muy abajo, como de un abismo, pero no de un abismo de caer en él, sino un abismo de nacer de él.
>
> Ramón GAYA, *Naturalidad del arte*

En los círculos de la Terapia Gestalt se ha venido discutiendo desde casi siempre acerca de dos formas de entender la figura del terapeuta gestáltico. Unos ponen el acento en su capacidad técnica, y por extensión, en lo sólido de sus principios teóricos y en lo científico de su metodología. Otros acentúan la creatividad del terapeuta que se fundamenta en sus recursos expresivos y en su intuición.

La dicotomía entre terapeuta técnico y terapeuta intuitivo hemos de superarla como parte del pensamiento lineal y entenderla en términos de polaridades, es decir, que cada uno corresponde a los extremos de un mismo eje y que su oposición es más aparente que real. Todo terapeuta experto dispone de (y utiliza) un amplio bagaje técnico y a la vez trabaja creativamente guiado por su propia intuición. Lo contrario, llevado hasta el absurdo sería la caricatura de un terapeuta mecanizado (en el primer caso) o la de un pseudochamán (en el segundo).

En realidad, esta discusión actualiza una más antigua: la de la ciencia y el arte como dicotomía casi irreconciliable, basada en las diferencias entre el hemisferio izquierdo y derecho del cerebro humano. Para la mente discursiva el arte carece de lógica (y casi de exigencia o de rigor) como si no fuera también un método que, a diferencia de la ciencia, no trabaja en eliminar de su campo el azar, lo irracional o lo espontáneo, sino que, por el contrario, lo utiliza y lo integra. Por eso todas las terapias derivadas del tronco psicoanalítico comparten con el arte este respeto por (y explotación de) la experiencia «irracional». Y la terapia gestalt más explícitamente si cabe por su interés en eso que Perls llamaba «vacío fértil» y que definió en alguna ocasión como una vivencia similar a la psicosis, atemorizante para la mente controladora pero familiar para la mentalidad del artista:

> el vacío fértil es una experiencia esquizofrénica en miniatura, que pocas personas pueden tolerar... donde el intelectualizador dice: esto es completamente loco», seguramente el artista diría: «yo paso gran parte de mi vida en este estado»

1976.

Siendo la instrucción técnica una parte muy significativa de la formación del terapeuta, hay que aprenderla para luego olvidarla, debe volver al fondo cuando su función como figura se haya completado o concluido. ¿Cuál es esa función? ¿Proporcionar una aparente seguridad al terapeuta novato, seguridad de la que anda muy necesitado en sus inicios profesionales? Por supuesto, pero esto no es lo más importante. Lo importante es que las técnicas gestálticas, por su misma naturaleza, implican al terapeuta, así que a través de ejercitarlas, éste está realizando un entrenamiento en sí mismo, un proceso de conciencia y autodescubrimiento técnico. Como dice la fotógrafa Inge Morath: «Hay que tener un ojo puesto en lo que ves y otro hacia dentro. Así surgen las mejores fotos» porque la técnica, o está conectada con uno mismo o deja de tener sentido[230].

Podemos utilizar el símil de las academias de arte: en ellas el aprendiz de artista va a conocer y manejar las herramientas que, en su momento, le permitan mayor libertad de expresión; sin ellas estará más limitado; si no las abandona cuando corresponda también se limitará.

---

[230] I.Morath, entrevista de M. A. Villena. *El País*, 2-4-97.

Así tenemos a tantos artistas académicos, que son aquellos que no atravesaron la convención y eligieron transitar por territorios conocidos.

Volveremos más adelante a desarrollar esta concepción del terapeuta como artista, pero veamos antes algunas consideraciones sobre la terapia y el arte para comprender los territorios que comparten.

Terapia y arte

En los orígenes el arte tuvo una función mágico-curativa que lo emparenta con los métodos terapéuticos. Según Muret[231] para los antiguos el arte era esencialmente el medio de representar lo invisible y lo utilizaban instintivamente para curar sus enfermedades. Dado el poder mágico que le otorgaban, se entiende que recurrieran al arte para combatir a los espíritus invisibles que eran, según ellos, los responsables de la enfermedad.

De alguna manera el psicoanálisis retomará esta línea, dándole a lo «invisible» el nombre de inconsciente. No en vano Freud, en su búsqueda de un método para acceder a los rincones más desconocidos de la psique humana, retorna sistemáticamente a la literatura (Edipo, Hamlet...) y a las artes plásticas (Miguel Ángel, Leonardo...), porque allí reside el secreto del alma. El particular museo de figurillas de arte primitivo y de reproducciones clásicas con que se rodeaba, debió inspirar las indagaciones de Freud y su apoyo en el arte para explicar el incosciente. Sus seguidores heredaron esta inspiración y nos han proporcionado hermosos textos explicando la función del arte, por ejemplo Karl Abraham y su idea de que «la creación nace del trabajo del duelo, realizando una suerte de reparación interior».

Joseph Garai[232], desde un enfoque humanista, discute el sentido compensatorio que el psicoanálisis le atribuye al arte y a la creatividad. Llama «teorías de la compensación deficitaria» a las concepciones psicoanalíticas que explican la creatividad como resultado de la sublimación de la libido (Freud), para trascender el miedo a la vida y sobre

---

[231] Marc Muret, *Les art-thérapies*. Edit. Retz, París. 1983, pp. 17-49.
[232] J. Garai, «A humanistic approach to Art Therapy» en J. A. Rubin, *Approaches to Art Therapy. Theory and Technique*. Brunner-Mazel, Nueva York, 1987, pp. 188-196.

todo a la muerte, ganando incluso la inmortalidad mediante la creación (Rank).

El humanismo consideró siempre la creatividad como un impulso humano innato e independiente, expresión de la salud en vez de sublimación de la patología apoyándose en una visión holística que integra cuerpo-mente, cuerpo-espíritu y mente-espíritu. Esta integración no alude sólo al interior de la persona «consigo misma» sino también al entorno ecológico, concepción que viene de la psicoterapia existencial y se desarrolla en la psicología transpersonal. Según Rollo May,

> El proceso creativo es un encuentro entre el creador y su entorno: el pintor encuentra el paisaje. La intensidad del encuentro, la absorción del creador en el acto creativo y su transformación del entorno y de sí, determina la calidad del proceso creativo, que siempre involucra a la persona entera, en un proceso no irracional, sino más bien suprarracional, una experiencia mística de unión entre lo individual y el cosmos, la unidad y la diversidad[233].

La terapia y el arte comparten también el espacio del juego. Decía Kant que el arte tiene en común con el juego la libertad y el desinterés (en el sentido de despreocupación) igual que la terapia, especialmente la terapia grupal de enfoque humanista-gestáltico, donde la invitación a participar se basa en esta regla: «muéstrate como eres, sé libre, descuida el control», en aras de la espontaneidad, la expresividad y la conciencia.

Por eso la terapia, como el juego, es un lugar virtual, una especie de laboratorio para jugar con conciencia, un antídoto de los juegos sociales de «la vida real», casi siempre convencionales, automáticos y falsos.

Winnicott acertó al llamar «espacio transicional» a este territorio común del juego, el arte y la terapia «El juego y el arte son siempre manifestaciones libres de la pulsión de la vida», decía oponiéndose a Melanie Klein, quien describía el juego (y por extensión, toda actividad artística) como un equivalente masturbatorio. De nuevo la compensación deficitaria.

---

[233] R.May, *The courage to create*, Bantam Book, Nueva York, 1975, p. 47.

La terapia es un espacio artificioso pero en él puede darse un nivel de verdad (y se trata precisamente de buscar y vivir esta autenticidad en un lugar de seguridad) que sólo es equiparable al «trance» del artista y al ensimismamiento, concentración y absorción de los «niños perdidos en su juego. Muchos pacientes son incapaces de jugar, no experimentan ese estado de reposo a partir del cual puede elaborarse cualquier cosa creativa. Jugar es una terapia per se»[234].

Lo mismo podríamos decir del arte, entendido de esta manera: como una instancia transicional, un lugar potencial e intermediario, entre lo de dentro y lo de fuera, un «como si» que puede revelarse más auténtico que lo considerado «real»: Y la terapia suscribe todo esto: no olvidemos que al hablar de «como si» estamos haciendo un guiño al teatro, y la terapia tiene, como una de sus grandes funciones, la de recrear un espacio de comunicación donde el individuo pueda, sin ser juzgado, poner en escena su vida, verbal o corporalmente.

Volviendo a la gestalt, quizá haya sido la primera en reafirmar la consideración de la terapia como arte, lo cual no se refiere a la notoria creatividad de sus técnicas, sino a la actitud del que la practica. Una actitud que es eco del espíritu dionisíaco de la gestalt: libertad interior y confianza en el impulso. Su «moralidad organísmica» integra el caos y la embriaguez con la deliberación y el control (su aspecto apolíneo) y aquí radica, según Claudio Naranjo, la esencia de la terapia como arte:

> Los sistemas subyacentes de la psicoterapia, con sus reglas, técnicas y rituales, están en contra de la psicoterapia como arte... La enseñanza de la gestalt es que no hay reglas: sólo toma de conciencia. Atención y espontaneidad, o mejor aún: percatarse y naturalidad. La naturalidad no es impulsividad, sino algo que Fritz tuvo la intuición de estipular como una síntesis de espontaneidad y deliberación. Una espontaneidad controlada: hay mucho de eso en el arte Zen... una importante síntesis y lo más fundamental de la psicoterapia como arte.
>
> 1990, pág. 221.

Se ha dicho repetidamente que el terapeuta gestáltico es un artista y esta afirmación a veces se hace de forma trivial cuando sin embargo es muy seria y profunda. Yo creo que tender hacia ese arte de la terapia

---

[234] D. H. Winnicott, *Juego y realidad*, Gedisa, Barcelona, 1978.

es una de las de las aspiraciones más nobles y difíciles, y de eso quiero hablar a continuación, apoyándome en las palabras de los artistas. Cada vez que leo las reflexiones de distintos creadores sobre su trabajo, no sólo reconozco lo que dicen, sino que creo además que nombran metafóricamente aquello inefable que tanto cuesta expresar sobre el oficio de terapeuta.

Los artistas (músicos, pintores, escritores, arquitectos, escultores...), como decía Fritz, están familiarizados con ese vacío fértil del que antes o después surge la creación. El terapeuta maduro trabaja también desde ese punto, pero cuando lo verbaliza suele convertirlo en conceptos técnicos. Así que prefiero ilustrar lo que viene a continuación, con el verbo poético de los creadores: vamos a tomar la figura del terapeuta como modelo creativo, a lo largo de un proceso que él transmitirá a su paciente en la medida proporcional en que él mismo lo atraviese y desarrolle. Este proceso va desde lo colectivo («todos somos creadores») a lo personal («el arte de ser uno mismo»). El terapeuta lo transmite con su actitud y su hacer (o no hacer), pero los artistas lo han expresado con mejores palabras y por eso a ellas me remito.

Todos somos creadores

Partamos de esta primera afirmación radical para desmitificar el «arte con mayúsculas» y reconsiderar la creatividad como esencia de lo humano. El escritor José Saramago dice:

> Eso de ser un creador no es algo que esté limitado a unas cuantas actividades profesionales muy especiales. Si uno está plantando un árbol, o moviendo un bloque de mármol, o está haciendo algo con sus manos, usando unas herramientas, todo eso es creación en un sentido amplio. Escribir libros es como hacer sillas. Las sillas tienen que ser sólidas y, si quieres, estéticas y hasta hermosas. Pero estás haciendo sillas. No le des más vueltas. Y aunque muchos lectores quieran idealizar las cosas, lo que hay es una responsabilidad con lo que haces... Todos tenemos manos muy parecidas, iguales y las usamos. Las manos sirven para escribir *La divina comedia* o para matar»[235].

[235] José Saramago, entrevista de S. Alameda, *El País Semanal*. 29-11-98.

Esta concepción artesanal de la creatividad es muy adecuada además al oficio terapéutico que siempre me ha parecido más cercano a la tradición gremial (el aprendiz que observa hacer al maestro) que a la transmisión académica de información. Sin duda la terapia tiene mucho de vocación, en sentido etimológico (lo que «te llama», lo que te atrae), o como diría Perls, de inclinación. Una inclinación-vocación que compromete a quien la sigue, así que el artista no se diferencia de los demás sino en este sentido de la responsabilidad: «responder» a la «llamada», que es una metáfora espiritual, como muy bien describe el pintor Ramón Gaya:

> El arte ha sido visto siempre como la meritoria inclinación de *unos cuantos* —de esa clase especial de hombres que llamamos artistas— ... pero la realidad es muy otra: La creación artística no es un *asunto* personal del artista, ni un asunto privado entre el artista creador y el consumidor de su obra, tampoco se trata de algo social, general... sino algo extensamente humano, del hombre común —el *superhombre común*—, es decir el hombre sano, limpio, fuerte, silvestre... Sólo él sabe recibir la realidad entera y escuchar esa voz original, antigua, perenne, sustancial, esencial, y obedecer a ella. La verdad es que esa voz suena para todos, y lo que pide (porque viene a pedir, a exigir-nos) lo pide a todos[236].

El terapeuta como artista

El encuentro terapéutico es una obra de arte por realizar, está tan llena de riesgos, temores y posibilidades como un lienzo en blanco. Si terapeuta y paciente no se desprenden de sus preconceptos, difícilmente podrán «pasar» a otro estado de conciencia.

José Ángel Valente, uno de los que más y mejor ha reflexionado sobre el proceso de creación poética, afirma que «la palabra ha de llevar el lenguaje al punto cero, al punto de la indeterminación infinita, de la infinita libertad»[237]. Esta formulación del «Punto Cero» es exactamente igual a lo que Perls tomó de Friedlaender para nombrar esa actitud que es más que neutra, que remite al «centro» de la polaridad y

---

[236] R. Gaya, *Naturalidad del arte (y artificialidad de la crítica)*, Pretextos. Valencia 1996.
[237] J. A. Valente, «Conocimiento y Comunicación», Madrid, 1963.

que es una expresión de la «nada». El artista creador, el poeta, así como el terapeuta gestáltico, crea a partir de ese punto 0, de esa nada que es un sinónimo de la libertad interior. Libertad o liberación. ¿De qué?

Liberación del autoconcepto

La actitud creativa es inseparable de la disolución (a distintos niveles) de lo que en gestalt llamamos autoconcepto, del ego transpersonal, del yo-carácter. Y esto lo dicen los artistas de múltiples maneras:

J. A. Valente:

Reivindico el misticismo o la aniquilación del yo como premisas para la actividad creadora. El poeta debe hacer transparente el universo y para ello precisa vaciarse de su ego. El escritor debe abrir al lector los horizontes sin interferencias personales[238].

Pablo Palazuelo:

Mi pintura tiene que ver con la vida de los humanos, con la aspiración de ser más de lo que somos, de progresar... Pero eso sólo ocurre saliéndote de ti, dejando atrás lo que tú eres. No como residuo sino como semilla... Es la ambición de ir más allá de todas las formas. Es ir más allá con una especie de amor[239].

Liberación del conocimiento intelectual

El artista ha de renunciar a la seguridad intelectual, a la adscripción teórica, si quiere trabajar desde ese punto cero. Decía el escultor Giacometti que «basta con quedarse cinco centímetros por encima o por debajo de la obra para que ésta fracase»[240].

Y algo parecido oímos en las palabras de Matisse:

---

[238] J. A. Valente:, «Nadie. Fragmentos de un libro futuro». Teguise, Lanzarote, 1997.
[239] Pablo Palazuelo, entrevista de S. Alameda, *El País Semanal,* 1996.
[240] A. Giacometti, *Escritos*, Edit. Síntesis, Madrid. 2002.

En arte, lo que importa no es tanto lo que se pretende hacer racionalmente —las fórmulas, las modas— sino lo que se expresa inconscientemente a pesar de las teorías cambiantes y de uno mismo, tan mudable como ellas... Lo que hacemos se expresa por sí mismo a pesar nuestro[241].

Otras veces esa inhibición de la mente racional se expresa en forma corporal, como dice Luis Gordillo:

> La pintura tiene una relación profunda con los fluidos corporales, como el sudor, la sangre, el semen, la saliva, las lágrimas, que nos constituyen como humano, e incluso como demasiado humanos. Cuando me hice pintor, mi cuerpo eligió por mí[242].

O en forma de conciencia alterada, como cuenta la violinista Anne-Sophie Mutter:

> No es un estado mental normal el que tienes sobre el escenario... es un nivel de conciencia superior. Y sin embargo surge de un modo muy espontáneo. No es cuestión de pensar, es más que eso. Es el resultado de mucho análisis y trabajo, a causa de los cuales estás libre en ese momento, libre como un pájaro. Y ese momento, que viene detrás de toda esa lucha, es el verdaderamente grande. Por supuesto, no siempre sucede[243].

En este proceso de disolver las seguridades intelectuales, el camino del conocimiento se torna paradójicamente un «no saber». En palabras de Peter Brook: «No saber no significa resignarse. Es una puerta abierta al asombro»[244] y J. A. Valente lo relaciona con la experiencia mística: «Pasar de la poesía como conocimiento, al hecho poético como *inconocimiento*, en la línea del *no saber* de S. Juan de la Cruz: «Entréme donde no supe/ y quedéme no sabiendo/ toda ciencia trascendiendo»[245].

Cualquier terapeuta maduro habrá experimentado la molestia que proporciona, en el encuentro terapéutico, el estar ocupado interior-

---

[241] Françoise Gilot, *Vida con Picasso*, Ediciones B, Barcelona, 1996.
[242] Luis Gordillo, entrevista en *El País Semanal*, 1995.
[243] Anne-Sophie Mutter, entrevista de S. Alameda en *El País Semanal*, 1998.
[244] Peter Brook, entrevista de Mel Gusow en *El País*, 19-8-98.
[245] A. Sánchez Robayna, Prólogo a *El Fulgor*, de J. A. Valente, Círculo de Lectores, Madrid, 1998.

mente en disquisiciones teóricas o psicodiagnósticas: la atención y el contacto con el paciente se rompen y en consecuencia se crea un vacío de los estériles, o un falso vacío puesto que es el intelecto el que lo está llenando.

Fritz Perls insistía en la máxima zen de «abandonar la mente y recuperar los sentidos», así que esta disolución del exceso intelectual la he visto expresada en algunos creadores (especialmente arquitectos) en forma de rescate de lo sensorial y emocional:

Peter Zumthor, dice:

> Las referencias que nutren mi obra no son intelectuales ni visuales, sino que tienen más que ver con la emoción. Yo no soy un intelectual, soy más un carpintero que dice la verdad, la verdad de lo que él piensa. El lugar, el tacto, el sonido, el efecto de la luz, el olor, unas dimensiones... eso es lo fundamental en la arquitectura... Las cosas que de verdad nos importan, tanto a usted como a mi madre, son el espacio, el tacto y las sensaciones. Lo demás, las teorías, las historias virtuales que gustan tanto a los jóvenes, sirven para distraer pero no son arquitectura»[246].

En la recuperación de lo sensorial, la imaginación es tan engañosa para el artista como las convicciones. Peter Brook confiesa que el conflicto básico de su vida ha sido:

> Cuándo aferrarse a una convicción y cuándo darse cuenta de hasta dónde llega y abandonarla... La realidad y las apariencias proyectan sombras, siendo engañados cada vez por lo que tan fácilmente damos por sentado como real[247].

Entrega y receptividad

Podríamos decir que la búsqueda del terapeuta, como la del artista, ha de abandonar su carga voluntarista, en aras de una entrega más serena. Muchos creadores hablan de calma, relajación, receptividad, etc. como condicionamiento para que la obra de arte emerja:

---

[246] Peter Zumthor, entrevista de A. Zabalbeascoa en *El País-Babelia*, 28-11-98.
[247] P. Brook, entrevista citada.

Juan Uslé:

La pintura es un medio lento y especialmente apropiado para indagar en los problemas eternos del hombre, en la soledad, en el amor... la calma que se precisa tanto para hacerla como para disfrutarla es lo que nos da lugar y tiempo para pensar y conocernos[248].

Francis Bacon:

Esas imágenes surgen como caídas del cielo, por pura casualidad, soy más un medium que un pintor. Aunque quizá resulte vanidoso decirlo, no me considero dotado; sólo soy receptivo[249].

Anthony Hopkins:

Le debo mucho al método Stanislavski, que dice que lo único que nos permite poder representar un personaje es la relajación. Así que, aunque es asombroso, en los momentos más tensos un artista puede permanecer tranquilo: Horovitz, cuando toca el piano, parece que lo hace sin esfuerzo... Por supuesto que el conocimiento y la investigación sirven para algo, pero una vez que los has completado, lo mejor es hacer el trabajo y basta[250].

Todo esto resuena con el retrato que Claudio Naranjo hace de Fritz Perls como ejemplo de «indiferencia creativa», de estar en el punto cero sin verse atrapado en los juegos del paciente, y sobre todo de la actitud desapegada que se requiere del terapeuta gestáltico, paralela y simultánea a un estilo activo y autoimplicante, como suele ser el gestáltico:

Pienso en el punto cero como un refugio del terapeuta gestáltico en medio de una participación intensa; no sólo como una fuente de fortaleza, sino como su último apoyo».

1990.

---

[248] Juan Uslé, entrevista de E. Antolín en *El País-Babelia*, 7-2-98.
[249] Francis Bacon, entrevista de M. Archimbaud en *El País Semanal*, Enero, 1997.
[250] Anthony Hopkins, entrevista de M. Torres en *El País*, 14-12-96.

Un apoyo en la nada, que es la condición del vacío fértil, como luego veremos. Esta receptividad serena Ramón Gaya la identifica como una especie de pereza refiriéndose a la pintura de Velázquez:

> Todos hemos sentido que Velázquez no quiere trabajar, pintar, hacer cuadros. Se resiste al ejercicio de la pintura y se mueve en algo que recuerda mucho a la pereza... Al contrario que los demás pintores que se plantan delante del lienzo y empiezan a trajinar, a plantear, a operar, Velázquez pasa dulcemente de largo y se desentiende de todo. Lo suyo es libertarlo, disolverlo todo en la inmensa caja del aire, hacer desaparecer como por encanto, las reglas del juego[251].

Ejercer la retracción. No hacer-estar

Pero mejor que de pereza, debemos hablar de *no hacer*, que es la definitiva liberación del artista creador en este sentido que estamos desarrollando. Tanto Ortega y Gasset (para explicar el misterio de Velázquez) como Valente (para definir la poética de Tápies) hablan de ejercicio de retracción.

Este retraerse y no hacer es un sinónimo de desaparecer. El creador, como el terapeuta artista, desaparece en el sentido egoico. Sin embargo, está. Si R. Gaya hablaba de la simultaneidad paradójica de descender-ascender (como recogimos en la cita introductoria de este capítulo), ahora se trata de desaparecer-estar, como una cualidad de presencia. Estar en lugar de hacer:

Ramón Gaya (acerca de Velázquez):

> Lo suyo sería, pues, como una vigorosa conducta que no fuera propiamente hacer, sino estar, estarse en una quietud fecunda, una quietud que se apodera de todo... para irradiarlo[252].

J. A. Valente:

> Escribir es como la segregación de las resinas; no es acto sino lenta formación natural. Musgo, humedad, arcillas, limo, fenómenos del fondo, y no

---

[251] R. Gaya, *Velázquez, pájaro solitario*, Obras completas, Tomo I, Pretextos, Valencia, 1990.
[252] R. Gaya, ibídem.

del sueño o de los sueños, sino de los barros oscuros donde las figuras de los sueños fermentan. Escribir no es hacer, sino aposentarse, estar[253].

«Quietud fecunda», según Gaya, la «Nada germinativa» de Mallarmé, o el «Vacío Fértil» de Fritz Perls, como el punto de destino y de partida del auténtico arte. La terapia como arte supone por tanto un grado mayor de madurez respecto a la terapia como técnica. Podríamos utilizar la metáfora del joven y del adulto. El terapeuta «joven», como el artista adolescente, es necesariamente técnico porque es ambicioso e imitativo, y lo más fácil de imitar son las técnicas y los actos. El terapeuta maduro, como el artista adulto, acepta el vacío y desarrolla la actitud de no hacer, difícilmente imitable porque o corresponde a la madurez interior de la persona o no es tal.

Si el vacío se rellena de técnicas, deja de ser fértil. Toda su potencialidad creativa se aborta, como estamos acostumbrados a ver en el paciente que evita su impasse, y lo mismo podemos decir del terapeuta que evita su vacío.

Conclusión. El arte de ser uno mismo

Como vamos viendo a través de las hermosas palabras de quienes son «profesionalmente» creadores, el desarrollo artístico no se basa en el acopio de ocurrencias, técnicas brillantes u originalidades, sino en un proceso ascético de desnudamiento interior, de aniquilamiento egoico, de frecuentamiento de la nada-punto cero, de actitud de disponibilidad al vacío fértil.

En la cultura humanista siempre estuvo latente la aspiración a «ser uno mismo» como sinónimo de autorrealización. La gestalt comparte vivamente esta aspiración, por más que se haya hablado o teorizado poco sobre este asunto, como dándolo por hecho, como una verdad que no necesita argumentación.

Los artistas traducen este principio por la búsqueda de su propio estilo, su propia voz, como la pedagogía musical que defiende Yehudi Menuhin:

[253] J. A. Valente, *Mandorla*, Cátedra, Madrid, 1982.

> En el actual sistema educativo se niega la necesidad de crear una voz propia que vehicule la emoción. Y eso es un error, es tan fundamental que el individuo descubra su propia voz como que aprenda a leer y escribir... Mi programa persigue un conocimiento del mundo sonoro en simpatía con el empleo del cuerpo, concretamente los pulmones y el corazón, es decir, el aliento y el ritmo[254].

Es también un camino de soledad, como dice Martín Chirino:

> La escultura es una pura reflexión, más allá de las modas, donde la pretensión de ser de una manera o de otra carece de importancia. Te das cuenta que vuelves al punto de partida, al hombre y a la materia, y en ese silencio se gana la soledad, importante para mi creación. No me interesan las etiquetas... Soy el hombre que soy, y lo que hago es exponente de lo que soy. He elegido un camino de soledad, de una cierta ausencia que me planteo como una trayectoria personal[255].

El gestaltista también desarrolla esa búsqueda del sí genuino, del propio estilo, a través del paso del apoyo externo al autoapoyo (que diría Fritz), atravesando de lo fóbico a lo explosivo, del vacío estéril al vacío fértil. Por eso Claudio Naranjo describe, entre las actitudes específicas del gestaltista, las de despreciar la actividad conceptual, la fe en la autenticidad, la confianza en la rectitud de la naturaleza o la concepción paradójica del cambio (Beisser: el cambio ocurre cuando la persona se convierte en lo que es, no cuando trata de ser lo que no es).

Vista así, considero que la terapia es un arte. Más aún, es un proceso espiritual, y entre todas las fuentes espirituales de la gestalt me gustaría resaltar aquí el jasidismo. Claudio Naranjo[256] ha rescatado de Perls su «joie de vivre» es decir, la alegría de la salud que caracteriza a esta corriente del judaísmo. Completando la madurez freudiana (la seriedad de la persona que ya no es un niño) justamente con la salud infantil, el gozo de la espontaneidad. En esta tradición judía se habla del Mensch como la persona completa, el sabio que es amigo de (y confía en) su naturaleza. Martín Buber ya escribió en 1945 sobre esta

---

[254] Yahudi Menuhin, entrevista de A. Fancelli en *El País Semanal*, 1996.
[255] Martín Chirino, entrevista de F. Samaniego. *El País-Babelia*, 31-10-98.
[256] C. Naranjo, «Completando la Gestalt», Actas del II Congreso Intenacional de Terapia Gestalt, Publicación de la AETG, Madrid, 1987.

figura (*Was ist der Mensch?*), a la vez que recogía las enseñanzas del rabino Baal Shem Tob cuyo discípulo, el Rabí Nachman de Breslau. habla del mensch como la persona íntegra que ocupa y «llena» la silla vacía (véase el capítulo 11).

Cuando Fritz Perls alude a sus maestros reconocidos (entre los que están Friedlaender y su gata) cita a Selig, escultor y arquitecto de Esalen: «Aquí hay un verdadero mensch, un ser humano completamente sin pretensiones, humilde, lleno de sabiduría y que sabe hacer las cosas» (1975b).

Me parece que esta figura del mensch tiene que ver (respetando los grados) con la persona que ha madurado en ese proceso de ser uno mismo. También con el artista creador que ha ido afinando su propio estilo a través del despojamiento y por supuesto con el terapeuta maduro cuyo hacer-no hacer, revela el grado de autoconocimiento, simplificación y naturalidad del buen artesano, del profesional que no aparenta serlo, de la persona que ha trascendido sus limitaciones y sus recursos haciendo un arte de ellos.

EPÍLOGO

PANORAMA HISTÓRICO DE LA TERAPIA GESTALT

> Uno pertenece a su tiempo más que a su país.
>
> William B. Yeats

Así como empezamos por la protohistoria de la terapia gestalt, vamos a acabar con una visión abarcadora de lo que, a lo largo del siglo, ha supuesto el desarrollo de la psicoterapia en la cultura y viceversa.

La psicoterapia, tal como la entendemos en occidente, no tiene más de un siglo de existencia: sobrevuela todo el siglo XX, tan sujeta a los movimientos ideológicos, políticos, artísticos... como cualquier otra manifestación cultural.

Una terapia, un método psicológico o una modalidad de tratamiento no nace de la nada. Supone la actualización de saberes anteriores, una síntesis renovadora de las influencias y fuentes más inmediatamente precursoras, así como el retrato de la sociedad que ha hecho posible su gestación y su eclosión. Todo esto podemos aplicarlo a la Terapia Gestalt, con el añadido de que semejante afirmación es en esencia gestáltica porque ilustra el principio de actualización[257], tan presente en la vida y en la trayectoria de Fritz Perls.

---

[257] Principio de actualización que Perls formula así (entre otras variantes); «nadie puede, en un momento dado, ser distinto de lo que es en ese momento» en J. Fagan y J. Shepherd, *Teoría y técnica de la psicoterapia gestáltica*, Amorrortu, Buenos Aires, 1978, pág. 39.

La terapia Gestalt es deudora de múltiples fuentes y también de los movimientos socioculturales que fueron el telón de fondo de la existencia de Fritz y Laura Perls. De forma recíproca, la terapia gestalt nutrió significativamente a la cultura y fue ella misma parte de un movimiento cultural, además de un método terapéutico. Podemos, por tanto observar el trasvase inseparable entre tradiciones psicológicas precedentes (especialmente el psicoanálisis), cambios sociales significativos, aportaciones culturales innovadoras y... la Terapia Gestalt como configuración de todo un tiempo y un espacio determinados.

Hace falta una perspectiva histórica más amplia (Fritz murió en 1970 y Laura en 1990) para descifrar estas influencias culturales, a veces tan sutiles que sólo cobran sentido con el paso de los años; por ejemplo, y a modo de ilustración, le he oído comentar más de una vez a Claudio Naranjo, con conocimiento de causa, que las biografías y autobiografías no son iguales después de Freud, es decir, que este género literario ha sido influido por el punto de vista que el psicoanálisis aportó a la cultura.

Todo empezó en Viena

Aceptemos, junto con otros autores, considerar el año 1900 como la fecha del nacimiento de la psicoterapia ya que corresponde a la publicación de *La interpretación de los sueños* de S. Freud.

La Viena de estos momentos es una ciudad conservadora, capital del imperio austrohúngaro de Francisco José. Las convenciones sociales tienen una enorme importancia para mantener la estabilidad, la homogeneidad y la estratificación de una sociedad marcada por el peso de la tradición. En las memorias de Stefan Zweig, contemporáneo y amigo de Freud, se habla de la desconfianza hacia todo lo joven y nuevo:

> La juventud constituía un escándalo para cualquier carrera; tan sólo la vejez se convertía en una ventaja... Todo aquel que quisiera prosperar tenía que disfrazarse lo mejor posible para parecer mayor... Los médicos de 24 años, recién licenciados, lucían frondosas barbas y gafas doradas (aunque no las necesitaran) para aparentar «experiencia»... Cuando Gus-

tav Mahler fue nombrado director de la Ópera de la Corte a los 38 años, toda Viena comentó con pavor y asombro que se hubiera confiado la primera institución artística del país a un hombre tan joven[258].

Por eso cuenta el mismo Zweig la revolución que supuso el genio juvenil de Hugo von Hofmannsthal que entusiasmó con sus poemas y sus dramas a tantos jóvenes que se veían no sólo representados sino incluso desagraviados ante una sociedad que exaltaba la senilidad.

Junto a este conservadurismo están emergiendo en Viena una serie de movimientos culturales en abierto conflicto con lo establecido. De esta tensión procede la música de G. Mahler (muy discutida en sus comienzos), el movimiento modernista liderado por el arquitecto Otto Wagner, una pintura insólita que pasará en unos años del sensualismo estetizante de G. Klimt (el movimiento Sezesion) a los trazos provocadores de O. Kokoschka y al erotismo descarnado de E. Schiele (más escandaloso por su desesperación que por su lujuria). La literatura, además del deslumbramiento de Hofmannsthal, tendrá dos grandes autores contemporáneos de Freud: A. Schnitzler y S. Zweig.

¿Qué sabemos de Freud en estos momentos? Su último biógrafo, Louis Breger, señala esta efervescencia de la que Freud se mantuvo ajeno:

> Hay historiadores que dicen que, en el cambio del siglo (del XIX al XX), Viena marcó el nacimiento del movimiento modernista, en sus distintas variantes, antes que París, Berlín o Londres... En medio de estos acontecimientos emocionantes y novedosos, Freud está profundamente dedicado a la ciencia y se interesa por la arqueología y las antigüedades... La vibrante vida cultural de Viena le era ajena, como escribió a su amigo Fliess: «del mundo nada sé y de poco me entero»[259].

Estamos en 1900. Freud tiene 44 años cuando publica *La interpretación de los sueños*. Fritz Perls, en Berlín, ha cumplido 7 años. Pero vamos a hacer un salto de tres décadas en el tiempo, situándonos en 1930, cuando Fritz Perls llega a Viena para sus primeras prácticas de

---

[258] Zweig, S., *El mundo de ayer, Memorias de un europeo*, Edit. El Acantilado, Barcelona 2001, pp. 57-58.
[259] Breger, Louis, *Freud, el genio y sus sombras*, L. Vergara Editor, Barcelona, 2001, p. 176.

psicoanalista, supervisadas por Helen Deutsch. La opinión que transmite de esta ciudad es lamentable, comparada con Berlín:

> Viena era deprimente mientras que Berlín era estimulante, allí tenía muchos amigos... y pensábamos en la posibilidad de construir un mundo nuevo... pertenecíamos a una clase bohemia guarecida en los cafés...
>
> PERLS, 1975 b, pág. 55

El director de cine de origen austriaco Billy Wilder, cuyo periplo vital es similar al de Perls (Viena-Berlín-California), participa de la misma opinión al comparar las capitales austriaca y alemana: ejerciendo de periodista con 20 años, no parece muy interesado por la vida vienesa, a pesar de haber entrevistado a todas las glorias locales: Alfred Adler, Arthur Schnitzler, Richard Strauss y Sigmund Freud (que lo echó de casa):

> Les prometí (en el periódico) un artículo sobre música de jazz y me marché a Berlín (1926). Berlín era el sueño de cualquier periodista. Estaba en el lugar adecuado en el momento adecuado. Después de este viaje nunca regresé a Viena, aparte de las visitas a mi madre[260].

¿Qué ha pasado en estos 30 años? Entre otras muchas cosas, la primera guerra europea, la guerra del 14 que liquidó tanto el imperio austrohúngaro como el prusiano. La nueva Austria perderá peso ante la pujanza de la emergente Alemania y su capital, Berlín, se convertirá en la ciudad más interesante, culturalmente hablando, de la Europa de los años veinte junto con París.

El otro fenómeno vienés de estos treinta años es el desarrollo y la consolidación del psicoanálisis. El método freudiano ha evolucionado desde lo que Breuer llamaba «la cura a través de la palabra», pasando por el autoanálisis de Freud y sus técnicas para acceder al inconsciente: hipnosis, asociación libre, análisis de la transferencia, interpretación de la resistencia, etc. El psicoanálisis es la terapia revolucionaria que Freud y sus seguidores practican en sus consultas presididas por el diván. Volveremos al psicoanálisis, aunque ahora nos despedimos de Viena.

---

[260] Wilder, B. y Karasek, H., *Nadie es perfecto*, Mondadori, Barcelona, 2000, pág. 44.

El Berlín de entreguerras

Oscar Kokoschka, Max Reinhardt, Stefan Zweig, Billy Wilder y tantos otros que cambiaron Viena por Berlín, dan idea del prestigio cultural que alcanzó esta ciudad por aquellos años. Como suele ocurrir se trata de un período de tensiones y cambios, con movimientos políticos obreros importados de la vecina revolución rusa: la revuelta espartaquista promueve la huelga general en 1918, liderada por Rosa Luxemburgo (que será asesinada en enero de 1919 en Berlín).

El renacimiento cultural en medio de estos conflictos es impresionante[261]: el movimiento de La Bauhaus de Gropius y Mies van der Rohe, su último director y quien la trasladó a Berlín; la pintura expresionista con sus colores provocadores y su crítica feroz, desde Emil Nolde hasta Otto Dix (que retrató a Fritz Perls, años más tarde, en 1966), pasando por los primeros abstractos de Kandinsky y Paul Klee, ambos profesores de la Bauhaus y el último, el pintor favorito de Perls; es la época del desarrollo de la música atonal de Schomberg y Alban Berg, del nuevo teatro de Reinhardt, Piscator y Brecht, del cabaret político y del cine expresionista: *El gabinete del Dr. Caligari* (Weine, 1920), *Nosferatu* (Murnau, 1922), *Metrópolis* (Lang, 1926)[262].

Entretanto, Fritz Perls se ha doctorado en Medicina (1920) y comienza su primer análisis con Karen Horney (1926). Decide convertirse en psicoanalista, por lo que acabará en Viena en 1930, como ya indicamos. No conoció a Freud, excepto un breve y frustrante encuentro en el Congreso Internacional de Psicoanálisis de Marienbad (1936), cuando ya él y Laura habían huido a Sudáfrica y habían creado allí su instituto psicoanalítico.

Las grandes influencias de su juventud no las ha recibido del psicoanálisis sino del teatro (la maestría de Max Reinhardt sobre el adolescente Fritz), de la filosofía (Salomo Friedlaender, como el maestro más influyente de su juventud), y de la neurocirugía (Kurt Goldstein, médico gestaltista, con quien hizo prácticas en 1927). Pero sobre todo, Fritz se ha empapado del ambiente cultural de su ciudad puesto que

---

[261] Chevreux, A., «El Berlín de Perls. El espíritu vanguardista en el arte y la terapia gestalt». Mandala Ediciones. Madrid, 2007.
[262] Recomendamos el documental expresionista «Berlín, sinfonía de una ciudad» de Walter Ruttmann (1927) que transmite la vitalidad de la urbe de estos años.

siempre fue más receptivo a la vida, a la gente y al clima reinante (para el que tenía muy buen radar) que a lo académico.

Por eso mismo intuyó muy tempranamente las consecuencias del nazismo y escapó a Holanda y posteriormente a Sudáfrica con toda la familia.

Con la ascensión de Hitler al poder (1933) comienza la disolución de este Berlín vanguardista y «degenerado» (como tacharon los nazis a todo arte nuevo).

Comienza una diáspora cultural y artística que afectará tanto a Berlín como a Viena. Perls no volverá hasta 30 años después. Mies van der Rohe regresará al final de su vida para construir uno de sus últimos proyectos, la Nueva Galería Nacional de Berlín (1962). Billy Wilder lo hizo antes: se empeñó en filmar entre las ruinas del Berlín recién liberado (*A foreign affair*, titulada en la versión en español, *Berlín Occidente*, 1948) y volvió para rodar una comedia en 1961 (*One, two, three*).

Abandonamos Berlín precisamente con las palabras de Billy Wilder en sus memorias:

> Hella y yo estábamos de vacaciones. El 30 de enero de 1933 oímos en la radio que Hitler había sido nombrado canciller... volvimos al hotel a toda prisa, hicimos las maletas y nos marchamos de Berlín en el primer tren... lo tenía muy claro, con Hitler en el poder tenía que marcharme lo antes posible... Vendí todo lo que me fue posible, mis muebles, que eran de la Bauhaus, de Mies van der Rohe, Gropius y Breuer... La tarde del incendio del Reichstag, Hella y yo nos encontrábamos en el café Viena... era uno de los primeros días de primavera, estábamos sentados en la terraza comiendo y bebiendo, era muestra despedida de Berlín, adonde sólo volvería para verlo en ruinas[263].

Nueva York. Años 50

Dejamos una Europa destruida por la segunda guerra y que ha perdido lo mejor de la cultura judía en los campos de exterminio o en el exilio. El éxodo de los artistas y pensadores nutrirá a su vez la América de los años 50. Los europeos que llegan se encuentran una sociedad

---

[263] Wilder y Karasek, op. cit., pág. 78.

democrática, acostumbrada a la heterogeneidad, con menos peso de la tradición y mayor valoración de la individualidad. Los psicoanalistas inmigrantes incorporarán estos valores que serán sobre todo desarrollados por el movimiento humanista posterior.

Fritz Perls llega a Nueva York en 1946, Laura poco después. Han dejado la tranquilidad y seguridad de Sudáfrica, lugar de salvación del nazismo y de autorrealización como psicoanalistas, pero a la vez falto de estímulos para unos «berlineses» inquietos.

A través de Paul Goodman conocerán el ambiente neoyorquino, «una especie de Bauhaus estadounidense» según Shepard[264], ya que esta ciudad está viviendo un renacimiento cultural comparable a la Florencia del cinquecento (véase en el capítulo 3 lo dicho acerca de Goodman y el Living Theatre). De nuevo Fritz estaba en el lugar y momento oportunos. Por los testimonios de esa época[265] sabemos la implicación que los Perls tuvieron con esta vanguardia artística, a la vez que se constituía el grupo pionero de gestaltistas de Nueva York (Goodman, Hefferline, Weisz, Shapiro, Simkin, Isadore From) y Paul Goodman redactaba *Gestalt Therapy* a partir de las anotaciones de Fritz.

El libro se publica en 1951. Fritz tiene 58 años y parece haber obtenido el documento que dará reconocimiento académico a su terapia. Contrasta vivamente la búsqueda de rigor y valoración intelectual a través del libro de Goodman, con la vida bohemia y artística que Fritz practicaba. En realidad durante esta década neoyorquina se está configurando definitivamente el estilo terapéutico de Fritz Perls pero sus frutos se cosecharán en los inmediatos años sesenta. Su método ya tiene nombre, Terapia Gestalt, tiene el libro de presentación ante el mundo, tiene escuelas y seguidores (Nueva York, Cleveland)... pero Fritz necesita otros aires donde respirar. Su relación con Laura no da más de sí, la competitividad de sus colaboradores le ahoga, la institucionalización le desvitaliza, así que su parte errante buscará en la dirección de los nuevos vientos que soplan hacia la costa oeste.

Este viaje no sólo corresponde a la naturaleza errante de Perls sino que tiene algo de iniciático (junto a su paso por Japón e Israel) a la luz

---

[264] Shepard, M., *Fritz Perls*, Paidós, Buenos Aires, 1977.
[265] Obras ya citadas de T. Stoehr y J. Tytell. También Tytell ha estudiado la Beat Generation en su obra, *The Naked Angels*.

de la historia: coincide con el movimiento *beat*, y aunque se ha asociado a Perls con la eclosión hippie californiana, el antecedente real, la auténtica brecha contracultural fue la *beat generation* de los años cincuenta. Fritz seguramente conoció a Jack Kerouac (compañero de instituto de Julian Beck) y a Allen Ginsberg (que participó en recitales poéticos del Living Theatre) en esta década neoyorquina. La tercera figura del movimiento, William Burroughs, maestro de los anteriores, había estudiado con el lingüista Alfred Korzybski: y «había quedado impresionado por su propuesta de desnudar la comunicación de sus imprecisos razonamientos emocionales e ideológicos»[266], interés también compartido por Perls, que denominó despectivamente como *bullshit* toda la tontería condicional del discurso humano.

Las investigaciones posteriores sobre la contracultura beat la consideran resultado de una mezcla paradójica de nihilismo (tras la bomba de Hiroshima) y euforia (velocidad vital). Ante la idea catastrófica de un desastre nuclear, que anulaba la esperanza de futuro, los *beats* buscaban la liberación a través del presente: vivir el momento, el ahora, eso sí, un ahora teñido de desesperación (en paralelo con el existencialismo francés de esos mismos años) y a la vez connotado por la alegría vital de la música de jazz a la que tan aficionados eran, emulando en sus escritos las improvisaciones de los músicos de be-bop (en especial Charlie Parker).

El responsable de la denominación *beat* (John Clellon Holmes en un artículo del *The New York Times* de noviembre de 1952) define el movimiento como «una especie de desnudez de la mente y, en último término, del alma: una sensación de estar reducido al hecho mismo de la conciencia. En resumen, significa verse empujado sin dramas contra la pared de uno mismo». Los *beats* eran radicales a la hora de revelar detalladamente pensamientos íntimos, empleaban algo próximo al monólogo interior como método creativo (tras el descubrimiento del *Ulises* de Joyce), eran profundamente antiautoritarios, habían descubierto con entusiasmo el zen y el taoísmo, y se caracterizaban por el cambio continuo[267].

Si todo esto flotaba en el ambiente progresista de estos años, sin duda tuvo resonancia en Fritz Perls, tan afín a estos postulados, en su

---

[266] E.Bevilacqua, *Guía de la Generation Beat*, Península, Barcelona, 1996.
[267] James Campbell, *Loca sabiduría, Así fue la Generación Beat*, Alba, Barcelona, 2001.

búsqueda personal como un «vagabundo del Dharma» que se pone «En el camino»[268], catalizando lo que flotaba en ámbitos literarios y artísticos y encarnándolo en su búsqueda, en su profundo compromiso con la terapia.

California. Años 60

Fritz abandona Nueva York en el 56. Recalará un tiempo en Florida, sin dejar de viajar para mostrar su terapia, con estancias en San Francisco (colaborando con Van Dusen) y Los ángeles (con Jim Simkin). En 1964 se instala en Esalen, Big Sur. California se ha convertido en el lugar de la contracultura y del movimiento del Potencial Humano, que tendrá en Esalen uno de sus centros de irradiación. Aunque lo más conocido del fenómeno contracultural sea el movimiento estudiantil, la protesta contra la guerra de Vietnam y el hipismo con su creatividad indumentaria, su música y su despenalización de las drogas, seguramente el aporte más nuclear y significativo de la California de este momento sea la integración entre Oriente y Occidente.

Claudio Naranjo lo ha llamado «reespiritualización de la psicoterapia», de la mano del Humanismo y de la filosofía budista, la meditación zen y diversas prácticas psicoespirituales que encontraron en este ambiente abierto californiano las condiciones de libertad y tolerancia necesarias para su desarrollo. La vieja psicoterapia recuperaba la esencia de su disciplina, la psique, el alma, que había perdido en aras de la ciencia.

Fritz, que acababa de regresar de una estancia en un monasterio japonés (1962) encontrará también aquí las condiciones inmejorables para su trabajo de madurez. Se plasma aquí lo que en el apartado siguiente llamaremos «visibilidad óptima» haciendo una graduación desde el psicoanálisis a la gestalt, es decir, el Fritz de estos años de Esalen predica su teoría con su actitud en la práctica: presencia comprometida, aquí y ahora, transparencia relacional, apoyo en los «propios pies» (no en valores o teorías extrínsecos), confianza en la experiencia en curso, etcétera.

---

[268] Para hacer referencia a las obras más conocidas de Jack Kerouac: *En el camino*, Anagrama, Barcelona, 1989 y *Los vagabundos del Dharma*, Anagrama, Barcelona, 1996.

Ha sido un largo viaje de Europa a América y ha sido sobre todo un periplo existencial a lo largo del cual Fritz siempre ha ido nutriéndose de lo más sustancioso de la cultura del momento a la vez que lo actualizaba creativamente. Podemos incluir aquí la relación con su esposa, ya que Laura era más cultivada artísticamente y tuvo una influencia capital en Fritz hasta que éste abandonó Nueva York. Pero estos años californianos son los de la explosión contracultural y aquí Perls fue una punta de lanza al que hay que darle, en justicia, su lugar en la contracultura. La contracultura no es sólo un estilo de vida opuesto a la cultura dominante. Theodore Roszak la define como una revuelta contra una civilización alienante, mecanizada y descaradamente materialista, a favor de un modo de vida más natural, intuitivo, armonioso y generoso[269].

Esta descripción nos lleva inevitablemente a pensar en los años sesenta y en la gestalt californiana, ¿pero solamente? ¿No significó el mismo revulsivo Sigmund Freud para la Viena de su época? ¿No navega toda la psicoterapia instrospectiva en esta misma corriente, proponiendo un cambio de valores, una mirada hacia el interior, un aprecio del autoconocimiento en lugar del materialismo?

Visto así, la historia parece cíclica y circular: un movimiento progresista irrumpe en la cultura, que entra en crisis hasta integrarlo y asimilarlo, conservadurizándolo antes o después. La terapia gestalt es contracultural respecto a la cultura del psicoanálisis, si nos ceñimos al ámbito psicoterapéutico, pero también lo es en un sentido más amplio: (socio-político-cultural), como hemos visto en esta panorámica.

Ken Goffman[270] considera las contraculturas como un *leitmotiv* histórico, desde Sócrates al sufismo, del siglo de las luces a la *beat generation*... siempre como movimientos transgresores y vanguardistas, a favor de la experimentación y el cambio, que afectan poderosamente a la cultura y cambian la sociedad y la historia, como actualizaciones del viejo mito de Prometeo. Tres son, según este autor, los principios que las definen:

---

[269] T. Roszak, *El nacimiento de una contracultura*, Kairós, Barcelona, 1970.
[270] K.Goffman, *La contracultura a través de los tiempos*, Anagrama (Crónicas), Barcelona, 2005, pp 61-67.

- Las contraculturas conceden la primacía a la individualidad por encima de las convenciones sociales y las restricciones gubernamentales.
- Las contraculturas desafían al autoritarismo tanto en sus formas obvias como sutiles.
- Las contraculturas están a favor del cambio individual y social.

Este autor rescata, en su rastreo histórico, los rasgos universales que muestran estos movimientos, como son las rupturas e innovaciones radicales en arte, ciencia, espiritualidad, filosofía (tendríamos que añadir la psicología), la diversidad, el contacto interpersonal auténtico, profundo y de comunicación abierta, la generosidad y puesta en común democrática de las herramientas... teniendo también como consecuencia la persecución de las subculturas por la cultura dominante y el exilio o la marginación.

Mucho de lo aquí expresado resuena con la filosofía implícita de la terapia gestalt, que también ha sufrido, como movimiento, las reticencias del sistema (académico, psicoanalítico, psicoterapéutico...) además del cuestionamiento del mismo Perls por sus discípulos neoyorquinos.

Como se ha utilizado a menudo la expresión «contracultural» para denigrar la última etapa de Fritz, no está de más rescatar aquí esta concepción universal y cíclica de la cultura que no empequeñece a sus representantes como rebeldes pueriles o guerrilleros trasnochados, sino como pioneros arriesgados, comprometidos consigo mismos y con el mundo que les ha tocado vivir. Fritz Perls pertenece a esta categoría y su método terapéutico (que también puede considerarse una filosofía de vida) ha supuesto una concepción innovadora del espacio y de la relación psicoterapéuticos, que recoge aportaciones anteriores y las lleva a su máximo desarrollo, trasluciendo siempre el espíritu de los tiempos.

La visibilidad óptima. Del psicoanálisis a la Gestalt

Hace unos años[271] utilicé una metáfora artística para explicar los cam-

---

[271] F. Peñarrubia, «El pintor dentro del cuadro». *Boletín AETG*, núm. 17, mayo 1997. Monográfico sobre «Transparencia y Transferencia».

bios acaecidos en el encuentro terapéutico, jugando con la idea del pintor y su modelo, entre una época histórica (Velázquez) y otra contemporánea (Picasso).

En *Las Meninas*, Velázquez hace una apuesta revolucionaria: se autorretrata en el ejercicio de su oficio, pintando un retrato que no vemos (sino en su tenue reflejo: Los reyes —padres—, en el espejo posterior) como pretexto para retratar a los hijos presentes (y en el presente) en el taller, que es lo que finalmente vemos: las pequeñas infantas y su cortejo.

El artista se atreve a darse un lugar entre sus mecenas-patrones, se arroga audazmente un espacio hasta entonces inconcebible, aunque sea protegido por el caballete y la penumbra (no olvidemos que en esa época el pintor era un siervo, un empleado, sin el protagonismo que tendrá posteriormente el artista).

Siglos más tarde, en la serie recurrente del pintor y su modelo, Picasso reparte equitativamente el espacio entre ambos, con variaciones de gesto, actitud, color, tamaño... pero dentro de una homogeneidad igualitaria que ya no nos provoca sorpresas (excepto las estéticas) porque el tiempo ha dignificado el oficio del artista: ahora se justifica a sí mismo a través de su creación.

Aunque la metáfora tenga una difícil traslación literal a la psicoterapia (¿quién pinta aquí a quién?), sirve de pretexto para reflexionar sobre los componentes del encuentro y su nivel de presencia.

Desde este punto de vista podemos revisar históricamente la psicoterapia, desde el psicoanálisis a la gestalt, como un intento de obtener eso que se llama «visibilidad óptima», es decir, los cambios que han ido ocurriendo en el encuentro terapéutico para que sus protagonistas (paciente-terapeuta) se «vean» mejor, optimicen sus recursos y se utilicen mutuamente al servicio de la salud. Igual que hemos visto las diferencias entre la Viena de 1900 y el Berlín de 1920 o el Nueva York de 1950, la psicoterapia también ha evolucionado a la par que la cultura y la sociedad.

Veamos estos cambios panorámicamente en base a cinco parámetros:

1. Cambio ESPACIAL: Entre la técnica psicoanalítica y la gestáltica, muchos cambios espaciales han ocurrido desde el diván freudiano al cara-a-cara gestáltico. Aquí es insoslayable la influencia de Wilhelm

Reich, analista de Fritz Perls en 1930, justo cuando estaba dándole forma a su libro *Análisis del carácter* donde señala la importancia del «cómo» en lugar del «por qué».

Perls reconoce este aprendizaje de Reich, así como su técnica de entonces: Reich estaba empezando el trabajo directo sobre el cuerpo (en vez del diván), introduciendo diversas formas de masaje para aflojar y eliminar tensiones musculares. El cambio es considerable: hemos pasado de una relación paciente-terapeuta de espaldas, de dos personas que no se ven, a una interacción más directa, incluyendo el contacto corporal. Del uso exclusivo de la palabra y el análisis, a la percepción del lenguaje no verbal, del cuerpo y sus expresiones (movimiento, quietud...). El espacio y su gestión ha cambiado significativamente desde entonces, y la gestalt es uno de los abordajes que mayor libertad y creatividad aporta en este sentido.

2. Cambio TEMPORAL: Del énfasis en la indagación sobre el pasado al acento en el aquí/ahora, el uso y concepción del tiempo ha cambiado significativamente en la psicoterapia. Freud afirmaba que «enfermamos de recuerdos». Entre sus discípulos, Otto Rank fue el primero en destacar la situación presente como modificación técnica al psicoanálisis original y Karen Horney relativizó la importancia de los años de la infancia porque consideraba que hablar del pasado podía servir como resistencia a enfrentarse a los problemas actuales, echando la culpa y la responsabilidad fuera.

Fritz Perls continuó esta orientación hacia el presente de su maestra Horney, llevándola hasta metas nunca exploradas anteriormente en la psicoterapia. Se le llamó el «apóstol del aquí y ahora» porque nadie utilizó tan radical y poderosamente la técnica de centramiento en el presente.

3. Cambio de VALORES: La Europa de la primera mitad del siglo XX que hemos estado revisando vio despedazarse los valores absolutos que la sostuvieron (incluidos los fascismos de los años 30) en aras de una flexibilidad ideológica más propia de los nuevos tiempos. Igualmente las teorías rígidas y cerradas dieron paso a valores más relativos.

La llamada escuela americana de psicoanálisis (o neofreudianos) describió por boca de K. Horney los efectos de las exigencias culturales en la producción de la neurosis. Se les llamó «culturistas» o «ambientalistas» (Sullivan, E. Fromm, C. Thompson) por la importancia dada a la situación, al ambiente social, en la enfermedad, a la manera de Reich, que ya había denunciado «la plaga emocional» de nuestra sociedad. También los valores gestálticos tienen algo de «situacionismo», donde la noción de bien o mal no es absoluta sino, en palabras de Perls, según, cómo, cuándo y para quién.

4. Cambio RELACIONAL: Del rígido reparto de roles (médico-paciente, experto-enfermo) y las consiguientes advertencias de Freud a sus analistas (distancia emocional, ley de abstinencia, neutralidad...) al encuentro personal propio de los terapeutas humanistas, han sido muchos los cambios en la cultura terapéutica y sus representantes. Jung fue el primero en considerar el psicoanálisis como un proceso interpersonal, «proceso recíproco en el cual participa el psicoanalista», que es un enfermo experto según la frase chamánica que Jung repetía: «sólo el enfermo cura». Ferenczi fue sin duda uno de los más arriesgados en la implicación del analista, primero provocando reacciones en el paciente, posteriormente proporcionándole tolerancia y calidez (como situación correctora), incluso practicando sesiones de «psicoanálisis recíproco», donde el analista se presta a ser interpretado por el paciente (para escándalo de los ortodoxos). El humanismo insistió en la noción de «encuentro», concepto inaugurado por Moreno pero desarrollado por Rogers y Schultz. El encuentro toma en la terapia gestalt su significado más profundo y comprometido. Simkin lo formuló «Yo-Tú, Aquí y Ahora», que es una invitación a la transparencia y a la honestidad en la relación puntual.

5. Cambio EXPRESIVO: La espontaneidad expresiva fue quizá la mayor aportación del psicodrama de Moreno a la psicoterapia occidental. Fritz conoció y aprendió de Moreno (aunque no lo acredite) pero su aprendizaje teatral con Max Reinhardt fue sin duda más nuclear en el futuro desarrollo de su método terapéutico ya que Reinhardt le enseñó a Fritz a indagar en el mundo interno del actor, a actuar de «dentro afuera», de forma que los roles que se juegan en la silla caliente tienen este eco.

En gestalt favorecemos la expresividad como vía de conocimiento y como confianza en la autorregulación organísmica. La espontaneidad emocional, corporal y mental es vista como aspectos de la salud a diferencia de la rigidez original de la psicoterapia europea y su desconfianza al llamado *acting out*.

En resumen y para finalizar, la gestalt ha aportado un caudal de libertad a la situación terapéutica en consonancia con la liberalización de los usos sociales y la mayoría de las veces por delante de los mismos, como corresponde a una filosofía que predica la responsabilidad de la propia vida por encima de cualquier otra cosa.

APÉNDICE

Sólo podemos dar una opinión realmente imparcial cuando se trata de cosas que no nos interesan, y ésta es, sin duda, la razón de que la opinión imparcial carezca completamente de valor.

Oscar WILDE: *Sobre el arte y el artista.*

Presentamos a continuación una historia de la terapia gestalt española desde la parte que me tocó de protagonismo en la Asociación Española de Terapia Gestalt (AETG), así como una reflexión sobre los límites de la terapia gestalt. Completamos este apéndice con un mapa de Escuelas o institutos que imparten formación, tanto del ciclo completo como de actividades puntuales didácticas. Dejamos fuera el creciente número de gabinetes que trabajan con orientación gestáltica así como los numerosos terapeutas que la practican sin formar parte de un equipo o centro: recomendamos a quienes quieran acceder a esta información que contacten con la página web de la AETG:

www.terapiagestalt.org

La bibliografía final es un intento exhaustivo, más que selectivo, de ofrecer los textos gestálticos de que disponemos en castellano.

1

HISTORIA SUBJETIVA DE LA ASOCIACIÓN ESPAÑOLA DE TERAPIA GESTALT

> La principal objeción que puede tener una pelea es que interrumpe una discusión.
>
> G. K. CHESTERTON, *Autobiografía*

La Asociación Española de Terapia Gestalt (AETG) se funda en 1982. Éste es el año de su nacimiento oficial, pero el proceso de gestación viene de la década de los setenta. En estos años se va implantando en España la psicología humanista, a través de los centros e institutos pioneros. Recojo una ponencia del Symposium de la Sociedad Española de Historia de la Psicología (Marbella, abril de 1996) donde J. Arias hace memoria de esta época:

> El primer centro español de psicología humanista establecido de que tenemos noticia es el Centro Internacional de Psicoterapia Aplicada a las Relaciones Humanas (CIPARH), fundado en Madrid en 1973 por el psicólogo Ignacio Martín Poyo y dirigido después por Francisco Peñarrubia, uno de los autores clave de la psicología humanista española. Este centro ha sido un importante lugar de encuentro entre los psicólogos humanistas españoles y sus colegas extranjeros, algunos tan relevantes como Carl Rogers, Claudio Naranjo o Jean Michel Fourcade, que han desarrollado en él cursos de formación, seminarios y otras actividades. La

orientación de Ciparh es la terapia gestalt y su papel ha sido fundamental en la fundación de la AETG.

A esta misma orientación se adscribe el Instituto de Terapia Gestalt de Madrid, fundado en 1976 por Ángeles Martín, la verdadera introductora de la Terapia Gestalt en España. Desde su fundación es uno de los principales centros de formación de terapeutas gestálticos españoles.

Otro centro de gran importancia en el desarrollo del movimiento humanista español ha sido el Instituto Erich Fromm de Psicología Humanista que se fundó en Barcelona en 1979. Los directores de este centro, Ana Gimeno y Ramón Rosal, han tenido un papel destacado en la organización de algunos Congresos Nacionales de Psicología Humanista, así como en el fundación de la Asociación de Psicología Humanista en Cataluña y en la publicación de la Revista de Psiquiatría y Psicología Humanista... Mencionaremos por último el Instituto de Análisis Transaccional de Barcelona, fundado así mismo en 1979 por Andrés Senllé...[1].

Entre estos primeros lugares de asentamiento del humanismo no podemos dejar de citar la finca malagueña de «La Follenca», en la Costa del Sol, adonde vinieron muchos terapeutas reconocidos de Estados Unidos y Europa (Lowen, Keleman...) seguramente por primera vez en territorio español. Después surgirían otros centros, de los que recuerdo especialmente Estel (Ramón Vila) e Ítaca (Albert Rams) en Barcelona, en los primeros ochenta, así como el Centro Fritz Perls de Madrid (Gloria Penella).

De aquel colectivo humanista se consolidaron especialmente tres enfoques: el análisis transaccional, la bioenergética y la terapia gestalt. La gestalt española es de segunda y tercera generación, en el sentido de que son muy pocos los gestaltistas españoles que se formaron directamente con Fritz y Laura Perls y ninguno de ellos participó en la creación de la AETG.

A nuestro país la gestalt llegó a través de Adriana Schnake (Madrid) y Ronnie Felton (Barcelona), además de otras personas que, de forma intermitente, han tenido un peso significativo entre los gestaltistas

---

[1] Esta ponencia, «La introducción de la Psicología Humanista en España», procede de la tesis doctoral inédita de F. J. Arias, *La Psicología Humanista en España: un estudio sociohistórico*, Madrid, UNED, 1996.

españoles: Michel Katzeff, Jean Ambrosi, Francisco Huneeus, Jacques Durand-Dassier, Beverly Silverman, Erving y Miriam Polster, Jean-Marie Robine, etc. Ellos nos trajeron los aportes de la psicología humanista y específicamente de la terapia gestalt.

La otra figura significativa es Claudio Naranjo, discípulo directo de Fritz en Esalen, que llevó la gestalt a Chile y Argentina y de ahí nos vino por medio de Nana Schnake y Pancho Huneeus (editor a su vez de los textos de Fritz en su editorial Cuatro Vientos). Claudio no vendrá sistemáticamente a España hasta los años ochenta, pero su inspiración ya le había precedido. En su origen la gestalt española es básicamente californiana y hasta finales de los ochenta no tendrá presencia el enfoque neoyorquino, a través de J. M. Robine[2].

Los gestaltistas españoles nos hemos formado en parte autodidácticamente y en parte gracias a todas estas personas citadas anteriormente: supongo que aquí radica la diversidad y riqueza de estilos que nos caracterizan. Los primeros que entre nosotros expusieron la terapia gestalt han sido Ignacio Martín Poyo, Ángeles Martín, Carmen Vázquez y yo mismo en Madrid, Albert Rams, M.ª Antonia Plaxats y Empar Fresquet en Barcelona, además de la incorporación de nuestros colegas argentinos (Eduardo de Grazia, Graciela Andaluz...). Aunque de distintas procedencias, seguramente el elemento común en nuestras trayectorias sea la vinculación con el psicodrama, que en este país ha ejercido una función de puente entre el psicoanálisis y el humanismo. Leonardo Satne, Tato Paulovsky y Hernán Kesselman son psicodramatistas que han tenido que ver con muchos de nosotros. En mi caso particular ha sido mayor la influencia de los grupos de encuentro, de las técnicas corporales integradas con la gestalt (que en los primeros años de Ciparh trajeron Jean Ambrosi, Durand-Dassier, J. M. Fourcade y Bill Grosman) y también de Carl Rogers: su primera venida a España fue en 1978 para un taller residencial de once días; traía su equipo de La Jolla (diez personas) y un equipo europeo que se formó con doce terapeutas de diferentes países. Fui invitado a representar la parte española y le comenté a Rogers que yo me sentía más gestaltista

[2] J. M. Robine dirige su propia escuela en Burdeos, además de colaborar como formador en varios países. En España imparte formación en Valencia, desde la óptica de la Costa Este (o gestalt de Nueva York y de Cleveland). Para los interesados en este enfoque, el coordinador es Ximo Tárrega en el Centro de Gestalt de Valencia.

y me parecía estar en corral ajeno. Me respondió que no importaba, que fuera fiel a mi forma y a mi estilo. En este taller, como en su siguiente trabajo en España (Barcelona, 1982), me decía de vez en cuando: «Vosotros los gestaltistas sois unos instigadores», siempre con simpatía, nunca se lo escuché con reticencias. Por cierto, que en las reuniones internas del *staff*, me sorprendió lo confrontativo que era: cuando algo iba mal entre nosotros decía una o dos frases con las que nos rompíamos emocionalmente. Otros impactos que recuerdo ya específicamente gestálticos son un taller de sueños con Nana en 1976, organizado por Ángeles Martín, y otro con Erving y Miriam Polster en 1978: habían sido invitados por Pacho O'Donnell, quien me propuso que trabajaran también en Ciparh, a lo que accedí encantado: me acuerdo, sobre todo, de la intuición de Miriam.

A partir de 1982, la influencia más significativa y concluyente la recibí de Claudio Naranjo, lo cual puede decirse también de buena parte de la gestalt española, donde es notorio y reconocible el espíritu integrativo y transpersonal por él transmitido.

En diciembre de 1982 presentamos en sociedad a la recién nacida AETG a través de las I Jornadas Nacionales de Barcelona. Aquel primer encuentro aglutinó a los ya citados más Manuel Villegas, Juan Cantó, Carlos Muñoz, Vicente Cuevas, Antonio Asín, Pilar García Merayo, Elena Llanos, Luis Casado, Lluís Pardo, Elvira Pérez, Pep Pich, Mónica Sans, Roberto Pardo, Daniel Schoffer y Serge Ginger[3].

Al año siguiente organizamos el I Congreso Internacional de Terapia Gestalt, de nuevo en Barcelona, donde fuimos anfitriones de una buena representación de la gestalt europea y americana (Fritz Buchholtz —Alemania—, Ronnie Felton —Gran Bretaña—, Max Furlaud —USA, Francia—, Michel Katzeff —Bélgica—, Jean-Marie Robine —Francia—, Emy Roelofs —Holanda—, David Sokol —EE. UU.—, Richard Van Egdom —Bélgica—, Barrie Simmons —EE. UU., Italia—, Marta Atienza —Argentina—, M-Renson —Bélgica—, Carlos Da Silva —Brasil—, Ricardo Zerbetto —Italia—...), así como los gestaltistas españoles (Graciela Andaluz, Luis Campos, Eduardo de Grazia, Empar Fresquet, José A. García Monge, Ana Gimeno, Francisco

---

[3] Dalia Plaza, «Nosotros (los de la AETG). 1982-1990», tesina sobre la historia de la Asociación, Archivo de la AETG, 1995.

Herrera, José Marín, Lluís Pardo, Pep Pich, M.ª Antonia Plaxats, Xavier Puigdevall, Albert Rams, Ramón Rosal, Andrés Senllé, Daniel Schoffer, Vicente Cuevas, Elvira Pérez, Ramón Vila, Francisco Peñarrubia...) que nos dábamos a conocer internacionalmente.

Tras este esfuerzo hacia el exterior, vendrán unos años de tarea interna y silenciosa, centrada básicamente en la organización del programa español de formación en terapia gestalt. La primera promoción (1983-1985) tuvo una estructura de talleres residenciales impartidos básicamente por gestaltistas europeos (Hilarion Petzold, M. Furlaud, M. Katzeff, R. Felton, B. Silverman, J. M. Robine y F. Peñarrubia) y tutorizada por Lluís Pardo. Este formato no tuvo continuidad.

Albert Rams y yo diseñamos para la segunda promoción de alumnos un programa más afín a nuestra experiencia y a los recursos de la gestalt española. Hasta ese momento éramos pocos los gestaltistas que hacíamos entrenamiento: Albert fecha entre 1979-1980 su primer curso para terapeutas en el Taller 7 de Barcelona. Ángeles Martín a partir de 1976. Yo abrí tres cursos en 1980: en Valencia, durante dos años; en Barcelona: Pallejá, también durante dos años (aquí encontré a Mónica Sans y Lluís Pardo con quienes luego crearíamos la AETG) y en Cartagena durante ocho meses. Enseñábamos lo que sabíamos hacer, a través de lo vivencial y terapéutico, al estilo (salvando las diferencias) de Fritz Perls en cuanto a no seguir mayor estructura que aquella que iba surgiendo de la dinámica grupal y la implicación de los participantes. Ahora, en el seno de la AETG, configuramos la formación en tres años, denominados curso básico, superior y supervisión. Yo impartí los dos primeros básicos a partir de noviembre de 1983 y de aquí salió la segunda promoción de alumnos, ya dentro del programa nuevo, de la que fui tutor y que acabó su formación en 1986. El plan de estudios se fue perfeccionando con los años, sin perder esta estructura, hasta darle una forma definitiva en las Jornadas de Valencia de 1988 donde se unificaron criterios respecto al número de horas, temario, requisitos del alumno y del profesor, etc. Paralelamente se creó el equipo de didactas que entrenaron durante años, y a lo largo de todo el país, a las siguientes promociones de alumnos. Este equipo refleja la veteranía de los que entonces impartíamos entrenamiento: A. Rams, A. Martín, E. Pérez, G. Andaluz, E. De Grazia, A. Asín, J. A. García Monge, A. López, E. Fresquet, F. Peñarrubia, J. Hernández Aristu, C. Castanedo, G. Penella, J. J. Albert, C. Nadal, X. Puigdevall, A. Hormaechea... quizá se me olvida alguno, además de los profesores invitados: Robine, Zerbetto, Salama, Borja...

El programa de formación, aun ocupándonos mucha energía, no era la única actividad de la AETG. En 1984 presentamos la ponencia oficial del Symposium de la Sociedad Española de Psicoterapia y Técnicas de Grupo, sobre Terapia Gestalt (Alicante). Ya he comentado que esta sociedad era por entonces el único lugar de encuentro de profesionales de diferentes enfoques; aunque yo había presentado aquí numerosos talleres demostrativos desde 1977, ésta era la primera vez que la AETG se mostraba teórica y prácticamente ante los ojos de «la profesión». Contamos con tres invitados que habían conocido y trabajado con Fritz Perls: Claudio Naranjo, Manuel Barroso y Jacques Durand-Dassier, todos ellos vinculados con nuestro país y con la gestalt que aquí estábamos haciendo.

Volviendo a la AETG, las Jornadas Nacionales han venido sucediéndose anualmente así como el Congreso Internacional: de aquel primero en Barcelona (1983), saltamos al segundo en Madrid (1987) y luego en México (1989), Siena, Italia (1991), Valencia (1993), Buenos Aires (1995)... y otro próximo en Chile, sin olvidar el Symposium Interdisciplinar sobre el Hombre, organizado en Toledo en 1992; de forma que esta criatura de la gestalt española se ha hecho adulta, viajera y cosmopolita: se ha convertido en el foro más prestigioso de la llamada «gestalt latina» (que así se la reconoce) para diferenciarla de la anglosajona. Aunque los perfiles corren el riesgo de convertirse en caricaturas, podemos esbozar esta gestalt latina como heredera del espíritu expresivo, intuitivo y menos conceptual de Fritz. Siempre me acuerdo, en este sentido, del chiste que hacía Michel Katzeff comparando la gestalt con una bañera: «Los alemanes construyen la bañera, estudiando los materiales y la estructura; los franceses la decoran y la nombran, le ponen la marca; y los españoles os metéis dentro a bañaros».

En este tiempo hemos crecido y nos hemos hecho «importantes», según el estudio de Arias, antes citado, que explica cómo las diversas asociaciones humanistas que irrumpieron en su momento, se disolvieron a partir de 1986:

Por el contrario, una asociación humanista centrada en un enfoque particular como la Asociación Española de Terapia Gestalt (AETG), fundada en Barcelona en 1982 y surgida de CIPARH y del Instituto de Terapia Gestalt de Barcelona[4], es la que cuenta con un mayor número de socios y ha alcanzado mayor relieve mundial. La AETG ha realizado una intensa labor de formación en Terapia Gestalt en las principales ciudades españolas, ha organizado las Jornadas Nacionales y los Congresos Internacionales de Terapia Gestalt y es probablemente, junto con la norteamericana Association of Humanistic Psychology, la Asociación de Psicología Humanista más activa del mundo.

Tras esta visión tan triunfalista, conviene echar una mirada a los problemas domésticos. La gestalt española se ha movido a golpes de expansión y de contracción: tras el auge inicial (1982-1984) atravesamos una época desértica donde bien es cierto que sembramos (los primeros cursos, los alumnos de las primeras promociones...) pero también es verdad que estuvimos a punto de desaparecer (en las Jornadas de 1986 en Madrid los asociados apenas llegábamos a las dos docenas). El Congreso Internacional de 1987 fue otro estallido en cuanto a convocatoria, participación, interés de las comunicaciones, paneles y talleres... Lo abrió y cerró Claudio Naranjo y el clima fue particularmente saludable.

En la medida en que crecían el número de cursos y alumnos de la asociación, aumentaban también las rivalidades entre didactas. Decidimos «dedicarnos» las Jornadas de 1989 (Gerona) a revisar los asuntos pendientes y limpiar los trapos sucios con la ayuda de un colega mexicano, Guillermo Borja, experto en terapia confrontativa. La experiencia fue «quirúrgica», tan dolorosa como curativa. En parte nos aclaramos entre nosotros, en parte hubo pérdidas y heridas mal cicatrizadas. Al año siguiente, en Nerja, se denunciaron algunas conductas competitivas entre nosotros y se optó por sacar de la AETG los cursos de formación, que habían sido hasta entonces el buque insignia de la asociación, y delegar esa tarea en los institutos existentes o escuelas a crear. Aquella decisión, propuesta por los miembros más jóvenes de

---

[4] Supongo que se refiere al Centro Ítaca, creado en 1980-1981 en Barcelona por Albert Rams, M.ª Antonia Plaxats y Eulalia Pernau, al que también estuvieron vinculados Empar Fresquet y Lluís Pardo.

la Junta Directiva, confieso que la viví con preocupación porque los cursos de formación habían sido el pretexto de colaboración y el andamiaje de la Asociación hasta ese momento. Si volvemos a los tiempos fundacionales, hay que recordar que los gestaltistas españoles no parecían muy interesados en asociarse en los primeros años ochenta. La AETG recién creada no ofrecía demasiadas contraprestaciones (más bien esfuerzo y trabajo), a lo que hay que añadir la tendencia contradependiente que nos caracteriza. Por eso, hasta que no confeccionamos aquel programa «español» de entrenamiento e invitamos a los colegas como profesores (el equipo didacta antes aludido), no empezaron a disolverse las reticencias y desconfianzas al hecho de asociarse y compartir.

Si ahora (volvemos a 1990) desligábamos los cursos de formación de las actividades de la Asociación, ¿habría alguna otra motivación con el mismo poder de arrastre y convocatoria? Esta pregunta ha sido contestada por el tiempo (la AETG no ha desaparecido en la década de los 90 sino que ha crecido y se ha consolidado) pero creo que da lugar a otros interrogantes sobre los que no hemos reflexionado en profundidad, como es la cuestión de la autoridad: ¿qué/quién la detenta en la gestalt española y cómo? No me refiero a nivel institucional, puesto que hay un presidente y una junta directiva, obviamente, sino a nivel de contenidos, de carisma.

Cuando la AETG cumplió veinte años, dedicó un número de su Boletín a pensar y rememorarse a sí misma, con poca respuesta participativa, para mi gusto. Allí explicité mi hipótesis[5] de que, como grupo, hemos mantenido una considerable ambivalencia en lo que respecta al poder y a la autoridad. Como un grupo de hermanos rebeldes, cada uno persiguiendo sus intereses pero vigilando para que nadie ocupara el lugar parental (perdón por el desliz freudiano), que debía permanecer vacío y habitado por fantasmas. Y no me refiero a los espíritus originales (Fritz y Laura, aunque conviene no olvidar que procedemos de su desentendimiento, que venimos de un divorcio) o a sus sucesores (Goodman, Simkin y un largo etcétera), sino a nuestros maestros inmediatos, a la legitimidad del conocimiento recibido/transmitido, al hecho de definirse como gestaltista.

---

[5] F. Peñarrubia: «Alegrías y disgustos de 20 años de AETG». Boletín núm. 22, marzo 2002.

De esto hemos hablado poco entre nosotros, seguramente por el temor a divergencias que puedan separarnos y por el peligro de pelearnos por los apellidos y olvidar lo importante: el ser. Pero ser es también salir de la ambivalencia, definirse y diferenciarse aceptando de dónde viene uno aunque sólo sea para poder evolucionar.

Yo señalé a Claudio Naranjo como la influencia más poderosa dentro de la AETG (que no es equivalente a la gestalt española) y he explicado mi opinión: impartió el primer taller interno, para asociados, centrado en un trabajo de auto-desvelamiento y confrontación («psicología de los eneatipos» o trabajo sobre el propio carácter como sistema de automatismos cognitivos y emocionales), que renovó la autenticidad y transparencia de las relaciones. Precisamente eso nos faltaba y por ahí recuperábamos el genuino espíritu de Fritz, esta vez en línea directa a través de C. Naranjo. Aunque para muchos es cuestionable esta visión (por jerarquizada y vertical), sigo sosteniendo que la actitud gestáltica o la transmite una persona o no se da. Hay quien prefiere vincularse a través de la teoría o del «libro»[6], considerando la entrega al maestro una suerte de dependencia o confluencia, pero creo que nuestro oficio tiene mucho de gremio artesano (como ya he repetido) donde el aprendiz rescata su propio estilo después de haber absorbido sanamente al maestro, incorporando la esencia, no las particularidades. El legado de Fritz, quintaesenciado por Claudio, nos llegó así en aquellos tiempos conflictivos de la AETG, nos ayudó a aclarar, denunciar y reconocernos y creo que por eso pudimos atravesar aquella crisis de los cursos de formación y dar paso a la creación de distintas escuelas: de un revoltijo indiferenciado hemos pasado a una variedad de propuestas sostenidas por cada maestro o institución. El campo se ha aclarado, las diferencias son más nítidas y eso le devuelve su función a la AETG: ser un lugar de encuentro profesional que, afortunadamente, conserva el clima afectivo que nos permite seguir juntos a pesar de las divergencias.

Retomando la cita de Chesterton[7] con cuyo fino humor encabezamos estas reflexiones, ojalá las peleas no interrumpan una buena discu-

---

[6] Me permito esta ironía respecto al texto de Goodman —*Terapia Gestalt*— considerado una especie de biblia por buena parte de los gestaltistas, y que Isadore From enseñaba comentándolo párrafo a párrafo, al estilo de la Torá.

[7] G. K. Chesterton, *Autobiografía*, El Acantilado, Barcelona 2003.

sión, aquella que, apasionadamente, se interesa en conocer y entender. En comprendernos mejor a través de revisar nuestro pasado y encarar el futuro, lo cual es todavía más difícil para militantes del aquí y ahora.

Cuando me preguntan por el futuro de la terapia gestalt no puedo dejar de separar la experiencia «hispana» del resto del mundo occidental. Aquí y en los países latinoamericanos su progresión, reconocimiento y presencia social es innegable: ha crecido visiblemente, incluso en los programas académicos (más en América que en España, al menos en el marco universitario), en la salud pública y en la intervención social, y por supuesto, en la consulta privada, que sigue siendo su gran campo de aplicación en nuestro país.

Pero desde un punto de vista más amplio, así como hace cuarenta años la gestalt fue uno de los emblemas de la Psicología Humanista (aportando a la psicoterapia una concepción relacional —Tú/Yo— más avanzada y revolucionaria de lo que había hasta entonces), en el presente podríamos decir que «está pasando de moda» en la mayoría de países occidentales. En parte porque sus técnicas se han integrado en el aparato teórico-práctico de cualquier buen profesional y en parte por el pensamiento «políticamente correcto» que predomina y que señala una época de tibieza ideológica y de virtualidad o falsa relación interpersonal. Desde este punto de vista es razonable pensar (sin ánimo de ser apocalíptico) que en el futuro la Terapia Gestalt podría desaparecer como tal, con ese nombre, engullida por las nuevas formas de hacer psicoterapia (en la práctica) y/o recluida en los manuales didácticos (en la teoría). También quiero pensar, románticamente, que sería más bien una especie de hibernación, de tiempo de levadura y fermentación, a la espera de otro vuelco social (algo así como lo acaecido en los años sesenta), de una nueva transformación de conciencia que la haga aflorar, seguramente con otro nombre y ajustada a esa nueva realidad.

Siempre ha sido así: períodos de pensamiento autoritario, tendencia institucional al control, etc., y períodos de apertura contracultural y plasmaciones carismáticas, como he señalado en el capítulo precedente.

El mismo Perls decía que no era el fundador de la terapia gestalt sino el redescubridor de algo tan viejo como el mundo (1974), así que conviene no aferrarnos a ninguna forma determinada sino seguir abiertos a lo nuevo, cambiante e imprevisible.

2

LAS LIMITACIONES DE LA TERAPIA GESTALT

> La moraleja de esta canción
> es que uno nunca debe estar donde no le corresponde.
> Así que, cuando veas a tu vecino cargando algo
> ayúdale a llevarlo
> pero no confundas el Paraíso
> con una casa en medio del camino.
>
> Bob DYLAN: «Ballad of Franckie Lee and Judas Priest».

Es frecuente la discusión académica sobre la adecuación o no de tal terapia a tal patología, la correlación entre síndromes y métodos terapéuticos, y eso también preocupa a los profesionales que se preguntan a menudo si su enfoque sirve y hasta dónde. Lo que empaña esta indagación es que a menudo viene provocada por la rivalidad entre métodos y se arma excesivamente de justificaciones, por eso prefiero dejar de lado los criterios absolutos (bueno/malo, válido/inadecuado, de una terapia) y adoptar un criterio relativo: qué funciona terapéuticamente o no, según el momento, la situación y las personas implicadas en ese contexto.

Por supuesto que la terapia gestalt tiene limitaciones: sólo quiero recordar aquí la conferencia inaugural del Segundo Congreso Internacional de Terapia Gestalt (Madrid, 1987) donde Claudio Naranjo señalaba los «huecos» o vacíos de la gestalt del último Perls: su prejuicio antiintelectual (que no ha favorecido una comprensión de la psiquis, de la psicopatología y de la maduración humana) su deficiencia en el trabajo corporal sistemático, su mayor apreciación del placer que del dolor en el proceso transformador, un cierto menosprecio de la espiritualidad... sobre el que Claudio volvería a insistir en la apertura del Congreso Nacional de Barcelona (octubre 1998), contraponiendo el concepto de ego en Perls (como interferencia y función de identificación, «pequeño yo» según Naranjo) frente al «yo grande» de las tradiciones espirituales. Por eso la tendencia integradora entre las corrientes terapéuticas occidentales y la espiritualidad oriental es necesaria y casi inevitable en estos tiempos.

Otra limitación clásica que se le adjudica a la gestalt es que no sirve en el tratamiento de la psicosis, y aquí estoy en desacuerdo porque se identifica a la gestalt con sus técnicas y, por supuesto, algunas de ellas no tienen sentido en tal situación: por ejemplo, el desdoblamiento en la silla vacía sería contraindicado para alguien que sufre precisamente de disociación. Sin embargo la actitud gestáltica es la más favorecedora en el acompañamiento del psicótico (que tiene una afinada percepción para la falsedad y las manipulaciones); si consideramos que el gestaltista «es» su técnica, su autenticidad y congruencia sería la mejor, y a veces única manera de contactar con estos pacientes, lo cual nos remite de nuevo a la madurez del terapeuta, por eso quiero reflexionar sobre los límites de la terapia gestalt «desde dentro», es decir, no en comparación con otras teorías sino desde las dificultades intrínsecas del encuentro terapéutico.

Simkin sintetizó la gestalt en su conocida fórmula:

YO-TÚ, AQUÍ Y AHORA

que voy a extrapolar para tratar el presente tema como «límites del *terapeuta*, límites del *paciente* y límites de la *situación* o del *encuentro*».

Las limitaciones del terapeuta

Ya he expuesto mi concepción del terapeuta gestáltico como artista, porque hay un aspecto intuitivo y de creatividad personal que trasciende cualquier teoría en la que se apoye.

Este modelo artístico nos ayuda a entender que es el trabajo interior y el tiempo (la experiencia) lo que va a reflejar su obra, que estará en cada momento sujeta a estas dos variables; por eso es tan interesante descubrir en cada artista su propio desarrollo, las etapas de madurez, de riesgo, de acomodación, de comercialidad, de búsqueda... Lo mismo podemos decir del terapeuta: para bien y para mal, no puede ser en cada momento más de lo que es (principio de actualización) y su oficio transparentará el grado puntual de su proceso personal, con las limitaciones y recursos inherentes a ese momento existencial. En los inicios profesionales los límites más inevitables son el *miedo* y la *inseguridad*: ¿seré capaz de ablandar las resistencias del paciente y comprometerlo con el trabajo?, ¿estoy yo a la altura de ese compromiso?

Todos estos cuestionamientos personales se viven interiormente como un fraude que ahuyentaría al paciente si tuviera conocimiento de ellos. Pero el que realmente quiere huir es el terapeuta: saldría corriendo, ante la complejidad de este oficio, si no le retuviera algo. He reflexionado mucho sobre ese «algo» y creo que tiene que ver con la vocación, entendida como un genuino interés por el trabajo interior y por la otra persona. Sin ese interés esencial, difícilmente podemos hablar de terapeutas artistas. Podrán ser buenos técnicos, buenos orientadores y apoyadores (lo que no está nada mal) pero no terapeutas buscadores. A través de la formación y la supervisión he observado que «muchos son los llamados (vocación alude etimológicamente a esa llamada) y pocos los elegidos», así que muchas limitaciones del terapeuta tienen que ver con esa falta de vocación profunda. Muy frecuentemente lo que atrae hacia este oficio son motivaciones más extrínsecas, como el deslumbramiento de las primeras etapas del proceso, hacerse famoso, obtener reconocimiento y poder (material o moral), «prosperar» espiritualmente... No digo que estas motivaciones no puedan ser trascendidas (al contrario, he tenido muy felices sorpresas en este sentido), pero, si falta esa base que he llamado vocación, cualquier terapeuta se sentirá limitado a largo plazo.

Quiero hablar también aquí de la *desconfianza* del terapeuta, que está muy ligada a lo anterior. Para confiar en la terapia hay que haber profundizado en la propia enfermedad y haber experimentado lo paradójicamente saludable de este proceso. Sin esta vivencia y sin esta actitud a lo largo del tiempo (de toda la vida, diría yo) es difícil confiar en el proceso y acompañar al paciente en esa travesía, a pesar de sus vaivenes, pues toda terapia pasa por fases de esterilidad, de vuelta atrás, etcétera.

He visto en algunos terapeutas un poso nihilista, un fondo de desconfianza, que me parece una de las más serias limitaciones de este trabajo. También es un problema desconfiar del paciente (y no entro en si es acertada esa percepción o es un prejuicio) porque eso se transmite e imposibilita un encuentro genuino que si no se aborda honestamente con el paciente, acabará en un callejón sin salida (impasse). Pero creo que todavía es peor, más insalvable y limitante la desconfianza interna del terapeuta hacia el proceso, la terapia o el camino, lo cual cuestiona su propia terapia personal si tan descreído le ha dejado.

Finalmente quiero señalar la falta de disponibilidad del terapeuta como otra limitación obvia de la que no siempre somos conscientes. Conviene saber qué nivel de compromiso quiere o puede uno asumir y ser consecuente y claro con, por ejemplo, el número de pacientes que realmente puede atender en condiciones óptimas, el encuadre que cada uno necesite para hacer bien su trabajo, la dedicación a terapia individual o/y grupal, etc. Si el terapeuta se traiciona en estos asuntos, antes o después su actividad terapéutica se resentirá.

Las limitaciones del paciente

Si en gestalt decimos que la conciencia y la espontaneidad son las «tareas» del paciente (Naranjo), está claro que la falta de alguna de ellas o de ambas será una limitación obvia para la terapia: si el paciente no desarrolla una actitud de *percatarse* y de *dejarse fluir*, difícilmente podremos hablar de un proceso gestáltico. Dicho esto como punto de referencia, quiero concretarlo en dos limitaciones bastante serias que he encontrado en algunos pacientes: la irresponsabilidad y el escepticismo.

En lo que se refiere a la *irresponsabilidad*, hay pacientes que, definitivamente, no quieren hacerse cargo de sí. Por supuesto que es duro para todos reconocer que uno es responsable de su existencia, que tiene la vida que quiere tener, por más que se queje y manipule... pero precisamente esto es parte del trabajo terapéutico, que irá derivando hacia una mayor aceptación, asumiendo, para poder cambiarlo, su ser interno y su estar en el mundo.

Sin embargo me he encontrado con pacientes que «deciden» no crecer, no madurar, no hacerse responsables. Cuando esto ocurre, se convierte en un límite paralizante. Y no es un problema de falta de conciencia, de confrontación o de cualquier otro recurso técnico que le haga ver esta actitud. Parece más bien un asunto de decisión del paciente, que a veces se lo atribuye el terapeuta como deficiencia propia pero que en realidad tiene que ver con la voluntad del paciente.

Dos ejemplos. Un chico con más años de los que aparenta, con actitudes de eterno adolescente, incapaz de asumir las críticas de su entorno (pareja, trabajo) sobre su inmadurez. Trabajamos algo más de un año sin que apenas cambie esa actitud. Finalmente le propongo decidir cuánto tiempo más necesita antes de hacerse mayor. Me dice que 6 años, hasta los 40 (tiene 34 en ese momento) y es la primera vez que le escucho asertivo y comprometido. Acordamos dejar la terapia «hasta entonces».

El otro «caso» se me ha repetido más de una vez con pacientes que vienen diagnosticados psiquiátricamente y se agarran a esta etiqueta sin soltarla. Lo paradójico es que no se hacen responsables de su enfermedad ni de su vida (en algún nivel, por mínimo que sea, desde el que poder trabajar) sino que se instalan cómoda/sufridoramente en su diagnóstico. Alguna vez he dicho de estos casos (con más impotencia que compasión) que hay clientes para la psicoterapia y clientes para la psiquiatría, y el elemento diferencial es el grado de responsabilidad que el paciente quiera asumir. Lo que intento decir es que existe un modelo «médico» (que no tiene que ver exclusivamente con el título universitario porque también afecta a los psicólogos «científicos») que no le exige al profesional ubicarse como persona sino como técnico, así que el paciente, simétricamente, se posiciona como patología. El modelo psicoterapéutico, por el contrario, se basa en el encuentro personal como condición imprescindible, ya lo nombremos con terminología gestáltica (Yo-Tú), rogeriana (*person to person*) o con la metáfora transferencial: en todos los casos la relación se considera el agente curativo por excelencia, porque lo más propio y genuino de la buena terapia es lo interpersonal. Pero si la responsabilidad del encuentro sólo la detenta una parte (el terapeuta) poco podrá hacerse.

El *escepticismo* es el polo opuesto a la irresponsabilidad: igual que hay pacientes que no se hacen cargo de su enfermedad (como acabo de comentar), hay pacientes que no creen en la salud y por lo tanto no se comprometen con ella.

A priori para nadie es un «buen negocio» sanearse: conlleva riesgos, compromisos, esfuerzos de honestidad... Y con esto nos encontramos siempre al comienzo de un proceso terapéutico ya que el paciente acude con una ambivalencia implícita: quiere y no quiere cambiar. Antes o después, y como resultado práctico del trabajo, la balanza suele inclinarse hacia el lado saludable y el paciente se compromete con una vida más plena y satisfactoria (que no es sinónimo de más cómoda o agradable, al menos permanentemente). Pero me he encontrado también con pacientes escépticos que no acaban de dar este paso, por más que hayamos revisado y cuestionado los introyectos y todas las distorsiones cognitivas que hacen que una persona prefiera vivir a medias o estar muerta en vida. Es como un problema de fe, o más bien de falta de fe en la autorregulación organísmica; cuando esto se da es como chocar con un muro, realmente es un límite infranqueable, impermeable a la terapia gestáltica y supongo que a otros enfoques terapéuticos introspectivos.

En resumen, y aludiendo a mi experiencia, he aprendido con los años a valorar más el pronóstico que el diagnóstico. Cuando detecto actitudes de irresponsabilidad y/o escepticismo profundos no veo un buen pronóstico para un proceso gestáltico.

Las limitaciones del encuentro

Hay relaciones que «funcionan» y otras que no. Podemos pensar, de acuerdo con el tema que estamos tratando, que pueda deberse a las limitaciones del terapeuta o a las del paciente, y de ambas hemos hablado ya.

Sin embargo, a veces el encuentro no se da y no valen las explicaciones deficitarias de uno u otro de los implicados en esta relación. Creo que es más bien una cuestión de «química», aunque suene muy irracional, pero no se me ocurre ningún otro símil mejor que el amoroso: o te enamoras o no, y esto escapa bastante a la voluntad.

Pues en terapia pasa a veces algo parecido: aun habiendo buena corriente entre terapeuta y paciente, atención y respeto mutuo, colaboración a pesar de las dificultades... sin embargo, la cosa no marcha.

No ocurre ese nivel de encuentro profundo que es transformador *per se*. En mi historia profesional he pasado por distintas fases en este asunto: supervisar, culparme, recriminarme, aceptarlo... Lo más útil ha sido casi siempre abrirlo y hablarlo con el paciente, excepto en dos casos en que se rompió la relación de mala manera; en los demás, sirvió para compartir algo que ambos percibíamos y que nos llevó a poder validar el trabajo realizado y despedirnos. En varios casos aceptaron mi sugerencia de otro terapeuta con quien seguir trabajando e incluso he tenido a veces el *feedback* de que el nuevo proceso estaba yendo bien.

Así que creo que existe también una limitación en el encuentro, que no se puede trabajar sin química, sin enamoramiento, aunque esta formulación pueda escandalizar. Pero estoy hablando de amor.

Por eso aprecio cada vez más la afirmación de Fritz en la frecuentemente malinterpretada oración gestáltica: «Si nos encontramos, es estupendo. Si no, no tiene arreglo». Es así de obvio y no es ninguna tragedia.

En resumen, parece claro que las limitaciones de la terapia tienen que ver con el nivel de presencia: si el terapeuta no «está» (por inseguridad, desconfianza en el proceso, falta de vocación... o cualquier otra variable que no hayamos considerado) poco de terapéutico va a acontecer. Si el paciente no «está» (por irresponsabilidad, escepticismo... o lo que cada profesional haya observado en su práctica), tampoco podemos hablar de terapia. Entonces, si ambos están presentes (en el sentido gestáltico) el encuentro tendría que darse... Y así es la mayoría de las veces, pero no siempre. Por eso he querido hablar de las limitaciones del encuentro, que son de otra cualidad y que quizá sólo se entiendan en términos espirituales, de entrega, más allá de las explicaciones narcisistas.

DIRECTORIO DE ESCUELAS DE FORMACIÓN EN TERAPIA GESTALT

1. CENTRE DE DESENVOLUPAMENT DEL POTENCIAL HUMÁ DEL MARESME

C/ Sant Ramón, 51, 08301 Mataró. Barcelona
Tlf. y Fax: 93 790 13 63
info@terapia-gestalt.eu
www.terapia-gestalt.eu

Equipo: Teresa Barbena Anglada y Antonio Gómez Ceto.
Orientación: Somos profesionales pertenecientes a los campos de la educación, de la intervención social y de la psicoterapia. Nuestra labor en el Centro integra estos tres ámbitos, con un enfoque que incluye los aspectos corporales, emocionales, mentales, existenciales y espirituales de la persona. La atención se dirige a la vertiente interna y apunta fundamentalmente a la actitud, enfatizando el aspecto relacional: el objetivo primordial es lograr que la persona sea y actúe en su vida cotidiana de la forma más completa, sana y libre posible. Nuestro trabajo se basa en la Terapia Gestalt y en la Psicoterapia Integrativa de Claudio Naranjo.
Actividad: Escuela de formación completa en Terapia Gestalt con dos orientaciones: clínica y profesiones de atención a la persona. Cursos de postgrado. Supervisión de psicoterapeutas y profesionales de atención a la persona y de la educación. Seminarios y talleres vivenciales y didácticos.

2. CENTRO DE ESTUDIOS GESTALT D.O.S. DESARROLLO DE ORGANIZACIONES Y SISTEMAS

C/ Valencia, 72, entresuelo 4ª, 08015, Barcelona
Tlf.: 93 229 66 86
Fax: 93 790 13 63
Móvil: 686 945 927
info@gestaltdos
www.gestaltdos.eu

Equipo: Teresa Barbena Anglada, Eugenio Moliní y Aurora Morera Vega. Con la colaboración de otros docentes nacionales titulares de la AETG e internacionales del campo de la gestalt y las organizaciones.
Orientación: Formar y entrenar en la aplicación de las herramientas y actitud gestálticas en el ámbito de la consultoría organizacional. Diseño e implementación de procesos de aprendizaje y de cambio dentro de una organización, incluyendo la intervención sobre individuos, grupos y sistemas. El enfoque favorece la capacidad de la persona para concebir, dirigir y contribuir en procesos de comunicación y de la relación sanos y eficientes en las organizaciones.
Actividad: Escuela de formación completa en Terapia Gestalt para organizaciones. Centrada básicamente en lo vivencial, y orientada a la integración de teoría, investigación, práctica y supervisión. Partirá del desarrollo de la propia capacidad para dirigir y contribuir profesionalmente en procesos transformadores, con presencia, transparencia y límites. Dirigida a directivos, gerentes y consultores internos o externos. También a profesionales que trabajen en RRHH, y a miembros o representantes de ONG o de colectivos sociales cuya labor sea impulsar cambios en la sociedad.

3. CENTRO DE PSICOTERAPIA INTEGRATIVA DE ZARAGOZA. ESCUELA GESTALT

C/ Tomás Bretón 44, pral. Dcha, 50005, Zaragoza
Tfn.: 97 646 79 02
www.cpi-psicoterapiaintegrativa.com
Equipo de formación en Terapia Gestalt: Carlos Cervera, Maria Dolores Baena, Ángela Nuñez.
Colaboradores: Ada Lopez, Juanjo Albert, Iñaki Zapirain, Francis Elizalde, Paco Peñarrubia, Luis Turrión, Mercedes Nasarre, Montse Mendikute, Enrique de Diego.

Orientación: Integrativa: Terapia Gestalt, psicocorporal neoreichiana, Análisis Transaccional, psicodinámica, arteterapia.
Actividad: Formación en terapia Gestalt integrativa, Formación en clínica de infancia y adolescencia, danzaterapia y movimiento expresivo, supervisión.

4. CENTRO DE TERAPIA Y PSICOLOGÍA. CTP®

C/ García Luna, 25, semisótano A, 28002, Madrid
Tlf. y Fax: 91 416 52 70
ctpvazquez@correo.cop.es
http://web.jet.es/mcruzge/Gestalt CTP

Equipo: Carmen Vázquez Bandín (directora), Belén Espinosa, Mª Cruz García de Enterría, Ángeles Hernández, Alicia López Bermejo, Esperanza Miravalles, Leticia Sosa y Rosa Venturini.
Actividad: Escuela de Formación en Terapia Gestalt. Grupos de Supervisión. Talleres monográficos gestálticos. Talleres vivenciales para terapeutas. Grupos de estilo terapéutico. Grupos de actualización en Terapia Gestalt. Grupos de estudio teórico-práctico de la teoría de la Terapia Gestalt. Reuniones de escritores gestálticos. Grupos de sensibilización a la Terapia Gestalt (personal sanitario, profesores, etc.). Editorial de libros sobre Terapia Gestalt.

5. ELEUSIS. CENTRO DE DESARROLLO HUMANO Y PSICOTERAPIA

C/ Gobernador, 29, Bajo D, 28014, Madrid
Tlf.: 629 46 25 96
Equipo: Miguel Albiñana, María Victoria Civantos, Silvia Diana Jens, Inés López Pachón, Manuel López Pachón.
Orientación: La integración de la experiencia corporal, a través de combinar enfoques corporales (terapia reichiana, modulación de la voz, masaje sensitivo gestáltico, axiología) así como una vivencia del sentido de la vida y de la muerte, se combinan en el nombre del propio Centro. Con arraigo en la vivencia chamánica desde la enseñanza de Guillermo González Borja, terapeuta mexicano y maestro reconocido en España, Eleusis pretende dar una visión existencial a su enfoque psicoterapeútico más allá de la mera visión patológica de la neurosis.
Actividad: Formación de terapeutas corporales. Formación de terapeutas gestálticos (3 años). Supervisión individual y grupal para terapeutas. For-

mación en Axiología, la ciencia de los valores mediante la aplicación de la prueba de Hartman, en colaboración con el Instituto mexicano de Axiología. Masaje gestáltico. Cursos de fin de semana, orientados al aprendizaje de la tipología del caracter, a la vivencia de la polaridad vida-muerte, al contacto y vivencia de los sentidos, a la identidad femenina y masculina. En colaboración con el centro de Orgonterapia (W. Reich) de Río de Janeiro, Curso de formación en terapia reichiana.

6. ENEARAN

C/ Hilarión Eslava, 47, 1.ºA, 28015, Madrid
Tlf. y Fax: 91 543 108

Equipo: de Formación: Antonio Catalán, Andrés Correa, Carmen Durán, Alfonso González, Rafael Nava y Victoria Sanjurjo.
Orientación: Filosofía humanista; actitud gestáltica abierta a la incorporación de otras técnicas. Formados por Paco Peñarrubia.
Actividad: Ciclo de Formación en Gestalt en cuatro años.

7. EQUIPO CENTRO

C/ Fernández de los Ríos, 3, 1º Izda, 28015, Madrid
Tlf.: 91 445 134
Equipo: Olga de Miguel, María Morales y Carmen Otegui.
Orientación: Gestáltica, integrando los aspectos físico, mental y social.
Actividad: Ciclo completo de Formación en Terapia Gestalt.

8. ESCOLA DE L'ESSER

Ronda Gral. Mitre, 230, principal, 08006, Barcelona
Tlf.: 93 237 484
info@escoladelesser.com

Equipo: Empar Fresquet, Xavier Puigdevall, Marc Fresquet, Mariés Begueria y Albert Colomer i Rovira.
Orientación: Enfoque gestáltico con la inspiración de Claudio Naranjo: Terapias Integrativas. Áreas de actuación: corporal, emocional, mental y espiritual.
Actividad: Ciclo Formación en Terapia Gestalt estructurado en cuatro cursos: Básico, Superior I, Superior II y Supervisión. Formación en Tra-

bajo de Atención Creativa: tres niveles, de duración, un curso académico por nivel. Supervisión Individual y Grupal. Grupos Temáticos: Terapia Grupal Gestáltica, Iniciación a la Meditación, Investigación en el Silencio. Complementos de Formación en Talleres o Seminarios: Ensueño Dirigido Trabajo Corporal, Antropología, Cine Forum.

9. ESCUELA CANARIA DE PSICOTERAPIA GESTALT Y DESARROLLO ARMÓNICO

C/ Perdomo, 40, 35002, Las Palmas de Gran Canaria.
Tlf.: 928 36 77 51
Fax: 928 37 42 29
escuela@gestaltcanarias.com
www.gestaltcanarias.com

Equipo: Dirige Graciela Andaluz (Médica Psicoterapeuta), Clara Luz González Soler, Luisa Nuez García, Mariola Pérez Cabrera, Joaquín Ramírez Brito, Caridad Sánchez Artiles, Ángeles Rodríguez Jiménez, Eva Wijkström, María López Bordón.
Orientación: Psicoterapia Gestalt y Desarrollo Armónico. Formar terapeutas entrenados en la relación terapeuta-paciente; consideramos la transferencia como el motor de la transformación. Terapia personal y trabajo psicocorporal de los alumnos para usar, como terapeutas, su propia persona como instrumento principal y como base en la que integrar los recursos aprendidos en la formación.
Actividad: Formación en Psicoterapia Gestalt y Desarrollo Armónico-4 años. Formación en Movimiento y técnicas psicocorporales para el desarrollo armónico (Sistema Río Abierto)-4 años. Supervisión clínica y aplicada a otros campos. Cursos de Gestalt aplicada para equipos de trabajo (sanitarios, educadores, trabajadores sociales, voluntarios, empresas, etc.). Grupos de Movimiento Armónico. Monográficos (vínculos-sueños-enfermedades psicosomáticas-grupos, etc.), Intensivos con invitados extranjeros. Constelaciones familiares, Conferencias, Seminarios.

10. ESCUELA DE PSICOTERAPIA DE VALENCIA

C/ Antonio Suárez, 48, entresuelo 3, 46021, Valencia
Tlf. y Fax: 96 369 87 80
epv@correo.cop.es
www.epvpsicoterapia.com

Equipo: Vicente Cuevas (Director), Maru Martí, Rosa Martínez, Azucena Martí, Mariano Salvador, Cristina Alarcón, Carmen Frías, Freya Belló y otros colaboradores en el área formativa.
Orientación: Psicoterapis Integrativa de base gestáltica y aportaciones de otros métodos de concepción holística y humanística: Análisis Transsaccional, Programación Neurolingüistica, Arteterapia, Sistémica, Meditación y Constelaciones Familiares.
Actividad: Curso de Psicoterapia Gestalt Integrativa en tres ciclos formativos integrando formación, entrenamiento y supervisión. Curso de Constelaciones Familiares. Talleres monográficos.

11. ESCUELA DE PSICOTERAPIA INTEGRATIVA DE PAMPLONA. EPIP

Avda. de los Deportes, 4-1º A, 31011, Barañaín, Navarra
Tlf.: 679 98 61 82; 676 76 62 11
info@epip.es
www.epip.es

Equipo: Carmentxu Janín , Mario Jiménez, Aurora Irigoyen, Hortensia Fernández de Monge.
Orientación: Integración de Gestalt (Claudio Naranjo) y trabajo corporal (Bioenergética), expresión y movimiento.
Actividad: Formación en psicoterapia integrativa y Gestlalt: 3 años, 700 horas. Especialista en facilitación emocional: dos cursos, 426 horas. Dirigido por José Luis Pérez.

12. ESCUELA DE TERAPIA GESTALT DE ZARAGOZA

Avda. Goya, 47, Ppal., 2, 50006, Zaragoza
Tlf.: 976 35 56 68; 615 49 34 57
www.gestaltzaragoza.com

Orientación: Gestáltica-Humanista
Equipo: Director. Luis Alberto Sabroso.
Colaboradores: Paco Peñarrubia, Annie Chevreux, Enrique de Diego, Javier Miranda, Javier Ochaita, Loly Mondéjar, Miguel Albiñana, Marcelo Antoni, Leonor Martorell, Kike Villatoro, Assumpta de Hormaechea, Juanjo Albert, Elena Revenga, Jorge Castellano, Laura Marín, Isabel Serrano, Ana Fuertes, Antonio Porta, Ignacio Peña.

Actividad: Formación en Terapia Gestalt. Responsable Promoción 2004-2007: Escuela Aragonesa de T. Gestalt: Paco Peñarrubia. Responsable Promoción 2005-2008: Miguel Albiñana. Responsable Promoción 2006-09: Luis Alberto Sabroso.

13. ESCUELA DE TERAPIA GESTALT DEL I.P.G.

C/ Agastia, 112 A, Semisótano, 28028, Madrid
Tlf.: 91 361 29 09
info@ipg-gestalt.com
www.escuelagestalt.es

Equipo: Angeles Martín, Carmela Ruiz de la Rosa, Esther Beiztegui Ruiz de Erechun, Paco Domínguez, Mª Teresa López García, Inés Gajón Bazán, Óscar Bendicho Fernández.
Orientación: Gestáltica.
Actividad: Formación en gestalt. Talleres monográficos.

14. ESCUELA DEL TALLER DE GESTALT DE BARCELONA

C/ del Carmen, 34, 1ºA, 08001, Barcelona
Tlf.: 93 301 74 72
www.aulagestalt.com

Equipo: Co-directores: Albert Rams y Cristina Nadal. Profesores invitados habituales: Ramón Ballester, Annie Chevreux, Mireia Darder, Enrique de Diego, Francis Elizalde, Leonor Martorell, Paco Peñarrubia, José Luis Pérez, Elena Revenga.
Orientación: Formar terapeutas gestálticos, personas capaces de reconocerse a sí mismas y al otro en el contacto que supone la relación terapéutica, utilizando los aspectos técnicos, teóricos y clínicos para optimizar ese proceso. Orientación básicamente clínica. La terapia individual previa, o desde el inicio, nos parece requisito necesario.
Actividad: La formación, que dura cuatro años, se escalona en tres etapas:
1. Trabajo vivencial con los temas fundamentales de la gestalt;
2. Entrenamiento o aprendizaje pautado del oficio (I y II) y
3. Supervisión.

15. ESCUELA MADRILEÑA DE TERAPIA GESTALT

C/ León, 6, 1º, 28014, Madrid
Tlf.: 91 429 21 34 y 91 532 45 15 (secretaría)
gestaltmadrid@gestaltmadrid.com
www.gestaltmadrid.com

Equipo: Paco Peñarrubia (director), Águeda Segado, Enrique de Diego y Annie Chevreux.
Colaboradores: Dalia Plaza, Pedro de Casso, Javier Miranda, Amor Hernández y Loly Mondéjar.
Invitados: Juan José Albert, Alejandro Napolitano, Antonio Ferrara.
Presidente Honorífico: Claudio Naranjo.
Orientación: Enfoque gestáltico de inspiración perlsiana, transmitido por C. Naranjo, donde el acento se pone en la actitud más que en la técnica, afinando el propio estilo de ser gestaltista. Dos orientaciones didácticas a partir del 2º año: Clínica y Profesiones de Ayuda.
Actividad: Desde su constitución (1991): Ciclo de Formación completo en tres años: cursos Básico, Superior y Supervisión. Cursos de postgrado: Análisis del proceso grupal (50 horas). Creatividad (200 horas-2 años). La relación terapéutica desde la óptica del Eneagrama. Seminarios teóricos abiertos. Supervisión de la práctica (clínica y de otras aplicaciones). Consulta de psicoterapia a través de CIPARH.

16. ESCUELA MURCIANA DE TERAPIA GESTALT

C/ Faro, 4, Edificio Albero II, 1ºD, 30500 Molina de Segura, Murcia
Tlf.: 968 64 10 95 y 607 28 32 07

Equipo: Irene Díaz López, Josefina Hernández Gambín y Loly Mondéjar Santacreu.
Orientación: Gestáltica.
Actividad: Formación completa en tres años en Terapia Gestalt: Cursos Básico, Superior y Supervisión. Grupos regulares de Seguimiento de Eneagrama.

17. ESCUELA VASCA DE GESTALT

Equipo y dirección: Montse Mendikute (BIZIA): C/ Easo, 81, 2º Dcha., 20006, San Sebastián. Guipúzcoa

Tlf.: 943 46 98 80
Iosune Lekue: C/ Alda, Mazarredo, 81 Bajo, 48009 Bilbao, Vizcaya.
Tlf.: 94 424 97 94

Orientación: Formación de Psicoterapeutas de Orientación clínica fundamentalmente.
Actividad: Formación de Psicoterapeutas Gestálticos: Curso Básico. Curso Superior y Curso de Supervisión.

18. GESTALT MEDITERRÁNEO

Avda. Jaime III, 23, 3ºB, 07012, Palma de Mallorca
Tlf.: 971 717 196
www.gestalt-mediterráneo

Equipo: Julio C. Artiles, Patricia Aliu y Javier Barés.
Orientación: Gestáltica, con el objetivo de formar personas con una actitud gestáltica, aplicable en lo personal o en su ámbito de trabajo.
Actividad: Ciclo de formación en Terapia Gestalt, que se desarrolla en 31 fines de semana, uno por mes, en régimen residencial de convivencia, durante 3 años. Ofreciendo posteriormente a los titulados la posibilidad de inserción en el Servicio de Promoción de la Salud, supervisado por el equipo institucional. Taller Monográfico Anual Residencial. Jornada y Talleres Gestálticos organizada por alumnos de 3º año. Charlas y Talleres breves de difusión del enfoque gestalt.

19. INSTITUT GESTALT. PSICOTERAPIA, COMUNICACIO I RELACIONS HUMANES

C/ Verdi, 94, Bajos, 08012, Barcelona
Tlf.: 93 237 28 15; Fax: 93 217 87 80
ig@institutgestalt.com
www.institutgestalt.com

Equipo: Joan Garriga, Viçens Olivé, Mireia Darder, Marcelo Antoni, Françesc Codina, Berta Silva, Cristina Dicuzzo, Quim Maluquer, Mercedes Bolivar, Pepita del Olmo, Carmen Pobar y Francisco Sánchez.
Orientación: Nos inspiramos en la triple actitud gestáltica que describe Claudio Naranjo como el cultivo de la presencia, la conciencia y la responsabilización de la experiencia. También de su mano nos hemos impreg-

nado y trabajamos con la idea del «carácter como principal problema» y el conocimiento que nos ha proveído el Eneagrama. Concebimos el trabajo terapéutico como un encuentro dialógico fundado en un ideal de honestidad y transparencia, orientado a la integración de todos los aspectos de la persona. Enmarcamos lo que hacemos y enseñamos dentro de un enfoque holístico e integrador que descansa en la concepción básica de la autorregulación organísmica. Como Centro nos sentimos eclécticos y estamos abiertos a cualquier enfoque o aportación que muestre su utilidad.

Actividad: Área de Formación y Reciclaje: Formación completa en Terapia Gestalt. Formación completa en Programación Neurolingüística e Hipnosis Ericksoniana. Supervisión profesional individual y en grupo. Talleres monográficos a cargo de especialistas.

20. INSTITUTO DE ATENCIÓN Y FORMACIÓN SICOSOCIAL

C/ Valencia, 72, entlo. 4ª, 08015 Barcelona
Tlf.: 93 229 66 86; 629 57 46 11
iafs@ya.com
www.xarxaiafs.com

Dirección: Aurora Morera Vega
Orientación: Gestalt, logoterapia, consultoria organizacional.
Actividad: Terapia individual y grupos. Formación. Consultoría y formación en organizaciones.

21. INSTITUTO DE GESTALT CORPORAL

C/ Oviedo, 18, 1º5, 28020 Madrid
Tlf.: 91 554 40 63
evauseros@gmail.com

Equipo: Eva Useros Serrano, Concha Dobón.
Orientación: Enfoque gestáltico centrado en la actitud y presencia del terapeuta, bioenergética y psicología integrativa.
Actividad: Ciclo completo de Formación. Supervisión de profesionales. Talleres monográficos.

22 INSTITUTO DE INTERACCION Y DINAMICA PERSONAL

C/ Hortaleza, 73, 28004 Madrid

Tlf.: 91 310 32 40; 91 310 32 38
www.psicoterapeutas.org

Equipo: José A. García Monje, José Mª Burdiel, Carmen García de la Haza y Carlos Alemany.
Orientación: Psicoterapia experiencial, gestáltica.
Actividad: Cursos de Formación. Título Especialista Univ. Comillas, Fac. Psicología. Madrid y Master Univ. Comillas. Asociación Psicoterapeutas Laureano Cuesta (FEAP).

23. INSTITUTO DE PSICOTERAPIA EMOCIONAL Y TECNICAS DE GRUPO

Avda. General Marvá, 5, Entlo., 03005 Alicante
Tlf.: 96 522 81 52; Fax: 96 522 85 07
ipetg@ipetg.com
www.ipetg.com

Equipo: Juan José Albert, Elena Revenga, Lourdes Martínez, Javier Arenas, Enrique Cortés, Peter Van Wijk, Ángela Núñez, Lola Gomis, Lola Pinar, Susi Andreu, Clara Álvarez, Lluis Millán, Emma Navarro, Ignacio Ruiz.
Orientación: Psicoterapia Integrativa de enfoque gestáltico, bioenergético, psicoanalítico y transpersonal: «No hay buenas técnicas, hay buenos terapeutas».
Actividad: Formación en Técnicas Gestálticas (3 años). Formación en Psicoterapia Clínica Integrativa (5 años). Supervisión.

24. INSTITUTO DE PSICOTERAPIA EMOCIONAL Y TÉCNICAS DE GRUPO

Alda. Recalde, 1, Entreplanta, 48009 Bilbao, Vizcaya
Tlf.: 94 423 35 48
ipetgbi@euskalnet.net

Equipo: Lydia García, Francis Elizalde, Margarita Antón, Juan Carlos Egurcegui e Iñaki Zapirain.
Orientación: La actividad del I.P.E.T.G. la constituye la práctica clínica desde un contexto global enmarcado en la línea de la Psicología Humanista y con una clara vocación y orientación Biogestáltica, con un gran

énfasis en las técnicas psicocorporales (bioenergética, biorespiración, biodanza). Todo ello dentro de una orientación focalizada en el análisis del carácter en un marco preferentemente grupal.

Actividad: Grupos de formación de Biogestalt y Dinámica Grupal, a través de las aportaciones creativas de cada uno de los miembros del equipo: Lydia García ha realizado experiencias terapeúticas innovadoras con psicóticos, desarrollando además modelos terapeúticos mediante la biodanza y la expresión corporal así como la aplicación de elixires florales como apoyo terapeútico. Margarita Antón ha desarrollado su quehacer diagnóstico a través de pruebas axiológicas (test de Hartman), aplicando además, en su perspectiva terapeútica, una serie de técnicas gestálticas en conjunción con el psicodrama. Juan Carlos Egurcegui, ha enfocado su práctica clínica a partir de una serie de técnicas corporales (dinámica corporal, bioenergética) así como un aporte creativo en el ámbito de la medicina psicosomática. Francis Elizalde ha ido aunando la perspectiva gestáltica con la creativa (escritura creativa, poesía, etc...) así como una serie de aportes de corte introspectivo desde técnicas meditativas y de auto-observación. Iñaki Zapirain, desde una perspectiva bio-gestáltica viene desarrollando una serie de técnicas corporales asociadas a la visualización creativa y el trabajo terapéutico a partir del material simbólico (metáforas, imágenes, símbolos, mitos, etc.).

25. INSTITUTO DE TERAPIA GESTALT DE VALENCIA

C/ Xabia, 9, Entlo. A, 46010 Valencia
Tlf. y Fax: 96 339 00 92
itgestalt@itgestalt.com
www.itgestalt.com

Equipo: Manuel Ramos Gascón (director), Maite Descalzo, Raquel Ros, Sergio Huguet, Manuel Sorando, Francisco Cuenca, Ana Victoria García, Macarena Roca, Nuvia Sequera, Mª José Perruca, Ariadna Pellicer, Juan José Sanz, Carmen Villar, Belén Colomina, Olimpia Rocher, Yael Peña, Mireia Simó, Enrique Marco, Mª Jesús Armas (ITG Canarias), Lola Urraca (ITG Canarias), Reyes Quintana (ITG Canarias), Rosa Moreno (ITG Logopedia).
Orientación: Terapia Gestalt
Actividades: Formación de Terapeutas Gestalt; Formación en Terapia Infantil y Adolescente; Grupos de Crecimiento y Desarrollo Personal. Consultoria Organizacional. Talleres, Cursos y Seminarios.

26. IZKALI. ESCUELA DE GESTALT

Avda. de la Libertad, 32, entlo., 20004 San Sebastián, Guipúzcoa
Tlf.: 943 42 82 28
www.euslkalnet.net/izkali

Equipo: Juan José Díaz, Maribel Gómez, y colaboradores.
Orientación: La Escuela de Gestalt está enmarcada en el Instituto de Psicoterapia Integrativa, que funciona desde 1987. Con una perspectiva psicológica y psicoterapéutica, integramos enfoques de Gestalt, Bioenergética, Axiología (valores) y Creatividad. Damos también cabida a métodos afines a la psicología Junguiana, al análisis Existencial, y a la psicología Transpersonal. Nuestro Instituto tomó el nombre de Izkali a partir de la relación formativa con el psicoterapeuta Guillermo Borja, gestaltista silvestre que nos orientó a continuar por la vía del chamanismo, la terapia reichiana y la enseñanza integrativa de C.Naranjo.
Actividad: Taller de Preformación, Curso de Formación (ciclo completo según criterios de la AETG y plan terapéutico-didáctico de Izkali; impartido en San Sebastián y en Madrid), Taller de Práctica Terapéutica (avanzado de metodología y técnica), Supervisión a terapeutas, y Grupos de Trabajo (específicos para alumnos formados). Como complemento a la formación gestáltica, alentamos a nuestros alumnos al trabajo sistemático con el Eneagrama, el Viaje Mítico y la Meditación.

27. JERA. ESCUELA SEVILLANA DE TERAPIA GESTALT

C/ Sor Milagros, local 1 A, 41010 Sevilla
Tlf.: 95 433 27 12
jera.gestalt@telefonica.net
www.jera-gestalt.com

Equipo: Pepa Campos Romero. Colaboradores de la Formación: Pedro de Casso, Enrique de Diego, Dalia Plaza, Rosa Sánchez, Fermín González y Annie Chevreux.
Orientación: Ayudar a la persona a hacerse más consciente de sí misma a nivel corporal, emocional, intelectual y espiritual. Que pase del apoyo externo al autoapoyo. Que confíe en sí misma y en sus potencialidades.
Actividad: Ciclo completo de Formación en Terapia Gestalt: Básico, Superior y Supervisión. Grupos de Gestalt (Prebásico y Supervisión). Cuerpo y Movimiento. Talleres Temáticos.

28. L'ESPAI DE GESTALT

C/ Secretari Coloma, 16 Bajos, 08025 Barcelona
Tlf.: 93 285 36 18
info@espaidegestalt.com
www.espaidegestalt.com

Equipo: Antoni Aguilar Chastellain, Jaume Cardona Costa, María Arenas Jurado, Montserrat Coll Avellana, Jesús Porras Mendoza, Enrique Villatoro Jiménez.
Orientación y Actividad: Área psicoterapéutica. Área de Formación: Formación en Terapia Gestalt, Formación en Trabajo Corporal Integrativo. Área Organizacional: Consultoría de procesos en organizaciones, coaching y desarrollo de habilidades directivas, Procesos participativos y de transformación social.

29. LA MONTERA. AULA DE GESTALT PARA LA PSICOTERAPIA Y LAS ARTES ESCÉNICAS

C/ Alonso el Sabio, 9 Bajo C, 41004 Sevilla
Tlf: 95 421 77 98
aulamontera@telefonica.net, info@aulamontera.com
www.aulamontera.com

Equipo: Antonio Gámiz (Psicólogo Miembro titular de la AETG), Andrés Higuero (Psicólogo. Psicoterapeuta gestáltico), Clara Escalera (Trabajadora Social. Miembro titular de la AETG. Psicoterapeuta gestáltica reconocida por la FEAP), Concha Caballos (Trabajadora Social. Psicoterapeuta Sistémica acreditada por la FEAP), José Antonio Segura (Psicólogo. Especialista en psicología Clínica. Miembro titular de la AETG), José Antonio Suero (Psicólogo Sistémico), Lourdes Pajares (Psicóloga. Terapeuta Gestáltica), Mª Antonia Salamanqués (Psicóloga Clínica), Mª José González (Trabajadora Social. Terapeuta gestáltica), Marly de Assís (Psicóloga. Psicopedagoga), Ramón Resino (Dramático-Terapeuta gestáltico. Discípulo y colaborador de Claudio Naranjo. Director de la Montera).
Actividad: Formación en Terapia Gestalt: Inicio a la formación Gestalt como grupo terapéutico Pre-Básico. Ciclo Básico y Ciclo Superior (2 cursos). Supervisión individual y grupal para profesionales.
Atención y Formación en Constelaciones Familiares: Formación periódica en Constelaciones Familiares. Formación en Pedagogía Sistémica.

Modulación de la sensibilidad artística del actor, educador, terapeuta y ser humano en general.

30. UMAYQUIPA A. E.

C/ Donoso Cortés, 88, 1º dcha., 28015 Madrid
Tlf.: y Fax: 91 549 38 78
umayquipae@terra.es

Equipo: Loretta Cornejo, Ana Eva Castillo, Karla Prado, Isabel Izquierdo y Encarni Romo.
Orientación: Humanista, Terapias alternativas (gestalt, psicoanálisis, antropológico, dialytico, cognitivo humanista).
Actividad: Formación: Especialización en: Terapia Infantil gestáltica y Terapia Adolescentes gestáltica. Psicopatología Infantil y Adolescentes. Psicopatología
Seminarios de Sueños. Entrenamiento del Ronchard aplicado a niños.

OTRAS REFERENCIAS DIDÁCTICAS

MADRID: GRUPO CUATRO
C/ Martín de los Heros, 72, 28008 Madrid
Tlf.: 91 308 03 48
migalbin@terra.es
Equipo: Miguel Albiñana, Paloma Hernández, Isabel Serrano, Domingo de Mingo.

PAMPLONA: INSTITUO ANANDA
C/ Sancho Ramírez, 5 Bajo, 31008 Pamplona
ananda@gestalt.ac
www.institutoananda.com
Equipo: Ana Mª Berruete y Melchor Alzueta.

GALICIA: PAÑÑA. CENTRO DE PSICOLOGÍA HUMANISTA
Pza. Camilo Díaz Baliño, 15, 2º B, 15704 Santiago de Compostela
Tlf: 981 94 19 51
cpsgestalt@yahoo.es
Director: Ramiro Díaz

GUIBOR
Rua de Atenas, 7 H,1º B,15703 Santiago de Compostela
Tlf.: 608 58 62 61
val@edu-xunta.es
Directora: Valle García

SEVILLA: NADIR
C/ Óscar Carvallo, 18, Semisótano A, 41018 Sevilla
Tlf. y Fax: 91 453 05 43
Equipo: Maribel Pérez y Juan Carlos Medem

CHILE: CENTRO ANCHILAMEN
Isla Grande de Chiloé, Bahía de Manao
Correo: Casilla 346. Ancud. Chile
centroanchimalen@gestalt.cl
www.anchimalen.cl
Dirigido por la directora Adriana Schnake
Grupos terapéuticos y cursos monotemáticos sobre gestalt y sobre el trabajo con las enfermedades desarrollado por Nana (diálogo con órganos enfermos)

CENTRO DE PSICOTERAPIA DE SANTIAGO ANCHIMALEN
Tlf.: (56) 2 475 46 99
anchimalen@gestalt-cl
www.gestalt.cl

MÉXICO: INTEGRO. INSTITUO DE TERAPIA GESTALT REGION OCCIDENTE
Libertad, 1174, Guadalajara, Jalisco-México CP 44100
Tlf.: (33) 36 13 27 06
www.integro.com.mx
Director: Sergio Vázquez

INSTITUTO HUMANISTA DE PSICOTERAPIA GESTALT A.C.
C/ Viena, 27, El Carmen, Coyoacán, 04100 México DF
Tlf.: 55 54 47 97; Fax: 55 54 45 82
www.ihpgestalt.com.mx
Directora: Myriam Muñoz

ARGENTINA. A.G.B.A. ASOCIACION GESTALTICA
DE BUENOS AIRES
Gurruchaga 1168 Cap.Fed., Buenos Aires, Argentina
Tlf. y Fax: (011) 47 72 98 65
agba@fibertel.com.ar
www.gestalt.org.ar

I.GE.C.: INSTITUTO GESTALTICO DE CORDOBA
David Luque 82, Bº Gral. Paz Córdoba, C.P.5001
Tlf. y Fax: (0351) 456717/ 4524416
cbagestalt@ciudad.com.ar
www.igecordoba.com

EUROPA: FEDERATION INTERNATIONALE DES ORGANISMES
DE FORMATION A LA GESTALT (FORGE)
183 Rue Lecourbe, 75015 París
Tlf.: 33 153 68 64 58; Fax: 33 153 68 64 57
ginger@noos.fr

INSTITUT FRANÇAIS DE GESTALT-THÉRAPIE
87 Cours d'Albret
F. 33000 Bordeaux, Francia
Tlf: 05 56 90 04 05
Fax: 05 56 90 05 04
secretariat@gestalt-ifgt.com
www.gestalt-ifgt.com
Director: Jean-Marie Robine

Representante en España del Programa francés:
CENTRO DE TERAPIA GESTALT DE VALENCIA
Santa María Michaela, 18, 2, 94, 46008 Valencia
Tlf.: 96 382 20 20
espagne@gestalt-ifgt.com
Director: Ximo Tárrega-Soler

BIBLIOGRAFÍA

Bibliografía general

AETG (1987): *Últimas Aportaciones*, II Congreso Internacional de Terapia Gestalt, Madrid.
ALEMANY, C. (ed). (1996): «Relatos para el crecimiento personal», Desclée de Brouwer, Bilbao.
ALMENDRO, M. (1995): «La terapia gestalt», en *Psicología y Psicoterapia Transpersonal*, Kairós, Barcelona.
ALLERAND, M. (1992): *Piedra libre, terapia Gestáltica*, Planeta, Buenos Aires.
ATIENZA, M. (1987): *Estrategias en psicoterapia gestáltica: psicoterapia de grupo, de parejas y dinámica gestáltica*, Nueva Visión, Buenos Aires.
BAUMGARDNER, P. y PERLS, F. (1994): *Terapia Gestalt. Teoría y práctica (Perls). Una interpretación (Baumgardner)*, Árbol Editorial, México, DF.
BINDERMAN, M. R. (1980): «El tema de la responsabilidad en terapia gestalt», en Lafarga y Gómez del Campo (eds.), *Desarrollo del potencial humano*, vol. 1, Ed. Trillas, México.
BORJA, G. (1993): «Una terapia sin «reglas de juego», en Naranjo, *Gestalt sin fronteras*.

— (1995): *La Locura lo cura*, Ediciones del Arkan, México, DF. Reeditado en Cuatro Vientos, Chile.
BUBER, M. (1994): *Yo y Tú*, Nueva Visión, Buenos Aires.
— (2003): *Eclipse de Dios*, Sígueme, Salamanca.
BUCAY, J. (2000): *El camino de la autodependencia*, Sudamericana, Buenos Aires.
— (2001): *El camino del encuentro*, Sudamericana, Buenos Aires.
— (2002): *El camino de las lágrimas*, Sudamericana, Buenos Aires.
CÁ, K.; COHEN y otros. (1994): *Laboratorios. Experiencias prolongadas en Psicoterapia Gestáltica*, Era Naciente, Buenos Aires.
CABODEVILLA, I. (1999): *Vivir y morir conscientemente*, Desclée de Brouwer, Bilbao.
CASAS, C. (2005): *La paleta del pintor. Mensajes gestálticos*, Obelisco, Barcelona.
CASTANEDO, C. (1988): *Terapia Gestalt. Enfoque del aquí y el ahora*, Herder, Barcelona.
— (1990): *Grupos de encuentro en Terapia Gestalt*, Herder, Barcelona.
— (1990): *Seis enfoques psicoterapéuticos*, Manual Moderno, México, DF.
— y SALAMA, H. (1992): *Manual de psicodiagnóstico, intervención y supervisión para psicoterapeutas*, Manual Moderno, México, DF.
COHEN, G. (2000): *Un camino real. Vida y terapia según el enfoque gestáltico*, Luz de luna, Buenos Aires.
COLIN, L. y LAMAITRE, J. M. (1979): *El potencial humano: Bioenergía, Gestalt, Grupos de Encuentro...*, Kairós, Barcelona.
COLINA, I. (1995): *Atenea*, Nossa y J. Editores, Madrid.
COREY, G. (1995): «Terapia de la Gestalt», en *Teoría y práctica de la terapia grupal*, Desclée de Brouwer, Bilbao.
CORNEJO, L. (1996): *Manual de Terapia infantil gestáltica*, Ed. Desclée de Brouwer, Bilbao.
— (2000): *Cartas a Pedro. Guía para un psicoterapeuta que empieza*, Desclée de Brouwer, Bilbao.
CHEVREUX, A. (2007): *El Berlín de Perls: el espíritu vanguardista en el arte y la terapia gestalt*. Mandala, Madrid.
DE CASSO, P. (2003): *Gestalt, terapia de autenticidad. Vida y obra de F. Perls*, Kairós, Barcelona.
DELISLE, G. (2000): *Las perturbaciones de la personalidad: una perspectiva gestáltica*, Los libros del CTP, Madrid.
DÍEZ BENAVIDES, M. (1976): *Método transacional gestáltico*, Diana, México, DF.
FAGAN, J. y SHEPHERD, J. (1978): *Teoría y técnica de la psicoterapia gestáltica*, Amorrortu, Buenos Aires.
FERNÁNDEZ TRESPALACIOS, J. (1971): *Fundamento teórico de la gestalt*, Fragua, Madrid.
FRANK, R. (2000): *La consciencia inmediata del cuerpo*, Los libros del CTP, Madrid.
FRIEDLAENDER, S. (2007): *Pequeña Antología*. Prefacio de C. Naranjo, Perfil de L. Frambach, Traducción de J. Escobedo. Mandala Ediciones, Madrid.

GAINES, J. (1989): *Fritz Perls, aquí y ahora*, Cuatro Vientos, Chile.
GARCÍA LICEA, F. (2005): *Psicoterapia Gestalt. Proceso figura-fondo*, Manual Moderno, México.
GARCÍA-MONGE, J. A. (1997): *Treinta palabras para la madurez*, Desclée de Brouwer, Bilbao.
GASCÓN, G. (1982): «Terapia Gestáltica», en Monedero, *Historia de la Psicoterapia*, tomo II, Universidad Nacional de Educación a Distancia (UNED), Madrid.
GINGER, S. y A. (1993): *La Gestalt, una terapia de contacto*, Manual Moderno, México, DF.
— (2005): *Gestalt, el arte del contacto*, RBA-Integral, Barcelona.
GOLAS, T. (1980): *Manual de iluminación para holgazanes*, Cuatro Vientos, Chile.
GOLDSTEIN, K. (1974): *La naturaleza humana a la luz de la psicopatología*, Paidós, Buenos Aires.
GOODMAN, P. (1973): *La des-educación obligatoria*, Fontanella, Barcelona.
GREENBERG, L. S. (2000): *Trabajar con las emociones*, Paidós, Barcelona.
HUNEEUS, F. (1986): *Lenguaje, enfermedad y pensamiento*, Cuatro Vientos, Chile.
JAMES, M. y JONGEWARD, D. (1975): *Nacidos para triunfar: análisis transaccional con experimentos gestalt*, Fondo Educativo Interamericano, Caracas.
JOUVET, M. (1998): *El sueño y los sueños*, Fondo de Cultura Económica, México.
KATZZEFF, M. (1984): *Cómo realizarse con la Gestalt, el Tantra, la Kábala y el Tao*, A.E.T.G.
KOFFKA, K. (1973): *Principios de psicología de la forma*, Paidós, Buenos Aires.
KÖHLER, W. (1967): *Psicología de la configuración*, Morata, Madrid.
KEPNER, J. I. (1992): *Proceso corporal*, Manual Moderno, México, DF.
KOPP, S. B. (1981): *Gurú. Metáforas de un psicoterapeuta*, Gedisa, Barcelona.
KRIZ, J. (1990): «Terapia gestáltica (Perls)», en *Corrientes fundamentales en Psicoterapia*, capítulo 13, Amorrortu, Buenos Aires.
LAFARGA, J. y GÓMEZ DEL CAMPO, J. (1980): *Desarrollo del Potencial Humano*, vol. 1 y 2, Trillas, México, DF.
LANZA, E. y CA, K. (1994): *La multiplicación de los espejos*, Planeta, Buenos Aires.
LAPEYRONNIE, B. (2003): *La confluencia*, Los libros del CTP, Madrid.
LÁZARO, A. (1983): *Guía de las nuevas terapias*, Barath, Madrid.
LATNER, J. (1994): *El libro de la Terapia Gestalt*, Diana, México, DF, 1978. Reeditado como: *Fundamentos de la Terapia Gestalt*, Cuatro Vientos, Chile.
LEVY, N. (1985): *El camino de la autoasistencia psicológica*, Planeta, Buenos Aires.
LEVY, N. (2005): *El asistente interior*, RBA, Barcelona.
— (2000): *La sabiduría de las emociones*, Plaza y Janés, Buenos Aires.
LEVITSKY, A y PERLS, F. (1977): «Reglas y juegos de la Terapia Gestalt», en Ruitenbeek, *Métodos y Técnicas en la Psicoterapia de grupo*, Troquel, Buenos Aires.
LEWIN, K. (1973): *Dinámica de la personalidad*, Morata, Madrid.

LINN, S. J. y GARSKE, J. P. (1988): «Psicoterapia existencial» en *Psicoterapias contemporáneas*, Desclée de Brouwer, Bilbao.

LÓPEZ-YARTO, L. (1997): «Los grandes humanistas», en *Dinámica de grupos. Cincuenta años después*, Desclée de Brouwer, Bilbao.

LLOYD MAYER, E. (1979): «Frederick S. Perls y la Terapia Gestáltica», en Fadiman y Frager, *Teorías de la Personalidad*, Harla, México, DF.

MANCHADO TORRES, M.(2005): *Musicoterapia Gestáltica*, Mandala Ediciones, Madrid.

MARC, E. (1993): «Gestalterapia», en *Guía práctica de las nuevas terapias*, Kairós, Barcelona.

MARCUS, E. (2000): *Terapia Gestalt*, Los libros del CTP, Madrid.

MARTÍN, A. y VÁZQUEZ, C. (2005): *Cuando me encuentro con el Capitán Garfio... (no) me engancho*, Desclée de Brouwer, Bilbao.

— (2006): *Manual práctico de psicoterapia Gestalt*, Serendipity-Desclée de Brouwer, Bilbao.

MARTÍN GLEZ., A. (1988): *Psicología Humanista y Animación Sociocultural*, Edit. Popular Ministerio de Cultura, Madrid.

MARTORELL, J. L. (1996): «Psicoterapia Gestáltica. Fritz Perls», en *Psicoterapias. Escuelas y Conceptos básicos*, Pirámide, Madrid.

MIGUENS, M. (1993): *Gestalt Transpersonal*, Era Naciente, Buenos Aires.

MOREAU, A. (1987): *La Gestalterapia*, Sirio, Málaga.

— (1999): *Ejercicios y técnicas creativas de Gestalterapia*, Sirio, Málaga.

NARANJO, C. (1980): «Contribuciones de la Terapia Gestalt», en Lafarga y Gómez del Campo, *Desarrollo del Potencial Humano*, 2, Trillas, México, DF.

— (1984): «Enriqueciendo la psicoterapia occidental con la meditación oriental», en Grof, *Sabiduría antigua y ciencia moderna*, Cuatro Vientos, Chile.

— (1990): *La Vieja y Novísima Gestalt*, Cuatro Vientos, Chile.

— (1993): *Gestalt sin Fronteras*, Era Naciente, Buenos Aires.

— (1996): *Carácter y neurosis*, La Llave, Vitoria.

— (1999): *Autoconocimiento transformador*, La Llave, Vitoria.

— (2002): *Entre Meditación y psicoterapia*, La Llave, Vitoria.

— (2002): *Gestalt de vanguardia*, La Llave, Vitoria.

— (2005): *Cosas que vengo diciendo*, Kier, Buenos Aires.

OAKLANDER, V. (1994): *Ventanas a nuestros niños*, Cuatro Vientos, Chile.

OLDMAN, J., KEY, T. y STARACK, Y. (1992): *El riesgo de vivir*, Manual Moderno, México, DF.

PEÑARRUBIA, F. (1979): «La terapia gestalt», en VV.AA., *Integración emocional y Psicología Humanista*, Marova, Madrid.

— (1981): «La Terapia Gestalt», en VV.AA., *Psicología Dinámica Grupal*, Fundamentos, Madrid.

— (2002): «La Supervisión Gestáltica», en Naranjo, *Gestalt de vanguardia*, La Llave, Vitoria.

PÉREZ, M. (1997): «La Terapia Gestáltica», en *Tratamientos psicológicos*, E. Universitas, Madrid.
PERLS, F. (1975a): *Yo, hambre y agresión*, Fondos de Cultura Económica, México, DF.
— (1975b): *Dentro y fuera del tarro de la basura*, Cuatro Vientos, Chile.
— (1974): *Sueños y Existencia*, Cuatro Vientos, Chile.
— (1976): *El enfoque gestáltico. Testimonios de terapia*, Cuatro Vientos, Chile.
— (1978): «Cuatro conferencias», en Fagan y Shepherd, *Teoría y técnica de la psicoterapia gestáltica*, Amorrortu, Buenos Aires.
— (1978): «Seis artículos», en J. O. Stevens, *Esto es Gestalt*, Cuatro Vientos, Chile.
— ; HEFFERLINE, R. y GOODMAN, P. (2002): *Terapia Gestalt: Excitación y crecimiento de la persona humana*, Los libros del CTP, Madrid.
PERLS, L. (1994): *Viviendo en los límites*, Promolibro, Valencia.
PETIT, M. (1987): *La terapia gestalt*, Kairós, Barcelona.
PIERRET, G. (1990): *Plenitud aquí y ahora*, Mandala, Madrid.
— (2000): *La Terapia Gestalt. Su Práctica en la vida cotidiana*, Dilema Edit., Madrid.
POLSTER, E. y M. (1976): *Terapia gestáltica*, Amorrortu, Buenos Aires.
POLSTER, E. (2003): *Cada vida merece ser una novela*, Los libros del CTP, Madrid.
PORTUONDO, J. A. (1979): *Psicoterapia existencial, gestáltica y psicoanalítica*, Biblioteca Nueva, Madrid.
— (1982): »La Terapia gestáltica», en *Psicoterapia*, tomo III, Biblioteca Nueva, Madrid.
PURINTON, HEALY y WIHITNEY (1980): «Estratos del self. Una técnica de Fantasía de Grupo», en Lafarga y Gómez del Campo (eds.), *Desarrollo del potencial humano*, vol. 1, Ed. Trillas, México.
QUITMANN, H. (1989): *Psicología Humanista*, Herder, Barcelona.
RAMOS GASCÓN, M. (1999): *Una introducción a la terapia gestalt*. Publicación del Instituto de Terapia Gestalt. Valencia.
RAMS, A. (1993): «Testimonio de un aprendizaje», en Naranjo, *Gestalt sin fronteras*.
— (1980): *Introducción a la terapia transicional*, Ed. del autor.
— (2001): *Clínica gestáltica: Metáforas de viaje*, La Llave, Vitoria.
— (2004): *Veinticinco años de gestalt*, La Llave, Vitoria.
RESNICK, S. (1980): «El asiento caliente de la responsabilidad personal», en Lafarga y Gómez del Campo (eds.), *Desarrollo del potencial humano*, vol. 1, Ed. Trillas, México.
REYNOSO, L. y CALVO, L. (2003): *Trabajo social y enfoque gestáltico*, Espacio Editorial, Buenos Aires.
ROBINE, J. M. (1998): *Terapia Gestalt*, Gaia, Madrid.
— (1999): *Contacto y relación en psicoterapia*, Cuatro Vientos, Chile.
— (2006): *Manifestarse gracias al otro*, Los libros del CTP, Madrid.
SALAMA, H. (1984): *Gestalt para todos*, IMPG, México, DF.
— (1997): *Gestalt, de persona a persona*, STM, México, DF.
— (2001): *Psicoterapia Gestalt (Proceso y Metodología)*, Edit. Alfaomega, México.

— (2002): *Ciclo Gestalt y Manual del test psicodiagnóstico gestalt de Salama*, Centro Gestalt de México.
— y VILLARREAL, R. (1988): *El enfoque gestalt, una psicoterapia humanista*, Manual Moderno, México, DF.
SCHNAKE, A. (1987): *Sonia, te envío los cuadernos café. Apuntes de terapia gestáltica*, Cuatro Estaciones, Buenos Aires.
— (1995): *Los diálogos del Cuerpo*, Cuatro Vientos, Chile.
— (2001): *La voz del síntoma*, Cuatro Vientos, Chile.
SCHOCH DE NEUFORN, S. (2000): *La relación dialogal en Terapia Gestalt*, Los libros del CTP, Madrid.
SCHUTENBERGER y SAURET, M. (1980): «Frederick S. Perls y la Gestalt Therapy», en *Nuevas terapias de grupo*, Pirámide, Madrid.
SHEPARD, M. (1977): *Fritz Perls. La terapia gestáltica*, Paidós, Buenos Aires.
— (1986): *Psicoterapia por uno mismo*, Kairós, Barcelona.
SINAY, S. (2004): *Esta noche no, querida*, RBA, Barcelona.
— (2006): *El buen amor*, RBA.-Integral, Barcelona.
— y BLASBERG, P. (1995): *Gestalt para principiantes*, Era Naciente, Buenos Aires.
SLEMENSON, M. (1996): *Con el prisma de la Gestalt*, Coleccionables A.G.B.A. n.º 1, Buenos Aires.
SPAGNOLO, M. (2002): *Psicoterapia de la Gestalt, Hermenéutica y Clínica*, Gedisa, Barcelona.
STARAK, Y. y otros (2002): *Aportaciones a la Gestalt*, Instituto de Terapia Gestalt, Valencia.
STEVENS, B. (1979): *No empujes el río*, Cuatro Vientos, Chile.
— (1994): *¡Estallando de risa!*, Sirio, Málaga.
STEVENS, J. O.(1976): *El darse cuenta*, Cuatro Vientos, Chile.
— (1978): *Esto es gestalt*, Cuatro Vientos, Chile.
STOEHR, T. (1998): *Aquí, ahora y lo que viene*, Cuatro Vientos, Chile.
TARAGANO, F. (1974): *Psicoanálisis gestáltico*, Paidós, Buenos Aires.
VAN DUSEN, W. (1977): *La profundidad natural en el hombre*, Cuatro Vientos, Chile.
VÁZQUEZ, C. (2005): «Terapia Gestalt», en VV AA: *Psicópolis*, Kairós, Barcelona.
— y MARTÍN, A. (1983): *Cuando me encuentro con el Capitán Garfio no me engancho*, Las mil y una ediciones, Madrid.
VINCENT, B. (1977): *Paul Goodman o la recuperación del presente*, Kairós, Barcelona.
WHEELER, G. (2002): *La gestalt reconsiderada*, Los libros del CTP, Madrid.
— (2005): *Vergüenza y soledad. El legado del individualismo*, Cuatro Vientos, Chile.
WIDMER, K. (2005): *Pintura-Terapia Gestáltica*, Mandala Ediciones, Madrid.
YALOM, I. D. (1984): *Psicoterapia existencial*, Herder, Barcelona.
YONTEF, G. (1995): *Proceso y Diálogo en Psicoterapia Gestáltica*, Cuatro Vientos, Chile.
ZINKER, J. (1980): *El proceso creativo en terapia gestalt*, Paidós, Buenos Aires.
ZWILLINGER, J. (1986): *¡Atención, aquí y ahora!*, Abadón, Buenos Aires.

Biblioteca AETG

(A este material sólo puede accederse siendo miembro asociado)

Artículos

ALAYETO, C., «Apoyo psicológico a un colegio desde la perspectiva de la psicología gestalt».
ALLERAND, M., «Inclusión de lo corporal en psicoterapia gestáltica».
ANDALUZ, G., «Gestalt aplicada al trabajo con familias y niños».
ASÍN, A., «Las emociones negativas».
— »El contacto corporal como fenómeno grupal».
BERMAN, M., «El reencantamiento del mundo».
BINDERMAN, M., «El tema de la responsabilidad en Terapia Gestalt».
BROWN, P., «El objetivo del grupo en Terapia Gestalt».
— »La terapia gestalt».
CAMPOS, L., «Desarrollo de directivos a través de la gestalt».
CASTANEDO, C., «Algunas consideraciones teóricas asociadas con la deficiencia mental».
— »La enseñanza y la investigación en Terapia Gestalt en la Escuela de Psicología de la Universidad de Costa Rica».
CUEVAS, V., «La Programación Neuro-lingüística en el proceso terapéutico».
FELTON, R., «Terapia gestalt y trabajo social».
— »El síndrome depresivo y la terapia gestalt».
— »La psicolingüística gestalt».
GARCÍA PÉREZ, A., «Entrevista con Erving y Miriam Polster», *El País*.
GRAZIA, E. de, «Terapia gestalt con familias».
— »Bientratar la vida».
HUNEEUS, P., «La Teoría del darwinismo neuronal».
— »De la trinchera del laboratorio a la Gestalt».
KATZEFF, M., «Realizarse a través de la Gestalt».
LANZA DE PRADA, E. et al., «Psicoterapia gestáltica. Los juegos teatrales y su instrumentación».
MORUA, S., «Análisis exploratorio de las polaridades según la gestalt en adolescentes costarricenses».
MOSHER, D., «La experiencia gestalt en Terapia Sexual».
— »El darse cuenta en la Terapia Sexual Gestalt».
NEVIS, S. y ZINKER, J., «Pareja y familia. Ciclo gestáltico de las interacciones».
PARDO, Ll., «La fantasía y el sueño también son una vía para el propio descubrimiento».

PENELLA, G., «La formación de terapeutas gestálticos en el Centro F. Perls de Psicología Humanista de Madrid: Análisis de una experiencia».
PEÑARRUBIA, F., «Una búsqueda de la armonía interna», *El País*, 1978.
— «La elaboración de los sueños en terapia gestalt», *Boletín SEPTG*, 1978.
— «Aportaciones de la Gestalt y la Creatividad a la investigación cualitativa en estudios de mercado», 1981.
— «El Poder en los grupos terapéuticos», *SEPTG*, 1982.
— «La Gestalt dentro de la psicología transpersonal», *Boletín SEPTG*, 1985.
— «La formación en Gestalt» (con Ada López), *SEPTG*, 1986.
— «Gestalt y Creatividad». Curso Superior, *AETG*, 1986.
— «Transferencia y Contratransferencia», *AETG*, 1988.
— «La heterodoxia teapéutica como un neo-chamanismo», *SEPTG*, 1989.
— «La supervisión gestáltica», 1994.

Prólogos de libros:
— «Astrología Gestalt» de Daniel Dancourt, 1986.
— «El enfoque gestalt» de Héctor Salama y Rosario Villarreal, 1988.
— «La Vieja y Novísima Gestalt», de Claudio Naranjo, 1990
— «Veinticinco años de Gestalt. Memorias de un gestaltista precoz», de Albert Rams, 2004.
— Musicoterapia gestáltica», de Marisa Manchado, 2005.
— «Pintura-Terapia gestáltica», de Kathy Widmer, 2005
— «El viaje del navegante», de Locus Musicus, 2005.
— «El Berlín de Perls», de Annie Chevreux, 2007.

Reseñas de libros:
— «Terapia no-convencional», de J. Haley, 1987.
— «Gurú» de S. Kopp, 1987.
— «El gurú tramposo», de A. Watts, 1987.
— «La Gestalt, une therapie du contact», 1987.
— «La vieja y novísima gestalt», C. Naranjo, 1990.
— «Manual de psicodiagnóstico», de Castanedo y Salama, 1996.
— «Ventanas a nuestros niños», de V. Oallander,. 1996.
— «Proceso corporal», de J. Kepner, 1996.
— «El riesgo de vivir», de Oldham, Key y Starack,1996.
— «Gestalt sin fronteras», de C. Naranjo, 1996.
— «Viviendo en los límites», de L. Perls, 1996.
— «Yo y Tú», de M. Buber, 1996.
— «Estallando de risa», de B. Stevens, 1996.
— «Gestalt transpersonal», de M. Miguens, 1993.
— «Atenea», de I. Colina, 1996.
— «Teoría y práctica de la terapia grupal», de G. Corey, 1997.

— «Manual de terapia infantil gestáltica», de L. Cornejo, 1997.
— «Dinámica de grupos, 50 años después», de López-Yarto, 1997.
— «Gestalt para principiantes», de S. Sinay, 1997.
— «Entre Meditación y psicoterapia», de C. Naranjo, 2000.
— «Clínica gestáltica: metáforas de viaje», de A. Rams, 2001.
— «Gestalt, terapia de autenticidad», de P. De Casso, 2003.
— «Pintura-Terapia Gestáltica», de K. Widmer, 2006.

Revistas:
— Discusión en foro sobre el artículo de F. Allport «La falacia de grupo en relación con la ciencia social», *Revista de Psicología social*, N.º 0, Octubre 1985, Universidad Autónoma de Madrid.
— «Terapia gestáltica grupal», *Revista Clínica y Salud*. Año II, Vol. 2, N.º 2, 1991, Publicación del Colegio Oficial de Psicólogos. Madrid.
— «Gestalt, la psicoterapia de la conciencia», Revista Coplanet, N.º 2, Nov. y Dic. 1995.
— «Terapia Transpersonal», *Revista Conciencia sin fronteras*, N.º 4, Barcelona, Otoño 1998.
— «La supervisión del terapeuta gestáltico», *Revista Figura-Fondo*, Vol. 2. N.º 1, Primavera, 1998, México.

PÉREZ APARICIO, E., «Gestalt Transpersonal».

PERLS, F. y otros: «Auto-Terapia Gestáltica» (extracto en castellano de F. Huneeus de *Gestalt Therapy*).

PERLS, L., «Conceptos auténticos y conceptos falsos de la Terapia Gestalt».

PETIT, M., «Fundamentos teóricos de la Terapia Gestalt».

PICH, P., «Psicomotricidad relacional y Gestalt».

RAMS, A., «El concepto de personalidad en Fritz Perls».
— «Transcripciones del Seminario de Terapia Gestalt».
— «El psicodrama gestáltico».
— «Introducción a la Terapia Transicional».
— «Desarrollos en Terapia Transicional: El Viaje de la Arcilla».
— «El Programa Alfa: Un modelo para la relación terapéutica y para la formación de terapeutas».
— «Test de Polaridades sexuales».
— «La creatividad como trance».

RESNICK, S., «Terapia de la Gestalt: El asiento caliente de la responsabilidad personal».

ROBINE, J. M., «Una estética de la psicoterapia».
— «La terapia gestalt: una teoría y una clínica fenomenológicas».
— «¿Cuál es el futuro de la Terapia Gestalt?».
— «Terapia Gestalt y Terapia Familiar.

— «La Terapia Gestalt y la experiencia de contacto».
ROELOFS, E., «Autodesarrollo por el arte».
— «Encuentro con tu «yo» desconocido».
SATIR, V., «Psicoterapia familiar conjunta».
SCHNAKE, A., «Enfoque terapéutico de la pareja».
SCHOFFER, D., «La Psicoterapia Gestáltica y el Ciclo restaurador del equilibrio».
VÁZQUEZ BANDÍN, C., «Cefaleas de tensión y psicoterapia gestalt».
ZERBETTO, R., «Oralidad y Toxicomanía».
— «Funciones y disfunciones del «Self» en una óptica evolutiva».

Revistas

Gestalt, Hoy, Comunicaciones de las Primeras Jornadas Españolas de Terapia Gestalt, Barcelona, 1982, Edición de la *AETG*:
— ASÍN, A., «El Tantrismo en Terapia Gestalt».
— CANTÓ, J. y MUÑOZ, C., «Los sueños en Terapia Gestalt».
— GINGER, S., «Gestalt y Sexualidad».
— LLANOS, E., «Diferentes básicas y posibilidades de integración de Psicoanálisis, Gestalt y A.T.».
— PEÑARRUBIA, F., «Continuum of awareness y meditación».
— RAMS, A., «Teoría, técnica, modo y estilo de la Terapia Gestalt».
— SENLLE, A., «Cadena de sentimientos y microprocesos».
— VILLEGAS, M., «"La Gestalt": una terapia existencial».

Revista de psiquiatría y psicología humanista, núm. 5, noviembre, 1983, monográfico, La Terapia Gestalt:
— ANDALUZ, G., «Gestalt en la escuela».
— ATIENZA, M., «Dinámica de Grupo terapéutico gestáltico».
— CANTÓ, J. y MUÑOZ, C., «Psicoanálisis y Terapia Gestalt».
— GARCÍA MONGE, J. A., «El Focusing de Gendlin como estructura teórica del darse cuenta gestáltico».
— GRAZIA, E. de, «El conflicto psicológico y el mito de la expulsión del Paraíso».
— JIMENO, A., «El A.T. como fuente teórica de la Terapia Gestalt».
— PATINAT, L., «Introducción a la Psicología de la Forma de Fritz Perls».
— RAMS, A., «Bases teóricas de la Sexoterapia gestáltica».
— ROSAL, R. y JIMENO, A., «Aportaciones de la Psicología de la Gestalt a la Terapia Gestalt».

Primer symposium internacional de terapia gestalt, Barcelona, 1983, Comunicaciones publicadas por la AETG:
— Cuevas, V., «Comunicación y relaciones de poder».
— Jimeno, A., «Aportaciones del A.T. a la Terapia Gestalt».
— Katzeff, M., «Realizarse a través de la Gestalt».
— Marín, J. y Herrera, F., «Educación confluente».
— Plaxats, M.ª A., «Mis experiencias con el contacto sensitivo y la Terapia Gestalt».
— Robine, J. M., «La Terapia Gestalt y la experiencia del contacto».
— Schoffer, D., «El psicodrama gestáltico».
— Sokol, D., «Conciencia sensorial y gestalterapia».

XII Symposium de la Sociedad Española de psicoterapia y técnicas de grupo (SEPTG), Alicante, 1984, ponencia: La Terapia Gestalt. Coordinada por Francisco Peñarrubia.
— Asín, A., «El vacío en el lenguaje poético».
— Grazia, E. de, «Reflexiones sobre algunos aspectos de la difusión de la Terapia Gestalt en grupos».
— Huneeus, F., «Convergencias y divergencias en la Terapia Gestalt con otras escuelas terapéuticas».
— Jimeno, A., «Contribuciones específicas de la Gestalt y del A.T. para la creatividad personal».
— Marín, J. y Herrera, F., «Modelo ecológico-gestáltico en educación».
— Peñarrubia, F., «Las Polaridades». «La relación terapéutica en Gestalt».
— Pérez, E., «Gestalt en la institución privada».
— Rams, A., «Desarrollos en sexoterapia gestáltica».
— Satne, L., «Análisis de los sueños en el contexto grupal».

II Congreso internacional de terapia gestalt, Madrid, 1987, comunicaciones publicadas por la AETG:
— Alayeto, C., «Recuperación de dislexias, dislabias...».
— Asín, A., «Un esquema referencial de trabajo».
— Asín, Peñarrubia, Jiménez, López y Albert: «La Terapia Gestalt en grupo y vinculada a otras técnicas».
— Castanedo, C., «Ciclo Gestáltico de la Experiencia y de la Interrelación de la Pareja y la Familia».
— Diego, E. de, «Encuentros en cine».
— Elizalde, F., «Poesía en Bilbao».
— Escobedo, J., «Psicosis y Gestalt».
— García Monge, J. A., «Áreas del darse cuenta. Su integración en la persona».
— «Experiencia del estar bien como figura en Gestalt».

— HERRERA, F., «Intervención comunitaria a través de los Servicios Sociales Municipales».
— HUNEEUS, P., «La Gestalt y el reencantamiento de la vida».
— LÓPEZ, E. y LUSILLA, B., «La escultura como técnica de aproximación a la Gestalt familiar».
— MARTÍN, A., «Psicología humanista y animación sociocultural».
— NARANJO, C., «Completando la Gestalt».
— «Protoanálisis».
— PARDO, Ll., «La aceptación de la vida, la reconquista de la muerte».
— PENELLA, G., «La función del terapeuta en el paralelismo perceptivo de las secuencias lógicas».
— PEÑARRUBIA, F., «Las Cuatro Caras del Héroe».
— RAMS, A., «En las fronteras de la gestalt: el Sexo, el Amor y la Muerte».
— ROBINE, J. M., «El futuro de la Gestalt-Terapia».
— SANSINENEA, P., «Gestalt en un Servicio Público de Salud Mental».
— ZERBETTO, R., «Servicio de asistencia a drogadictos».

Revista internacional de gestalt, vol. 3, Comunicaciones del III Congreso Internacional de Gestalt, México, 1989, publicación del IMPG.
— ARENSTEIN, H., «La Gestalt aplicada a la respiración».
— BAG, R., «El enfoque centrado en el deseo».
— CASTANEDO, C., «El uso de las Polaridades en Terapia Gestalt».
— CLARK JULIANO, J., «El arte de restaurar el diálogo liberando historias».
— DOLBEC, A. y GOULET, G., «El enfoque gestalt como un proceso global de educación».
— KRETZSCHMER, J., «La Terapia Gestalt y las terapias psico-corporales».
— LEVY, N., «El desacuerdo interior: su génesis y resolución».
— METTÈ, H., «La cura tradicional popular y la terapia gestalt».
— NARANJO, C., «Reflexiones sobre la Teoría de la Gestalt».
— OBLITAS, L., «Diseños de investigación y terapia gestalt».
— PEÑARRUBIA, F., «Mecanismos neuróticos: patologías del contacto y de la retirada».
— RAMOS, M., «Espacio, tiempo y lenguaje».
— SALAMA, H., «Mapa de supervisión».
— VÁZQUEZ, S., «Gestalt y Drogadicción».
— ZERBETTO, R., «La construcción y destrucción de las Estructuras-Formas como ley de vida».

ATRE. Boletín de la Asociación transpersonal española, núm. 1, primavera, 1995, Madrid.
— CHEVREUX, A., «Gestalt y espiritualidad según Claudio Naranjo (1.ª Parte)».
— LEVY, N., «Perspectiva interior del conflicto psicológico: la pareja interior».
— NARANJO, C., «Algunos componentes de la psicoterapia».
— PEÑARRUBIA, F., «Gestalt y Transpersonalidad».

Revista ser uno mismo, Argentina-España, diferentes números.
— GARRIGA, J., «La figura del terapeuta como sacerdote, prostituta, científico y gurú».
— LEVY, N.; «La autoasistencia es posible».
— NARANJO, C. y KREIMER, J.C., «Psicoterapia y espiritualidad: ¿se complementan o se excluyen?».
— PERLS, F., «El Tartamudeo». «El significado del insomnio».

Boletín de psicoterapia integrativa transpersonal, N.º 2, primavera, 1995, Barcelona.
— CHEVREUX, A., «Gestalt y espiritualidad según Claudio Naranjo (2.ª Parte)».
— NARANJO, C., «Noticias de un genio olvidado (Friedlaender)».
— PEÑARRUBIA, F., «El continuo atencional como práctica meditativa».

Boletín AETG

Núm. 0, noviembre 1984:
Información de comisiones: Formación (Lluis Pardo), Relaciones Exteriores (Albert Rams).
Listado del material documental a disposición de los asociados.

Núm. 1, Febrero 1986:
Información de las II Jornadas de la AETG (Abril 1986), así como de la creación de la Asociación Europea de Terapia Gestalt, de la que somos miembros.
Estatutos de la Europea.
Listado de miembros: fundadores, didácticos, titulares y adherentes, de la AETG.

Núm. 2, junio 1986:
Nosotros, «Perfil de Paco Peñarrubia».

Núm. 3, febrero 1987:
Nosotros, «Perfil de Lluís Pardo».
Entrevista a J. M. Robine (por Luis Campos).

Núm. 4, Madrid, febrero 1987:
Nosotros, «Perfil de Alberto Rams».
García-Monge, J. A., «Integración del dolor y elaboración del sufrimiento en psicoterapia gestáltica».
Nakkach, S., Entrevista a Claudio Naranjo, «Qué hacer con la libertad. Reflexiones psico-políticas».
Grazia, E. de, Entrevista a Celedonio Castanedo.

Núm. 5, verano 1987:
Nosotros, «Perfil de Eduardo de Grazia».
Martín, A., «El Cuento de la Comita».
Entrevista a Ricardo Zerbetto (por Águeda Segado).

Núms. 6 y 7, otoño-invierno 1987:
Nosotros, «Perfil de Graciela Andaluz».
Guijarro, A., «Recordando a Carl Roger».
Castanedo, C., «El Encuentro Dialógico Yo-Tú de Buber».
García-Monge, J. A., «Anthony de Mello, Terapeuta gestaltista y gurú».
Falcón, P., «Leonardo Satne».
Grazia, E. de, «Formación en Terapia Gestalt en Barcelona».
Entrevista a Ignacio Martín Poyo (por Enrique de Diego).

Núm. 8, enero 1989:
Stephen Fromer, M., «El proceso de preguntar en psicoterapia» (traducido del *Gestalt Journal* por E. De Grazia).
Extractos de trabajos de los alumnos.
Hablan los tutores.

Núms. 9 y 10, primavera-verano 1989:
Entrevista a Lluís Pardo (por Ana Prats)
Garriga, J., Interiores - «Reflexiones sobre el cambio en terapia».
Darder, M., «La formación en Terapia Gestalt».
Nadal, C., «Un caos llamado Cristina».
Vázquez Fdez., C., «Intervención social».
Universidad de Barcelona, «Relaciones históricas entre Psicología de la Gestalt y la Escuela Sistémica».
Plaxats, M.ª A., «Qué es la Gestalt para mí».
Lasso, S., «Reflexiones sobre la supervisión en gestalt».

Fresquet, E. y Puigdevall, X., Entrevista a Samy Frenk.
Ballester, M., «Crónica de un prelavado», Entrevista a Guillermo Borja.
Hormaechea, A. de, «Reflexiones en torno al proceso Contacto-Retirada».
Andaluz, G., «La Gestalt en la escuela».
Vázquez, C., «Visita a Cristina Nadal».

Núm. 11, noviembre 1990:
Peñarrubia, F., «Veinte años de la muerte de Fritz Perls».
López, I., «Cuadro biográfico».
Chevreux, A., «El Berlín de Fritz».
Peñarrubia, F., «F. Perls y el teatro: Max Reinhardt».
Rubio, T., «Gestalt y Teatro: C. Stanislavski».
Peñarrubia-Gaines, «Su vida según los otros».
Diego, E. de, «Fritz y la Gestalt».
Escobedo J., y Fdez., A., «Fritz y la neurosis».
Andaluz, G., «Carta a Fritz».
Peñarrubia, F., «Fritz Perls según Claudio Naranjo».
Escobedo, Javier: «Apéndice. Fallecimiento de Laura Perls».

Núm. 12, noviembre 1991:
Peñarrubia, F., Editorial: «La Práctica Clínica de la Gestalt».
Naranjo, C., «Revisión crítica de la teoría de la Gestalt».
Peñarrubia, F., «Terapia gestáltica grupal».
Ramos, M., «Manejo gestáltico de la angustia y la depresión».
Sansinenea, P., «Tratamiento gestáltico de los trastornos de ansiedad».
Garriga, J., «La figura del terapeuta como sacerdote, prostituta, científico y gurú».
Fdez. Wolf, S., «Entre el adulto y el niño».
Lekue, J., «La regresión como fenómeno terapéutico».
López, A., «Reflexiones sobre un caso clínico».
Catalán, A., «Un caso clínico».
Durán, C., «Locura, conciencia y responsabilidad».
Carrera, N. de la, «Tánatos y Eros en una transferencia».
Quiroga, I., «De la rabia al dolor».
Miranda, J., «La adicción como proceso personal».
Medina, R., «Grupo de crecimiento personal con amas de casa».
Huneeus, P., «Psicoterapia, presente y futuro».
Albert, J. J., «Actitud ante un brote psicótico y agudo».
Chevreux, A., «La Supervisión, terapia del terapeuta».
López, I., «Ese oculto, mágico y maravilloso proceso».
Velasco, M., «Una pica en Flandes».

Yagüe, C., «Mi largo camino hacia la profesión psicoterapéutica».
Elizalde, F., «Notas al margen de un trabajo de sueños».

Núm. 13, diciembre 1992:
Escobedo, J., «Symposium interdisciplinar sobre el hombre».
Naranjo, C., «La educación en el contexto del cambio del paradigma».
Pelegrina, H., Albert, J. J., Figueroa, G. y Asín, A., mesa redonda: «¿Qué significa ser hombre? Perspectivas psicológicas».
Kreimer, J. C., «El varón sagrado».
Schachter, Z., «Los años de cosecha».
Racionero, L., Saiz de Oiza, J., Peñarrubia, F. y Aguirre, A. M., Mesa redonda: «¿Dónde estamos y hacia dónde vamos? Bases para una nueva solidaridad».
Kesangpo Rimpoche, Lama, «En busca del equilibrio».
Palcos, M.A., Asín, A., Pelegrina, H. y Saiz de Oiza, J., Mesa redonda: «¿Qué propuestas de trabajo consigo y con la comunidad se le puede hace al hombre actual?».
Naranjo, C., «Extensiones interpersonales de la meditación».
Figueroa, G., Mignens, M., Nakkach, S. y Kreimer, J. C., Mesa redonda: «¿Cómo se pueden hacer propuestas desde la creatividad?».
Gimbernat, J. A., «Reflexión en torno a la concepción laica y religiosa del hombre moderno».
Kreimer, J. C., Gimbernat, J. A., Guvenc, Oruc, Zalmac, Schachter, Kesangpo, L. y Naranjo, C., Mesa redonda: «Lo que nos dicen las tradiciones».
Hormaechea, A., entrevista con Claudio Naranjo.
Campos, L., Despedida a Michel Katzeff.

Núm. 14, octubre 1993:
Medem, J. C., Editorial, «No empujes el río, que fluye solo».
Naranjo, C., «Los males del mundo a la luz de los males del alma».
Ramos, M., «Terapia gestalt y Semántica general».
González, A., «Terapeuta y adicto en su ecosistema».
Tárrega, X., «Las obsesiones. Una lectura desde la gestalt».
Quiroga, I., «Reflexiones sobre la formación de terapeutas gestálticos».
Arechederra, A., «Estoy feliz, pero...».
Garriga, Joan, «El asunto fóbico de Laura. Teoría y técnica».
Sánchez, J. M.ª, «Mi cuento favorito».
Durán, C., «La frustración como herramienta en un caso de depresión».
Smith, G., «El tontiphone».
López, A., «El perro de arriba».
Carrera, N. de la, «Pintando la luz».

Álvarez, M.ª D., «Descripción de una sesión».
Levy, N., «Mi atasco con un grupo de pacientes psicosomáticos».
Andaluz, G., «La gestalt de cada día. Primeras entrevistas con pacientes psicosomáticos».
Marín Alba, J. A., «Las Cuatro Caras del Héroe».
Pérez, A., «Qué podría salir de todo aquello».
Asenjo Martín, P., «Psicoterapia».

Núm. 15, mayo 1994:
Monográfico «Infancia y Educación».
Campos, Pepa, «Enfocando la educación desde la gestalt».
Smith, Geoffrey, «Ideas y reflexiones de un profesor uno».
Andaluz, Graciela, «La gestalt en la escuela. Una alternativa al pasotismo y las depresiones».
Naranjo, Claudio, «Un posible ingrediente para un laboratorio de autoconocimiento y encuentro».
Penella, Gloria, «Psicoterapia gestalt y orientación educativa».
López Mata, Fco., «Reflexiones sobre mis experiencias como profesor».
Darder, Mireia, «Aportaciones de la gestalt a la Animación Sociocultural».
Ekai, Oskar, «La ética y la supervisión, elementos de trabajo socioeducativo».
Sas, Myriam, «Descubrir, aprender y crecer».
Vázquez F., Carmen, «La supervisión, una manera gestáltica de formar».
Vidal, Patricia, «Dentro y fuera de nuestra infancia».
Jacobo, Cristina, «Infancia y educación. Una mirada desde la gestalt».
Alfonso, Maru, «La gestalt como modelo educativo».
Castanedo, Celedonio, «Una aproximación holística al sistema educativo».
Philippson, Peter, «Daniel Stern: el mundo interpersonal del niño».
Morales, María, «Otro aspecto a tener en cuenta».
Sala, M. Antonia, «Gestalt y niños».
Caparroso, Sara B., «La psicoterapia gestalt infantil».
Boutrolle, Marie, «El dibujo evolutivo de la familia».
Beltrán, Álvaro, «El darse cuenta en el niño».
Van Damme, Pierre, «Aportaciones de la gestalt al mundo de la infancia».
Arrebillaga y Santacrocce: «Elementos para el diagnóstico diferencial en las patologías del desarrollo».
Cornejo, Loreta, «Quincy ¿de qué color es el silencio?».
Hernández, Paloma, «Recuperando la totalidad. Gestalt y Psicomotricidad».
Carrera, Nicolás de la, «Veinte pasos hacia la utopía».
Masquelier, Chantal, «Elogio de la agresividad».

Núm. 16, febrero 1996:
Monográfico «Cuerpo».
Albert, J. J., «Análisis del carácter: el cuerpo para la gestalt».
Rubio, T., «La consciencia en el cuerpo».
Palcos, M.ª A., «¿Qué se abre con Río Abierto?».
Carrera, N. de la, «Del hombre-brocheta al hombre-árbol».
Alfonso, M., «Movimientos creativos y gestalt en niños».
Rodríguez, M., «Física y Corenergética».
Smith, G., «Gestalt y Polaridad».
Bazán, R. M.ª, «Tris-tras... La magia de empezar».
Gonzálvez, Alicia, «Gestalt y Cuerpo».
Casso, P. de, «Una forma biogestáltica de trabajo corporal».
«Homenaje a Guillermo Borja» (varios artículos).
Peñarrubia, F., «Comentario de libros».

Núm. 17, mayo 1997:
Monográfico «Transparencia y Transferencia».
Peñarrubia, F., «El pintor dentro del cuadro» (Editorial).
Albiñana, M., «Transferencia y Transparencia».
Ballester, R., «La mirada encontrada».
Cornejo, L., «La C.T. en Terapia Gestalt infantil gestáltica».
Chevreux, A., «La T. según Didier Juston».
Diego, E. de, «La T. y la C.T.».
Grazia, E. de, «Contratransferenciando».
Carrera, N. de la, «Erotismo y Religión».
Gascón, C., «Estudio de T.-C.T. en los diferentes enfoques psicoterapéuticos».
Hernández, P., «Aprendiendo de mis errores».
Martín, A., «C.T., aspectos teóricos y clínicos».
Olivé, V., «Deshaciendo imagos».
Pérez, M. y Medem, J. C., «T.-C.T.».
Ramos, M., «Consideraciones sobre la C.T. desde la terapia gestalt».
Rams, A., «La transparencia como alternativa C.T.».
Ramos, C., «Transparencia versus C.T.».
Sánchez, S., «Cabe-con-contra-T.».
Reseña de libros. Resúmenes de tesinas.

Núm 18, abril 1998:
Martín, Ángeles, «Editorial».
Gascón, Carmen y colaboradores: «A vueltas con la histeria o tratando de asir en conceptos lo inasible».

Fernández, Sara, «La ansiedad en paciente borderline».
Albiñana, Miguel, «Entrevista psicológica».
Peñarrubia, Paco «Reflexiones sobre la transferencia».
Muñoz, M. Carmen «Aspectos de la terapia».
Martín, Angeles, «Poder y violencia dentro del espacio terapéutico».
Olivé, Viçens, «El final de la terapia».
Levy, Noberto, «La dignidad del miedo».
Martín, Angeles, «Contratransferencia».
Serrano, M. Isabel, «Memoria de una experiencia».
Hernández, Paloma, «El juego simbólico. Creación y Movimiento».
Medina, Rosa, «El universo sonoro de la voz y su utilidad psicoterpéutica».
Widmer, Kathy, «Gestalt pintada».
Gutiérrez, Elvira, «Pinturas correctoras en arteterapia».
Naranjo, Claudio, Fritz y el doctor Perls».
Gascón, Carmen, «Reflexiones, anécdotas, encuentros y preguntas».
Campos, Lola, «Quería escribir».
Carrera, Nicolás de la, «Poemas para la sanación».
Bazán, Rosa Mª, «La mujer deshabitada».
Molini, Eugenio, «Un claro en el bosque».
Naranjo, Claudio, «La vieja y novísima gestalt».
Reseñas de Tesinas (Martínez, Gutiérrez, Ballester, Elizalde, Tárrega, Alvero).

Núm. 19, marzo 1999:
»Apoyo y Confrontación».
Andaluz, Graciela, Editorial y Presentación.
Naranjo, Claudio, «Confrontación».
Martín, Angeles, «Apoyo y confrontación».
Quattrini, Paolo, «Transparencia, contacto y confrontación en la Psicoterapia Gestalt».
Chevreux, Annie, «Apoyo y Confrontación».
Albiñana, Miguel, «En busca de lo genuino: apoyo y confrontación».
Mendikute, Montse, «Apoyo y confrontación».
Ballester, Ramón, «En el rompeolas».
Olivé, Viçens, «Apoyo y confrontación».
Besó, Beatriz, «Apoyo y confrontación».
Rodríguez, Paloma, «Apoyo y confrontación».
Hugalde, Olga, «Apoyo y confrontación».
López, Isabel, «Apoyo y confrontación».
Zubiñaga, Margarita, «Apoyo y confrontación».
González, Elvira, «Apoyo, confrontación y frustración».

Alonso, Isabel, «Apoyo versus confrontación».
Rams, Albert, «Rabia, dolor, vergüenza y vacío».
Peñarrubia, Paco, «La terapia como arte».
Cá, Kita, y Lanza, Elsa, «Gestalt para gestaltistas».
Carrera:, Nicolás de la, «La oración gestáltica y otras oraciones».
Hall, Robert y Naranjo, Claudio, «Recordando a Fritz Perls».
Slemenson, Marta, «Una argentina en cortes extranjeras».
Alfonso, Maru, «El Tao de la vida cotidiana».
Ramos, Manuel, «Terapia Gestalt: la Teoría del Campo y el campo de la teoría».
Nigro, Mónica y Vitale, Ernesto, «Modelo para armar: profesor-ayudante».
Correa, Andrés, «¿Qué es importante en Gestalt?».
Medina, Rosa, «Acerca de la voz y el darse cuenta».
Mejía, Mayel, «Testimonio. Metamorfosis».
González, Clara Luz, «Despertares».
Andaluz, Graciela, «Aplicación de los recursos de la Psicoterapia Gestalt en la escuela».
Grupo I.P.G. de Madrid, «Reflexiones acerca de la educación y la Gestalt».
Resúmenes de Tesinas: (J.L. Pérez, M. Morales, A. Correa, I. Zapirain, C. Ruiz, C.L. González).
José Luis Pérez, I Congreso Nacional de Gestalt.
Miguel Albiñana: Opinión. Reseña de libros.

Núm. 20, marzo 2000:
Monográfico «Alcance y límites de la Terapia Gestalt».
Revenga, Elena, Entrevista múltiple (G. Andaluz, G. Ginger, A. Martín, E. Moliní, P. Peñarrubia, A. Rams, J. M. Robine, R. Zerbetto).
Durán, Carmen, «Terapia Gestalt: Una reflexión sobre los límites».
Peñarrubia, Paco, «Las puertas del campo».
López Alonso, Adelaida, «Gestalt y Psicosis».
Albert, Juan José, «Una vaga sensación».
López, Ignacio, «Una miradita a lo social».
Moliní, Eugenio, «Figura (umbrales...) fondo (diferenciales...)».
Martínez, Lourdes «El desafío».
Gutiérrez, Elvira, «La arteterapia llega a la Universidad».
Ballester, Ramón, «Perseguida de cerca por un sendero entre dos campos».
Campos, Lola, «Teoría y técnica de la T.G., alcance y límites».
Alfonso, Maru, «Más allá de los métodos: Tao y Gestalt».
Zapirain, Iñaki, «Alcance y límites de la psicoterapia Gestalt».
Bécares, Patricia, «Aprovechemos más el psicoanálisis para trabajar desde la Gestalt».
Hualde, Olga, «Personalidad limítrofe: ¿patología o sanación?».
Carrera, Nicolás de la, «Me gusta PNL, ¡perdonadme!».

Pérez, José Luis, «Entrevista a Claudio Naranjo».
Rams, Albert, «La tragedia del narcisista».
Garriga, Joan, «El burro frente al establo».
Egurzegui, Juan Carlos, «Acerca del complejo de pequeñez».
Mendikute, Montse, «Culpa y agresión en los procesos de separación».
Hernández, Lorenzo, «Renacimiento gestáltico».
Albiñana, Miguel, «El silencio y la escucha de Krisnamurti».
Andreu, M.ª Asunción, «Un psicótico llega a la consulta».
García Lozano, José, «Psicoterapia con drogodependientes».
Cornejo, Loretta, «Los sueños en la terapia de niños».
Gscón, Carmen (coordinadora), «Qué es la neurosis obsesiva».
Fernández, Lola, «La escuela con dignidad y coherencia».
Martínez, Mara, «Una experiencia tutorial en E.G.B. y Secundaria».
Egurzegui, Juan Carlos, «En un momento de la terapia».
Martín, Ángeles, «Respuesta a la carta de Miguel Albiñana».
Tesinas presentadas en Murcia 99: I. Díaz, M.S. Román, D.de Mingo, A.M.Bernáldez, C. Dicuzzo, F. Sánchez, M. Martí, S. Ramos, L.García, D.Mondéjar, L. Nuez, G.Corrochano, C. Odriozola.
López, I.; Albiñana, M.; Peñarrubia, P. y Garriga, J., Reseña de libros
Darder, M.; Resino, R. y Garriga, J., Entrevista a Bert Hellinger

Núm. 21, marzo 2001
Monográfico «Gestalt e instituciones».
Molini, E., «De terapeuta a Agente de Cambio Institucional».
Ramos, S., «Psicoterapia en instituciones».
Nicolás, L., «Psicología Humanista. Gestalt e Institución».
Escuela Canaria: «Experiencias de intervenciones gestálticas en el ámbito educativo».
Vicent, B., «La gestalt y la institución docente».
Ramos, M., «Gestalt y Universidad».
Lobato, C., «La gestalt y los procesos de desarrollo profesional en la Universidad».
Aizpurua, J., «Psicoterapia y educación: ahora o nunca».
Agudelo, L., «Centro de salud y gestalt».
Pérez, M., «Medicina y psicoterapia».
Gutiérrez, E., «Arte-terapia en intervención social».
Corrochano, G., «Alcances de la gestalt».
García Lozano, J., «Drogas y relaciones dependientes».
Lana, J. M., «La Gestalt en los servicios sociales».
Blázquez, E., «La llamada Inteligencia Emocional llega a la empresa».
Rams, A., «Abordaje gestáltico de las enfermedades psicosomáticas».
Colodrón, A., «La audacia de vivir».

Cabanillas, V., «La formación del terapeuta: psicología o ideologización».
Peñarrubia, F., «Fritz y el teatro (2.ª parte): The Living Theatre».
Albert, J. J., «Deseo de mí».
Durán, C., «Mis neuróticos me engañan», ¿y yo?».
Mendikute, M., «Un caso de depresión o los duelos no resueltos».
Albiñana, M., «El término de la relación terapéutica y el regreso del héroe».
Fuente, Orueta y Zuazua, «Las psicosis».
De la Carrera, N., «Terapia de la reverencia en la interrupción del embarazo».
Resumen de Tesinas. Reseñas de libros.

Núm. 22, marzo 2002
Monográfico, «Gestalt ahora, 20 años después».
Peñarrubia, F., «Alegrías y disgustos de 20 años de la AETG.».
Naranjo, C., «Un currículum no tradicional para la formación de gestaltistas».
Sánchez Tapioles, S., «Agradecimientos de un prehistórico».
Elizalde y Zamacona, «Actitud antiteorizante y terapia gestalt».
Albiñana, M., «Felicidad y terapia».
Durán, C., «La locura de la cura».
Martín, A., «La mujer y la anorexia».
López, Fernández y Lekue, «Reflexiones sobre la depresión».
Ekai, O., «La ternura. Mi camino en busca del amor».
Dieguez, J., «Reflexiones sobre la autoridad en la situación de terapia».
López, T., «La elaboración del duelo desde el ciclo gestáltico».
De la Carrera, «La llave de los sentidos».
Orueta, F., «Síntoma y psicosis».
Díaz, J. J., «En el comienzo de la terapia con un paciente diagnosticado de esquizotipia».
González, N., «La histeria y la disociación».
Gutiérrez, E., «20 años de arteterapia».
Blázquez, E., «El ruido de la vida o anarquía práctica».
Resumen de Tesinas. Reseñas de libros.
Entrevista con Nana (Chile, diciembre, 2000).

Núm. 23, abril 2003
Monográfico, «Gestalt y sociedad».
Entrevista a Pedro de Casso.
Albiñana, M., «La función de los valores en la personalidad».
Bazán y Martín, «Romi, una experiencia grupal gestáltica».
Beso, B., «La respuesta a la enfermedad desde una perspectiva bio-psico-social».
Corrochano, G., «El medio social penitenciario».

Díaz, J. J., «Gestalt en la búsqueda de un mito social».
Garrido, M., «Los elementos de la naturaleza: el agua».
Hernández, A., «La aproximación gestáltica con el niño y la familia».
Hernández, P., «Los Senoi: una educación para los sueños».
Álvarez, L., «La suciedad y mi gestalt».
Naranjo, C., «Un fermento para la transformación de la educación».
Penella, G., «Adolescencia y sociedad».
Peñarrubia, F., «Yo-Tú-Nosotros: el grupo como educación comunitaria».
Stroke, Suzy, «La siempre posible vida a dos».
Wasserziehr, G., «La sombra en la sociedad».
Molini, E., «El trabajo de un Agente de Transformación social y organizacional: pasión y profesión».
Zapirain, I., «Mirando a lo social: más allá del bien y6 del mal».
Albert, J. J., «Sobre las esquizofrenias».
Alfonso, M., «Manejo de emociones negativas».
Becares, P., «La transferencia con un paciente obsesivo».
Campos, P., «Relación de pareja».
González, N., «Trastornos de ausencia».
Liebanas, J., «La enfermedad como proceso de transformación».
Martín, A., «Los sueños y el grupo de terapia».
Orueta, L. F., «El síntoma como brújula que apunta al corazón del ser».
Sánchez, S., «El arte de poner límites».
Levy, N., «Exigencia y excelencia».
Blázquez, E., «Rumi, una síntesis entre psicoterapia y espiritualidad».
De la Carrera, N., «La voz del síntoma».
Correa, A., «Sensación, síntoma y enfermedad».
De Mingo, D., «Viñetas».
Gómez, M., «Locura y creatividad en nuestra sociedad».
Naranjo, C., El último round en Nápoles».
Nakkach, S., «La voz: una gestalt más allá de la persona».
Schnake, N., «Reencuentro con la gestalt en España».
Zapata, A., «Dar alma. Talleres de escritura».
Reseña de libros.

Núm. 24, marzo 2004
Monográfico, «Trastornos de personalidad»·.
Entrevistas a J. J. Albert, G. Andaluz, C. Durán y J. Garriga.
Albiñana, «Más allá del trastorno del carácter».
Alvarez, L., «Mi visión gestáltica: trastornos de personalidad y salud».
Besó, B., «¿Nos provocamos las enfermedades a nosotros mismos?».

Díaz, J. J., «Psicopatología gestáltica: una necesidad creativa».
Gómez, M., «Psicología gestáltica».
González, N., «Trastornos de personalidad y disociación».
Gutiérrez, E., «Trastornos de la personalidad y arte-terapia».
De Mingo, D., «Indicadores psicopatológicos de las estructuras de personalidad en dibujos».
Nadal, C., «Narcismo necesario, narcisismo patológico».
Penella, G., «Trastornos psicológicos en la adolescencia».
Robine, J. M., «Líneas del tiempo. Algunas reflexiones sobre la utilización del concepto de regresión en Terapia Gestalt».
Ruiz, C., «El narcisismo: desde la imagen del adulto pasando por el niño».
Sánchez, S., «Psicóticos difíciles».
Selles, A., «Miedos y fobias: entrando en al túnel».
Valiente, D., «Psicofarmacología».
Valverde, M., «El principito y el narcisismo».
Vázquez, C., «El diagnóstico en la Terapia Gestalt».
Bazán y Aller, «Memorias desde la locura y la cordura».
Blázquez, «Lo ilusorio de las formas».
Huneeus, F., «La PNL y yo».
Naranjo, C., «El legado de Fritz».
Peñarrubia, F., «Consideraciones gestálticas en torno al éxito y al fracaso».
Rams, A., «Hacer nada».
Venturini, R., «Apuntes sobre relaciones de pareja».
Resumen de Tesinas. Reseñas de libros.

Núm. 25, marzo 2005
Ginger, S., «La Terapia Gestalt en la actualidad».
Spagnuolo, M., «La consciencia inmediata en la práctica post-moderna de la Terapia Gestalt».
Naranjo, C., «Las así llamadas «perturbaciones de la frontera de contacto».
Ferrara, A., «Gestalt... y algo más».
Díaz, J. J., «Terapia gestalt, integrativa y creativa».
De Mingo, D., «El fuego y la palabra».
Guijarro, A., «Problemas de la regulación del tratamiento psicológico desde un enfoque humanista».
Entrevistas, A J.Zinker, A. Martín, P.Peñarrubia, A. Rams y C. Vázquez Bandín.
Gascón, C., «Reflexiones sobre el terapeuta y su camino».
Álvarez, L., «La actitud del psicoterapeuta gestalt».
Gómez Ceto, A., «Gestalt y movimientos sociales».
González, N., La respiración: una gestalt».

Correa. A., «El cuerpo deshabitado».
Medina, R., «Cantar para no contar. Voz y sonido en terapia gestalt».
Manchado, M., «Musicoterapia gestáltica».
Widmer, K., «Pintura-Terapia gestáltica».
Penella, G., «Las técnicas de la Terapia Gestalt aplicada con los adolescentes».
Olivé, V., «Gestalt and Coaching».
Albiñana, M., «X Aniversario del fallecimiento de Guillermo Borja».
Blázquez, E., «Sin palabras».
Waissman, B., «Sanando el corazón».
Bazán y Aller, «Con Nana Schnake: Epílogo».
Elizalde, F., «Aquí leyendo».
Reseña de libros.

Núm. 26, abril 2006.
Homenaje a Laura Perls:
Vázquez, C., «Celebrando a Laura Perls».
Blom, D., «Laura Perls: la estética del compromiso».
Kudirka, N., El terapeuta es un artista: entrevista a Laura Perls.

Relaciones terapéuticas:
Nadal, C., «La relación terapéutica en Gestalt».
Díaz, J. J., «Relaciones terapéuticas en Gestalt: Factores y tipos».
Albiñana, M., «Terapia Gestalt: ¿Qué hay que curar?».
Gascón, C., «Reflexiones acerca de la relación terapéutica».
Gómez, M., «El terapeuta en la psicoterapia gestalt».
Alvarez, C. M., «La relación terapéutica en la psicoterapia infantil».
González, N., «Los errores (¿o no?) del terapeuta».
Andreu, M. A., «Relación terapéutica entre el psicótico».
Zapirain, I., «La relación terapéutica o la desocupación del espacio».
Alfonso, M., «Pedagogía del amor».
De la Carrera, N., «Su mano en mi hombro».
Ekai, O., «Terapias en el sofá de mi casa».
Álvarez, M. D., «Relación terapéutica gestáltica».
Darder, M., «¿Quién cuida al que cuida?».
Erralde, E., Entrevista a Mónica Zuretti.
Erralde, E., Entrevista a Claudio Naranjo y Héctor Fiorini.
De Mingo, D., «Intersomos: génesis, evolutiva y relación terapéutica».
Blázquez, E., «En el principio fue la relación».

Y también:
Schnake, N., «Presencia y actualidad del enfoque gestáltico-holístico de la enfermedad».
Stroke, S., «La relación humana como puente al divino».
Peñarrubia, F., «El sentido de la vida».
De Casso, P., «La gestalt de la vida cotidiana».
Waisman, B., «Cuerpo, energía y movimiento».
Hernández, P., «El juego».
Ballester, R., «De unas notas urgentes sobre Arteterapia».
Colodrón, A., «Gestalt y política: manifiesto en pro de las implicación».
Napolitano, A., «Apolo, Dionisios, Fritz».

Reseñas:
Peñarrubia, F., *Imágenes del alma*; Ramos, S., *Musicoterapia gestáltica*.
Díaz, J. J., *El latido de las palabras*.